汲取先贤智慧

铺就成功阶梯

万卷楼

万卷楼

万卷楼国学经典 修订版

梦溪笔谈

[北宋] 沈括 著

包亦心 编译

李明丽 修订

北方联合出版传媒（集团）股份有限公司
万卷出版有限责任公司
2023年·沈阳

图书在版编目（CIP）数据

梦溪笔谈 /（北宋）沈括著；包亦心编译；李明丽修订. —沈阳：万卷出版有限责任公司，2023.5
（万卷楼国学经典：修订版）
ISBN 978-7-5470-6203-6

Ⅰ. ①梦… Ⅱ. ①沈…②包…③李… Ⅲ. ①笔记—中国—北宋 Ⅳ. ① Z429.441

中国国家版本馆 CIP 数据核字（2023）第 035388 号

出 品 人：王维良
出版发行：北方联合出版传媒（集团）股份有限公司
　　　　　万卷出版有限责任公司
　　　　　（地址：沈阳市和平区十一纬路 29 号 邮编：110003）
印 刷 者：辽宁新华印务有限公司
经 销 者：全国新华书店
幅面尺寸：170mm×240mm
字 　 数：570 千字
印 　 张：24
出版时间：2023 年 5 月第 1 版
印刷时间：2023 年 5 月第 1 次印刷
责任编辑：朱婷婷
封面设计：徐春迎
版式设计：范 娇
责任校对：张 莹
ISBN 978-7-5470-6203-6
定 　 价：58.00 元
联系电话：024-23284090
邮购热线：024-23284050

出版说明

"读万卷书，行万里路"这是中国古人"修身"的两条基本途径。晋代著名史学家陈寿给自己的书斋命名为"万卷楼"，此后，历代以"万卷楼"命名的书斋，由宋至清有数十家：宋代有方略、石待旦等；元代有陈杰、汪惟正等；明代有项笃寿、杨仪、范钦等；清代有孙承泽、黄彭年等。可见，"读万卷书"的理想在中国传统知识分子中是何等的根深蒂固。

读"万卷书"不仅是古人的理想，当我们懂得了读书的意义，都会自然而然地产生强烈的"博览群书"的愿望。然而，人类历史悠久，书籍浩如汪洋大海，时代发展到今天，科技与经济的发展更使得人类的精神领域空前丰富，获取信息与知识的途径不断增加。"万卷书"早已不再是一个象征性的概念，如何从这"万卷"之中，找到最值得细细品读的作品，已经成为人们必须解决的问题。

爱因斯坦曾说过："在阅读的书中找出可以把自己引到深处的东西，把其他一切统统抛掉。"这正是在阐述读书时选择的重要性。而他所说的把我们"引到深处的东西"无疑就是我们所需要深度阅读的作品，也就是我们常说的经典作品。

卡尔维诺对经典作出的定义之一是：经典就是我们正在重读的。的确，在对经典作品反反复复的品味中，人们思想得到了升华，从浅薄走向思考，最后走到通达。我们都曾有这样的感触，面对海量的书籍和信息，一方面，人们在向着功利性浅阅读大张其道，另一方面，我们的精神深处又在不断地呼唤能够滋养自己内心的深度阅读。因此，经典的价值不仅没有因为浅阅读时代的到来而有所损失，反而更显示出其珍贵来。

在惜字如金的中国传统典籍当中，从来不乏这种需要反复品味的经典。从先秦诸子到历代的经史子集，这些经典为一代代的中国人提供了取之不尽的精神滋养，为中华文化的传承和发展建立了基础。我们把这种包蕴中国文化的学问称为国学。国学的范围非常广泛，它包含了文学、历史、哲学、艺术、语言、音韵等在内的一系列内容。

包罗万象的国学经典为我们提供了广泛的教育。阅读国学经典，也就是在与我们的"先圣先贤"对话和交流，一步步地揳进我们的历史和传统。这个过程可以让我们领会先贤的旨趣，把握他们的神髓，形成恢宏的历史意识，可以让我们通晓文义、熟习经史、通彻学问，让我们成为博学之士。另一方面，国学经典所代表的传统学问，更是具有极为厚重的伦理色彩。阅读国学经典的过程，不仅是增进知识的过程，而且是一个熏陶气质、改善性情、提高涵养的过程，这个过程在潜移默化中培养着行谊谨厚、品行端方、敦品励行的谦谦君子。

当然，随着时代的发展，国学早已不再是人们追求事功的唯一法典，我们也不赞成对国学的功能无限夸大。但毫无疑问，阅读国学经典，必能促进我们对真、善、美的崇敬之心，唤起我们对伟大、深邃、美好事物的敏感和惊奇，同时也让我们了解到先贤们在探寻知识过程中思考的重大课题和运用的基本原则。这些作品体现着我们民族精神的精髓，如《周易》所阐述的"自强不息"的君子人格，《论语》所强调的"和而不同"的包容精神,《诗经》所培养的温柔敦厚的情感,《道德经》所闪耀的思辨智慧,等等,它们共同构筑了中华民族传统的精神范式。品读先贤留下的经典,恰如与他们进行一次次心灵的直接触碰,进而去审视我们自己的内心,见贤思齐,激浊扬清。

正是基于对国学经典的这种认识,我们精选了这套《万卷楼国学经典》系列丛书,以期引导步履匆匆的现代人走近国学经典、了解国学经典。在选编过程中,我们希望能够体现这样一些特点。

首先,我们希望这套丛书能够最具代表性。在选目中,我们注重于最经典、最根源的作品,在有限的时间内,把那些最具影响力,最应该知道的作品提交给读者。四书五经、先秦诸子、唐诗宋词等这些具有符号意义的作品无疑是最应该为我们所熟知的,因此,丛书所选的 30 种作品都是这些经典中的经典。

其次,我们希望能够做出好读的经典。在面对国学作品时,佶屈的文言和生僻的字词常让普通读者望而却步。所以,我们试图用简洁易懂的形式呈现经典,使读者可随时随地以自己的时间、自己的速度来进入阅读。因此,我们为原著精心添加了注音、注释和译文,使读者能够真正地"无障碍阅读"。同时,我们还邀请北京大学、南京大学、复旦大学等知名学府的古代文学方面专家对丛书进行了整体修订,对原文字句及标点进行核准,适当增删注释条目、校订注释内容,对白话翻译做进一步校订疏通,使图书内容臻于完善,整体品质得到了大幅度提升。作为一名读者,也许你会常常感慨,以前没有花更多的时间去读更多的经典,如今没有机会或能力来细读,但实际上,读经典什么时间开始都不算晚,"万卷楼"就是一个极好的途径。重读或是初读这些经典,一样可以塑造我们未来的生活。

第三,我们希望呈现一套富有美感的读物。对于经典而言,内容的意义永远排在第一位,但同时,我们也希望有精彩的形式与内容相匹配,因而,我们在编辑过程中选取了大量的古代优秀版画作为本书的插图,对图片的说明也做了精心设计。此外,图书的编排、版式等细节设计都凝聚了我们大量的思索。我们希望这套经典不只是精神的食粮,拥有文本意义上的价值,更能带来无限美感,成为诗意的渊薮。

"经典作品是这样一些书,我们越是道听途说,以为我们懂了,当我们实际读它们,我们就越是觉得它们独特、意想不到和新颖。"卡尔维诺经典的评论让人击节叹赏,我们也希望这套丛书能够彰显经典的价值,使读者在细细品读中真正融化经典,真正做到"开茅塞、除鄙见、得新知、增学问、广识见"。同时,经典又是可以被享受的。当我们走进经典之时,不能只作为被动的接受者,也可用个人自我的方式进入经典,做精神的逍遥之游,对经典作品进行贴近个体生命的诠释和阅读,在现实社会之中营造自由的人生意境和精神家园,获取一种诗意盎然的人生。

怎样阅读本书

原文：根据权威版本，精心核校，确保准确性，对生僻字反复注音，使读者无障碍阅读。

注释：准确、简明，极具启发性。

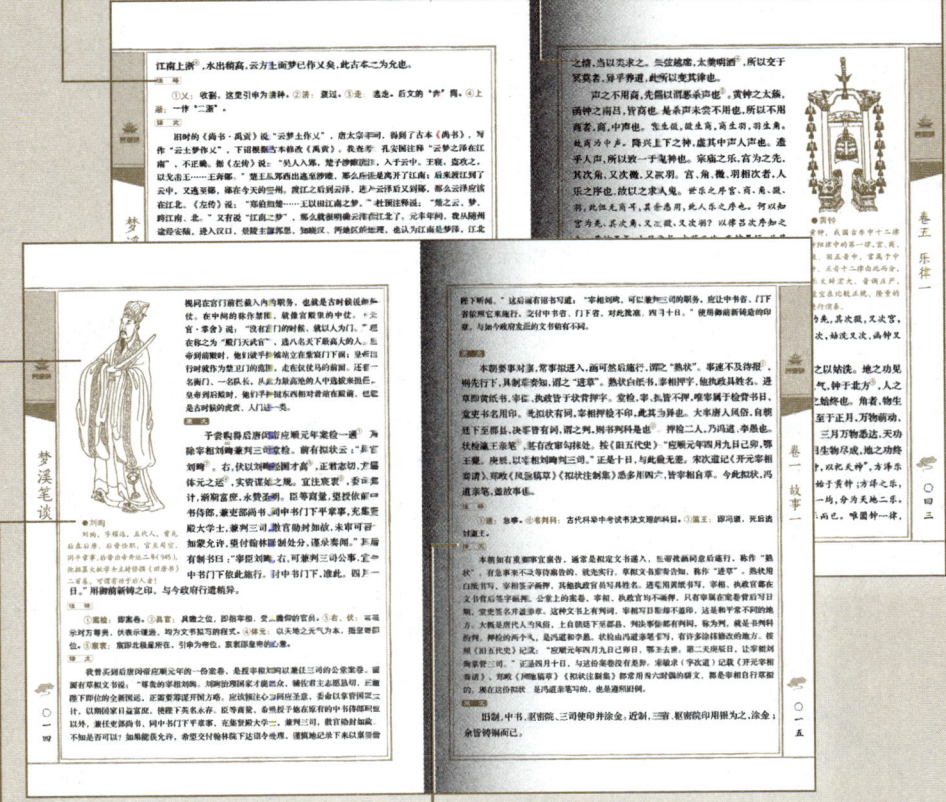

插图：精选历代精品古版画，美妙传神，增强美感。

图注：以图释义，扩展阅读，丰富全书知识含量。

译文：流畅、贴切，以现代白话完整展现原著全貌。

内容概要

　　《梦溪笔谈》是一部笔记体学术著作，为北宋科学家、政治家沈括所著。其中收录了他一生的所见所闻和见解，共二十六卷，加上《补笔谈》三卷和《续笔谈》一卷。分为故事、辨证、乐津、象数、人事等十七个门类共六百零九条。内容涉及天文学、数学、地理、物理、生物、医学和药学、军事、文学、史学、考古及音乐等学科，可以说是一部集前代科学成就之大成的光辉巨著，备受中外学者的推崇。英国学者李约瑟称沈括是"中国整部科学史中卓越的人物"，赞许《梦溪笔谈》是"中国科学史上的里程碑"。

　　本版《梦溪笔谈》是全文本，为了读者阅读方便，本书对原作进行了精心加工，同时，配以题解、注释及译文并辅以精美插图，使全书更具时代感。

目录

梦溪笔谈

梦溪笔谈

序

予退处林下①，深居绝过从，思平日与客言者，时纪一事于笔，则若有所晤言，萧然移日，所与谈者，唯笔砚而已，谓之"笔谈"。圣谟国政②。及事近宫省，皆不敢私纪。至于系当日士大夫毁誉者，虽善亦不欲书，非止不言人恶而已。所录唯山间木荫，率意谈噱③，不系人之利害者，下至闾巷之言④，靡所不有。亦有得于传闻者，其间不能无缺谬。以之为言则甚卑，以予为无意于言可也。

①退：离开朝政，沈括退官居住于梦溪园，撰写了《梦溪笔谈》。②圣谟：帝王治理天下的宏图大略，即圣旨、圣训。③噱：大笑。④闾巷：指乡间、民间。

我退官后深居山林，绝少与人来往，想起平时与客友们谈论的话题，时常用笔记录下来，就像与他们见面谈话一般，如此冷清度日，与我交谈的，只有笔砚而已，于是称作"笔谈"。圣上旨意、国家政治以及皇宫内事，都不敢擅自记录。至于关乎当时士大夫们声誉的事，就算是好事我也不愿记录，并不是仅仅不写人坏话而已。我所记录的只有山间树下那些率性恣意、无关乎他人利益的谈笑，下至街头巷尾的言谈，无所不有。也有一些是从传闻中得来的，其中不免有缺漏谬误。以此作为著述太过浅薄，只当作我无意间的记录就可以了。

卷一　故事一

上亲郊庙①，册文皆曰"恭荐岁事"②。先景灵宫，谓之"朝献"；次太庙，谓之"朝飨"（xiǎng）；末乃有事于南郊。予集《郊式》时，曾预讨论，常疑其次序，若先为尊，则郊不应在庙后；若后为尊，则景灵宫不应在太庙之先。求其所

●太庙问礼

太庙，古代天子祭祀祖先之地，后来但凡有非常重大的祭祀仪式，大都在这里举行。据《论语·八佾篇第三》所记，孔子曾入鲁国太庙，凡事都要问一下，有人觉得他这是不懂礼节，然而孔子却认为这就是礼节！认真学习，多方向人请教，即所谓的"学而知礼"。

从来，盖有所因。按唐故事③，凡有事于上帝④，则百神皆预，遣使祭告，唯太清宫、太庙则皇帝亲行，其册、祝皆曰："取某月某日有事于某所，不敢不告。"宫、庙谓之"奏告"，余皆谓之"祭告"，唯有事于南郊，方为"正祠"。至天宝九载，乃下诏曰："'告'者，上告下之词。今后太清宫宜称'朝献'，太庙称'朝飨'。"自此遂失"奏告"之名，册文皆谓"正祠"。

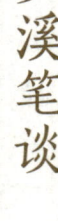

注释

①**郊庙**：古时祭祀，在南郊祭天、北郊祭地，在太庙祭祀祖先，合称郊庙。②**恭荐岁事**：恭敬地进行每年的祭祀。③**故事**：旧的制度，先例。④**有事**：指祭祀。

译文

圣上亲自进行祭祀，典册上均称"恭荐岁事"。先到景灵宫，称作"朝献"；其次到太庙，称作"朝飨"；最后才到南郊祭祀。我编纂《郊式》的时候，曾经参与讨论，时常对这个次序感到疑惑，如果以先为尊，那么不应先到太庙后到南郊；如果以后为尊，那么景灵宫又不应在太庙之前。探寻这个次序从何而来，是有其原因的。按照唐代的旧例，凡祭祀上天，各类神明都需先派遣使者相告，而只有太清宫、太庙是由皇帝亲自前往。这时的典册、祝词都称："选取某月某日，在某处祭祀，不敢不告知。"在太清宫、太庙的称为"奏告"，其余的都称为"祭告"，唯独在南郊祭祀时，才称为"正祠"。到了天宝九年，才下诏说："'告'是上级告知下级时的用词。今后太清宫的祭祀应称为'朝献'，太庙的祭祀应称为'朝飨'。"从此以后才没有了"奏告"之说，典册上均称为"正祠"。

原文

正衙法座①，香木为之，加金饰，四足，堕角②，其前小偃，织藤冒之③。每车驾出幸，则使老内臣马上抱之④，曰"驾头"。辇后曲盖谓之"筤"。两扇夹心，通谓之"扇筤"。皆绣，亦有销金者，即古之华盖也。

注释

①**正衙**：指皇帝朝会听政的地方。**法座**：指皇帝所坐的座椅。②**堕角**：即圆角。堕，通"隳"。③**冒**：覆盖。④**内臣**：指太监，宦官。

皇帝在朝会听政时坐的座椅，是用香木制作的，加上黄金做的装饰，四脚，圆角，前面稍微低陷，用藤编织物覆盖。每次皇帝乘车驾出行的时候，就让年老的宦官骑在马上抱着它，称为"驾头"。皇帝车辇后面的弧形顶盖叫作"筤"。曲盖左右各有一扇，通称为"扇筤"。上面均有绣面，也有镶嵌金丝的，就是古时候说的"华盖"。

唐翰林院在禁中，乃人主燕居之所^①，玉堂、承明、金銮殿皆在其间。应供奉之人，自学士已下，工伎群官司隶籍其间者^②，皆称翰林，如今之翰林医官、翰林待诏之类是也。唯翰林茶酒司止称"翰林司"，盖相承阙文^③。唐制，自宰相而下，初命皆无宣召之礼，唯学士宣召。盖学士院在禁中，非内臣宣召，无因得入，故院门别设复门，亦以其通禁庭也。又学士院北扉者，为其在浴堂之南^④，便于应召。今学士初拜，自东华门入，至左承天门下马，待诏、院吏自左承天门双引至阁门^⑤，此亦用唐故事也。唐宣召学士自东门入者，彼时学士院在西掖，故自翰林院东门赴召，非若今之东华门也。至如挽铃故事，亦缘其在禁中，虽学士、院吏，亦止于玉堂门外，则其严密可知。如今学士院在外，与诸司无异，亦设铃索，悉皆文具故事而已。

①人主：指君主，皇帝。燕居：闲居，退朝时的所在。②籍：登记在册。③阙：同"缺"。④浴堂：宫中的浴殿，唐代皇帝常在这里召见学士。⑤双引：由二人引马。

唐代的翰林院在禁宫之中，是皇帝闲居的地方，玉堂、承明、金銮殿都在这里。侍奉皇帝的人，从学士以下，工匠乐伎各类官员等，都称为翰林，就像今天所说的翰林医官、翰林待诏这类职务一样。只有翰林茶酒司只称作"翰林司"，是流传过程中缺漏字的缘故。唐代制度，从宰相以下，首次任命都没有宣召的礼制，只有学士会受到宣召。学士院在禁宫中，没有内臣宣召，就不能进入，所以学士院的门另设置一处旁门，也可以从这里通入皇宫禁苑。另外，学士院的门设在北面，是因为它在浴殿的南边，这样方便应召觐见。今天的学士首次拜官，从东华门入宫，到左承天门下马，由待诏、院吏二人引马从左承天门至宫殿的侧门，这也是沿用唐代的旧例。唐代学士受到宣召要从东门进入，是因为当时学士院在宫殿西侧，所以从翰林院东门前赴应召，不像今天从东华门进入。至于夜间入学士院有事要先拉铃的规定，也是因为它在禁宫之中，即便是学士、院吏也只能止步于玉堂门之外，可知它的严密程度。如今学士院在禁宫之外，和其他官署没有差别，仍设置绳索悬挂的铃铛，都是空留下了这个旧例罢了。

学士院玉堂，太宗皇帝曾亲幸。至今唯学士上日许正坐，他日皆不敢独坐。故事：堂中设视草台①，每草制，则具衣冠据台而坐。今不复如此，但存空台而已。玉堂东承旨阁子窗格上有火燃处，太宗尝夜幸玉堂，苏易简为学士，已寝，遽起②，无烛具衣冠③，宫嫔自窗格引烛入照之。至今不欲更易，以为玉堂一盛事。

①视草台：起草或修正诏书的地方。②遽：立即。③具：准备。

学士院的玉堂，宋太宗曾亲自到此。至今只有学士在每月初一允许坐正座，其他日子都不敢独自就座在这里。按旧例，玉堂里设有视草台，每当草拟制书的时候，学士就穿戴整齐地坐在这个台子上。今天已经不再有这样的制度，只留存下来了这个空着的台子。玉堂东侧承接圣旨的房间窗格上有被火燃烧过的地方。宋太宗曾在夜间驾临玉堂，当时苏易简是学士，已经就寝，立即起身，由于没有烛火能照他穿戴衣冠，宫女从窗格处递进烛火为他照明。至今不更换窗格，以此作为玉堂一件光荣的事。

东、西头供奉官，本唐从官之名。自永徽以后，人主多居大明宫，别置从官，谓之"东头供奉官"。西内具员不废①，则谓之"西头供奉官"。

①西内：皇宫称大内，西内即皇宫的西边部分。

东西头供奉官，原本是唐代从官的称呼。从永徽年之后，皇帝大多居住在大明宫，另外设置从官，称作"东头供奉官"。皇宫西边还保留着原有人员不废除，便称作"西头供奉官"。

唐制，两省供奉官东西对立，谓之"蛾眉班①"。国初，供奉班于百官前横列。王溥罢相为东宫，一品班在供奉班之后，遂令供奉班依旧分立。庆历中，贾安公为中丞，以东西班对拜为非礼，复令横行。至今初叙班分立；百官班定，乃转班横行；参罢，复分立；百官班退，乃出。参用旧制也。

①蛾眉班：两省官员班列左右分立时，状似蛾眉，因而有这个称呼。

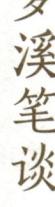

唐代制度，中书省和门下省的供奉官分别在东边和西边相对而立，称为"蛾眉班"。本朝初年，供奉班在百官的前面横向站列。王溥罢相之后在东宫任职，他所在的一品班在供奉班的后面，于是下令供奉班仍分立两侧；庆历年间，贾昌朝初封安国公任职中丞，认为东西两班相对而拜不合礼节，又下令他们恢复横列。今日的初叙班分立两列；百官的班列站定后，就变为横列；参奏结束后，恢复成分立两列；百官退出后，才退出。这是参考沿用了旧时制度。

原 文

衣冠故事多无著令①，但相承为例。如学士舍人蹑履见丞相②，往还用平状③，扣阶乘马之类④，皆用故事也。近岁多用靴笏⑤。章子厚为学士日，因事论列，今则遂为著令矣。

注 释

①著令：明文规定。②蹑履：穿鞋。一说整理鞋，如"瓜田蹑履"。③平状：指双方身份平等时使用的礼节。④扣：拴系车马。乘马：用马拉车。⑤靴笏：指朝靴与朝笏，官员上朝时的礼仪。

译 文

关于穿戴的制度，大多没有明文规定，只沿袭以往的做法。比如学士、舍人见丞相时需穿鞋，交往时使用平等的礼节，可以乘坐马车至其阶下等，都是沿用旧制。近年常用的制度是穿靴持笏。章惇（字子厚）当学士的时候，讨论过这个制度，于是现今就以此作为明文规定了。

原 文

中国衣冠，自北齐以来，乃全用胡服。窄袖、绯绿短衣、长靿靴，有蹀躞带①，皆胡服也。窄袖利于驰射，短衣、长靿皆便于涉草②。胡人乐茂草，常寝处其间，予使北时皆见之，虽王庭亦在深荐中③。予至胡庭日，新雨过，涉草，衣袴皆濡，唯胡人都无所沾。带衣所垂蹀躞，盖欲以佩带弓剑、帉帨④、算囊⑤、刀砺之类。自后虽去蹀躞，而犹存其环，环所以衔蹀躞，如马之鞦根⑥，即今之带銙也。天子必以十三环为节，唐武德、贞观时犹尔。开元之后，虽仍旧俗，而稍褒博矣⑦。然带钩尚穿带本为孔，本朝加顺折，茂人文也。

注 释

①蹀躞：原形容小步走动、颤动，在服饰方面，用来表示垂挂的众多小物件。②靿：指靴袜的高筒。③荐：草。④帉帨：拭物用的小巾。⑤算囊：即算袋，古时百官贮放笔砚等物的袋子，在这里描述胡人装束更可能是指放置杂物的袋子。⑥鞦根：驾马车时，套在马

匹身上的皮带。⑦**褒博**：即"褒衣博带"，指宽衣大带。

　　中原地区的衣帽穿戴，从北齐以来，就都使用胡服。窄袖、红绿色的短衣服、长靴，悬挂饰物用的腰带，都是胡服。狭窄的袖子利于骑马射箭，短衣、长靴都利于在草间行走。胡人喜爱茂盛的草原，经常在草原上居住。我出使北方时都见到过，即便是王宫也建在草原深处。我到胡人王宫的时候，刚下过新雨，在草间行走，衣裤全湿了，但胡人完全没被沾湿。衣服系带上垂挂的蹀躞，原本是用来佩带弓剑、手巾、口袋、刀具与磨刀石之类的。此后虽然去除了蹀躞，但还保留着挂环，环上挂蹀躞的方式就像套车时挂在马匹上的皮带，也就是如今皮带上的装饰扣板。皇帝必须佩以十三环带銙，唐代武德、贞观时期还是这样。开元之后，虽然仍旧遵循这个惯例，但服饰稍微宽松。只是带钩仍穿在带子本身的孔中，本朝又加上了顺折，以彰显人文。

原　文

　　幞头^{fu}①，一谓之四脚，乃四带也。二带系脑后垂之，二带反系头上，令曲折附顶，故亦谓之"折上巾"。唐制，唯人主得用硬脚。晚唐方镇擅命②，始僭用硬脚。本朝幞头有直脚、局脚、交脚、朝天、顺风，凡五等。唯直脚贵贱通服之。又庶人所戴头巾，唐人亦谓之"四脚"，盖两脚系脑后，两脚系额下，取其服劳不脱也。无事则反系于顶上。今人不复系额下，两带遂为虚设。

注　释

　　①**幞头**：古人佩戴的软布头巾。②**方镇**：地方镇守的官员。**擅命**：擅自发号施令，不受中央统治。

译　文

　　头巾，又叫作四脚，是指四条带子。两条带子系在脑后垂下来，另两条带子反系在头顶，使其弯着盖在头顶上，所以叫作"折上巾"。唐代制度，只有皇帝可以使用硬脚幞头。晚唐时各地藩镇自治，开始僭越级别使用硬脚幞头。本朝的幞头有直脚、局脚、交脚、朝天、顺风，一共五个等级。只有直脚是不论贵贱都可以佩戴的。另外，平民佩戴的头巾，唐代人也称其为"四脚"，两条带子系在脑后，两条带子系在下巴下面，为的是劳作时不掉落。不劳作的时候就反系在头顶。现在的人不再把带子系在下巴下面了，两条带子就没有实际用处了。

原　文

　　唐中书指挥事谓之"堂帖子"。曾见唐人堂帖，宰相签押，格如今之堂札子也①。

注　释

　　①**札子**：宋代的一种文书。

译 文

　　唐代中书省处理诏令事务的文书称为"堂帖子"，我曾见过唐代人的堂帖，宰相在上面签字画押，格式与今天的堂札子相同。

原 文

　　予及史馆检讨时[1]，议枢密院札子问宣头所起。予按唐故事，中书舍人职掌诏诰[2]，皆写四本，一本为底，一本为宣。此"宣"谓行出耳，未以名书也。晚唐枢密使自禁中受旨，出付中书，即谓之"宣"。中书承受，录之于籍，谓之"宣底"。今史馆中尚有梁宣底二卷，如今之圣语簿也。梁朝初置崇政院，专行密命。至后唐庄宗复枢密使，使郭崇韬、安重海为之，始分领政事，不关由中书直行下者谓之"宣"，如中书之"敕"。小事则发头子，拟堂帖也。至今枢密院用宣及头子，本朝枢密院亦用札子。但中书札子，宰相押字在上，次相及参政以次向下；枢密院札子，枢长押字在下[3]，副贰以次向上，以此为别。头子唯给驿马之类用之。

注 释

　　①**史馆检讨**：官名，负责官修史书相关的工作。②**中书舍人**：官名，在皇帝身边负责撰写文书的近臣。③**枢长**：枢密院的主管官员，即枢密使。

译 文

　　我在担任史馆检讨一职时，议枢密院下札子问宣头的由来。我查考唐代旧例，中书舍人草拟诏书时，都写成四本，一本叫底，一本叫宣。这个"宣"是指颁行出去的意思，不是文书的名称。晚唐枢密使从禁宫中受到圣旨，交付给中书省，就叫作"宣"。中书省收到旨意，在籍册上记录下来，叫作"宣底"。今天的史馆里还有梁朝的宣底两卷，和今天的圣语簿一样。梁朝最早开始设立崇政院，专门颁行秘密诏令，到了后唐庄宗时期重新设置枢密使，让郭崇韬、安重海任职，才开始分管政事。不经由中书省，直接下达的命令叫作"宣"，与中书省的"敕"一样。小事就发布头子，类似堂帖。至今枢密院使用宣和头子。本朝的枢密院还使用札子。但中书省札子，宰相在上方签字画押，次相和参知政事依次向下；枢密院札子，枢密使在下方签字画押，副使依次向上，以这个作为差别。头子只有供给驿马之类的小事时使用。

原 文

　　百官于中书见宰相，九卿而下，即省吏高声唱一声"屈"，则趋而入。宰相揖及进茶，皆抗声赞喝，谓之"屈揖"。待制以上见，则言"请某官"，更不屈揖，临退仍进汤。皆于席南横设百官之位，升朝则坐，京官已下皆立。后殿引臣寮，则待制已上宣名拜舞[2]。庶官但赞拜，不宣名，不舞蹈。中书则略贵者，示与之抗也^②。上前则略微者，杀礼也。

译文

百官在中书省拜见宰相，九卿以下的官员，当中书省官员高喊一声"屈"，便快走进来。宰相作揖并进茶时，都要高声传唱，叫作"屈揖"。待制以上的官员拜见宰相时，则是说"请某官"，也不用屈揖，退出之前进上茶汤，百官的座位都横向摆设在主席南边，升朝的官员可坐下，京官以下的官员都要站立着。在后殿引见大臣时，待制以上的官员宣告名字并以舞蹈拜礼。一般官员只行赞礼和拜礼，不宣告姓名，不舞蹈。在中书省时礼节略高些，是表示与宰相的地位平等。在圣上面前礼节略低微，是表示降低地位的礼节。

原文

唐制，丞郎拜官即笼门谢^①。今三司副使已上拜官，则拜舞于子阶上^②；百官拜于阶下，而不舞蹈。此亦笼门故事也。

译文

唐代的制度，尚书省官员丞郎拜受官职时，向殿门跪拜答谢。今天的三司副使以上官员拜受官职时，则是在小阶上跪拜舞蹈；百官在台阶下跪拜，而不舞蹈。这也是笼门的旧例。

原文

学士院第三厅学士阁子，当前有一巨槐，素号"槐厅"。旧传居此阁者，多至入相。学士争槐厅，至有抵彻前人行李而强据之者^①。予为学士时，目观此事。

译文

学士院的第三厅学士阁子，正前面有一株巨大的槐树，历来称作"槐厅"。以前传说在这个阁子里的学士，多有能成为宰相的。学士们争相占据槐厅，以致有人将已在这里的前人行李丢弃而强占位置的。我当学士时，目睹过这种事。

原文

谏议班在知制诰上，若带待制^①，则在知制诰下，从职也，戏语谓之"带坠"。

①**待制**：唐代官名，以较高品级的官员每日轮替值守，等待诏命。

译 文

谏议大夫的地位在知制诰之上，如果轮值在待制职位上，则地位在知制诰之下，因为这是从属于知制诰的职位，这被戏称为"带坠"。

原 文

《集贤院记》："开元故事，校书官许称学士。"今三馆职事，皆称"学士"，用开元故事也。

译 文

《集贤院记》："开元年间的旧例，校书官被允许称为学士。"现在的三馆职事，都被称为"学士"，是用的开元年间的这个旧例。

原 文

馆阁新书净本有误书处①，以雌黄涂之。尝校改字之法，刮洗则伤纸，纸贴之又易脱，粉涂则字不没，涂数遍方能漫灭。唯雌黄一漫则灭，仍久而不脱。古人谓之"铅黄"，盖用之有素矣。

注 释

①**净本**：誊写清晰的版本。

译 文

馆阁中新誊写的定本有写错的地方，用雌黄涂掉。我曾查考过改字的方法，刮洗会损伤纸张，用纸贴住又容易脱落，用粉末涂抹不能完全遮盖字迹，涂很多遍才能遮盖到看不见。只有雌黄一涂就能盖住，而且长时间不会脱落。古人将它叫作"铅黄"，可见使用它已久。

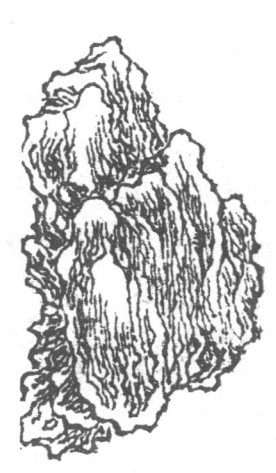

● 雌黄

雌黄，一种矿物，古代则把它视作一种颜料。古人写书用黄纸，如有错误，则用雌黄涂改之，其改之者，经久而不剥落，因而为书家所称道。

原 文

予为鄜(fū)延经略使日，新一厅①，谓之"五司厅"。延州正厅乃都督厅，治延州事，五司厅治鄜延路军事②，如唐之使院也。五司者，经略、安抚、总管、节度、观察也。唐制，方镇皆带节度、观察、处置三使。今节度之职多归总管司，观察归安抚司，处置归经略司。其节度、观察两案，并支掌推官、判官，今皆治州事而已。经略、安抚司不置佐官，以帅权不可更不专也。都总管、副总管、钤(qián)辖、都监同签书，而皆受经略使节制。

①厅：办公部门。②路：古时行政区划的名称，表示某一地区。

译文

我当鄜延经略使的时候，有一个新的机构，叫作"五司厅"。延州的正厅是都督厅，治理延州的事务，五司厅治理鄜延一带的军事，就像唐代的使院一样。五司是指经略、安抚、总管、节度、观察。唐代制度，各地方都设有节度、观察、处置三使职位。现今的节度使职权多归于总管司之中，观察使归于安抚司之中，处置使归于经略司。其中节度、观察两个职务，以及其下的支使、掌书记、推官、判官，现今都只治理州中事务而已。经略司、安抚司中不设置辅佐官位，是因为统帅的职权不能不专有。都总管、副总管、钤辖、都监要共同签署文书，并且都受到经略使的制约。

原文

银台司兼门下封驳①，乃给事中之职，当隶门下省，故事乃隶枢密院。下寺监皆行札子②，寺监具申状，虽三司，亦言"上银台"。主判不以官品，初冬独赐翠毛锦袍。学士以上，自从本品。行案用枢密院杂司人吏，主判食枢密厨，盖枢密院子司也。

注释

①封驳：封还并对诏敕之不当者加以驳正。②寺监：古代太常寺、光禄寺、将作监、都水监等机构的合称。

译文

银台司兼有门下省驳正诏敕的职务，是行使给事中的职权，应当隶属于门下省，按旧例则是隶属于枢密院。给寺监下达文书都用札子，由寺监出具文书则用申状，即使是三司也称其"上银台"。银台司的主官不以品级论，初冬时都会单独受赐翠毛锦袍。学士以上的官品，遵从他本来的品级受赐。行事办案使用枢密院办理杂事的人员，主官在枢密院用餐，实际是枢密院下属的部门。

原文

大驾卤簿中有勘箭，如古之勘契也①。其牡谓之"雄牡箭"，牝谓之"辟仗箭"②。本胡法也。熙宁中罢之。

注释

①勘箭：勘验对箭。勘契：勘验鱼契。古时用檀木刻成鱼形，分为两半，分别由两名官员持有，开闭殿门时需勘验两方的鱼契是否相合，成为一种仪式。"勘箭"同理。②牡、牝：即雄、雌。

译文

皇帝车驾仪仗之中有勘箭礼仪，如同古时候的勘契。其中雄箭称为"雄牡箭"，雌箭

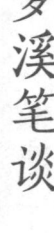

称为"辟仗箭"。原本是胡人的礼仪。熙宁年间废除。

前世藏书，分隶数处，盖防水火散亡也。今三馆、秘阁，凡四处藏书，然同在崇文院。其间官书，多为人盗窃，士大夫家往往得之。嘉祐中，置编校官八员，杂雠四馆书①。给吏百人，悉以黄纸为大册写之。自此私家不敢辄藏。校雠累年，仅能终昭文一馆之书而罢。

注 释

①雠：校雠，即校对。

译 文

先代的藏书，分别藏在多处，以防水火灾害及丢失散佚。当代在三馆和秘阁一共四处藏书，但都在崇文院里。这里藏的官方书籍，常被人盗窃，士大夫家中常常能发现。嘉祐年间，便设置编校官八名，交叉校对四馆中的藏书。指派百名官吏，都用黄色纸的大型书册誊写，从此以后私人家里便不敢随意收藏。校勘了多年，才只完成了昭文馆一处的藏书就停止了。

原 文

旧翰林学士地势清切①，皆不兼他务。文馆职任，自校理以上，皆有职钱，唯内外制不给②。杨大年久为学士，家贫，请外，表辞千余言，其间两联曰："虚忝甘泉之从臣，终作莫敖之馁鬼。从者之病莫兴，方朔之饥欲死。"

注 释

①地势：地位权势。清切：清贵且亲近皇帝。②内外制：内制指翰林学士，外制指中书舍人或知制诰，均负责起草诏书。

译 文

旧时翰林院学士地位清贵而亲近皇帝，都不兼职其他事务。文馆任职的官员，从校理以上，都有俸禄，只有内外制的官员不给。杨亿（字大年）长年当学士，家里贫穷，请求外放，写下千余字的辞官表文，其中有两个对句："虚忝甘泉之从臣，终作莫敖之馁鬼。从者之病莫兴，方朔之饥欲死。"

原 文

京师百官上日①，唯翰林学士敕设用乐②，他虽宰相，亦无此礼。优伶并开封府点集。陈和叔除学士时，和叔知开封府，遂不用女优。学士院敕设不用女优，自和叔始。

注 释

①上日：上任日。②敕设：受皇帝下旨允许宴请从官。

〔译 文〕

　　京城百官的上任日，只有翰林学士上任日设宴时可以使用礼乐，其他人即便是宰相，也没有这种礼仪。表演乐舞的优伶统一由开封府点选召集。陈绎（字和叔）任学士时，主管开封府，于是不使用女艺人。学士院敕设时不使用女艺人，就是从他开始的。

〔原 文〕

　　礼部贡院试进士日，设香案于阶前，主司与举人对拜，此唐故事也。所坐设位供张甚盛①，有司具茶汤饮浆。至试学究，则悉彻帐幕毡席之类，亦无茶汤，渴则饮砚水，人人皆黔其吻②。非故欲困之，乃防毡幕及供应人私传所试经义。盖尝有败者，故事为之防。欧文忠有诗："焚香礼进士，彻幕待经生。"以为礼数重轻如此，其实自有谓也。

〔注 释〕

　　①**供张**：供帐，饮食供应及帷帐陈设。②**黔**：黑色。

〔译 文〕

　　礼部在贡院举行进士考试时，在台阶前设香案，主考官与受试的举人们对拜，这是唐朝的旧制度。所坐座位的排场很大，相关部门准备茶汤饮品。等到学究考试时，就将帐幕毡席全部撤掉，也没有饮品，渴了便喝调墨用的水，人人嘴巴都是黑的。并不是有意要为难他们，是为了防止毡幕这类东西和供水的人私下传递所考的经书内容。因为曾有这样做而败露的，所以用这样的规定来提防。欧阳修（谥号文忠）写过诗句："焚香礼进士，彻幕待经生。"认为礼数上重此轻彼到这种程度，其实是有其道理的。

〔原 文〕

　　嘉祐中，进士奏名讫①，未御试，京师妄传"王俊民为状元"，不知言之所起，人亦莫知俊民为何人。及御试，王荆公时为知制诰，与天章阁待制杨乐道二人为详定官。旧制，御试举人，设初考官，先定等第；复弥之以送复考官②，再定等第；乃付详定官，发初考官所定等，以对复考之等；如同即已，不同，则详其程文，当从初考或从复考为定，即不得别立等。是时，王荆公以初、复考所定第一人皆未允当，于行间别取一人为状首。杨乐道守法，以为不可。议论未决，太常少卿朱从道时为封弥官，闻之，谓同舍曰："二公何用力争，从道十日前已闻王俊民为状元，事必前定。二公恨自苦耳。"既而二人各以己意进禀，而诏从荆公之请。及发封，乃王俊民也。详定官得别立等，自此始，遂为定制。

〔注 释〕

　　①**奏名**：科举考试，礼部将拟录取的进士名册送呈皇帝审核。**讫**：结束。②**弥**：合上，

古时将试卷上的姓名糊住以便阅卷公平。

嘉祐年间，进士已完成提名，还没有进行殿试，京城谣传"王俊民是状元"，不知这话从哪里传出，人们也不知王俊民是什么人。到殿试的时候，王安石（封荆国公，故称王荆公）是当时的知制诰，与天章阁的待制杨畋（字乐道）两人作为考试的详定官。按照旧例，殿试举人，设置初考官，先评定等级次第；再糊名送去绛复考官，再评定一次等级次第；然后才交给详定官，打开初考官所定的等次，与复考官的对照。如果相同就这样定下来，如果不同，就详细阅读他们进呈的文章，依从初考官或复考官评定的等次，不能另外再定立等次。当时，王安石认为初考官、复考官所评定的第一人都不应当选，从名单里另外选了一个人作为榜首。杨畋遵守规定，认为不可以。议论没有结果，太常少卿朱从道当时作为封弥官，听说了这事，与同事说："两位大人何必这么努力争论，我十天前就已经听说王俊民是状元，这事一定是早就定好的。两位大人是自寻烦恼罢了。"之后两人以各自的意见上报，而皇帝采纳了王安石的意见。等到发榜，果真是王俊民。详定官另外定立等次，从这里开始，之后便形成了规定。

选人不得乘马入宫门①。天圣中，选人为馆职，始欧阳永叔、黄鉴辈，皆自左掖门下马入馆，当时谓之"步行学士"。嘉祐中，于崇文院置编校局，校官皆许乘马至院门。其后中书五房置习学公事官②，亦缘例乘马赴局。

①选人：唐代称候补、候选的官员为选人。②习学：学习，见习。

候选官员不能骑马进入宫门。天圣年间，从欧阳修（字永叔）、黄鉴这一批开始，候选官员在史馆任职，都从左掖门下马进入馆中，当时人称"步行学士"。嘉祐年间，在崇文院设置编校局，校官都被允许骑马到院门口。在此之后，中书省五房添置见习的办事人员，也沿用惯例骑马到任。

车驾行幸，前驱为之"队"，则古之"清道"也。其次卫仗，卫仗者，视阑入宫门法①，则古之外仗也。其中谓之禁围，如殿中仗。《天官·掌舍》②："无宫，则供人门。"今谓之"殿门天武官"，极天下长人之选八人。上御前殿，则执钺立于紫宸门下；行幸则为禁围门，行于仗马之前。又有衡门十人、队长一人，选诸武力绝伦者为之，上御后殿，则执挝东西对立于殿前③，亦古之虎贲、人门之类也。

①视：视同。阑：同"拦"。法：规矩。②《天官·掌舍》：《周礼·天官·掌舍》，掌舍为官名，掌管皇帝出行时的场域居舍之事。③钺、挝：均为武器，后引申为礼器。

译　文

皇帝驾车出行，最前面的先驱叫作"队"，就是古时候说的"清道"。其次是卫仗，视同在宫门前拦截入内的职务，也就是古时候说的外仗。在中间的称作禁围，就像宫殿里的中仗。《天官·掌舍》说："没有宫门的时候，就以人为门。"现在称之为"殿门天武官"，选八名天下最高大的人。皇帝到前殿时，他们就手持钺站立在紫宸门下面；皇帝出行时就作为禁围门的范围，走在仪仗马的前面。还有十名衡门、一名队长，从武力最高绝的人中选拔来担任，皇帝到后殿时，他们手持挝东西相对着站在殿前，也就是古时候的虎贲、人门这一类。

● 刘昫

刘昫，字耀远，五代人，曾先后在后唐、后晋任职，官至司空，同平章事，后晋出帝开运二年（945），他招募大批学士主持修撰《旧唐书》二百卷，可谓有功于后人者！

原　文

予尝购得后唐闵帝应顺元年案检一通①，乃除宰相刘昫兼判三司堂检。前有拟状云："具官刘昫②。右，伏以刘昫经国才高③，正君志切，方属体元之运④，实资谋始之规。宜注宸衷⑤，委司邦计，渐期富庶，永赞圣明。臣等商量，望授依前中书侍郎，兼吏部尚书、同中书门下平章事，充集贤殿大学士，兼判三司，散官勋封如故，未审可否。如蒙允许，望付翰林降制处分，谨录奏闻。"其后有制书曰："宰臣刘昫，右，可兼判三司公事，宜令中书门下依此施行。付中书门下，准此。四月十日。"用御前新铸之印。与今政府行遣稍异。

注　释

①案检：即案卷。②具官：具瞻之位，即指宰相，受人瞻仰的官员。③右、伏：右表示对方尊贵，伏表示谦逊，均为文书拟写的程式。④体元：以天地之元气为本，指皇帝即位。⑤宸衷：宸即北极星所在，引申为帝位，宸衷即皇帝的心意。

译　文

我曾买到后唐闵帝应顺元年的一份案卷，是授宰相刘昫以兼任三司的公堂案卷。前面有草拟文书说："尊贵的宰相刘昫。刘昫治理国家才能出众，辅佐君主志愿恳切，正值陛下即位的全新国运，正需要筹谋开国方略。应该倾注心力回应圣意，委命以掌管国家大计，以期国家日益富庶，使陛下英名永存。臣等商量，希望授予他在原有的中书侍郎职位以外，兼任吏部尚书、同中书门下平章事，充集贤殿大学士，兼判三司，散官勋封如故，不知是否可以？如果能获允许，希望交付翰林院下达诏令处理，谨慎地记录下来以禀奏给陛下听闻。"这后面有诏书写道："宰相刘昫，可以兼判三司的职务，应让中书省、门下省依照它来施行。交付中书省、门下省，对此批准。四月十日。"使用御前新铸造的印章。与如今政府发派的文书稍有不同。

原文

本朝要事对禀，常事拟进入，画可然后施行，谓之"熟状"。事速不及待报[1]，则先行下，具制草奏知，谓之"进草"。熟状白纸书，宰相押字，他执政具姓名。进草即黄纸书，宰臣、执政皆于状背押字。堂检，宰、执皆不押，唯宰属于检背书日，堂吏书名用印。此拟状有词，宰相押检不印，此其为异也。大率唐人风俗，自朝廷下至郡县，决事皆有词，谓之判，则书判科是也[2]。押检二人，乃冯道、李愚也。状检瀛王亲笔[3]，甚有改窜勾抹处。按《旧五代史》："应顺元年四月九日己卯，鄂王薨。庚辰，以宰相刘昫判三司。"正是十日，与此检无差。宋次道记《开元宰相奏请》、郑畋《凤池稿草》《拟状注制集》悉多用四六，皆宰相自草。今此拟状，冯道亲笔，盖故事也。

注释

①速：急事。②**书判科**：古代科举中考试书法文理的科目。③**瀛王**：即冯道，死后追封瀛王。

译文

本朝如有重要事宜禀告，通常是拟定文书递入，皇帝批画同意后施行，称作"熟状"。有急事来不及等待禀告的，就先实行，草拟文书禀奏告知，称作"进草"。熟状用白纸书写，宰相签字画押，其他执政官员写具姓名。进草用黄纸书写，宰相、执政官都在文书背后签字画押。公堂上的案卷，宰相、执政官均不画押，只有宰属在案卷背后写日期，堂吏签名并盖印章。这种文书上有判词，宰相写日期却不盖印，这是和平常不同的地方。大概是唐代人的风俗，上自朝廷下至郡县，判决事情都有判词，称为判，就是书判科的判。押检的两个人，是冯道和李愚。状检由冯道亲笔书写，有许多涂末修改的地方。按照《旧五代史》记载："应顺元年四月九日己卯日，鄂王去世。第二天庚辰日，让宰相刘昫掌管三司。"正是四月十日，与这份案卷没有差异。宋敏求（字次道）记载《开元宰相奏请》、郑畋《凤池稿草》《拟状注制集》都常用四六对偶的骈文，都是宰相自行草拟的。现在这份拟状，是冯道亲笔写的，也是遵照旧例。

原文

旧制，中书、枢密院、三司使印并涂金。近制，三省、枢密院印用银为之，涂金；余皆铸铜而已。

依据旧例，中书省、枢密院、三司使的官印都是涂金的。近年的制度，三省及枢密院的官印由银制造，涂金；其他的都只是由铜制造的。

卷二 故事二

原 文

三司使班在翰林学士之上。旧制，权使即与正同①，故三司使结衔皆在官职之上②。庆历中，叶道卿为权三司使，执政有欲抑道卿者，降敕时移权三司使在职下结衔，遂立翰林学士之下，至今为例。后尝有人论列，结衔虽依旧，而权三司使初除，阁门取旨，间有叙学士上者③，然不为定制。

注 释

①权使：代理三司职权的官位。②结衔：官员签署头衔。③叙：评定等级次第。

译 文

三司使位列于翰林学士之上。根据旧例，三司代理长官权三司使和正三司使同级，所以三司使的头衔都在官职的前面。庆历年间，叶清臣（字道卿）出任权三司使，执政者有人想打压叶清臣，下旨时就把权三司使写在他官职的下面，于是列位就在翰林学士之下了，至今都遵循这一制度。后来曾有人讨论此事，结衔方式虽然照旧，但权三司使首次任命的时候，在阁门接旨，有时会列位在学士之前，然而并不是定例。

原 文

宗子授南班官①，世传王文正太尉为宰相日，始开此议，不然也。故事，宗子无迁官法，唯遇稀旷大庆，则普迁一官。景祐中，初定祖宗并配南郊，宗室欲缘大礼乞推恩，使诸王宫教授刁约草表上闻②。后约见丞相王沂公，公问："前日宗室乞迁官表，何人所为？"约未测其意，答以不知。归而思之，恐事穷且得罪，乃再诣相府。沂公问之如前，约愈恐，不复敢隐，遂以实对。公曰："无他，但爱其文词耳。"再三嘉奖。徐曰："已得旨，别有措置。更数日，当有指挥③。"自此遂有南班之授，近属自初除小将军，凡七迁则为节度使，遂为定制。诸宗子以千缣谢约④，约辞不敢受。予与刁亲旧，刁尝出表稿以示予。

注 释

①宗子：皇帝宗亲。南班：即南郊祭祀时封授的官职。班，爵禄。②诸：之于。③指挥：通常表示安排，指示。唐宋诏敕和命令统称指挥。④缣：双丝织的浅黄色细绢。后也用为

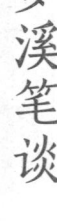

货币或赏赐酬谢的礼物。

译文

皇族宗亲子嗣授予南班官的官职，世人相传太尉王旦（谥号文正）担任宰相的时候，开始这个规定，其实并不是这样。按照旧例，宗亲子嗣没有升迁官职的法规，只有遇到稀有的重大庆典时，才统一升一等官职。景祐年间，初步定立祖宗祭祀的制度并安排在南郊，宗亲希望借重大典礼的机会乞求皇帝推恩及他们，让王宫学官刁约为此拟奏章上奏。后来刁约见当时的丞相王曾（封沂国公，故称王沂公），王曾问："前些天宗亲们乞求迁官的奏章，是谁写的？"刁约没明白他的意图，回答不知道。回去后思索这件事，怕事情暴露获罪，就再次到丞相府谒见。王曾又像之前那样问了，刁约越来越害怕，不敢再隐瞒，便说了实话。王曾说："没什么，只是喜爱这篇奏章的文笔。"多次夸奖他。过了一会儿又说："已经获得了圣旨，另有处理的办法。再过几天，应该就有诏令了。"从此之后就有了南班官的封授，与皇帝关系近的亲属从任命为小将军起，一共七次升官就成为节度使，以后就成了定例。众宗亲子嗣以千匹缣布酬谢刁约，刁约推辞不敢接受。我与刁约是亲戚故旧，刁约曾拿出这份文稿给我看。

原文

大理法官，皆亲节案，不得使吏人。中书检正官不置吏人，每房给楷书一人录净而已。盖欲士人躬亲职事，格吏奸，兼历试人才也。

译文

大理寺的法官，都是亲自断案，不能交给下面的小吏。中书省的检正官不配备小吏，每个办公室配备一人用楷书誊抄记录而已。这是因为要让士大夫亲自办事，革除吏人的奸猾，同时考验人才。

原文

太宗命创方团毬带①，赐两府文臣②。其后枢密使兼侍中张耆、王贻永皆特赐，李用和、曹郡王皆以元舅赐③，近岁宣徽使王君贶以耆旧特赐。皆出异数，非例也。

注释

①毬带：毬路带，大臣用的一种腰带。其上绣或织有球形花纹，束于袍服之外。②两府：执掌政治军事权力的两个重臣所在的机构，宋代指中书（即中书内省政事堂）、枢密院。③元舅：皇帝后妃的兄弟。

译文

宋太宗皇帝下令创制带有方圆形装饰的毬路带，赐予政事堂、枢密院的文臣。之后枢密使兼侍中的张耆、王贻永等都特别受到赏赐，李用和、曹佾（即曹国舅，封济南郡王，故称曹郡王）都因是国舅而获赐，近年来宣徽使王拱辰（字君贶）因德高望重而特别获赐。这些都是特例，不是惯例。

原文

近岁京师士人朝服乘马，以黪衣蒙之^①，谓之"凉衫"，亦古之遗法也。《仪礼》"朝服加景"是也。但不知古人制度章色如何耳。

注释

①黪：浅青黑色。

译文

近年京城的士大夫们穿着朝服骑马，用浅青黑色的衣物罩在外面，称为"凉衫"，也是古代遗留下来的规制。就是《仪礼》中说的"朝服加景"。但不知道古代人具体的制式、颜色是什么样。

原文

内外制凡草制除官，自给谏、待制以上，皆有润笔物^①。太宗时，立润笔钱数，降诏刻石于舍人院。每除官，则移文督之。在院官下至吏人院驺^②，皆分沾。元丰中，改立官制，内外制皆有添给，罢润笔之物。

注释

①润笔物：酬谢写文书的人的钱。出自《隋书·郑译传》："不得一钱，何以润笔。" ②驺：马倌。

译文

内外制凡是草拟任命官员的文书，被任命者官职在给谏、待制以上的，起草者就都有润笔钱。宋太宗时，设立润笔钱的数额，下旨用石头刻在舍人院。每当任命官员时，就发公文去督促。舍人院的官员下至小吏、院中马倌，都能享有一些。元丰年间，改立了官制，内外制都增添了补贴，废除了润笔钱。

原文

唐制，官序未至而以他官权摄者，为直官^①，如许敬宗为直记室是也。国朝学士、舍人皆置直院。熙宁中，复置直舍人、学士院，但以资浅者为之，其实正官也。熙宁六年，舍人皆迁罢，阁下无人，乃以章子平权知制诰，而不除直院者，以其暂摄也。古之兼官，多是暂时摄领，有长兼者，即同正官。予家藏《海陵王墓志》谢朓文，称"兼中书侍郎"。

注释

①直官：即暂时代理他职的官员。直，即值，当值。

译文

唐代制度，官员等级不够而让其他官员代掌职权的，叫作"直官"，例如许敬宗（字庭族）是直记室。本朝的学士、舍人都设有直官。熙宁年间，重新设立了直舍人、学士院的职位，只是起用了资历较浅的人，实际上是担当正式官职的。熙宁六年，舍人都升迁或罢免，部门内没有人，于是让章衡（字子平）任知制诰一职，但不任命他为直院，是因为他只是暂时掌权。古代的兼任官职，大多是暂时掌权的，如有长时间兼任的，就视同正式官员。我家藏的《海陵王墓志》是谢朓写的，他自称"兼中书寺郎"。

原 文

　　三司、开封府、外州长官升厅事，则有衙吏前导告喝①。国朝之制，在禁中唯三官得告：宰相告于中书，翰林学士告于本院，御史告于朝堂。皆用朱衣吏，谓之"三告官"。所经过处，阍吏以梃扣地警众②，谓之"打杖子"。两府、亲王，自殿门打至本司及上马处；宣徽使打于本院；三司使、知开封府打于本司。近岁寺监长官亦打，非故事。前宰相赴朝，亦有特旨，许张盖、打杖子者，系临时指挥。执丝梢鞭入内，自三司副使以上，副使唯乘紫丝暖座从入，队长持破木梃。自待制以上，近岁寺监长官持藤杖，非故事也。百官仪范，著令之外，诸家所记，尚有遗者。虽至猥细③，亦一时仪物也。

注 释

　　①告喝：古代官员就道，前导仪卫大声传呼，令人避退，以示威严。②阍吏：守门的小吏。梃：棍棒。③猥细：繁杂琐碎。

译 文

　　三司、开封府、外州长官升堂办公的制度，就有衙吏在前引导、大声传呼。本朝的规定，在禁宫里只有三种官员有传呼的待遇：宰相去往中书省，翰林学士去往翰林院，御史去往朝堂。都用红衣的官吏，称为"三告官"。所经之处，阍吏用梃打击地面警告民众，称作"打杖子"。两府宰相、枢密使及皇帝亲属，从殿门开始打至自己官署上马的地方；宣徽使在自己的府中打；三司使、知开封府在自己的官署打。近年来寺监的长官升堂也要打杖子，不是旧有的规定。以前宰相上朝，也有特别的旨意，允许开伞盖、打杖子的，是临时下旨的。三司副使以上的官员，手持丝梢鞭入朝，副使只能乘坐紫丝暖座跟随进入，由队长手持破木棒，待制以上的官员。近年寺监的长官可持藤杖入朝，不是旧有的规定。百官的礼仪范式，除了明文之外，各家所记的，还有遗漏。尽管十分细碎，也是一个时期的制度规范。

原 文

　　国朝未改官制以前，异姓未有兼中书令者①，唯赠官方有之②。元丰中，曹郡王以元舅特除兼中书令，下度支给俸③。有司言："自来未有活中书令请受则例。"

注 释

　　①异姓：不同姓，这里应特指皇室的姻亲，与皇帝异姓的亲族。②赠官：死后追封官

职爵位。③**度支**：掌管财政收支的官署。

> 译文

本朝没有改变官制以前，皇室以外的人不能兼中书令，只有死后追封官职的时候才可以。元丰年间，曹佾因是国舅特别任命兼任中书令，下达给度支部门支给俸禄。专司部门称："从来没有活着的中书令支取俸禄的例子。"

> 原文

都堂及寺观百官会集坐次①，多出临时。唐以前故事，皆不可考，唯颜真卿与左仆射定襄郡王郭英乂书云："宰相、御史大夫、两省五品以上供奉官自为一行，十二卫大将军次之，三师、三公、令仆、少师、保傅、尚书左右丞、侍郎自为一行，九卿、三监对之。从古以来，未尝参错。"此亦略见当时故事，今录于此，以备阙文。

> 注释

①**都堂**：尚书省左右仆射的办公处。

> 译文

百官在尚书省都堂及寺观中集会时的座次，多是临时排定的。唐以前的旧例，都无从查考，只有颜真卿与左仆射定襄郡王郭英乂的书信中写过："宰相、御史大夫、两省五品以上供奉官单独坐一行，其次是十二卫大将军，三师、三公、令仆、少师、保傅、尚书左右丞、侍郎单独坐一行，九卿、三监坐在他们对面。从古代以来，没有差错。"这也大致能在当时的制度里看到，现在记录在此，以备其他记载的缺漏。

> 原文

赐"功臣"号，始于唐德宗奉天之役。自后藩镇，下至从军资深者，例赐"功臣"。本朝唯以赐将相。熙宁中，因上皇帝尊号①，宰相率同列面请三四②，上终不允，曰："徽号正如卿等'功臣'，何补名实？"是时吴正宪为首相，乃请止"功臣"号，从之。自是群臣相继请罢，遂不复赐。

> 注释

①**尊号**：加在帝后称号前的称号，用以歌功颂德。后文的"徽号"同。②**三四**：犹言"再三再四"，表示多次。

● 颜真卿

颜真卿，字清臣，唐代人，因平定安史之乱有功，封鲁郡公，故又称作颜鲁公。德宗时，他亲赴敌营，却为叛军李希烈所杀。他是唐代大书法家，其书法"方严正大，朴拙雄浑"，后世称之为"颜体"。他留传下来的书法作品有《多宝塔碑》《争座位帖》等。

梦溪笔谈

赐予官员"功臣"的称号，是从唐德宗奉天之役时开始的。从此往后的藩镇中，下至军队中资历深厚的人，例行受赐"功臣"称号。本朝只将这个称号赐予将相。熙宁年间，因为给皇帝加尊号的事，宰相率同众官员请示了多次，皇帝始终不答应，说："皇帝的徽号就像你们的'功臣'，实际上有什么助益呢？"这时吴充（谥号正宪）任首相，便请求废止自己的"功臣"称号，皇帝允许。从此群臣相继请求废除称号，便不再赐封了。

卷三　辩证一

原 文

钧石之石，五权之名[1]，石重百二十斤。后人以一斛为一石[2]，自汉已如此，"饮酒一石不乱"是也。挽蹶弓弩[3]，古人以钧石率之[4]。今人乃以粳米一斛之重为一石。凡石者，以九十二斤半为法，乃汉秤三百四十一斤也。今之武卒蹶弩，有及九石者，计其力乃古之二十五石，比魏之武卒[5]，人当二人有余；弓有挽三石者，乃古之三十四钧，比颜高之弓[6]，人当五人有余。此皆近岁教养所成。以至击刺驰射，皆尽夷夏之术，器仗铠胄，极今古之工巧。武备之盛，前世未有其比。

注 释

①**五权**：五种重量单位，即铢、两、斤、钧、石。权，衡量。②**斛**：斗形的容器，用于计算容量。③**挽蹶弓弩**：即挽弓、蹶弩、拉弓与踩弩。④**率**：衡量。⑤**魏之武卒**：《荀子》记载"魏氏之武卒……操十二石之弓"。⑥**颜高之弓**：《左传》记载"颜高之弓六钧"。

译 文

钧石的石，是五种重量之一的名称，一石的重量是一百二十斤。后世将一斛的重量定为一石，从汉代就已经是这样，"饮酒一石不乱"就是这个意思。拉弓踩弩，古人用钧石来衡量它的重量。今天的人是用一斛粳米的重量作为一石。一石的重量是九十二斤半，使用汉秤的话是三百四十一斤。当今的兵士踩弩，重量能够达到九石的人，计算他的力量是古代说的二十五石，与魏国的兵士相比，一人能顶两人多；拉弓有能达到三石的人，是古时候的三十四钧，与颜高的弓相比，一人能顶五人多。这都是近年来训练培养的成果。至于击剑骑射，囊括外族与中原的技艺，兵器甲胄，极尽古往今来的技术。军力的昌盛，是以前不可比拟的。

原 文

《楚辞·招魂》尾句皆曰"些"苏个反[1]，今夔、峡、湖、湘及南北江獠人，凡禁咒句尾皆称"些"。此乃楚人旧俗，即梵语"萨嚩诃"也。萨音桑葛反，嘻无可反，诃从去声。三字合言之，即"些"字也。

译文

《楚辞·招魂》的句尾都有"些"（苏个反）。现今的夔、峡、湖、湘及南北江一代的蛮夷人，凡是禁咒的句尾都有"些"。这是楚地人的旧习俗，即是梵语中的"萨嘻诃"（萨的读音是桑葛反，嘻字无法用反切注音，诃读四声）。三个字合并读起来，就是"些"的字音。

原文

阳燧^{suì}照物皆倒①，中间有碍故也②。算家谓之"格术"③。如人摇舻，臬为之碍故也④。若鸢飞空中，其影随鸢而移，或中间为窗隙所束⑤，则影与鸢遂相违，鸢东则影西，鸢西则影东。又如窗隙中楼塔之影，中间为窗所束，亦皆倒垂，与阳燧一也。阳燧面洼，以一指迫而照之则正⑥；渐远则无所见；过此遂倒。其无所见处，正如窗隙、舻臬、腰鼓碍之，本末相格，遂成摇舻之势。故举手则影愈下，下手则影愈上，此其可见。阳燧面洼，向日照之，光皆聚向内。离镜一二寸，光聚为一点，大如麻菽⑦，著物则火发，此则腰鼓最细处也。岂特物为然⑧，人亦如是，中间不为物碍者鲜矣。小则利害相易，是非相反；大则以己为物，以物为己。不求去碍，而欲见不颠倒，难矣哉！《酉阳杂俎》谓"海翻则塔影倒"⑨，此妄说也。影入窗隙则倒，乃其常理。

注释

①**阳燧**：古代以太阳光取火的凹面铜镜。②**碍**：障碍，文中指小孔成像中的孔。③**算家**：古代的算学家。**格术**：即格物之术，研究自然科学的方法。④**舻**：即橹。**臬**：指橹支在船体上的那个孔或支点。⑤**束**：束集，光线聚焦于一个点或一条缝。⑥**迫**：近，迫近。⑦**麻菽**：芝麻、豆粒，形容极小。⑧**特**：只有、特例。⑨**海翻则塔影倒**：《酉阳杂俎》记载，有人忽然看见东市塔倒了过来，当地老人对他说，"海影翻"就是这样。这里的"海翻"可能是指海市蜃楼。

译文

太阳照射凹面镜映出的物体影像都是倒着的，是因为中间存在"碍"。算学家将其归为"格术"的一种。就像人摇桨时，中间的支点就是"碍"。鹞鹰飞在天空中，影子随着它移动，如果中间隔着窗户缝隙，那么影子与鹞鹰就相反，鹞鹰往东飞则影子往西，鹞鹰往西飞则影子往东。又例如窗户缝隙中看楼或塔的影子，中途被窗户收束，也都是倒垂着的，与阳燧是一样的道理。阳燧的面是凹的，用一根手指靠近照出来的影像就是正的；渐

渐远离就看不见了；再过了这段距离，就变成倒的。看不见的这段距离，就如同窗缝、桨的支点、腰鼓的腰作为障碍，将正倒分开，就形成了摇桨时桨头与人摇动方向相反的走向。所以手举起时倒影往下，手往向下时倒影往上，可以看出这个道理。（阳燧的面是凹的，对着阳光照，光线都向内聚集。离镜面一两寸的地方，光聚成一个点，像芝麻豆粒这么大，碰到东西就着火，这里就像腰鼓最细的那处。）何止物体是这样的，人也是这样，鲜有不被事物"碍"的。往小处说就是利害相侵，黑白颠倒；往大处说就是将自我当作俗物来轻贱，将俗物当作自我来追求。不想办法去除障碍，又想不本末倒置，太难了！（《酉阳杂俎》说"海翻则塔影倒"，这是错误的。塔影通过窗缝变成倒着的，才是这件事的正确道理。）

原文

先儒以日食正阳之月止谓四月[1]，不然也。正、阳乃两事，正谓四月，阳谓十月[2]。日月阳止是也。《诗》有"正月繁霜""十月之交，朔月辛卯。日有食之，亦孔之丑"二者，此先王所恶也。盖四月纯阳，不欲为阴所侵；十月纯阴，不欲过而干阳也。

注释

①**日食正阳之月**：在正阳之月发生日食。②**正谓四月，阳谓十月**：古代认为四月纯阳，所以称为正月；认为十月纯阴，忧虑其无阳，所以称为阳月。

译文

先代的学者认为"日食正阳之月"只是指四月，其实不是这样。正、阳是两回事，正是指四月，阳是指十月。"日月阳止"里的阳就是这个意思。《诗经》中有"正月繁霜""十月之交，朔月辛卯。日有食之，亦孔之丑"两句，这是先王所忌惮的。因为四月是纯阳，不愿被阴气所侵扰导致阳衰；十月是纯阴，不愿阴气更盛而干扰了阳气。

原文

予为《丧服后传》，书成，熙宁中欲重定五服敕[1]。而予预讨论。雷、郑之学[2]，阙谬固多，其间高祖远孙一事，尤为无义。《丧服》但有曾祖齐衰三月，曾孙缌麻三月[3]，而无高祖远孙服。先儒皆以谓"服同曾祖曾孙，故不言可推而知"，或曰"经之所不言则不服"，皆不然也。曾，重也。由祖而上者，皆曾祖也；由孙而下者，皆曾孙也；虽百世可也。苟有相逮者[4]，则必为服丧三月。故虽成王之于后稷，亦称曾孙。而祭礼祝文，无远近皆曰曾孙。《礼》所谓"以五为九"者，谓傍亲之杀也[5]。上杀、下杀至于九，傍杀至于四，而皆谓之族。族昆弟父母、族祖父母、族曾祖父母。过此则非其族也。非其族，则为之无服。唯正统不以族名，则是无绝道也[6]。

①**五服**：以亲疏差等而定的五种丧服。②**雷、郑之学**：指南朝宋儒学家雷次宗和东汉儒学家郑玄，二人在经学方面的成就被后世并称为雷、郑之学。③**齐衰、缌麻**：五服分为斩衰、齐衰、大功、小功、缌麻。④**逮**：到、及。⑤**以五为九**：从五服亲属再上下延伸至祖辈及孙辈的五服，即上下共九辈。**杀**：《礼记》郑玄注："杀，谓亲益疏者，服之则轻。"疏，即疏。指亲属关系极疏，服丧至此等为止。⑥**正统**：指皇帝宗亲。皇室不按上述规矩定义亲族关系，以表示延绵不绝。

梦溪笔谈

我写作《丧服后传》，这本书完成，熙宁年间将要重新划定五服的制度，而我参与了讨论。雷次宗、郑玄的学说，缺漏谬误本来就很多，其中对高祖远孙一事的说法，尤其不合理。《丧服》只有曾祖服齐衰三月，曾孙服缌麻三月的说法，而没有高祖远孙的丧服说法。现代学者都认为"丧服同曾祖曾孙，所以不说也可以推知"，有的说"经书没有提及的就不用服丧"，都不正确。曾就是重辈。从祖往上，都是曾祖；从孙往下，都是曾孙；就算相隔百代也可以这样称。如果有相关者，必须要服丧三个月。所以即使是成王在后稷而言，也称为曾孙。而祭礼祝文中，不论远近都称曾孙。《礼记》中所说的"以五为九"，指的是旁系亲属之间的丧服等级差异。上下辈关系在九等之内，旁系关系在四等之内，都称为同族。（族昆弟父母、族祖父母、族曾祖父母。）超过这个等级就不算同族。不是亲族，就不服丧。只有皇室不以此定义亲族，便是世代不绝的意思。

　　旧传黄陵二女，尧子舜妃①。以二帝道化之盛，始于闺房，则二女当具任、姒之德②。考其年岁，帝舜陟方之时③，二妃之齿已百岁矣④。后人诗骚所赋，皆以女子待之，语多渎慢，皆礼义之罪人也。

①**黄陵二女，尧子舜妃**：指娥皇、女英，她们是尧帝的两个女儿，一起嫁给舜帝，相传舜帝出巡而死，两女的眼泪斑染了湘江的竹子，死后祭祀在湘江旁的黄陵庙。②**任、姒之德**：周文王母太任和周武王母太姒，两人为后妃贤德的典范。③**陟方**：皇帝出巡。④**齿**：年龄。因牲畜的齿数可计算年龄，后亦指人的年龄。

　　以前传闻黄陵庙供奉的两名女子是尧的女儿、舜的妃子。从这两位帝君道德教化的成功，始于治家来看，这两名女子应具有太任、太姒的品德。探查她们的年纪，帝舜出巡的时候，这二名妃子的年纪已经过百。后人的诗词所写，都将她俩视为年轻女子，言语多有亵渎轻慢，都是于礼义有罪的人。

　　历代宫室中有谀门，盖取张衡《东京赋》"谀门曲榭"也①。说者谓"冰室门"。

按《字训》："谚，别也。"《东京赋》但言别门耳，故以对曲榭，非有定处也。

注 释

①**谚门曲榭**：偏僻的门与曲折的水榭。显示园林构景的意趣。

译 文

历代的宫廷中都有谚门，取自张衡《东京赋》中"谚门曲榭"。有人说是指"冰室门"。按照《字训》的解释："谚，别也。"《东京赋》只说是旁门而已，所以此与曲榭对仗，并不是指特定一处。

原 文

水以漳名、洛名者最多，今略举数处：赵、晋之间有清漳、浊漳，当阳有漳水，赣上有漳水，鄣郡有漳江，漳州有漳浦，亳（bó）州有漳水，安州有漳水。洛中有洛水，北地郡有洛水，沙县有洛水。此概举一二耳，其详不能具载。予考其义，乃清浊相蹂者为漳。章者，文也，别也。漳谓两物相合，有文章，且可别也。清漳、浊漳，合于上党。当阳即沮、漳合流，灨上即漳、灨合流，漳州予未曾目见，鄣郡即西江合流，亳、漳即漳、涡合流，云梦即漳、郧（yún）合流。此数处皆清浊合流，色理如䗖蝀（dì dōng）①，数十里方混。如璋亦从章，璋，王之左右之臣所执，《诗》云："济济辟王，左右趣之。济济辟王，左右奉璋。"璋，圭之半体也，合之则成圭。王左右之臣，合体一心，趣乎王者也。又诸侯以如聘②，取其判合也。有事于山川③，以其杀宗庙礼之半也。又牙璋以起军旅，先儒谓"有鉏（chú）牙之饰于剡（yǎn）侧"④，不然也。牙璋，判合之器也，当于合处为牙，如今之合契。牙璋，牡契也，以起军旅，则其牝宜在军中，即虎符之法也。洛与落同义，谓水自上而下，有投流处。今溯水、沱水，天下亦多，先儒皆自有解。

注 释

①**䗖蝀**：彩虹。②**如聘**：出使访问。如，去。聘，国家之间的访问。③**有事于山川**：祀名山大川之神。④**剡**：锐利，刀刃。

译 文

河流以漳、洛字命名的最多，现在略微举例几处：赵、晋之间有清漳、浊漳，当阳有漳水，赣上有漳水，鄣郡有漳江，漳州有漳浦，亳州有漳水，安州有漳水。洛中有洛水，北地郡有洛水，沙县有洛水。这只是大略举几个例子而已，无法全部记载下来。我查考这两字的意思，清浊混合的叫作漳。章是纹路的意思，颜色之间有差别。漳指的是两种水混合，有纹路，而且能够辨别。清漳、浊漳，在上党汇合。当阳是沮、漳两河合流之地，灨上是漳、灨两河合流之地，漳州我没有亲眼见过，鄣郡是西江合流之地，亳、漳是漳、涡两河合流之地，云梦是漳、郧两河合流之地。这么多处都是清浊合流，颜色纹路像彩虹一样，流经数十里才完全混合均匀。就像璋字也是从章部，璋是帝王两边的臣子所执的礼器，《诗经》里有："济济辟王，左右趣之。济济辟王，左右奉璋。"璋是圭的一半，两个璋相合就成为圭。是帝王左右的臣子，身心合一，拱卫帝王的意思。又如诸侯通聘访问时用的璋，是取两方相合的意思。在祭祀山川之神时使用的璋，是取其比宗庙祭祀减少一半礼仪的意思。又如用牙璋号令军队，先代学者说钽牙是"刀刃旁边有缺口装饰"的意思，其实不是。牙璋是两半对合的器物，相合的位置就是牙，就像今天的符契一样。牙璋是凸的一半，用以号令军队，那么凹的一半应在军队中，如同虎符的用法。洛与落意思相同，是指水自上而下，有下落水流的地方。现今的溮水、沱水，天下也有很多，先代的学者都有解释。

原文

解州盐泽，方百二十里。久雨，四山之水悉注其中，未尝溢；大旱未尝涸。卤色正赤[1]，在版泉之下，俚俗谓之"蚩尤血"。唯中间有一泉，乃是甘泉，得此水然后可以聚人。又其北有尧梢_{梢音消}水，亦谓之巫咸河[2]。大卤之水，不得甘泉和之，不能成盐。唯巫咸水入，则盐不复结，故人谓之"无咸河"，为盐泽之患，筑大堤以防之，甚于备寇盗。原其理，盖巫咸乃浊水，入卤中，则淤淀卤脉，盐遂不成，非有他异也。

注释

①卤：高盐分的水。②巫咸河：含土壤较多的浑水，汇入盐水中，盐所携带的阳离子或阴离子能中和土壤粒子所携带的电荷，减少其粒子之间的互斥作用力，使得土壤粒子结团沉淀，这个现象在化学上叫作聚沉反应。巫咸河流入盐泽，影响人们取盐制盐，所以被人们视为大敌，比防盗更严密。

译文

解州的盐泽，方圆一百二十里。雨下得久了，四面山上的水全都注入进来，仍从未满溢过；大旱时从未干涸过。含盐高的卤水颜色正红，在盐池表面结成的一层硝板下面，俗语称之为"蚩尤血"！但中间有一个泉眼，是甜美的净水泉，有这个泉眼的水，人们才汇聚在此。它的北面又有一条尧梢（xiāo）水，也叫巫咸河。含盐高的水，没有净水与它混合，就不能结出盐。只要巫咸水汇入，盐泽里就结不出盐，所以人们称它为"无咸河"，是盐泽的隐患，修筑大堤以防备它，比防备盗贼还严密。探究它的道理，是因为巫咸河是浊水，流入盐泽中，就形成淤积沉淀，于是就不结盐了，并不是有什么怪异的原因。

原文

《庄子》云："程生马。"尝观《文字注》："秦人谓豹曰程。"予至延州，人至今谓虎豹为"程"，盖言"虫"也。方言如此，抑亦旧俗也。

《庄子》里有："程生马.'我曾看《文字注》中说："秦人将豹叫作程。"我到延州时，人们至今仍将虎豹叫作"程"。大概是说'虫'的意思。方言就是这样，也可能是旧习俗。

原　文

《唐六典》述五行，有禄、命、驿马、湴河之目①，人多不晓湴河之义。余在鄜延，见安南行营诸将阅兵马籍，有称"过范河损失"。问其何谓"范河"？乃越人谓淖沙为"范河"，北人谓之"活沙"。予尝过无定河，度活沙，人马履之，百步之外皆动，泓^{hòng}泓然如人行幕上②。其下足处虽甚坚，若遇其一陷，则人马驼车，应时皆没，至有数百人平陷无孑遗者③。或谓此即流沙也。又谓沙随风流，谓之流沙。湴，字书亦作"埿"。蒲滥反。按古文，埿，深泥也。术书有湴河者④，盖谓陷运，如今之"空亡"也⑤。

注　释

①湴河：泥淖的河，或指厄运。②泓泓然：晃动的样子。③孑遗：独活。④术书：医卜星相等方术方面的书。⑤空亡：占卜上指所求不应、贫贱夭亡的凶占。

译　文

《唐六典》中叙述的五行，有禄、命、驿马、湴河的条目。人们大都不知晓湴河的意思。我在鄜延，见到安南行营的将领们检阅兵马籍，里面有说"过范河损失"。问他们什么叫"范河"？原来是越人将淖沙叫作"范河"，也就是北方人说的"活沙"。我曾路过无定河，渡过活沙，人和马走在上面，百步之外的沙都会流动，晃动得像人走在布上。脚下尽管坚固，如果遇到一处塌陷，不论人马骆驼车都顿时沉没，乃至有数百人沦陷无人幸存。有人称这就是流沙。又有人说沙随着风流动，才叫作流沙。湴，字典中也叫"埿"（蒲滥反）。按照古文的说法，埿是指深泥。巫书上有提到湴河，大概是指厄运，就像今天说的"空亡"。

原　文

古人藏书辟蠹^{dù}用芸①。芸，香草也，今人谓之七里香者是也。叶类豌豆，作小丛生，其叶极芬香，秋后叶间微白如粉污，辟蠹殊验。南人采置席下，能去蚤虱。予判昭文馆时，曾得数株于潞公家，移植秘阁后，今不复有存者。香草之类，大率多异名，所谓兰荪，荪，即今菖蒲是也；蕙，今零陵香是也；茝^{chǎi}，今白芷是也。

注　释

①蠹：蛀书的书虫。

译　文

古时候的人藏书用芸来驱虫。芸就是香草，就是现在人们说的七里香。叶子像豌豆

叶，生长成一小丛一小丛，非常香，秋天过后叶子间有少许白色像是被粉末染污，驱虫特别灵验。南方人放在睡席下，能驱除跳蚤虱子。我在昭文馆任职判官时，曾经从文彦博（封潞国公，故称文潞公）家得到几株，移植在秘阁后，现在没有存活的了。香草这类植物，大多有很多别名。所谓的兰荪，荪就是现在说的菖蒲；蕙是现在说的零陵香；茝是现在说的白芷。

原文

祭礼有腥、焊、熟三献①。旧说以谓腥、焊备太古、中古之礼，予以为不然。先王之于死者，以之为无知则不仁，以之为有知则不智。荐可食之熟，所以为仁；不可食之腥、焊，所以为智。又一说，腥、焊以鬼道接之，馈食以人道接之，致疑也。或谓鬼神嗜腥、焊，此虽出于异说，圣人知鬼神之情状，或有此理，未可致诘。

注释

①腥：生肉。焊：烫得半熟的肉。三献：古时祭祀的三种祭品。

译文

祭礼有腥、焊、熟三种祭品。古时候的说法认为腥、焊是太古、中古之礼，我不这样认为。先王对死者的看法，认为死后没有意识是不仁的，认为死后有意识则是不明智的。献祭可以吃的熟食，是仁的表现；献祭不能吃的生食、半熟的肉，是智的表现。又有一说，腥、焊是以鬼道待死者，熟食是以人道待死者，这个说法存疑。有的说鬼神嗜好吃腥、焊，尽管这是灵异的说法，但圣人能通晓鬼神的情况，或许有这个道理，不能轻易否定。

原文

世以玄为浅黑色，璊为赭玉，皆不然也。玄乃赤黑色，燕羽是也，故谓之玄鸟。熙宁中，京师贵人戚里，多衣深紫色，谓之黑紫，与皂相乱①，几不可分，乃所谓玄也。璊，赭色也。"毳衣如璊"②音门；稯之璊色者谓之穈。穈字音门，以其色命之也。《诗》："有穈有芑。"今秦人音穈，声之讹也。穈色在朱黄之间，似乎赭，极光莹，掬之粲泽熠熠如赤珠。此自是一色，似赭非赭。盖所谓璊，色名也，而从玉，以其赭而泽，故以谕之也。犹鹔以色名而从鸟，以鸟色谕之也。

注释

①皂：黑色。②毳衣：古代天子与士大夫的一种礼服，用毛皮制成。毳，即毛皮。

译文

世人认为玄是浅黑色，璊是赭玉，其实都不是这样。玄是赤黑色，比如燕子的羽毛，所以称其为玄鸟。熙宁年间，京城贵族皇亲国戚，多穿深紫色，叫作黑紫，与黑色混

淯，几乎无法分辨，于是黑色被说成了玄。璊，是赪色的意思。"毳衣如璊（mén）"。璊色的穄称作虋。（虋字音门，因其颜色而得名。《诗经》有："有虋有芑。"如今的秦人读音虋，是读音讹变了。）虋色在红色和黄色之间，与赪相似，非常光彩晶莹，捧起来灿烂发光，光色闪闪像红色的珍珠。它自成一种颜色，像赪却不是赪。大概所谓的璊，是颜色的名称，而从玉字旁，它接近赪色而有玉的光泽，因此得名。就像鸧是颜色的名称而从鸟字旁，是用这种鸟的颜色来表示的。

原文

世间锻铁所谓钢铁者，用柔铁屈盘之，乃以生铁陷其间，泥封炼之，锻令相入，谓之"团钢"，亦谓之"灌钢"。此乃伪钢耳，暂假生铁以为坚，二三炼则生铁自熟，仍是柔铁。然而天下莫以为非者，盖未识真钢耳。予出使，至磁州锻坊，观炼铁，方识真钢。凡铁之有钢者，如面中有筋，濯尽柔面①，则面筋乃见。炼钢亦然，但取精铁，锻之百余火，每锻称之，一锻一轻，至累锻而斤两不减，则纯钢也，虽百炼不耗矣。此乃铁之精纯者，其色清明，磨莹之②，则黯黯然青且黑③，与常铁迥异。亦有炼之至尽而全无钢者，皆系地之所产。

注释

①濯：清洗。②磨莹：打磨光滑。③黯黯然：暗淡。

译文

世上锻铁所说的钢铁，是把柔软的铁弯曲盘起，然后把生铁陷在中间，用泥封起来炼，锻打使其相融，叫作"团钢"，也叫"灌钢"。这是假的钢，只是暂时假借生铁来使其坚硬，再经过二三次炼生铁就熟了，仍然是软铁。但是天下没有认为这不对的，是因为没有见识过真正的钢。我作为使者出访，到磁州的锻坊，参观炼铁，才见识到真钢。凡是含钢的铁，就像含筋的面，洗尽了软面，面筋才显现出来。炼钢也是这样，只取精铁，用火煅烧百余次，每锻一次后称量，都变得更轻，直到煅烧多次而不减重量，就是纯钢了，锻炼百次也不会再有损耗了。这是最精纯的铁，颜色清明，打磨光滑，则是暗淡的青黑色光泽，与寻常的铁完全不同。也有锻炼殆尽也没有钢的，全看当地产出什么样的。

原文

《诗》："芄兰之支①，童子佩觿。"觿，觟结锥也。芄兰生荚支，出于叶间垂之正如解结锥。所谓"佩韘"者②，疑古人为韘之制，亦当与芄兰之叶相似，但今不复见耳。

注释

①芄兰：萝藦，多年生蔓草，茎叶长而尖，结荚形如羊角，又像古人解结用的锥子。

●房玄龄

房玄龄，从文中所论来看，字乔年，名玄龄。隋末战乱之时，即投奔秦王李世民，为其出谋划策。李世民即位后，与杜如晦同为宰相，勤于职守，严于律己，朝政肃然，史称"房谋杜断"。房玄龄入选十八学士，并受到重用，据史书记载，房玄龄病危时，李世民曾"命凿苑垣以便候问，亲握手与决"。君臣情意之深厚，可见一斑。

②佩觿：佩戴牙觿或玉觿，表示已成年。

<u>译 文</u>

《诗经》有："芄兰之支，童子佩觿。"觿是解结用的锥子。芄兰上长荚枝，从叶片间生出，垂着正像是解结锥的样子。有的写作"佩觿"，可能是古人做觽的形式，也和芄兰的叶相似，但现在见不到了。

<u>原 文</u>

江南有小栗，谓之"茅栗"①**茅音草茅之茅，以予观之，此正所谓芧也，则《庄子》所谓"狙公赋芧"者**②**芧音序。此文相近之误也。**

<u>注 释</u>

①茅栗：橡子。茅，橡树。②狙公赋芧：即"朝三暮四"的故事。

<u>译 文</u>

江南有小栗，称作"茅栗"（茅音草茅之茅），我看这正是芧才对，就是《庄子》里的所谓"狙公赋芧"（芧音序）。这是字形相近产生的错误。

<u>原 文</u>

予家有阎博陵画唐秦府十八学士①**，各有真赞，亦唐人书，多与旧史不同**②**。姚柬字思廉，旧史乃姚思廉字简之。苏台、陆元朗、薛庄，《唐书》皆以字为名。李玄道、盖文达、于志宁、许敬宗、刘孝孙、蔡允恭，《唐书》皆不书字。房玄龄字乔年，《唐书》乃房乔字玄龄。孔颖达字颖达，《唐书》字仲达。苏典签名旭，《唐书》乃勖**（xù）**。许敬宗、薛庄官皆直记室，《唐书》乃摄记室。盖《唐书》成于后人之手，所传容有讹谬，此乃当时所记也。以旧史考之，魏郑公对太宗云："目如悬铃者佳。"则玄龄果名，非字也。然苏世长，太宗召对玄武门，问云："卿何名长意短？"**③**后乃为学士，似为学士时，方更名耳。**

<u>注 释</u>

①阎博陵：即阎立本。唐秦府十八学士：唐代秦王府的十八名学士，秦王即唐太宗李世民，于长安城设文学馆，招徕十八名学士，并命阎立本画像。又称《十八学士写真图》。②旧史：这里特指《旧唐书》，本条目内的《唐书》均为《旧唐书》。③名长意短：名叫长，志气却短。此处"太宗"似应为"高祖"。唐高祖李渊击败郑王，苏世长由郑归降，新旧《唐

书》均记有唐高祖李渊在玄武门召对苏世长并诘问其"名长意短"事。并有李渊《嘲苏世长》诗流传于世："名长意短，口正心邪。弃忠贞于郑国，忘信义于吾家。"

我家中有阎立本（封博陵县男，故称阎博陵）画的唐秦府一八学士图，各图上都有赞语，也是唐人所写，多处与《旧唐书》上记载的不司。姚柬字思廉，《旧唐书》上记载姚思廉字简之。苏台、陆元朗、薛庄，在《旧唐书》中都是以字当作名。李玄道、盖文达、于志宁、许敬宗、刘孝孙、蔡允恭，《旧唐书》中都没记录他们的字。房玄龄字乔年，《旧唐书》上写房乔字玄龄。孔颖达字颖运，《旧唐书》中写他字仲达。苏典的签名是旭，《旧唐书》上是勖。许敬宗、薛庄官都是直记室，《旧唐书》写他们是摄记室。由于《旧唐书》是后人所写，流传过程中或许有一些讹谬，而图中的信息是当时所记的。用《旧唐书》考证，魏郑公对唐太宗说："目如悬铃者佳。"那么玄龄确实是名，而非字。但是苏世长，唐太宗在玄武门召见他问答，问道："你为什么名长而意短？"苏世长后来当了学士，可能是当学士时，才改的名字。

唐贞观中，敕下度支求杜若，省郎以谢朓诗云"芳洲采杜若"，乃责坊州贡之，当时以为嗤笑。至如唐故事，中书省中植紫薇花①，何异坊州贡杜若，然历世循之，不以为非。至今舍人院紫微阁前植紫薇花，用唐故事也。

①中书省中植紫薇花：中书省曾改名紫微省，意指天文上的紫微垣，与紫薇谐音，故种紫薇花。

唐贞观年间，皇帝向度支部门下达旨令求杜若花，度支官吏因谢朓有诗说"芳洲采杜若"，就责令坊州上贡，当时因此受到嗤笑。至于如唐代旧事理，中书省里种植紫薇花，与坊州贡杜若事有何区别，但世代遵循，不认为是错的。至今舍人院的紫微阁前还种植紫薇花，就是唐代的旧例。

汉人有饮酒一石不乱。予以制酒法较之，每粗米二斛，酿成酒六斛六斗。今酒之至醨者①，每秫一斛②，不过成酒一斛五斗，若如汉法，则粗有酒气而已。能饮者饮多不乱，宜无足怪。然汉之一斛，亦是今之二斗七升。人之腹中，亦何容置二斗七升水邪？或谓："石乃钧石之石，百二十斤。"以今秤计之，当三十二斤，亦今之三斗酒也。于定国饮酒数石不乱③，疑无此理。

①醨：清淡的酒。②秫：高粱。③于定国：西汉官员。《汉书》记载，于定国饮酒数石不乱，

冬日里饮酒后办案更加精明。

译文

　　汉代有饮酒一石不乱的说法。我比较当时与现在的酿酒方法，当时每两斛粗米，酿成六斛六斗酒。今天的酒中最清的，每使用一斛高粱，也不过成一斛五斗酒，如果像汉代的酿酒方法那样，就只是大略有点酒气而已。能喝酒的人喝多这种酒而不乱，应该没什么奇怪的。但汉代的一斛酒，也是现今的二斗七升。人的肚子里，又如何容得下二斗七升水呢？有人说："石是钧石的石，一百二十斤。"以今天的秤称量，相当于三十二斤，也就是现在的三斗酒。于定国饮酒很多石而不乱，恐怕没有这个道理。

原文

　　古说济水伏流地中，今历下凡发地皆是流水，世传济水经过其下。东阿亦济水所经，取井水煮胶，谓之"阿胶"，用搅浊水则清。人服之，下膈、疏痰、止吐，皆取济水性趋下清而重，故以治淤浊及逆上之疾。今医方不载此意。

译文

　　古人说济水潜入地下流淌，现今历下一带但凡挖地都有流水，世人相传是济水经过这下面。东阿也是济水所经之地，取这里的井水煮胶，称作"阿胶"，用阿胶搅入浊水，水就会变清。人服下，可以下膈、疏痰、止吐，都是取济水趋于下行、水清而重的性质，所以用它医治淤浊及逆上的疾病。现今的医方不记载这一点。

原文

　　予见人为文章多言"前荣"，荣者，夏屋东西序之外屋翼也①，谓之东荣、西荣。四注屋则谓之东霤、西霤②。未知前荣安在？

注释

　　①夏屋：大屋。夏，即大。屋翼：飞檐。②四注屋：四周有檐可使顶上的水从四面流下的房屋。

译文

　　我看人们写文章多说"前荣"，荣是大屋东西侧外面的飞檐，叫作东荣、西荣。四注屋的东西檐则叫作东霤、西霤。不知"前荣"在哪里？

原文

　　宗庙之祭西向者，室中之祭也。藏主于西壁①，以其生者之处奥也②。即主祐而求之③，所以西向而祭。至三献则尸出于室，坐于户西南面，此堂上之祭也。户西谓之宧④，设宧于此。左户、右牖⑤，户、牖之间谓之宧。坐于户西，即当宧而坐也。上堂设位而亦东向者，设用室中之礼也。

注释

　　①主：古时为死人立的牌位。②奥：屋内的西南角，生人居住地方的最深处。③祐：放

置牌位的石匣。④扆：门和窗之间的地方，指此处设置的大屏风。⑤户、牖：门、窗。

译文

　　祭宗庙时要向西，是指室内的祭祀。神主牌藏于西面墙壁，是生人居住地方的深处。对着藏神主牌的石匣祈祷，这就是向西祭祀的原因。到三献时则将代替死者受祭的人请出屋子，坐在门户的西南面，这是堂上的祭祀。（门户西面叫作扆，在这里设置扆。左边是户、右边是牖，户牖之间的就是扆。坐在门的西边，就是当扆而坐。）上堂设置座位也向东，则是用室内之礼仪。

原文

　　"人而不为《周南》《召南》，其犹正墙面而立也①。"《周南》《召南》，乐名也，"胥鼓南""以雅以南"是也。《关雎》《鹊巢》，二南之诗，而已有乐有舞焉。学者之事，其始也学《周南》《召南》，末至于舞《大夏》《大武》。所谓为《周南》《召南》者，不独诵其诗而已。

注释

　　①正墙面而立：形容人视野短浅。

译文

　　"生而为人，不学《周南》《召南》，就好像正对墙面站立。"《周南》《召南》是乐名，即《礼记》所说的"胥鼓南"、《诗经·小雅》所说的"以雅以南"。《关雎》《鹊巢》，是二南中的诗歌，已有与之相应的乐曲和舞蹈。学习的人，从学《周南》《召南》开始，结束于舞《大夏》《大武》。所谓的学《周南》《召南》，不是仅仅诵读诗词而已。

原文

　　《庄子》言"野马也，尘埃也"，乃是两物。古人即谓野马为尘埃，如吴融云"动梁间之野马"，又韩偓云"窗里日光飞野马"，皆以尘为野马，恐不然也。野马乃田野间浮气耳①，远望如群马，又如水波，佛书谓"如热时野马阳焰"，即此物也。

注释

　　①浮气：蒸腾的水汽。

译文

　　《庄子》中说"野马也，尘埃也"，是两种东西。古人说野马就是尘埃，如吴融说"动梁间之野马"，又有韩偓说"窗里日光飞野马"，都以尘为野马，恐怕不是这样。野马是田野间的浮气，远望像是群马，又像水波，佛经中说的"如热时野马阳焰"，就是这个东西。

原文

　　蒲芦，说者以为蜾蠃^{guǒ luǒ}①，疑不然。蒲芦，即蒲苇耳。故曰"人道敏政，地道敏艺"。夫政犹蒲芦也，人之为政，犹地之艺蒲苇，遂之而已，亦行其

所无事也。

①螺蠃：寄生蜂的一种。

译 文

蒲芦，有人以此为螺蠃，恐怕不是这样。蒲芦就是蒲、苇。所以说"治人之道在于勤理政务，治地之道在于勤奋种植"。政务就像蒲芦，人施政就像种植蒲、苇，顺从它的生长而已，也是无为而治的意思。

原 文

予考乐律，及受诏改铸浑仪①，求秦汉以前度量斗升，计六斗当今一斗七升九合；秤三斤当今十三两一斤当今四两三分两之一，一两当今六铢半。为升中方，古尺二寸五分十分分之三，今尺一寸八分百分分之四十五强。

注 释

①浑仪：即浑天仪，古代观测天体位置的仪器。

译 文

我查考乐律，并受诏改铸浑天仪，求证秦汉以前的度量量具，计算当时的六斗相当于今天的一斗七升九合，秤三斤相当于今天的十三两（一斤相当于今天的四两三分两之一，一两相当于今天的六铢半）。规定为一升的内方的量具，古代尺寸是二寸五分十分分之三，现今尺寸是一寸八分百分分之四十五多些。

原 文

十神太一①：一曰太一，次曰五福太一，三曰天一太一，四曰地一太一，五曰君基太一，六曰臣基太一，七曰民基太一，八曰大游太一，九曰九气太一，十曰十神太一。唯太一最尊，更无别名，止谓之太一，三年一移。后人以其别无名，遂对大游而谓之小游太一，此出于后人误加之。京师东西太一宫，正殿祠五福②，而太一乃在廊庑③，甚为失序。熙宁中，初营中太一宫④，下太史考定神位。予时领太史，预其议论。今前殿祠五福，而太一别为后殿，各全其尊，深为得体。然君基、臣基、民基，避唐明帝讳改为"綦"⑤，至今仍袭旧名，未曾改正。

注 释

①太一十神：道教的十神真君。②祠：供奉神明。③廊庑：堂前的廊屋，供奉的位置相对低下。④营：营造，兴建。⑤唐明帝：即唐明皇、唐玄宗，名李隆基，故避讳基字改为綦。

译 文

十神太一：第一个是太一，第二个是五福太一，第三个是天一太一，第四个是地一太

梦溪笔谈

一，第五个是君基太一，第六个是臣基太一，第七个是民基太一，第八个是大游太一，第九个是九气太一，第十个是十神太一。只有太一最尊贵，没有其他的名称，只称为太一，三年移宫一次。后世的人因为它没有别名，于是对应大游太一而给它命名为小游太一，这是后人误加的。京城的东西太一宫，正殿供奉五福太一，而太一供奉在堂前的廊屋中，非常不合次序。熙宁年间，开始营造中太一宫，命令太史考定神位。我当时任职太史，参与讨论。现今前殿供奉五福，而太一供奉在另建的后殿里，各自都受到尊重，非常得体。然而君基、臣基、民基三神，因避讳唐明皇名而改为"綦"字，至今还沿袭这个旧称，没有改回去。

原　文

予嘉祐中客宣州宁国县，县人有方玙者，其高祖方虔，为杨行密守将[1]，总兵戍宁国，以备两浙。虔后为吴人所擒，其子从训代守宁国，故子孙至今为宁国人。玙有杨溥与方虔[2]、方从训手教数十纸[3]，纸札皆精善。教称委曲书，押处称"使"，或称"吴王"。内一纸报方虔云："钱镠此月内已亡殁"。纸尾书"正月二十九日"。按《五代史》，钱镠以后唐长兴三年卒，杨溥天成二年已僭即伪位[4]，岂得长兴三年尚称"吴王"？溥手教所指挥事甚详，翰墨、印记，极有次序，悉是当时亲迹。今按，天成二年岁丁亥，长兴三年岁壬辰，计差五年。溥手教，予得其四纸，至今家藏。

注　释

①**杨行密**：五代十国时期开创吴国，称南吴太祖。②**杨溥**：杨行密之子，其父称吴王而未称帝，杨溥继位后改称帝。③**手教**：手写书信的敬称，以体现上对下的训教。④**僭即伪位**：唐朝灭亡后中原五代更替，而中原之外的十个割据政权称为十国，南吴是其中之一，一般不认其为正统，故称杨溥即位为僭即伪位。僭，僭越；伪，假的。

译　文

嘉祐年间我客居宣州宁国县，县人有名叫方玙的，高祖叫方虔，是杨行密的守将，担任总兵戍守宁国，以防范两浙。方虔后来被吴人擒获，他的儿子从训代替他戍守宁国，所以他的子孙至今都是宁国人。方玙有杨溥与方虔、方从训的手写书信数十张，信纸都很精美。信称为委曲书，画押处写的是"使"，或称为"吴王"。里面有一张告知方虔："钱镠在本月内已亡故。"信纸的末尾写着"正月二十九日"。按照《五代史》记载，钱镠在后唐长兴三年死亡，杨溥在天成二年时已僭越称帝，怎么可能长兴三年还自称"吴王"呢？杨溥书信所下达的诏令都非常详细，笔墨、印章，都非常有序，应该是当时的亲笔手迹。现在考证，天成二年是丁亥年，长兴三年是壬辰年，算起来相差两年。杨溥的书信，我得到其中的四张，至今藏在家中。

卷四　辩证二

　　司马相如《上林赋》叙上林诸水曰："丹水、紫渊，灞、浐、泾、渭，八川分流，相背而异态，灏溔潢漾，东注太湖①。"八川自入大河，大河去太湖数千里，中间隔太山及淮、济、大江，何缘与太湖相涉？郭璞《江赋》云："注五湖以漫漭，灌三江而漰沛②。"《墨子》曰："禹治天下，南为江、汉、淮、汝，东流注之五湖。"孔安国曰："自彭蠡，江分为三，入于震泽③，后为北江而入于海。"此皆未尝详考地理。江、汉至五湖自隔山，其末乃绕出五湖之下流径入于海，何缘入于五湖？淮、汝径自徐州入海，全无交涉。《禹贡》云："彭蠡既潴，阳鸟攸居④。三江既入，震泽底定。"以对文言，则彭蠡，水之所潴，三江，水之所入，非入于震泽也。震泽上源，皆山环之，了无大川，震泽之委⑤，乃多大川，亦莫知孰为三江者。盖三江之水无所入，则震泽壅而为害⑥；三江之水有所入，然后震泽底定。此水之理也。

● 郭璞

　　郭璞，字景纯，东晋著名的学者和诗人，好作玄言诗，曾为《尔雅》《山海经》等做过注释。其《江赋》云"三江最终注入五湖之中"，作者以为不是这样，然则诗人之眼，不拘于一人一物，通古今而观之，虽有地理方位之误，未可以理相推诬也！

　　①丹水、紫渊，灞、浐、泾、渭：河流名。八川：关中地区灞、浐、泾、渭、酆、镐、潦、潏八条河流的统称。灏溔潢漾：形容水广阔无边的样子。②五湖：指太湖与周边众湖。漫漭：水势广阔。漰沛：声势浩大。③震泽：即太湖。④彭蠡：即鄱阳湖。阳鸟：鸿雁之类的候鸟。⑤委：末端，湖的出水口。⑥壅：堵塞。

　　司马相如的《上林赋》中叙述上林的众水系："丹水、紫渊，灞、浐、泾、渭等，八条河流分开流淌，方向相反而形态各异，浩荡无边，向东注入太湖。"八川流入黄河，但黄河和太湖相隔数千里，中间隔着泰山和淮、济、长江等大河，怎么会与太湖相连接呢？郭璞在《江赋》中说："注入太湖广袤无边，灌进三江水声澎湃。"《墨子》说："禹治天下，南为江、汉、淮、

汝，向东流入太湖。"孔安国说："从鄱阳湖起，长江分为三条，流入太湖，之后变为北江而入海。"这些都是没有仔细考察地理的说法。江、汉到太湖隔着山，下游是绕行五湖南边直接流进大海，怎么会是流进太湖？淮、汝直接从徐州入海，与太湖完全无关。《禹贡》说："鄱阳积水众多，于是候鸟迁居。三江流入这里，于是震泽平定。"从对仗的角度来看，则鄱阳湖是水所积存的地方，三江是水所汇入的地方，并不是三江汇入太湖的意思。太湖上游源头，都被山环绕，完全没有大的河流，太湖流出的地方，才是有许多大的河流，也不知道其中哪些是三江。大概三江的水没地方去，太湖就会壅堵成水患；三江的水有地方可去，这样太湖才会平定。这是河渠的道理。

原文

海州东海县西北有二古墓，《图志》谓之"黄儿墓"。有一石碑，已漫灭不可读，莫知黄儿者何人。石延年通判海州，因行县见之，曰："汉二疏[1]，东海人，此必其墓也。"遂谓之"二疏墓"，刻碑于其旁，后人又收入《图经》。予按，疏广，东海兰陵人，兰陵今属沂州承县，今东海县乃汉之赣榆，自属琅琊郡，非古之东海也。今承县东四十里自有疏广墓，其东又二里有疏受墓。延年不讲地志，但见今谓之东海县，遂以"二疏"名之，极为乖误[2]。大凡地名如此者最多，无足纪者。此乃予初仕为沭阳主簿日，始见《图经》中增此事，后世不知其因，往往以为实录。谩志于此[3]。以见天下地书皆不可坚信。其北又有"孝女冢[4]"，庙貌甚盛，著在祀典[5]。孝女亦东海人。赣榆既非东海故境，则孝女冢庙，亦后人附会县名为之耳。

注释

①二疏：疏广、疏受，史称"宁邑二疏"，叔侄二人均是西汉名臣。②乖误：错误。③谩：欺诳，胡言。④冢：坟墓。⑤祀典：记载祭祀仪礼的典籍。

译文

海州东海县西北有两座古墓，《图志》上称其为"黄儿墓"。有一座石碑，文字已经漫灭无法辨认，不知黄儿是什么人。石延年任海州通判时，因巡察县内见到了它，说："汉代的二疏是东海人，这一定是他们的墓了。"于是称为"二疏墓"，刻碑立在旁边，后人又收入了《图经》。我查考，疏广是东海兰陵人，兰陵属于现今的沂州承县，而现在的东海县是汉代的赣榆，属于琅琊郡，不是古时候说的东海了。现今的承县以东四十里另有一处疏广墓，再往东二里有疏受墓。石延年不讲求地理，只看见今天叫作东海县的，就用"二疏"命名，是非常错谬的。大抵地名出这种问题的最多，不胜枚举。这是我刚担任沭阳主簿的时候，才见到《图经》中增添了这件事，后世的人不知原委，往往当作事实。错误记述到这种程度，可见天下的地理书籍都不能完全信任。往北还有一处"孝女冢"，庙的规模很大，在祭祀典籍上有记载。孝女也是东海人。既然赣榆不是以前说的东海，那么孝女冢和庙也是后世人附会县名所建的了。

《杨文公谈苑》记江南后主患清暑阁前草生，徐锴令以桂屑布砖缝中，宿草尽死。谓"《吕氏春秋》云'桂枝之下无杂木'，盖桂枝味辛螫故也"。然桂之杀草木，自是其性，不为辛螫也。《雷公炮炙论》云："以桂为丁，以钉木中，其木即死。"一丁至微，未必能螫大木，自其性相制耳。

《杨文公谈苑》记录南唐后主李煜担心清暑阁前生杂草，令徐锴用桂木屑铺满砖缝，久生的杂草全死。并说"《吕氏春秋》中说'桂枝之下无杂木'，是因为桂枝气味荼毒的原故"。然而桂杀草木的原因，是其属性使然，不是因其荼毒。《雷公炮炙论》说："将桂木切成小块，钉入树中，树就会死。"一小块桂木这么小，未必能毒伤大树，只因它的属性与树相克罢了。

天下地名错乱乖谬，率难考信。如楚章华台[1]，亳州城父县、陈州商水县、荆州江陵、长林、监利县皆有之，乾溪亦有数处。据《左传》，楚灵王七年"成章华之台，与诸侯落之"。杜预注："章华台，在华容城中。"华容即今之监利县，非岳州之华容也。至今有章华故台，在县郭中，与杜预之说相符。亳州城父县有乾溪，其侧亦有章华台，故台基下往往得人骨，云楚灵王战死于此。商水县章华之侧，亦有乾溪。薛综注张衡《东京赋》引《左氏传》乃云："楚子成章华之台于乾溪。"皆误说也，《左传》实无此文。章华与乾溪，元非一处。楚灵王十一年，王狩于州来，使荡侯、潘子、司马督、嚣尹午、陵尹喜帅师围徐以惧吴，王次于乾溪。此则城父之乾溪。灵王八年许迁于夷者，乃此地。十二年，公子比为乱，使观从从师于乾溪，王众溃，灵王亡，不知所在。平王即位，杀囚，衣之王服，而流诸汉，乃取葬之，以靖国人，而赴以乾溪。灵王实缢于芋尹申亥氏，他年申亥以王枢告，乃改葬之，而非死于乾溪也。昭王二十七年，吴伐陈，王帅师救陈，次于城父，将战，王卒于城父。而《春秋》又云："弑其君于乾溪。"则后世谓灵王实死于是，理不足怪也。

①**章华台**：楚国离宫，楚灵王所建。

天下地名错乱谬误，大多难以考证其真实性。比如楚国的章华台，亳州城父县、陈

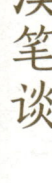

州商水县、荆州江陵、长林、监利县都有这个地名，乾溪也有多处。据《左传》记载，楚灵王七年"建造章华台，与诸侯一起落成它"。杜预注："章华台，在华容城中。"华容就是现今的监利县，不是岳州的华容。至今还留有章华故台，在县城墙中，与杜预所说的相符。亳州城父县有一处乾溪，它的旁边也有章华台，旧台基下面常常能挖出人骨，据说楚灵王在这里战死。商水县的章华台旁，也有乾溪。薛综注张衡的《东京赋》，引《左氏传》的记载说："楚子在乾溪建章华台。"都是错误的说法，《左传》其实没有此文。章华与乾溪，本来不在一处。楚灵王十一年，楚王在州来狩猎，让荡侯、潘子、司马督、嚣尹午、陵尹喜率军包围徐地以威吓吴国。楚王在乾溪扎营。这是城父县的乾溪。楚灵王八年把许迁到夷，就是指这里。楚灵王十二年，公子比叛乱，命令观从跟随部队到乾溪，楚灵王的部众溃败，楚灵王逃亡，不知到了哪里。楚平王即位，杀死一名囚犯，套上楚灵王的衣服，放到汉水中漂流，然后打捞上来安葬，以平息国人的情绪，就送去了乾溪。楚灵王其实是在芋尹申亥氏处吊死，后来的申亥氏带着楚灵王的灵柩上告此事，才改葬了楚灵王，而不是死于乾溪。楚昭王二十七年，吴国攻打陈国，楚昭王率领军队救陈国，驻扎城父县，将开战时，楚昭王在城父死去。而《春秋》又说："在乾溪杀死了他的君主。"所以后世说楚灵王其实死在这里，其原因就不奇怪了。

[原 文]

今人守郡谓之"建麾"，盖用颜延年诗"一麾乃出守"，此误也。延年谓"一麾"者，乃指麾之麾，如武王"右秉白旄以麾"之"麾"，非旌麾之"麾"也[1]。延年《阮始平》诗云"屡荐不入官，一麾乃出守"者，谓山涛荐咸为吏部郎[2]，三上武帝，不用，后为荀勖一挤，遂出始平，故有此句。延年被摈，以此自托耳。自杜牧为《登乐游原》诗云"拟把一麾江海去，乐游原上望昭陵"，始谬用"一麾"，自此遂为故事。

[注 释]

①指麾：指挥。旌麾：军旗。②咸：阮咸。与山涛均为"竹林七贤"之一。

[译 文]

现在的人任职郡守称为"建麾"，是化用颜延年的诗句"一麾乃出守"，这是不对的。颜延年所说的"一麾"，是指麾的麾，如武王"右秉白旄以麾"的"麾"，而不是旌麾的"麾"。颜延年《阮始平》诗说的"屡荐不入官，一麾乃出守"，是讲山涛推荐阮咸当吏部郎，多次向武帝上奏表，武帝不同意，后来被荀勖排挤，于是出任始平郡守，才有了这句话。颜延年被罢黜，用这件事自比。从杜牧作《登乐游原》诗的"拟把一麾江海去，乐游原上望昭陵"开始，"一麾"就被误用，至此成为典故。

[原 文]

除拜官职，谓除其旧籍[1]，不然也。除，犹易也，以新易旧曰除，如新旧岁之交谓之岁除，《易》"除戎器，戒不虞②"，以新易弊，所以备不虞也。阶谓之除者，自下而上，亦更易之义。

注释

①籍：指官职。②不虞：意料不到的事情。虞，预料。

译文

说除拜官职的意思是解除原有的官职，其实不是这样。除是换的意思，以新换旧叫作除，就像新旧岁之交所说的岁除，《周易》说的"除戎器，戒不虞"，是指用新的武器取代有弊病的武器，以此来戒备不时之需。台阶被称为除，是因为它自下而上，也是改换的意思。

原文

世人画韩退之，小面而美髯，着纱帽。此乃江南韩熙载耳，尚有当时所画，题志甚明。熙载谥文靖，江南人谓之韩文公①，因此遂谬以为退之。退之肥而寡髯。元丰中，以退之从享文宣王庙②，郡县所画，皆是熙载。后世不复可辩，退之遂为熙载矣。

注释

①韩文公：韩熙载谥号"文靖"，韩愈谥号"文"，均称韩文公，故易混淆。②文宣王庙：即孔庙。唐代追谥孔子为文宣王，后世沿用。

译文

世人画韩愈（字退之）的画像，小脸且有胡须，戴纱帽。这其实是南唐韩熙载的形象，现在还有当时的画像，题字里写得非常明确。韩熙载谥号文靖，南唐人称他为韩文公，因此就谬误成了韩愈。韩愈胖且胡须少。元丰年间，令韩愈配享孔庙，郡县的画像都是韩熙载。后世无法分辨，韩愈就成了韩熙载。

原文

今之数钱，百钱谓之陌者，借陌字用之，其实只是佰字，如什与伍耳①。唐自皇甫镈为垫钱法，至昭宗末，乃定八十为陌。汉隐帝时，三司使王章每出官钱，又减三钱，以七十七为陌，输官仍用八十。至今输官钱有用八十陌者。

注释

①佰、什、伍：即百、十、五。

译文

现在计算钱数的方法，一百钱称为陌，是假借陌字使用，其实只是佰字，和什、伍一样。唐代自皇甫镈开始发明垫钱法，到唐昭宗末年，便定义八十为一陌。汉隐帝时，三司使王章每次支出官钱，又减少三钱，以七十七为一陌，但上交国库仍用八十为一陌。至今上交国库还是用八十为一陌。

原文

《唐书》:"开元钱重二铢四参。"今蜀郡亦以十参为一铢。参乃古之"絫"字①,恐相传之误耳。

注释

①絫:古代重量单位,十絫为一铢,可能因字形相近而误传为"参"。

译文

《旧唐书》说:"开元钱重二铢四参。"现今蜀郡也以十参为一铢。参就是古代的"絫"字,可能是流传过程中出现的差错。

原文

前史称严武为剑南节度使,放肆不法,李白为之作《蜀道难》。按孟棨所记,白初至京师,贺知章闻其名,首诣之,白出《蜀道难》,读未毕,称叹数四。时乃天宝初也,此时白已作《蜀道难》。严武为剑南,乃在至德以后肃宗时,年代甚远。盖小说所记,各得于一时见闻,本末不相知,率多舛误,皆此文之类。李白集中称"刺章仇兼琼"①,与《唐书》所载不同,此《唐书》误也。

注释

①刺:讽刺。章仇兼琼:复姓章仇,曾任剑南节度使。一说李白《蜀道难》是讽刺他所作。

译文

前朝史书记载严武任剑南节度使时,放肆而不守法,李白因此写作《蜀道难》。按照孟棨的记载,李白刚到京城时,贺知章听闻他的名字,最早去拜访他,李白拿出《蜀道难》向他展示,他没读完就连连赞叹四次。这时是天宝初年,李白已经写完了《蜀道难》。严武出任剑南,是至德年以后的肃宗时期的事,年代非常久远。大概小说所记载的,都是一时见闻所得,不知其前因后果,有许多讹误,都像贺知章与李白这件事一样。李白诗集里说"刺章仇兼琼",与《旧唐书》记载的也不同,这是《旧唐书》中的错误。

原文

旧《尚书·禹贡》云"云梦土作乂"①,太宗皇帝时,得古本《尚书》,作"云土梦作乂",诏改《禹贡》从古本。予按,孔安国注"云梦之泽在江南",不然也。据《左传》:"吴人入郢,楚子涉睢济江②,入于云中。王寝,盗攻之,以戈击王……王奔郧。"楚子自郢西走涉睢③,则当出于江南;其后涉江入于云中,遂奔郧,郧则今之安州。涉江而后至云,入云而后至郧,则云在江北也。《左传》曰:"郑伯如楚……王以田江南之梦。"杜预注云:"楚之云、梦,跨江南、北。"曰"江南之梦",则云在江北明矣。元丰中,予自随州道安陆,于入汉口,有景陵主簿郭思者,能言汉、沔间地理,亦以谓江南为梦,江北为云。予以《左传》

验之，思之说信然。江南则今之公安、石首、建宁等县，江北则玉沙、监利、景陵等县，乃水之所委，其地最下。江南上淅^④，水出稍高，云方土而梦已作乂矣，此古本之为允也。

释文

旧时的《尚书·禹贡》说"云梦土作乂"，唐太宗年间，得到了古本《尚书》，写作"云土梦作乂"，下诏根据古本修改《禹贡》。我查考，孔安国注释"云梦之泽在江南"，不正确。据《左传》说："吴人入郢，楚子涉睢济江，入于云中。王寝，盗攻之，以戈击王……王奔郧。"楚王从郢西出逃至涉睢，那么应该是离开了江南；后来渡江到了云中，又逃至郧，郧在今天的安州。渡江之后到云泽，进入云泽后又到郧，那么云泽应该在江北。《左传》说："郑伯如楚……王以田江南之梦。"杜预注释说："楚之云、梦，跨江南、北。"又有说"江南之梦"，那么就很明确云泽在江北了。元丰年间，我从随州途经安陆，进入汉口，景陵主簿郭思，知晓汉、沔地区的地理，也认为江南是梦泽，江北是云泽。我利用《左传》检验，郭思的说法可信。江南就是今天的公安、石首、建宁等县，江北就是玉沙、监利、景陵等县，是河川汇流的地方，地势最低。江南一带露出水面的地方稍高，云泽才露出土地而梦泽已经可以耕地了，这就是古本信实的依据。

卷五　乐律一

原文

《周礼》："凡乐，圜钟为宫，黄钟为角，太蔟为徵，姑洗为羽。若乐六变，则天神皆降，可得而礼矣。函钟为宫，太蔟为角，姑洗为徵，南吕为羽。若乐八变，即地祇皆出，可得而礼矣。黄钟为宫，大吕为角，太蔟为徵，应钟为羽。若乐九变，则人鬼可得而礼矣^①。"凡声之高下，列为五等，以宫、商、角、徵、羽名之。为之主者曰宫，次二曰商，次三曰角，次四曰徵，次五曰羽，此谓之序。名可易，序不可易。圜钟为宫，则黄钟乃第五羽声也，今则谓之角，虽谓之角，名则易矣，其实第五之声安能变哉？强谓之角而已。先王为乐之意，盖不如是也。世之乐异乎郊庙之乐者^②，如圜钟为宫，则林钟角声也。乐有用林钟者，则变而用黄钟，此祀天神之音云耳，非谓能易羽以为角也。函钟为宫，则太蔟徵声也。乐有用太蔟者，则变而用姑洗，此求地祇之音云

耳，非谓能易羽以为徵也。黄钟为宫，则南吕羽声也。乐有用南吕者，则变而用应钟，此求人鬼之音云耳，非谓能变均外间声以为羽也[③]。应钟，黄钟宫之变徵。文、武之世，不用二变声，所以在均外。鬼神之情，当以类求之。朱弦越席，太羹明酒[④]，所以交于冥莫者，异乎养道，此所以变其律也。

声之不用商，先儒以谓恶杀声也[⑤]。黄钟之太蔟，函钟之南吕，皆商也，是杀声未尝不用也，所以不用商者，商，中声也。宫生徵，徵生商，商生羽，羽生角。故商为中声。降兴上下之神，虚其中声，人声也。遗乎人声，所以致一于鬼神也。宗庙之乐，宫为之先，其次角，又次徵，又次羽。宫、角、徵、羽相次者，人乐之序也，故以之求人鬼。世乐之序宫、商、角、徵、羽，此但无商耳，其余悉用，此人乐之序也。何以知宫为先、其次角、又次徵、又次羽？以律吕次序知之也。黄钟最长，大吕次长，太蔟又次，应钟最短，此其序也。圜丘方泽之乐，皆以角为先，其次徵，又次宫，又次羽。始于角木[⑥]，木生火，火生土，土生水。越金，不用商也。木、火、土、水相次者，天地之序，故以之礼天地。五行之序：木生火，火生土，土生金，金生水。此但不用金耳，其余悉用。此序，天地之序也。何以知其角为先，其次徵，又次宫，又次羽？以律吕次序知之也。黄钟最长，太蔟次长，圜钟又次，姑洗又次，函钟又次，南吕最短[⑦]，此其序也。此四音之序也。

天之气始于子，故先以黄钟[⑧]；天之功毕于三月，故终之以姑洗。地之功见于正月，故先之以太蔟；毕于八月，故终之以南吕。幽阴之气，钟于北方[⑨]，人之所终归，鬼之所藏也，故先之以黄钟，终之以应钟。此三乐之始终也。角者，物生之始也。徵者，物之成。羽者，物之终。天之气始于十一月，至于正月，万物萌动，地功见处，则天功之成也，故地以太蔟为角，天以太蔟为徵。三月万物悉达，天功毕处，则地功之成也，故天以姑洗为羽，地以姑洗为徵。八月生物尽成，地之功终焉，故南吕以为羽。圜丘乐虽以圜钟为宫，而曰"乃奏黄钟，以祀天神"，方泽乐虽以函钟为宫，而曰"乃奏太蔟，以祭地祇"[⑩]。盖圜丘之乐，始于黄钟；方泽之乐，始于太蔟也。天地之乐，止是世乐黄钟一均耳。以此黄钟一均，分为天地二乐。黄钟之均。黄钟为宫，太蔟为商，姑洗为角。林钟为方泽乐而已。唯圜钟一律，不在均内。天功毕于三月，则宫声自合在徵之后、羽之前，正当用夹钟也。二乐何以专用黄钟一均？盖黄钟，正均也，乐之全体，非十一均之类也。故《汉志》："自黄钟为宫，则皆以正声应，无有忽微。他律虽当其月为宫，则和应之律有空积忽微[11]，不得其正。其均起十一月，终于八月，统一岁之事也。他均则各主一月而已。"古乐有下徵调[12]，沈休文《宋书》曰："下徵调法：林钟为宫，南吕为商。林钟本正声黄钟之徵变，谓之下徵调。"马融《长笛赋》曰："反商下徵，每各异善。"谓南吕本黄钟之羽，变为下徵之商，皆以黄钟为主而已。**此天地相与之序也。人鬼始于正北，成于东北，终于西北，莘于幽阴之地也**[13]。始于十一月，而成于正月者，幽阴之魄，稍出于东方也。全处幽阴，则不与人接；稍出于东方，故人鬼可得而礼也；终则复归于幽阴，复其常也。唯羽声独远于他均者。世乐始于十一月，终于八月者，天地岁事之一终也。鬼道无穷，非若岁事之有卒，故尽十二律然后终，事先追远之道，厚之至也，此庙乐之始终也。人鬼尽十二律为义，则始于黄钟，终于应钟，以宫、商、角、徵、羽为序，则始于宫声，自当以黄钟为宫也。天神始于黄钟，终于姑洗，以木、火、土、金、水为序，则宫声当在太蔟徵之后，姑洗羽之前，则自当以圜钟为宫也。地祇始于太蔟，终于南吕，以木、火、土、金、水为序，则宫声当在姑洗徵之后，南吕羽之前，中间唯函钟当均，自当以函钟为宫也。天神用圜钟之后，姑洗之前，唯有一律自然合用也。不曰夹钟，而曰圜钟者，以天体言之也。不曰林钟，而曰函钟者，以地道言之也。黄钟无异名，人道也。**此三律为宫，次叙定理，非可以意凿也。**

圜钟六变，函钟八变，黄钟九变，同会于卯，卯者，昏明之交，所以交上下、通幽明、合人神，故天神、地祇、人鬼可得而礼也。自辰以往常在昼，自寅以来常在夜，故卯为昏明之交，当其中间，昼夜夹之，故谓之夹钟。黄钟一变为林钟，再变为太蔟，三变南吕，四变姑洗，五变应钟，六变蕤宾，七变大吕，八变夷则，九变夹钟。函钟一变为太蔟，再变为南吕，三变姑洗，四变应钟，五变蕤宾，六变大吕，七变夷则，八变夹钟也。圜钟一变为无射，再变为中吕，三变为黄钟清宫，四变合至林钟，林钟无清宫，至太蔟清宫为四变，五变合至南吕，南吕无清宫，直至大吕清宫为五变，六变合至夷则，夷则无清宫，直至夹钟清宫为六变也。十二律，黄钟、大吕、太蔟、夹钟四律有清宫，总谓之十六律。自姑洗至应钟八律，皆无清宫，但处位而已。**此**

皆天理不可易者。古人以为难知，盖不深索之。听其声，求其义，考其序，无毫发可移，此所谓天理也。一者人鬼，以宫、商、角、徵、羽为序者；二者天神，三者地祇，皆以木、火、土、金、水为序者；四者以黄钟一均分为天地二乐者；五者六变、八变、九变皆会于夹钟者。

①**圜钟**：即十二律中的夹钟。十二律为黄钟、大吕、太蔟、夹钟、姑洗、中吕、蕤宾、林钟、夷则、南吕、无射、应钟，是由三分损益法确定的固定音高。其中祭天时夹钟又称圜钟，祭地时林钟又称函钟，见后文"不曰夹钟，而曰圜钟者，以天体言之也。不曰林钟，而曰函钟者，以地道言之也"。**地祇**：地神。**人鬼**：祖先。②**世之乐**：世俗音乐，人们生活中使用的音乐。**郊庙之乐**：用于祭祀的音乐。郊，祭祀天帝；庙，祭祀祖先。③**均外间声**：均即音阶，确定某一音阶中的各音后，音阶中未用到的音高就是均外间声。④**朱弦越席，太羹明酒**：弦乐、座席、肉羹、祭酒。泛指祭祀仪式上使用的各类道具，与人们生活中使用的样式都不同。⑤**杀声**：音乐中的肃杀之声。⑥**角木**：角属木。五音与五行的对应关系为宫属土、商属金、角属木、徵属火、羽属水。⑦**黄钟最长**：三分损益法是以一根固定长度的圆管所发出的音高为黄钟，再加以损益得出余下十一律的音高，所以说黄钟最长，十二律管的长度以①中的顺序从长到短排序。⑧**天之气始于子，故先以黄钟**：农历十一月为子月，天的阳气开始产生。故以十二律之首的黄钟对应，以①中的顺序类推，后文的三月对应姑洗、正月（一月）对应太蔟，八月对应南吕。十二律与十二地支的对应关系，以黄钟为子，以此类推，后文的"卯为昏明之交……故谓之夹钟"也是以夹钟为卯。⑨**北方**：十二律与方位也有对应关系，将四个方位做十二等分，以黄钟为北，顺时针递推。⑩**圜丘、方泽**：古代人认为天圆地方，圜丘是冬至祭天神的地方，圜即圆；方泽是夏至祭地祇的方坛，设于泽中，所以叫方泽。⑪**空积忽微**：微小的差异。空积，如一寸分为数千；忽微，若有若无，细如发丝。⑫**下徵调**：黄钟宫的调式是以蕤宾为徵，向下半音即林钟，林钟就叫变徵，如果以林钟为宫，即是下徵调。⑬**幽阴之地**：即阴间。

《周礼》记载："在祭祀音乐上，以圜钟为宫，黄钟为角，太蔟为徵，姑洗为羽。如果以这种调式变换六次，那么天神都会降临，人们得以依礼祭祀他们。函钟为宫，太蔟为角，姑洗为徵，南吕为羽。如果以这种调式变换八次，那么地祇都会出现，人们得以依礼祭祀他们。黄钟为宫，大吕为角，太蔟为徵，应钟为羽。如果以这种调式变换九次，人的祖先可以依礼祭祀。"所有乐音的高低，列为五等，用宫、商、角、徵、羽来命名。其中的主声叫作宫，其次的叫作商，第三的叫作角，第四的叫作徵，第五的叫作羽，这是顺序。名称可以改变，顺序不可改变。圜钟作为宫声的时候，黄钟就是第五羽声，现在却称为角，虽然称为角，名称改变了，实际上的第五声，怎么能改变？强行称其为角罢了。先王奏乐的意图，应该不是这样的。世俗的音乐与郊庙祭祀的音乐不同，如果以圜钟为宫声，那么林钟就是角声了。音乐中有本应用林钟为角声的，却变为用黄钟，这是召请天神的编乐方式而已，并不是说能将羽声变为角声。函钟为宫声时，太蔟就是徵声了。音乐中有本应用太蔟为徵声的，却变为用姑洗，这是祈求地祇的编乐方式而已，并不是说能将羽声变为徵声。黄钟为宫声时，南吕就是羽声了。音乐中有本应用南吕为羽声的，却变为用应钟，这是祈求祖先的编乐方式罢了，并不是说能将均外间声变为羽声。（应钟是黄钟为宫时的变徵。周文王周武王的时代，不使用两种变声，所以说在均外。）鬼神的情况，应当用其相应种类来求得。朱弦越席，太羹明酒，这些之所以能与冥冥中的鬼神沟通，是因为它们与生活中使用的相异，这也是祭祀音乐改变律例的道理。

　　祭祀的音乐不用商声，先代学者认为是厌恶杀声。黄钟宫时的太蔟，函钟宫时的南吕，都是商声，这样的杀声也并非不被使用，之所以不用商声，是因为商是中声。（宫生徵，徵生商，商生羽，羽生角。故商为中声。）请求天神与地祇，就要弱化中间代表人声的中声。去掉人声，是为了与鬼神求得统一。宗庙祭祀的音乐，宫是最先的，其次是角，又次是徵，再次是羽。宫、角、徵、羽排列的顺序，是人乐的顺序，所以以此祈求祖先。（世俗音乐的顺序是宫、商、角、徵、羽，这里只去掉了商而已，其他的都使用，也就是人乐的顺序。如何知道以宫为先、其次角、又次徵、再次羽的呢？是从律吕的次序得知的。黄钟最长，大吕次长，太蔟又次，应钟最短，这是它的顺序。）在圜丘、方泽演奏的音乐，都是以角为最先的，其次是徵，又次是宫，又次是羽。从代表木的角开始，木生火，火生土，土生水。跳过了金，是因为不使用商。木、火、土、水排列的顺序，是自然的顺序，所以以此祭祀天神地祇。（五行的顺序是木生火，火生土，土生金，金生水。这里只去掉了金而已，其他的都使用。这个顺序是天地自然界的顺序。如何知道以角为先，其次徵，又次宫，又次羽的呢？也是从律吕的次序得知的。黄钟最长，太蔟次长，圜钟又次，姑洗又次，函钟又次，南吕最短，这是它的顺序。）这就是祭祀中四音的排序了。

　　天的阳气从十一月开始产生，所以祭祀天神先用黄钟；天的功力在三月达到鼎盛，所以以姑洗结束。地之功力在正月显现，所以祭祀地祇先用太蔟；在八月达到鼎盛，所以以南吕结束。幽暗的气集中于北方，这里是人最终归属的地方，鬼神藏匿的地方，所以祭祀祖先先用黄钟，再以应钟结束。这是三种音乐开始与结束的选取原因。角是万物生长的开端。徵是万物鼎盛之时。羽是万物终结之时。天的阳气从十一月开始产生，到了正月，万物萌发，地的功力开始显现，而天的功力已有所成，所以祭祀地祇以太蔟为角声，祭祀天神以太蔟为徵声。三月万物全都昌盛了，是天的功力最强的时候，而地的功力已有所成，所以祭天以姑洗为羽声，祭地以姑洗为徵声。八月万物都成熟了，地的功力结束，所以以南吕为羽声。（在圜丘祭天用的音乐虽以圜钟为宫声，但又说"乃奏黄钟，以祀天神"，在方泽祭地用的音乐虽以函钟为宫声，但又说"乃奏太蔟，以祭地祇"。这是因为圜丘的音乐始于黄钟；方泽的音乐始于太蔟。祭祀天地的音乐，只是世俗音乐中的黄钟宫这一种均而已。用黄钟宫这一种均，分成祭天、祭地两种音乐。黄钟宫这一均，以黄钟为宫，太蔟为商，姑洗为角。林钟只用于方泽祭地的音乐而已。只有圜钟这一律，不在黄钟宫的均内。天功在三月达到鼎盛，宫声自然应在徵声之后、羽声之前，正应该用夹钟。这两种音乐为何专用黄钟宫这一均呢？是因为黄钟宫是正均，校订所有乐音的规则，和其他十一均不同。所以《汉志》说："用黄钟为宫，则相应的所有乐音都是正声，没有一点误差。其他的律作为宫时，相应的其他乐音都有微小的误差，不得其正音。黄钟宫的均从十一月起，八月终，统领一年中的事。其他均则只是各自主宰一个月份而已。"古代的音乐有下徵调，沈约（字休文）的《宋书》中说："下徵调法：林钟为宫，南吕为商。林钟本是正声黄钟的徵变称为下徵调。"马融的《长笛赋》中说："反商下徵，每各异善。"意思是南吕本是黄钟宫的羽声，变为下徵调中的商声，都是以黄钟为主而成。）这是与祭祀天地相关的顺序。祭祀祖先的音乐从正北开始，于东北有所成，在西北结束，荟萃于阴间。从十一月开始，于正月有所成，阴间的魂魄，稍微从东方显现。完全处于阴间时，就无法与生人相接；稍微从东方显现，人们才能够祭祀祖先鬼神；结束后便又回归阴间，恢复其常态。只有羽声较远，比其他均中的距离都远。世俗音乐从十一月开始，在八月终止，是天地自然间一个年岁的终结。阴间鬼道则是无穷的，不像年岁这样有终结，所以以十二律殆尽后才结束，侍奉先人追念先人的规矩，是非常有用意的，这是祭祀音乐的始末。祭祀祖先的音乐要穷尽十二律，也就是从黄钟开始，以应钟结束，以宫、商、角、徵、羽为顺序，也就是从宫声开始，自然就要以黄钟为宫声。祭祀天神的音乐从黄钟开始，以姑洗结束，以木、火、土、金、水为顺序，也就是宫声应当在太蔟徵之后、姑洗羽之前，自然就应以圜钟为宫声。祭祀地祇的音乐从太蔟开始，以南吕结束，以木、火、土、金、水为顺序，那么宫声就应该在姑洗徵之后、南吕羽之前，中间只有函钟可以当均，自然就以函钟为宫声。（祭祀天神的音乐在圜钟之后、姑洗之前只有一个律自然合用。不叫夹钟，而叫圜钟，是以天的名称称呼它。不叫林钟，而叫函钟，是以地的名称称呼它。黄钟没有别名，是代表人间的。）这三律为作为宫声时，非序是规定下来的，不是可以任意穿凿更改的。

圜钟宫变换六次，函钟宫变换八次，黄钟宫变换九次，都会汇合于卯，卯是晨昏之交的时刻，所以能够交流天地、通达幽间、汇合人神，所以天神、地祇、祖先都可被祭祀。（从辰时往后一般都是白昼，从寅时往后一般都是黑夜，所以卯时是晨昏之交，被昼夜夹在中间，所以叫夹钟。黄钟变换一次为林钟，再变为太蔟，三变为南吕，四变为姑洗，五变为应钟，六变为蕤宾，七变为大吕，八变为夷则，九变为夹钟。函钟一变为太蔟，再变为南吕，三变为姑洗，四变为应钟，五变为蕤宾，六变为大吕，七变为夷则，八变为夹钟。圜钟一变为无射，再变为中吕，三变为黄钟清宫，四变本应到林钟，林钟没有清宫，到太蔟清宫是第四变，五变本应到南吕，南吕没有清宫，到大吕清宫是第五变，六变本应到夷则，夷则没有清宫，到夹钟清宫是第六变。十二律，再加上黄钟、大吕、太蔟、夹钟四律有清宫，总共叫作十六律。从姑洗到应钟的八律，都没有清宫，只占位而已。）这些都是天理不可改变。古人认为这些规律很难捉摸，只是未加深思而已。听到乐音，探求原因，考证次序，没有丝毫可以改变，这就是天理。一是祭祀祖先的音乐，以宫、商、角、徵、羽为顺序；二是祭祀天神的音乐，三是祭祀地祇的音乐，都以木、火、土、金、水为顺序；

四是以黄钟宫一均分为天、地两种乐音；五是六变、八变、九变都会汇合于夹钟。

原 文

六吕，三曰钟，三曰吕。夹钟、林钟、应钟，太吕、中吕、南吕。钟与吕常相间，常相对，六吕之间，复自有阴阳也。纳音之法[1]：申、子、辰、巳、酉、丑为阳纪，寅、午、戌、亥、卯、未为阴纪。亥、卯、未，曰夹钟、林钟、应钟，阴中之阴也。黄钟者，阳之所钟也[2]；夹钟、林钟、应钟，阴之所钟也，故皆谓之钟。巳、酉、丑，曰大吕、中吕、南吕，阴中之阳也。吕，助也，能时出而助阳也，故皆谓之吕。

注 释

①**纳音之法：** 古以五音十二律相合为六十音，与六十甲子相配合，按金、火、木、水、土五行之序旋相为宫，称为纳音。②**钟：** 集中。如同今天所说的"钟情"的钟，十二律里的钟字均表示这个意思。

译 文

六吕里面，三个叫作钟，三个叫作吕。（夹钟、林钟、应钟，太吕、中吕、南吕。）钟与吕都是相间的，且相互对应，六吕之间，还有阴阳之分。按照纳音的方法：申、子、辰、巳、酉、丑为阳纪，寅、午、戌、亥、卯、未为阴纪。亥、卯、未对应夹钟、林钟、应钟，是阴中之阴。黄钟是阳气汇聚的意思；夹钟、林钟、应钟是阴气汇聚，所以也称钟。巳、酉、丑对应大吕、中吕、南吕，是阴中之阳。吕是相助的意思，能时常出现来辅助阳气，所以叫作吕。

原 文

《汉志》："阴阳相生，自黄钟始而左旋，八八为伍。"八八为伍者，谓一上生与一下生相间[1]。如此，则自大吕以后，律数皆差，须自蕤宾再上生，方得本数。此八八为伍之误也。或曰："律无上生吕之理，但当下生而用浊倍。"二说皆通。然至蕤宾清宫生大吕清宫，又当再上生。如此时上时下，即非自然之数，不免牵合矣。自子至巳为阳律、阳吕，自午至亥为阴律、阴吕。凡阳律、阳吕皆下生，阴律、阴吕皆上生。故巳方之律谓之中吕，言阴阳至此而中也。中吕当读如本字，作"仲"非也。至午则谓之蕤宾。阳常为主，阴常为宾。蕤宾者，阳至此而为宾也。纳音之法，自黄钟相生，至于中吕而中，谓之阳纪；自蕤宾相生，至于应钟而终，谓之阴纪。盖中吕为阴阳之中，子午为阴阳之分也。

注释

①**上生、下生**：即按照三分损益法，"三分益一"为上生，"三分损一"为下生。

释文

《汉志》记载："阴阳柜生，自黄钟始而左旋，八八为伍。"所谓的八八为伍，是指每隔八个律上生一次与每隔八个律下生一次相间。像这样，从大吕之后的律数都与实际有差异，必须从蕤宾再上生，才能得到实际的律数。这是八八为伍的错误。有人说："律没有上生吕的道理，应该是下生而按浊音之例加倍。"这两种说法都能解释得通。但是到了蕤宾清宫生大吕清宫时，又应该再上生一次。像这样时上时下，就不是自然的定数了，不免牵强。从子到巳是阳律、阳吕，从午到亥是阴律、阴吕。凡是阳律、阳吕都下生，凡是阴律、阴吕都上生。所以与巳对应的律叫作中吕，意思是阴阳到这里中和。（中吕的读音应当按本字，读作"仲"就不对了。）至午则叫作蕤宾。通常总是阳为主，阴为宾。蕤宾的意思是阳到了这里就成为宾。按照纳音之法，从黄钟开始相生，到中吕是中间，称为阳纪；从蕤宾开始相生，到应钟结束，称为阴纪。原因是中吕是阴阳的中间，子午是分割阴阳的时刻。

原文

《汉志》言数曰："太极元气，函三为一①。极，中也；元，始也②。行于十二辰，始动于子。参之于丑③，得三。又参之于寅，得九。又参之于卯，得二十七。历十二辰，得十七万七千一百四十七。此阴阳合德，气钟于子，化生万物者也。"殊不知此乃求律吕长短体算立成法耳④，别有何义？为史者但见其数浩博，莫测所用，乃曰"此阴阳合德，化生万物者也"。尝有人于土中得一朽弊捣帛杵，不识，持归以示邻里。大小聚观，莫不怪愕，不知何物。后有一书生过，见之曰："此灵物也。吾闻防风氏身长三丈⑤，骨节专车。此防风氏胫骨也。"乡人皆喜，筑庙祭之，谓之"胫庙"。班固此论，亦近乎"胫庙"也。

注释

①**函**：合。**三**：天、地、人。②**中**：正中。**始**：开始。③**参之于丑**：在丑时乘以三。参，即三。后文同。④**成法**：既定之法。⑤**防风氏**：古代传说中的部落酋长名，大禹在会稽山上召集群神，防风氏迟到，大禹因而杀之。《国语》记载"其骨节专车"。

释文

《汉志》讲数时道："太极的元气，是统合三为一。极是正中的意思；元是开始的意思。在十二时辰间流动，从子时开始。在丑时乘以三，即得三。又在寅时乘以三，即得九。又在卯时乘以三，即得二十七。经历这十二时辰，即得十七万七千一百四十七。这是阴阳同德，气聚在子时，生出了万物。"却不知这是求律管长短的既定方法，还有什么深意呢？写史书的人只见到这个数字浩大，不知道它的用途，就说是"此阴阳合德，化生万物者也"。曾经有一人从土地里找到一根腐朽的捣帛杵，不认识，拿回来给乡邻看。老老少少都聚过来围观，没有不觉得奇怪的，不知是什么东西。后来有一个书生经过，看见它就说："这是有灵之物。我听说防风氏身高三丈，一段骨头就可以装满一车。这是防风氏的胫骨。"乡人都很欢喜，修庙来祭祀它，称为"胫庙"。班固的这个论断，与"胫庙"也差不多了。

原文

吾闻《羯鼓录》序羯鼓之声云："透空碎远，极异众乐[1]。"唐羯鼓曲，今唯有邠州一父老能之，有《大合蝉》《滴滴泉》之曲。予在鄜延时，尚闻其声。泾原承受公事杨元孙因奏事回，有旨令召此人赴阙[2]。元孙至邠，而其人已死，羯鼓遗音遂绝。今乐部中所有，但名存而已，"透空碎远"了无余迹。唐明帝与李龟年论羯鼓云：杠之弊者四柜。用力如此，其为艺可知也。

注释

①羯鼓：从西域传入中国的一种打击乐器，盛行于唐代。《羯鼓录》形容其声音能破空远传，与其他音乐非常不同。②赴阙：入朝拜见皇帝。

译文

我听《羯鼓录》讲羯鼓的声音说："透空碎远，与别的音乐非常不同。"唐代的羯鼓曲，现今只有一位邠州老人能演奏，有《大合蝉》《滴滴泉》的曲子。我在鄜延时，还能听到这种曲调。泾原承受公事杨元孙借禀奏此事回京，有圣旨宣此人进宫。杨元孙回到邠州时，这个人已经死了，羯鼓的遗音也就断绝了。现今的乐部中留有的羯鼓，只有名字尚存罢了，"透空碎远"已经毫无遗迹。唐明皇与李龟年谈论羯鼓说：用坏的鼓槌有四柜之多。这么用力，其艺术水平也就可想而知了。

原文

唐之杖鼓，本谓之"两杖鼓"，两头皆用杖。今之杖鼓，一头以手拊之[1]，则唐之"汉震第二鼓"也[2]。明帝、宋开府皆善此鼓。其曲多独奏，如鼓笛曲是也。今时杖鼓，常时只是打拍，鲜有专门独奏之妙。古典悉皆散亡，顷年王师南征，得《黄帝炎》一曲于交趾，乃杖鼓曲也。"炎"或作"盐"。唐曲有《突厥盐》《阿鹊盐》。施肩吾诗云："颠狂楚客歌成雪，妖媚吴娘笑是盐。"盖当时语也。今杖鼓谱中有炎杖声。

注释

①拊：拍。②汉震第二鼓：汉震，鼓名。《新唐书·礼乐志十二》："革有杖鼓、第二鼓、第三鼓、腰鼓、大鼓。"

译文

唐代的杖鼓，原本叫作"两杖鼓"，两头都用杖来敲击。现今的杖鼓，一头用手拍，是唐代所说的"汉震第二鼓"。唐明皇、宋璟（授予开府仪同三司，故称宋开府）都擅长演奏此鼓。杖鼓的曲子大多是独奏，如鼓笛曲就是这样。今日的杖鼓，通常只用于打击节奏拍子，很少有专门独奏的妙处。古代的曲子都散佚了，近年军队南征，在交趾寻到一首《黄帝炎》，就是杖鼓曲。（"炎"或写作"盐"。）唐曲中有《突厥盐》《阿鹊盐》。施肩吾的诗写道："颠狂楚客歌成雪，妩媚吴娘笑是盐。"大概是当时的说法。今日的杖鼓谱里还有炎杖声。

元稹《连昌宫词》有"逡巡'大遍'凉州彻"①，所谓"大遍"者，有序、引、歌、㲎（sà）、嗺、哨、催、攧（diān）、衮、破、行、中腔、踏歌之类，凡数十解，每解有数叠者②。裁截用之，则谓之"摘遍"。今人大曲，皆是裁用，悉非"大遍"也。

①**大遍**：唐宋歌曲的一种。遍，指一套乐曲。每套大曲（由同一宫调乐曲组成的一套乐曲）由多个遍组成，完整演奏的叫作大遍。②**解**：乐曲的一个段落。**叠**：乐曲的重复演奏，如"阳关三叠"。

元稹的《连昌宫词》里有"逡巡'大遍'凉州彻"，所谓"大遍"，有序、引、歌、㲎、嗺、哨、催、攧、衮、破、行、中腔、踏歌等，总共数十段，每段都有多次重复。截断分段演奏，就叫作"摘遍"。现今人们演奏的大曲，都是分段演奏的，都不是完整的"大遍"。

鼓吹部有拱辰管①，即古之叉手管也。太宗皇帝赐今名②。

①**鼓吹部**：负责打击乐器和吹奏乐器的乐部。**拱辰管**：《宋史》记为拱宸管，因吹奏时两手相交，像拱揖的姿势，因而得名。②**太宗皇帝**：据《宋史·志第七十九·乐一》，似为宋太祖。

鼓吹部里有拱辰管，即是古时候说的叉手管。现今的这个名字是宋太宗亲赐的。

边兵每得胜回，则连队抗声凯歌①，乃古之遗音也。凯歌词甚多，皆市井鄙俚之语。予在鄜延时，制数十曲，令士卒歌之，今粗记得数篇。其一："先取山西十二州，别分子将打衙头②。回看秦塞低如马，渐见黄河直北流。"其二："天威卷地过黄河③，万里羌人尽汉歌。莫堰横山倒流水，从教西去作恩波。"其三："马尾胡琴随汉车，曲声犹自怨单于。弯弓莫射云中雁，归雁如今不寄书。"其四："旗队浑如锦绣堆，银装背嵬打回回④。先教净扫安西路，待向河源饮马来。"其五："灵武西凉不用围，蕃家总待纳王师。城中半是关西种，犹有当时轧吃根勿反儿⑤。"

［注　释］

　　①连队：全队。**抗声**：高声。**凯歌**：胜利之歌。②**别分**：区别，区分。**子将**：大将之下的副将、偏将。**衙头**：宋代指金人统帅所在的营帐。③**天威**：皇帝的威力，国家军队。④**银装背嵬**：指戎装的将士。背嵬，亦作"背峞"，峞是古代的酒瓶，大将酒瓶由亲随军背负，又说嵬指盾牌，此处与银装呼应，背嵬可能是取盾牌的意思。**回回**：指回鹘。⑤**关西种**：边关西面的种族，指西域外族。**轧吃儿**：当时的方言，口吃的意思，指说汉语尚不熟练的外族遗民。

［译　文］

　　驻守边关的士兵每次得胜归来，就全队高声唱凯歌，是古时候遗留下来的音乐。凯歌的歌词很多，都是市井俗鄙的俚语。我在鄜延时，编写了数十首曲，让士兵们歌唱，现在大略记得几篇。其一："先取山西十二州，别分子将打衙头。回看秦塞低如马，渐见黄河直北流。"其二："天威卷地过黄河，万里羌人尽汉歌。莫堰横山倒流水，从教西去作恩波。"其三："马尾胡琴随汉车，曲声犹自怨单于。弯弓莫射云中雁，归雁如今不寄书。"其四："旗队浑如锦绣堆，银装背嵬打回回。先教净扫安西路，待向河源饮马来。"其五："灵武西凉不用围，蕃家总待纳王师。城中半是关西种，犹有当时轧吃（根勿反）儿。"

［原　文］

　　《柘枝》旧曲，遍数极多，如《羯鼓录》所谓《浑脱解》之类，今无复此遍。寇莱公好《柘枝》舞，会客必舞《柘枝》，每舞必尽日，时谓之"柘枝颠"①。今凤翔有一老尼，犹是莱公时柘枝妓，云："当时《柘枝》，尚有数十遍。今日所舞《柘枝》，比当时十不得二三。"老尼尚能歌其曲，好事者往往传之。

［注　释］

　　①**柘枝颠**：喜爱《柘枝》到像发癫。

［译　文］

　　《柘枝》的旧曲目，乐段非常多，比如《羯鼓录》所说的《浑脱解》之类，现在已经没有这些乐段了。寇准（封莱国公，故称寇莱公）喜爱《柘枝》的乐舞，宴请客人必定演出《柘枝》，每次乐舞必定花费整日，时人称之为"柘枝颠"。现在的凤翔有一个老尼姑，还是寇准时期的柘枝舞艺人，说"当时《柘枝》，还有数十段。今日所舞的《柘枝》，比当时只剩下不到二三成"。老尼姑还能唱出这些曲子，有好事者常常传唱。

［原　文］

　　古之善歌者有语，谓"当使声中无字，字中有声"。凡曲，止是一声清浊高下如萦缕耳①，字则有喉、唇、齿、舌等音不同。当使字字举本皆轻圆，悉

梦溪笔谈

融入声中，令转换处无磊块②，此谓"声中无字"，古人谓之"如贯珠"，今谓之"善过度"是也。如宫声字而曲合用商声，则能转宫为商歌之，此"字中有声"也，善歌者谓之"内里声"。不善歌者，声无抑扬，谓之"念曲"；声无含韫③，谓之"叫曲"。

①萦：缠绕。缕：丝缕。②磊块：原指石块，这里形容吐字转换间的磕绊累赘。③含韫：含蓄。

释文

古代擅长唱歌的人说，"立当使声中无字，字中有声"。所有的曲目，只是声音的清浊、高低不同，像丝缕缭绕一样，唱词的吐字则有喉、唇、齿、舌等不同的发音方式。应当使整首歌的每个字都轻柔圆润，融入乐声里，使字与字转换的地方听不出磕绊卡壳，这就是"声中无字"，古人说的"如贯珠"，今人说的"善过度"就是这样。比如发宫声的字，在乐曲里应用商声发音，就能将宫声字转为商声，这就是"字中有声"，擅长唱歌的人将其叫作"内里声"。不擅长唱歌的人，歌声没有起伏的，被称为"念曲"；歌声不够含蓄的，被称为"叫曲"。

原文

五音：宫、商、角为从声，徵、羽为变声①。从谓律从律，吕从吕；变谓以律从吕，以吕从律。故从声以配君、臣、民，尊卑有定，不可相逾；变声以为事、物，则或遇于君声无嫌②。六律为君声，则商、角皆以律应，徵、羽以吕应。六吕为君声，则商、角皆以吕应，徵、羽以律应。加变徵，则从、变之声已浃矣。隋柱国郑译始条具七均③，展转相生，为八十四调，清浊混淆，纷乱无统，竟为新声。自后又有犯声、侧声、正杀、寄杀、偏字、傍字、双字、半字之法。从、变之声，无复条理矣。

注释

①从声：指其律吕跟从宫音的律吕。变声：指其律吕与宫音的律吕相反。②"从声"二句：宫为君声，商为臣声，角为民声，徵为事声，羽为物声。③七均：以七音配以十二律，每一律均可作为宫音，建立出七

●李白《清平乐》
古人为词，多是按照曲调（谱）填词，所谓"因声而填词"，所以很多词牌名称就带上了情感的成分，如《渭城曲》所表达的就是离别之情，《昭君怨》所体现的乃是一种思乡之情。但到后世，多数词家只是照词牌而填，却忽视了它原有的音乐。

种音阶，叫作七均。

五音里，宫、商、角是从声，徵、羽是变声。从声的意思是，如果以律音为宫，则商、角也从律音，如果以吕音为宫，则商、角也从吕音；变声的意思是，如果以律音为宫，则徵、羽从吕音，如果以吕音为宫，则徵、羽从律音。所以从声分别象征君、臣、民，尊卑有其定数，不可以逾越；变声分别象征事、物，遇到君声也没有障碍。（六律作为君声的话，商、角都以律音呼应，徵、羽则以吕音呼应。六吕作为君声的话，商、角都以吕音呼应，徵、羽则以律音呼应。）再加上变徵，从声、变声的规矩就乱了。从隋代柱国郑译开始列出七均，辗转相生，变化出八十四调，清浊音混淆，纷乱没有规矩，人们竞相演奏新声。这之后又有犯声、侧声、正杀、寄杀、偏字、傍字、双字、半字等方法。从声变声不再有条理。

原文

外国之声①，前世自别为四夷乐。自唐天宝十三载，始诏法曲与胡部合奏②。自此乐奏全失古法，以先王之乐为雅乐，前世新声为清乐，合胡部者为宴乐。

注释

①**外国：**中原以外的国家。②**法曲：**作法乐，因用于佛法而得名，原本就含有外域音乐的成分，在隋代已融合成以清商乐为主的法曲。

译文

外域的音乐，前朝自然区分为四夷乐。唐天宝十三年，开始诏令法曲与胡乐合奏。从此奏乐完全失去了古时的规范，将先王时代的音乐叫作雅乐，前朝新作的音乐叫作清乐，与胡部合奏的叫作宴乐。

原文

古诗皆咏之，然后以声依咏以成曲①，谓之协律。其志安和，则以安和之声咏之；其志怨思，则以怨思之声咏之。故治世之音安以乐，则诗与志、声与曲，莫不安且乐；乱世之音怨以怒，则诗与志、声与曲，莫不怨且怒。此所以审音而知政也。诗之外又有和声②，则所谓曲也。古乐府皆有声有词，连属书之。如曰贺贺贺、何何何之类，皆和声也。今管弦之中缠声③，亦其遗法也。唐人乃以词填入曲中，不复用和声。此格虽云自王涯始，然贞元、元和之间，为之者已多，亦有在涯之前者。又小曲有"咸阳沽酒宝钗空"之句，云是李白所制，然李白集中有《清平乐》词四首，独欠是诗；而《花间集》所载"咸阳沽酒宝钗空"④，乃云是张泌所为。莫知孰是也。今声词相从，唯里巷间歌谣，及《阳关》《捣练》之类，稍类旧俗。然唐人填曲，多咏其曲名，所以哀

梦溪笔谈

乐与声尚相谐会。今人则不复知有声矣，哀声而歌乐词，乐声而歌怨词。故语虽切而不能感动人情，由声与意不相谐故也。

译 文

古诗都是先吟咏，然后依照吟咏的声调谱成曲，称为协律。如果古诗表达的是平和的主题，就以平和的声调咏唱；古诗表达的是哀怨的主题，就以哀怨的声调咏唱。因此"治世之音安以乐"，治世的诗歌与主题、声调与曲子，都是平安喜乐的；"乱世之音怨以怒"，乱世的诗歌与主题、声调与曲子，都是哀怨愤怒的。这就是体察音乐可以得知政治状况的原因。在诗歌之外又有和声，就是所谓的曲。古乐府的音乐都有声调有歌词，一起记录下来。比如说贺贺贺、何何何之类的，都是和声的意思。现今的筚弦乐中的缠声，也是沿袭这个方式。唐代开始才将词填入曲中，不再用和声。这个方式虽然据说是从王涯开始的，但贞元、元和年间，这样做的人已经很多，也有在王涯之前的。还有小曲里有"咸阳沽酒宝钗空"的乐词，据说是李白所作，但李白集中的四首《清平乐》的乐词，唯独没有这首诗；而《花间集》所载的"咸阳沽酒宝钗空"，说是张泌所作的。不知哪个才是正确的。时至今日声调和乐词相配的，只有民间歌谣，以及《阳关》《捣练》等，还稍微保留旧的习惯。然而唐人填曲的时候，大多根据曲名来咏唱，所以表达哀伤主题的乐曲还可以用表达哀伤的声调来和谐歌唱。现今的人不再知道声调的意义，哀伤的声调填上欢快的歌词，欢快的声调填上哀伤的歌词。所以尽管歌词真切却无法感人，就是声调与词意不和谐的缘故。

原 文

古乐有三调声，谓清调、平调、侧调也。王建诗云"侧商调里唱《伊州》"是也。今乐部中有三调乐，品皆短小，其声噍杀①，唯道调小石法曲用之②。虽谓之三调乐，皆不复辨清、平、侧声，但比他乐特为烦数耳。

译 文

古乐有三种声调，是清调、平调、侧调。王建的诗中说"侧商调里唱《伊州》"指的就是这个。今天的乐部里有三调乐，曲子都很短小，乐声急促肃杀，只有道调、小石调的法曲用到它。虽然叫三调乐，都无法再区分出清、平、侧声，只是比其他音乐更为繁复罢了。

　　唐《独异志》云：“唐承隋乱，乐簴散亡①，独无徵音。李嗣真密求得之。闻弩营中砧声②，求得丧车一铎③，入振之于东南隅，果有应者。掘之，得石一段，裁为四具，以补乐簴之阙。”此妄也。声在短长厚薄之间，故《考工记》："磬氏为磬，已上则磨其旁，已下则磨其端。"磨其毫末，则声随而变，岂有帛砧裁琢为磬，而尚存故声哉？兼古乐宫、商无定声，随律命之，迭为宫、徵。嗣真必尝为新磬，好事者遂附益为之说。既云“裁为四具”，则是不独补徵声也。

　　①乐簴：悬挂钟磬等成排乐器的支架。②砧声：在石板上捣衣的声音。③丧车：送葬用的车，即如今所说灵车。铎：礼仪用的大铃。

　　唐代《独异志》说："唐代在隋代动荡的基础上建国，钟磬散佚，唯独没有能演奏徵音的那块。李嗣真私下探求才得到它。他听到弓弩营里传出的捣衣声似乎是徵音，就借来了灵车上的一个大铃铛，进入营里在东南角摇铃，果然有与之应和的声音。挖掘出一段石头，裁成四段，弥补了钟磬中徵音的空缺。"这是错误的。声音的高低就在于乐器的短长厚薄，所以才有《考工记》记载的："磬氏为磬，已上则磨其旁，已下则磨其端。"仅仅是稍微打磨它的末端，声音就随之改变了，哪有捣衣砧裁切琢磨成磬，还能保留原来的音高的呢？再加上古乐里的宫、商没有固定音高，由十二律的音高决定，可能是宫也可能是徵。李嗣真一定是曾经打造过新的磬，才有好事者附会出这种说法。既然说是“裁为四具”，那也不是仅弥补了徵声而已。

　　《国史纂异》云："润州曾得玉磬十二以献，张率更叩其一，曰：‘晋某岁所造也。是岁闰月，造磬者法月数，当有十三，宜于黄钟东九尺掘，必得焉。’从之，果如其言。"此妄也。法月律为磬，当依节气，闰月自在其间，闰月无中气，岂当月律①？此懵然者为之也。扣其一，安知其是晋某年所造？既沦陷在地中，岂暇复按方隅尺寸埋之②？此欺诞之甚也！

　　①闰月无中气：二十四节气分为十二个节气和十二个中气，通常每月有一个节气和一个中气，前半月的为节气，后半月的为中气，但中气逐月略微推迟，至某一月的中气推迟到了下一月，这个月里没有中气，便置闰。②方隅：方位。尺寸：距离。

　　《国史纂异》记载："润州曾发掘并献上十二枚玉磬，张文收（任太子率更令，故称张率更）敲击其中一枚，说：'是晋某年所造的。这年有闰月，造磬的人根据月数所造，应当有十三枚，应该在黄钟这枚以东九尺挖掘，一定能找到。'遵从他去挖掘，果真和他说的一样。"这是错误的。依据月律造磬，其实应该是依照节气制造，闰月在月律里但是并无中气，怎能说是按照月律制造出十三枚磬呢？这是不懂的人编造的。敲击其中一枚，又怎么能知道是晋某年所造的呢？既然埋在地下了，又怎么会仍按照既定的方位距离埋着？这真是太虚夸荒诞了！

原文

　　《霓裳羽衣曲》，刘禹锡诗云："三乡陌上望仙山，归作《霓裳羽衣曲》。"又王建诗云："听风听水作《霓裳》。"白乐天诗注云："开元中，西凉府节度使杨敬述造。"郑嵎《津阳门》诗注云："叶法善尝引上入月宫①，闻仙乐。及上归，但记其半，遂于笛中写之。会西凉府都督杨敬述进《婆罗门曲》，与其声调相符，遂以月中所闻为散序②，用敬述所进为其腔③，而名《霓裳羽衣曲》。"诸说各不同。今蒲中逍遥楼楣上有唐人横书，类梵字，相传是《霓裳》谱，字训不通，莫知是非。或谓今燕部有《献仙音曲》，乃其遗声。然《霓裳》本谓之道调法曲，今《献仙音》乃小石调耳。未知孰是。

注释

　　①上：圣上，指唐玄宗。②散序：乐曲开头，节奏自由的段落，称作散序。③腔：腔调，调子。

译文

　　刘禹锡诗中提到《霓裳羽衣曲》说："三乡陌上望仙山，归作《霓裳羽衣曲》。"又有王建的诗说："听风听水作《霓裳》。"白居易（字乐天）的诗注说："开元中，西凉府节度使杨敬述造。"郑嵎《津阳门》的诗注说："叶法善曾引导唐玄宗进入月宫，听闻仙乐。唐玄宗回来，只记得一半，于是用笛子记录下来。正逢西凉府都督杨敬述进贡《婆罗门曲》，与这首曲子的声调相符，于是用月中所闻的曲子为散序，用杨敬述进贡的曲子为调子，命名为《霓裳羽衣曲》。"众说纷纭。现今蒲中逍遥楼的门楣上有唐人的横书，近似梵字，相传是《霓裳羽衣曲》的曲谱，语句不通，不知真假。有人说今天的燕乐部有《献仙音曲》，是这首曲子的遗声。但《霓裳羽衣曲》本来是道调法曲，今天的《献仙音曲》是小石调。不知谁说的才对。

原文

　　《虞书》曰："戛击鸣球①，搏拊琴瑟以咏②，祖考来格③。"鸣球非可以戛击，和之至，咏之不足，有时而至于戛且击；琴瑟非可以搏拊，和之至，咏之不足，有时而至于搏且拊。所谓手之舞之足之蹈之，而不自知其然，和之至，则宜祖考之来格也。和之生于心，其可见者如此。后之为乐者，文备而实不足。乐师之志，主于中节奏、谐声律而已。古之乐师，皆能通天下之志，故其哀乐成于心，然后宣于声，则必有形容以表之。故乐有志，声有容，其所以感人深者，不独出于器而已。

①戛：刮削。鸣球：玉磬。球，即玉。②搏拊：拍抚。③祖考：祖先。来格：来临。格，即至。

译 文

《虞书》记载："戛击玉磬，搏拊琴瑟以咏唱，祖先降临。"鸣球不是用戛击的方式演奏的，唱和到了极致，歌咏不足以表达感情，有时就到了又戛又击的地步；琴瑟不是用搏拊方式演奏的，唱和到了极致，歌咏不足以表达感情，有时就到了又搏又拊的地步。这就是所谓手舞足蹈而不自知的样子，唱和到了忘我的极致，就会有祖先降临。弹唱出于心声，这就能看出来。后世的奏乐者，文才具备而内在不足。乐师的心志，主要在于应和节奏、和谐声律而已。古代的乐师，都能通晓天下人的心志，所以他的哀乐都由心生，然后从乐声中抒发，那么必然会有表达感情的举动和面貌。所以说音乐蕴含心志，歌声伴有动作，才能感人至深，不只是靠乐器而已。

原 文

《新五代史》书唐昭宗幸华州，登齐云楼，西北顾望京师，作《菩萨蛮》辞三章，其卒章曰："野烟生碧树，陌上行人去。安得有英雄，迎归大内中？"今此辞墨本犹在陕州一佛寺中，纸札甚草草。予顷年过陕，曾一见之，后人题跋多盈巨轴矣。

译 文

《新五代史》里写唐昭宗到华州，登齐云楼，向西北回望京师，作《菩萨蛮》词三章，最后一章写道："野烟生碧树，陌上行人去。安得有英雄，迎归大内中？"今天这首词的墨宝还在陕州的一所佛寺中，纸札非常粗糙。我近年到陕州，曾经见过一次，后人的题跋众多，写满了巨幅的卷轴。

原 文

世称善歌者皆曰"郢人"，郢州至今有白雪楼。此乃因宋玉问曰："客有歌于郢中者，其始曰《下里巴人》，次为《阳阿薤露》，又为《阳春白雪》①，引商刻羽，杂以流徵②。"遂谓郢人善歌，殊不考其义。其曰"客有歌于郢中者"，则歌者非郢人也。其曰"《下里巴人》，国中属而和者数千人；《阳阿薤露》，和者数百人；《阳春白雪》，和者不过数十人；引商刻羽，杂以流徵，则和者不过数人而已"，以楚之故都，人物猥盛③，而和者止于数人，则为不知歌甚矣。

故玉以此自况，《阳春白雪》皆郢人所不能也。以其所不能者明其俗，岂非大误也？《襄阳耆旧传》虽云"楚有善歌者，歌《阳菱白露》《朝日鱼丽》，和之者不过数人"，复无《阳春白雪》之名。又今郢州，本谓之北郢，亦非古之楚都。或曰："楚都在今宜城界中，有故墟尚在。"亦不然也。此鄢也，非郢也。据《左传》："楚成王使斗宜申为商公，沿汉溯江[4]，将入郢，王在渚宫下见之[5]。"沿汉至于夏口，然后溯江，则郢当在江上，不在汉上也。又在渚宫下见之，则渚宫盖在郢也。楚始都丹阳，在今枝江；文王迁郢，昭王迁郡，皆在今江陵境中。杜预注《左传》云："楚国，今南郡江陵县北纪南城也。"谢灵运《邺中集诗》诗云："南登宛郢城。"今江陵北十二里有纪南城，即古之郢都也，又谓之南郢。

　　六十甲子有纳音，鲜原其意。盖六十律旋相为宫法也①。一律含五音，十二律纳六十音也。凡气始于东方而右行，音起于西方而左行，阴阳相错，而生变化。所谓气始于东方者，四时始于木，右行传于火，火传于土，土传于金，金传于水。所谓音始于西方者，五音始于金，左旋传于火，火传于木，木传于水，水传于土。纳音与《易》纳甲同法②。乾纳甲而坤纳癸，始于乾而终于坤③。纳音始于金，金，乾也；终于土，土，坤也④。**纳音之法，同类娶妻，隔八生子。此《汉志》语也。此律吕相生之法也。五行先仲而后孟，孟而后季，此遁甲三元之纪也。甲子金之仲，黄钟之商。同位娶乙丑，大吕之商。**同位，谓甲与乙、丙与丁之类⑤。下皆仿此。**隔八下生壬申⑥，金之孟。**夷则之商。隔八，谓大吕下生夷则也。下皆仿此。**壬申同位娶癸酉，**南吕之商，**隔八上生庚辰，金之季，**姑洗之商。此金三元终。若只以阳辰言之，则依遁甲逆传仲孟季。若兼妻言之，则顺传孟仲季也。**庚辰同位娶辛巳，**中吕之商。**隔八下生戊子，火之仲，**黄钟之徵。金三元终，则左行传南方火也。**戊子娶己丑，**大吕之徵。**生丙申，火之孟，**夷则之徵。**丙申娶丁酉，**南吕之徵。**生甲辰，火之季，**姑洗之徵。**甲辰娶乙巳，**中吕之徵。**生壬子，木之仲。**黄钟之角。火三元终，则左行传于东方木。**如是左行至于丁巳，中吕之宫，五音一终。复自甲午金之仲，娶乙未，隔八生壬寅，一如甲子之法，终于癸亥。**谓蕤宾娶林钟，上生太蔟之类。自子至于巳为阳，故自黄钟至于中吕皆下生；**自午至于亥为阴，故自林钟至于应钟皆上生。甲子乙丑金，与甲午乙未金虽同，然甲子乙丑为阳律，阳律皆下生；甲午乙未为阳吕，阳吕皆上生。六十律相反，所以分为一纪也⑦。**予于《乐论》叙之甚详，此不复纪。**

　　①**六十律旋相为宫法**：以五音和十二律相合为六十音，与六十甲子相配合，按五行之序顺时针或逆时针旋转为宫的方法，也称为纳音。②**纳甲**：十天干分纳于八卦的方式。③**乾纳甲而坤纳癸，始于乾而终于坤**：天干有十个，八卦有八个，按顺序一对一分纳后，最后两个天干壬、癸又从头纳于乾、坤，所以出现始于乾而终于坤的现象。④**纳音始于金……终于土**：甲子共六十个，五行有五个，按顺序一对一分纳的话，正好十二遍，最后一个天干癸落在土。⑤**同位**：一个奇数干支与其后紧随的偶数干支为同位，如甲子与乙丑。⑥**隔八下生**：顺序向下数八位，后文的上生是逆序向上数八位。⑦**纪**：顺序，规律。

六十甲子有纳音，很少有人能追溯其中意义。这其实是指六十律流转为宫的方法。一个律吕含有五个音，十二律就包含了六十音。气通常都是从东方产生而顺时针运行，音是从西方产生而逆时针运行，阴阳交错，便生出变化。气始于东方，是说四时始于木，顺时针传于火，火再传于土，土再传于金，金再传于水。音始于西方，是说五音始于金，逆时针传于火，火再传于木，木再传于水，水再传于土。（纳音与《周易》纳甲的方法相同。按照乾纳甲、坤纳癸的顺序一对一分纳，从乾开始，到坤结束。纳音从金开始，金即是乾；到土结束，土即是坤。）纳音的方法，可以类比娶妻，隔八位生一子。（这是《汉志》里的说法。）这是律吕相生的方法。五行里先仲后孟，孟之后是季，这是遁甲三元的顺序。甲子是金之仲，（黄钟之商。）娶同位的双数干支乙丑，（大吕之商。同位的意思是甲与乙、丙与丁这样的关系。依次类推。）向下隔过八位生壬申，金之孟，（夷则之商。隔八的意思是大吕向下生夷则。依次类推。）壬申娶同位的双数干支癸酉，（南吕之商。）向上隔八位生庚辰，金之季，（姑洗之商。这样金的三元就结束了。如果只说十二地支的单数，那么依照遁甲令仲孟季从后往前逆传。如果加上十二地支里的双数来说，就按孟仲季顺序传递。）庚辰娶同位的双数干支辛巳，（中吕之商。）向下隔八位生戊子，火之仲。（黄钟之徵。金的三元结束，就逆时针向左运行传到南方的火。）戊子娶同位的双数干支己丑，（大吕之徵。）生丙申，火之孟，（夷则之徵。）丙申娶同位的双数干支丁酉，（南吕之徵。）生甲辰，火之季，（姑洗之徵。）甲辰娶同位的双数干支乙巳，（中吕之徵。）生壬子，木之仲。（黄钟之角。火的三元结束，逆时针运行到东方的木。）像这样逆时针传到丁巳，中吕之宫，五音经历了一轮结束。再从甲午金之仲开始，娶乙未，隔八生壬寅，就像甲子纪年的方法，结束于癸亥。（指的是蕤宾娶林钟，上生太蔟之类。）从子到巳为阳，所以从黄钟到中吕都是下生；从午到亥为阴，所以从林钟到应钟都是上生。（甲子乙丑的金，与甲午乙未的金虽然相同，但甲子乙丑是阳律，阳律都是下生；甲午乙未是阳吕，阳吕都是上生。六十律互相相反，所以分别称为一个规律。）我在《乐论》里详细叙述过，在此不再重复记录。

今太常钟镈[1]，皆于甬本为纽[2]，谓之"旋虫"，侧垂之。皇祐中，杭州西湖侧，发地得一古钟，匾而短[3]，其枚长几半寸[4]，大略制度如《凫氏》所载，唯甬乃中空，甬半以上差小。所谓衡者。予细考其制，亦似有义。甬所以中空者，疑钟縻自其中垂下[5]，当衡甬之间，以横栝挂之[6]，横栝疑所谓旋虫也。今考其名，竹筩之筩[7]，文从竹、从甬，则甬仅乎空；甬半以上微小者，所以碍横栝，以其横栝所在也，则有衡之义也。其横栝之形，似虫而可旋，疑所谓旋虫。以今之钟镈校之，此衡甬中空，则犹小于甬者，乃欲碍横栝，

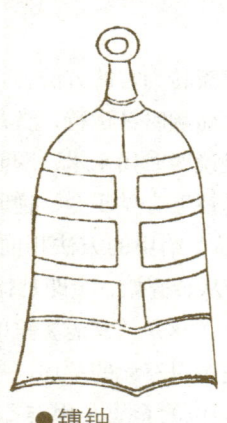

●镈钟

镈，古代的一种乐器，形似钟，比钟要小。《国语·晋语七》："郑伯嘉来纳女、工、妾三十人……及宝镈。"韦昭注："镈，小钟也。"其声音清远悠长，古人常在宗庙祭祀时敲打，以其感通神灵，报祖先之大德。

似有所因。彼衡甬俱实，则衡小于甬，似无所因。又以其栝之横于其中也，则宜有衡义。实甬直上植之，而谓之衡者何义？又横栝以其可旋而有虫形，或可谓之旋虫；今钟则实其纽不动，何缘得"旋"名？若以侧垂之，其钟可以掉荡旋转，则钟常不定，击者安能常当其隧？此皆可疑，未知孰是。其钟今尚在钱塘，予群从家藏之。

【注释】

①钟镈：即镈钟，乐器名。②甬：钟柄。**本**：底部。**纽**：系绳用以悬挂钟体的部分。③匾：扁。④枚：钟体上凸起的钟乳式装饰。⑤钟縻：挂钟的绳子。⑥横栝：横向的悬挂杆。箭栝指箭末扣弦的凹槽装置，此处横栝的样式可能与其类似，扣于衡和甬之间。⑦竹箭：竹筒。

【译文】

现今太常寺的钟镈，都在甬即钟柄底部有纽，称为"旋虫"，从侧面垂下。皇祐年间，杭州西湖旁发掘出一口古钟，扁而短，钟枚长接近半寸，大致的形制和《凫氏》所载的一样，只有甬是中空的，甬的上半截比较小，就是衡。我仔细考察它的形制，也似乎有道理。钟甬之所以中空，怀疑是钟縻从里面垂下，正好在衡和甬之间，用横栝挂起，我怀疑这个横栝就是所谓的旋虫。现在考证这个名称，竹箭的箭，字从竹从甬，那么甬应该是像箭这样中空的；甬的上半截娇小，甬之所以能挡住横栝，就是因为横栝在这个位置，也就有了衡的意思。横栝的形状，像虫而可以转动，怀疑就是旋虫。用现今的钟镈与它比较，这个钟镈的衡和甬中空，衡还比甬小，就是为了挡住横栝，似乎有其原因。现今钟镈的衡和甬都是实心的，衡小于甬，似乎就没有理由了。又因为那口钟镈的栝横在中间，就应该有衡的意思。实心的甬直接接在钟镈上，叫作衡有什么意义呢？又因为横栝可以旋转且有虫形，可能就称为旋虫了；现今的钟镈的纽其实不能动，为何能以"旋"命名？如果因为是侧垂的，钟体可以摆荡旋转，则钟的运动轨迹总是不定的，敲钟人如何能总跟着它转呢？这些都很可疑，不知道怎样才是正确的。这口钟现在仍在钱塘，收藏在我的亲戚家中。

【原文】

海州士人李慎言，尝梦至一处水殿中，观宫女戏球。山阳蔡绳为之传，叙其事甚详。有《抛球曲》十余阕，词皆清丽。今独记两阕："侍燕黄昏晚未休，玉阶夜色月如流。朝来自觉承恩醉，笑倩旁人认绣球。""堪恨隋家几帝王，舞裀揉尽绣鸳鸯。如今重到抛球处，不是金炉旧日香。"

梦溪笔谈

海州士人李慎言，曾梦见到了一处水中宫殿，看宫女玩球。山阳的蔡绳为他写传，对这件事叙述得非常详尽。有《抛球曲》十多首，歌词都很清丽。现在只记得两首："侍燕黄昏晚未休，玉阶夜色月如流。朝来自觉承恩醉，笑倩旁人认绣球。""堪恨隋家几帝王，舞裀揉尽绣鸳鸯。如今重到抛球处，不是金炉旧日香。"

原 文

《卢氏杂说》："韩皋谓嵇康琴曲有《广陵散》者，以王凌、毌丘俭辈皆自广陵败散[1]，言魏散亡自广陵始，故名其曲为《广陵散》。"以予考之，"散"自是曲名，如操、弄、掺、淡、序、引之类。故潘岳《笙赋》"辍张女之哀弹，流广陵之名散"，又应璩《与刘孔才书》云"听广陵之清散"，知"散"为曲名明矣。或者康借此名以谏讽时事[2]，"散"取曲名，"广陵"乃其所命，相附为义耳。

注 释

①王凌、毌丘俭辈皆自广陵败散：似指淮南三叛，曹魏后期镇守淮南寿春的王凌、毌丘俭、诸葛诞先后叛变，为司马氏所平定，巩固了其统治，推进了曹魏的灭亡。②康借此名以谏讽时事：司马氏篡取曹魏统治，嵇康等一批当时名士反对司马氏，嵇康被司马昭处死，死前仍弹奏《广陵散》。

译 文

《卢氏杂说》记载："韩皋说嵇康琴曲中的《广陵散》，由于王凌、毌丘俭等人自广陵战败而散，可以说魏的散亡也自广陵开始，所以取名为《广陵散》。"以我的考证，"散"应当是曲名，就像操、弄、掺、淡、序、引之类的。所以潘岳《笙赋》说"辍张女之哀弹，流广陵之名散"，又应璩《与刘孔才书》说"听广陵之清散"，明显可知"散"是曲名。或者嵇康是借此名谏讽当时的事，"散"取自曲名，"广陵"是他所取的题名，两者结合表达意义吧。

原 文

马融《长笛赋》云："裁以当簻便易持。"李善注谓："簻，马策也[1]。裁笛以当马簻，故便易持。"此谬说也。笛安可为马策？簻，管也。古人谓乐之管为簻。故潘岳《笙赋》云："修簻内辟，余箫外逶。"裁以当簻者，余器多裁众簻以成音，此笛但裁一簻，五音皆具。当簻之工，不假繁猥，所以便而易持也。

注 释

①策：《说文解字》："马箠也。箠，击驰。"秦陵2号车出土铜策：竿形，带节，前端有短刺。

马融的《长笛赋》说："裁以当笛便易持。"李善注称："笛是马策。裁笛子当作马策，方便易持。"这是错误的。笛子怎能当马策呢？笛是管的意思。古人将乐管叫作笛。所以潘岳的《笙赋》说："修笛内辟，余箫外逶。""裁以当笛"说的是其他的乐器多要裁多根笛才能发出乐音，而这笛子只裁一根笛，就能发全五音。制造笛的工夫，不需要繁多，所以说它方便易持。

原文

笛有雅笛，有羌笛，其形制所始，旧说皆不同。《周礼》"笙师掌教篪^{chí}笛^{dí}①。"或云"汉武帝时，丘仲始作笛。"又云"起于羌人"。后汉马融所赋长笛，空洞无底，剡其上孔五孔，一孔出其背，正似今之"尺八"②。李善为之注云："七孔，长一尺四寸。"此乃今之横笛耳，太常鼓吹部中谓之"横吹"，非融之所赋者。融《赋》云："易京君明识音律，故本四孔加以一。君明所加孔后出，是谓商声五音毕。"沈约《宋书》亦云："京房备其五音。"《周礼·笙师》注："杜子春云：'篪乃今时所吹五空竹篪③。'"以融、约所记论之，则古篪不应有五孔，则子春之说，亦未为然。今《三礼图》画篪，亦横设而有五孔，又不知出何典据。

注释

①篪：竹。篪：笛。②尺八：古代吹奏乐器，竖吹而有六孔。③空：即孔。

译　文

笛子有雅笛，有羌笛，其形制、起源，以前的说法都有不同。《周礼》说："笙师主管教授竹笛。"又说："汉武帝时，由丘仲开始制作笛子。"又说："起源于羌人。"后汉马融的赋中所描述的长笛，空洞无底，在上面刻出五孔，一孔在北面，正像是今天的"尺八"。李善为他注释说："七孔，长一尺四寸。"这是今天的横笛，也就是太常寺鼓吹部中的所谓"横吹"，并不是马融赋中所写的。马融《长笛赋》中说："易学家京君明通识音律，所以在原本的四孔基础上加一孔。京君明所加的孔是后来的，这就有了商声，五音俱全了。"沈约在《宋书》中说："京君明使其五音完备。"《周礼·笙师》注说："杜子春说：'篪就是今天所吹奏的五孔竹篪。'"根据马融、沈约的记载来说，那么古代的笛子不应该有五孔，这样说来杜子春的说法，也不准确。如今的《三礼图》里画笛子，也是横吹并有五孔，又不知有什么依据。

原文

琴虽用桐，然须多年木性都尽，声始发越。予曾见唐初路氏琴，木皆枯朽，殆不胜指，而其声愈清。又常见越人陶道真畜一张越琴，传云古冢中败棺杉木也，声极劲挺。吴僧智和有一琴，瑟瑟徽碧①，纹石为轸②，制度音韵皆臻妙。

梦溪笔谈

〇六四

腹有李阳冰篆数十字，其略云："南溟岛上得一木，名伽陀罗，纹如银屑，其坚如石，命工斫为此琴③。"篆文甚古劲。琴材欲轻、松、脆、滑，谓之四善。木坚如石，可以制琴，亦所未谕也。《投荒录》云："琼管多乌槵、咶陀，皆奇木。"疑"伽陀罗"即"咶陀"也。

译文

制作琴虽然是使用桐木，但必须存放多年使其树木的本性耗尽，声音才开始激扬。我曾见过唐初所造的路氏琴，木头都枯朽了，甚至不能用手指碰一下，但声音更加清越。又曾见到越人陶道真收藏的一张越琴，传说是古墓里腐朽的杉树棺木，声音非常刚劲有力。吴地僧人智和有一把琴，以碧绿宝石镶嵌成徽，以带花纹的石头做轸，样式和声音都极致曼妙。琴腹有李阳冰篆刻的数十字，大致是说："在南溟岛上寻得一棵树木，叫作伽陀罗，木纹像银子的碎屑一样，坚硬如石，让工匠砍伐制成这把琴。"篆字很古朴刚劲。造琴的木材要轻、松、脆、滑，称为四善。木材坚硬如石，可以制琴，也是闻所未闻了。《投荒录》说："琼州多乌槵、咶陀，都是珍奇树木。"我怀疑"伽陀罗"就是"咶陀"。

原文

高邮人桑景舒，性知音，听百物之声，悉能占其灾福，尤善乐律。旧传有虞美人草，闻人作《虞美人曲》，则枝叶皆动，他曲不然。景舒试之，诚如所传。乃详其曲声，曰："皆吴音也。"他日取琴，试用吴音制一曲，对草鼓之，枝叶亦动，乃谓之《虞美人操》。其声调与《虞美人曲》全不相近，始末无一声相似者，而草辄应之，与《虞美人曲》无异者，律法同管也。其知音臻妙如此。景舒进士及第，终于州县官。今《虞美人操》盛行于江湖间，人亦莫知其如何者为吴音。

译文

高邮人桑景舒，天性通晓声音，听各种事物的声音，都能预言祸福，尤其善于音乐。旧时传闻有虞美人草，听人弹奏《虞美人曲》，枝叶都随之舞动，听其他乐曲便不会。桑景舒尝试过，果真如此。于是仔细研究这首乐曲，说："都是吴音。"另一日他尝试使用吴音创作一首琴曲，对虞美人草弹奏，枝叶也会随之舞动，于是称为《虞美人操》。这首曲子的声调和《虞美人曲》完全不同，由始至终没有一个相似的音，但虞美人草仍能回应他，就像对《虞美人曲》一样，原因是这两首曲子的律法相同。桑景舒通晓音律到如此极致。桑景舒考取进士，做到州县官。今天《虞美人操》盛行于民间，人们却仍不知究竟什么样的才叫作吴音。

卷六 乐律二

原文

前世遗事，时有于古人文章中见之。元稹诗有"琵琶宫调八十一，三调弦中弹不出。"琵琶共有八十四调，盖十二律各七均，乃成八十四调。稹诗言"八十一调"，人多不喻所谓。予于金陵丞相家得唐贺怀智《琵琶谱》一册，其序云："琵琶八十四调。内黄钟、太蔟、林钟宫声，弦中弹不出，须管色定弦[1]。其余八十一调，皆以此三调为准，更不用管色定弦。"始喻稹诗言，如今之调琴，须先用管色"合"字定宫弦[2]，乃以宫弦下生徵，徵弦上生商，上下相生，终于少商。凡下生者隔二弦，上生者隔一弦取之。凡弦声皆当如此。古人仍须以金石为准，《商颂》"依我磬声"是也。今人苟简[3]，不复以弦管定声，故其高下无准，出于临时。怀智《琵琶谱》调格，与今乐全不同。唐人乐学精深，尚有雅律遗法。今之燕乐，古声多亡，而新声大率皆无法度。乐工自不能言其义，如何得其声和？

注释

①**管色定弦**：以管乐器的音高调定弦乐器的音高。因管乐器如笛子的各个音高是固定的，弦乐器的音高因其弦的松紧状态而变化，所以使用前需要调弦校准。②**用管色"合"字定宫弦**：古代记录乐谱的工尺谱以几个汉字作为表示音高的符号，"合"字是其中之一。先用管乐器"合"字的音高确定古琴宫弦的音高，再用宫弦的音高推定其他弦的音高。③**苟简**：草率而简略。

译文

前朝遗落的旧制，时常能从古人的文章中见到。元稹的诗中写道："琵琶宫调八十一，三调弦中弹不出。"琵琶共有八十四个调，是用十二律每律各有七均，就成了八十四调。元稹的诗说的"八十一调"，人们大多不理解。我在金陵丞相（即王安石）家中得到一本唐人贺怀智的《琵琶谱》，序中写道："琵琶有八十四调。其中黄钟、太蔟、林钟的宫音，用弦弹不出，须用管乐调定弦音。其余八十一调，都以这三调为准，不需要再用管乐定弦。"这才明白了元稹诗的意思，现今调定琴音，必须先用管乐器的"合"字音确定宫弦的音高，才能用宫弦下生取出徵弦的音高，用徵弦上生取出商弦的音高，损益相生，最终取出少商的音高。凡是下生的隔两根弦，上生的隔一根弦取音。凡是弦乐都需要这样。古时的人还必须以金石的音高为准，《商颂》里说的"依我磬声"就是这样。现今的人贪图便利，不再用管乐定弦，因此音高没有标准，都是临时取用。贺怀智《琵琶谱》中的调式规矩，与现今的音乐完全不同。唐代人对音乐学问研究精深，还能保留古乐及其

旧制。现今的燕乐，大都失去了古乐的乐声，而新声大多没有既定规矩。乐工自己都无法讲明其中道理，其音乐如何能和谐？

原 文

今教坊燕乐，比律高二均弱①。"合"字比太蔟微下，却以"凡"字当宫声，比宫之清声微高②。外方乐尤无法，大体又高教坊一均以来。唯北狄乐声，比教坊乐下二均。大凡北人衣冠文物，多用唐俗，此乐疑亦唐之遗声也。

注 释

①律：这里指唐代旧律音高。均：这里的二均应指二律，两个音。《补笔谈·卷一·乐律》中"十二律并清宫"条目记"盖今乐高于古乐二律以下"。后同。② "合"、"凡"：均为工尺谱的记音符号。宫之清声：指黄钟的清宫音。

译 文

现今教坊里演奏的燕乐，比唐代定律高两个律少些。"合"字音比太蔟稍低，却以"凡"字音作为宫声，比黄钟的清宫音稍高。外域的音乐尤其没有定法，大致上又比教坊高一律左右。只有北狄的音乐音高比教坊的音乐低下二律。但凡北方人的衣冠文化器物等，多用唐代的旧俗，这种音乐也可能是唐代遗声。

原 文

今之燕乐二十八调，布在十一律，唯黄钟、中吕、林钟三律，各具宫、商、角、羽四音；其余或有一调至二三调，独蕤宾一律都无。内中管仙吕调，乃是蕤宾声，亦不正当本律。其间声音出入，亦不全应古法。略可配合而已。如今之中吕宫，却是古夹钟宫；南吕宫，乃古林钟宫；今林钟商，乃古夷则商；今南吕调，乃古林钟羽。虽国工亦莫能知其所因①。

注 释

①国工：一国中技艺特别高超的人。

译 文

今天的燕乐二十八调，分布在十一律中，唯独黄钟、中吕、林钟三律各有宫、商、角、羽四调；其余的有些有一调，有些有二三调，唯独蕤宾一律完全没有。其中的中管仙吕调是蕤宾声，也不是恰好在本律上。其中的音调高低，也不全对立古法。仅仅可以大致匹配上而已。比如今天的中吕宫，却是古时候的夹钟宫；今天的南吕宫，是古时候的林钟宫；今天的林钟商，是古时候的夷则商；今天的南吕调，是古时候的林钟羽。就算是乐工中技艺高超的国工也不知道其中的原因。

原 文

十二律并清宫，当有十六声。今之燕乐止有十五声。盖今乐高于古乐二律以下，故无正黄钟声，只以"合"字当大吕，犹差高，当在大吕、太蔟之间，

"下四"字近太蔟，"高四"字近夹钟，"下一"字近姑洗，"高一"字近中吕，"上"字近蕤宾，"勾"字近林钟，"尺"字近夷则，"下工"字近南吕，"高工"字近无射，"六"字近应钟，"下凡"字为黄钟清。"高凡"字为大吕清，"下五"字为太蔟清，"高五"字为夹钟清①。法虽如此，然诸调杀声②，不能尽归本律，故有偏杀、侧杀、寄杀、元杀之类。虽与古法不同，推之亦皆有理。知声者皆能言之，此不备载也。

译 文

十二律加上四个清宫，一共有十六个声。现今的燕乐只有十五声。这是因为现今的音高比古乐的音高高二律少些，所以没有正黄钟声，只用"合"字作为大吕，还是偏高，应当在大吕和太蔟之间，"下四"字的音高接近太蔟，"高四"字的音高接近夹钟，"下一"字的音高接近姑洗，"高一"字的音高接近中吕，"上"字的音高接近蕤宾，"勾"字的音高接近林钟，"尺"字的音高接近夷则，"下工"字的音高接近南吕，"高工"字的音高接近无射，"六"字的音高接近应钟，"下凡"字的音高为黄钟清。"高凡"字的音高为大吕清，"下五"字的音高为太蔟清，"高五"字的音高为夹钟清。道理虽然是这样，但这些调的杀声，并不能完全回归本律，所以有偏杀、侧杀、寄杀、元杀之类的说法。尽管与古法不同，推算起来也都有其道理。懂得音乐的人都能说出这些道理，在此就不详细记录了。

原 文

古法，钟磬每簴十六①，乃十六律也。然一簴又自应一律，有黄钟之簴，有大吕之簴，其他乐皆然。且以琴言之，虽皆清实，其间有声重者，有声轻者。材中自有五音，故古人名琴，或谓之清徵，或谓之清角。不独五音也，又应诸调。予友人家有一琵琶，置之虚室，以管色奏双调②，琵琶弦辄有声应之，奏他调则不应，宝之以为异物，殊不知此乃常理。二十八调但有声同者即应，若遍二十八调而不应，则是逸调声也③。古法，一律有七音，十二律共八十四调。更细分之，尚不止八十四，逸调至多。偶在二十八调中，人见其应，则以为怪，此常理耳。此声学至要妙处也。今人不知此理，故不能极天地至和之声。世之乐工，弦上音调尚不能知，何暇及此？

按照古法，钟磬每一套共有十六件，也就是十六律。但每一套又各有自己的律，有黄钟之簴、大吕之簴，其他乐器也是这样。就以古琴来说，虽然声音都是清晰扎实的，但其中也有的声重，有的声轻。木材中自带有它的五音，所以古人给琴取名，有的叫清徵，有的叫清角。不只是五音，又有对应众多调式的。我朋友家有一把琵琶，放置在空闲的房间里，用管乐器吹奏双调，琵琶的弦就会发声应和，吹奏其他调式就不应和，于是视其为宝物，却不知这是寻常的原理。二十八调只要遇到同样的声调就会应和，如果二十八调全都不应的，就是逸调的声调。按照古法，一个律有七音，十二律一共有八十四调。更详细地区分，还不止八十四调，逸调非常多。偶然处在二十八调中，人们见它应和，就觉得奇怪，其实这是常理而已。这是声乐学最奇妙的地方。现今的人不懂得这个原理，所以不能通达天地之间最为和谐的乐声。世上的乐工，对琴弦上的音调尚且还不理解，怎会还有余力顾及这些呢？

卷七　象数一

开元《大衍历法》最为精密，历代用其朔法。至熙宁中考之，历已后天五十余刻，而前世历官皆不能知。《奉元历》乃移其闰朔。熙宁十年，天正元用午时。新历改用子时；闰十二月改为闰正月。四夷朝贡者用旧历，比来款塞①，众论谓气至无显验可据。因此以摇新历。事下有司考定。凡立冬晷景②，与立春之景相若者也。今二景短长不同，则知天正之气偏也，凡移五十余刻，立冬、立春之景方停。以此为验，论者乃屈。元会使人亦至，历法遂定。

①比来：近来，近时。款塞：叩塞门，谓外族前来通好。②晷景：日晷的投影。

唐开元年间的《大衍历法》最为精确周密，历代都沿用它的朔法。到了熙宁年间再测定，日期已经比天象推后五十余刻了，而前朝的历法官员都没有发现。于是《奉元历》移动了它的闰法和朔法。熙宁十年，将原采用午时的冬至日开端改为采用子时；闰十二月改为闰正月。四方番国朝贡的人仍用旧历，近时入塞，纷纷议论称没有明显迹象可以用来判断节气。由此来质疑新历。这件事被下发给相关部门查考核定。但凡立冬晷景，应与立春时的晷景相似。如今这两日的晷景短长不同，能够知晓天正的节气偏差，共偏移了五十余刻，立冬、立春的晷景方才等长。用这个来验证，争论的人才屈服。元会的时候各国使臣也都按时前来，于是这套历法被确立下来。

六壬天十二辰[①]，亥曰登明，登，避仁宗嫌名[②]。为正月将[③]；戌曰天魁，为二月将，古人谓之合神，又谓之太阳过宫。合神者，正月建寅合在亥，二月建卯合在戌之类[④]；太阳过宫者，正月日躔娵訾，二月日躔降娄之类[⑤]。二说一也，此以《颛帝历》言之也。今则分为二说者，盖日度随黄道岁差。今太阳至雨水后方躔娵訾，春分后方躔降娄。若用合神，则须自立春日便用亥将，惊蛰便用戌将。今若用太阳，则不应合神；用合神，则不应太阳。以理推之，发课皆用月将加正时[⑥]，如此则须当从太阳过宫。若不用太阳躔次，则当日当时日月、五星、支干、二十八宿，皆不应天行。以此决知须用太阳也。然尚未是尽理，若尽理言之，并月建亦须移易。缘目今斗杓昏刻已不能当月建[⑦]，须当随黄道岁差。今则雨水后一日方合建寅，春分后四日方合建卯，谷雨后五日方合建辰，如此始与太阳相符，复会为一说。然须大改历法，事事厘正。如东方苍龙七宿，当起于亢，终于斗；南方朱鸟七宿，起于东井，终于角；西方白虎七宿，起于娄，终于参；北方玄武七宿，起于牛，终于奎[⑧]。如此历法始正，不止六壬而已。

①六壬：古代的占卜方法之一，使用天十二辰分野与地十二辰方位的对应占卜凶吉。天十二辰：即十二支，用于记星次。②登，避仁宗嫌名：登明原为徵明，避宋仁宗赵祯讳改为登。③正月将：古人认为十二天辰中有十二月将，登明是正月的月将，天魁是二月的月将，依次类推。④合神：古人将北斗七星的斗柄指向某一辰时称为建某，如正月斗柄指向寅的分野，叫作正月建寅，正月又称寅月。而亥为正月将，所以叫作正月建寅合在亥。这样的记法叫作合神。⑤太阳过宫：太阳在黄道十二宫运行时，某月运行到某一宫，叫作日躔某某，如正月日躔娵訾，二月日躔降娄，娵訾、降娄都是星宫的名称。这样的记法叫作太阳过宫。⑥发课：一种进行占卜的算法。计算所要占卜的某时某刻的月将，以卜凶吉。⑦目今：目前，现今。斗杓：北斗的斗柄。昏刻：黄昏时刻。⑧如东方苍龙七宿……终于奎：古人将黄道上的星星分为二十八宿，又划分成东西南北四组，东方苍龙七宿：角、亢、氐、房、心、尾、箕；南方朱鸟七宿：井、鬼、柳、星、张、翼、轸；西方白虎七宿：奎、娄、胃、昂、毕、觜、参；北方玄武七宿：斗、牛、女、虚、危、室、壁。原文此处是沈括认为由于黄道岁差，二十八宿的划分需要逆时针推移一宿。

六壬中的天十二辰，其中亥对应登明，（登，避宋仁宗讳改。）是正月将；戌对应天魁，是二月将，古人称之为合神，又叫太阳过宫。合神是指正月建寅而与亥合，二月建卯

梦溪笔谈

而与戌合等；太阳过宫是指正月太阳经过娵訾宫，二月太阳经过降娄宫等。两种说法表达的是同一个意思，这是根据《颛帝历》来说的。现今分成两套来说，是因为太阳在黄道上的运行每年都稍许偏差，即岁差。现今太阳到雨水后才到娵訾宫，春分后才到降娄宫。如果用合神的算法，那么从立春日起就要用亥将，惊蛰起就要用戌将。如果依照现今的太阳运行，就不应再用合神的算法；用合神法，就不应再用太阳过宫的算法。从这个道理推开来讲，占卜时先用月将校正时辰，但因为岁差的存在，又必须遵从太阳过宫的法则。如果不考虑太阳运行轨迹，则当日当时的日月、五星、支干、二十八宿都无法与天体运行正确对应。由此得知必须用太阳过宫法。不过这也不完全合理，如果要完全合乎天体运行的规律，连月建也必须移动。因为现今北斗的斗柄在黄昏时的指向已经不符合月建了，必须跟随黄道岁差进行变更。现在的雨水后一天才是建寅，春分后四天才是建卯，谷雨后五天才是建辰，这样才与太阳的运行相符，太阳过宫与合神算法才能达成一致。但这样就必须大改历法，万事都要重新厘清修正。比如东方苍龙七宿，应改为从亢开始，到斗结束；南方朱鸟七宿，应改为从东井开始，到隼结束；西方白虎七宿，应改为从娄开始，到参结束；北方玄武七宿，应改为从牛开始，到奎结束。这样历法才正确，要更改的不止是六壬而已。

原文

　　六壬天十二辰之名，古人释其义曰："正月阳气始建，呼召万物，故曰登明。二月物生根魁[1]，故曰天魁。三月华叶从根而生，故曰从魁。四月阳极无所传，故曰传送。五月草木茂盛，逾于初生，故曰胜先。六月万物小盛，故曰小吉[2]。七月百谷成实，自能任持，故曰太一。八月枝条坚刚，故曰天罡。九月木可为枝干，故曰太冲。十月万物登成，可以会计，故曰功曹。十一月月建在子，君复其位，故曰大吉。十二月为酒醴，以报百神，故曰神后。"此说极无稽。据义理，予按：登明者，正月三阳始兆于地上，见龙在田[3]，天下文明，故曰登明。天魁者，斗魁第一星也，斗魁第一星抵于戌，故曰天魁。从魁者，斗魁第二星也，斗魁第二星抵于酉，故曰从魁。斗杓一星建方，斗魁二星建方，一星抵戌，一星抵酉[4]。传送者，四月阳极将退，一阴欲生，故传阴而送阳也。小吉，夏至之气，大往小来，小人道长，小人之吉也，故为婚姻酒食之事。胜先者，王者向明而治，万物相见乎此，胜莫先焉。太一者，太微垣所在，太一所居也[5]。天罡者，斗刚之所建也。斗杓谓之刚，苍龙第一星亦谓之刚，与斗刚相直。太冲者，日月五星所出之门户，天之冲也。功曹者，十月岁功成而会计也。大吉者，冬至之气，小往大来，君子道长，大人之吉也，故主文武大臣之事。十二月子位，北方之中，上帝所居也。神后，帝君之称也。天十二辰也，故皆以天事名之。

①**根魁**：植物的根芽。②**"五月……"二句**：天十二辰的次序应为五月小吉，六月胜先，此处不知何故颠倒。③**见龙在田**：古代天文上指东方苍龙七宿出现在地平线上。④**斗杓**：即斗柄，亦即后文的斗刚。斗杓指向的方向由最后一颗星所在的方位确定。**斗魁**：北斗七星的第一至四星，也就是勺形的一端，称为斗魁。斗魁指向的方位以第一、二星的连线延长线确定。⑤**"太一者"三句**：太一即帝星，太微垣是位于北斗之南、紫微垣东北的天区，帝星的南宫。

【译 文】

六壬天十二辰的命名，古人解释其含义说："正月阳气开始产生，召唤万物，所以叫作登明。二月植物生出根魁，所以叫作天魁。三月花叶从根上长出，所以叫作从魁。四月阳气达到极致无以为继，所以叫作传送。五月草木茂盛，胜于新生，所以叫作胜先。六月万物小盛，所以叫作小吉。七月百谷结出果实，可以自持，所以叫作太一。八月枝条坚硬刚劲，所以叫作天罡。九月树木可以成材，所以叫作太冲。十月万物都成熟了，可以计算功绩，所以叫作功曹。十一月的月建在子，天君回到原位，所以叫作大吉。十二月酿制酒醴，用以酬谢百神，所以叫作神后。"这些说法完全是无稽之谈。根据义理，我考察：登明的意思是，正月三阳之气开始在大地上生发，青龙七宿见于田间，天下光彩明亮，所以叫作登明。天魁是斗魁的第一星，斗魁第一星指向戌位，所以叫作天魁。从魁是斗魁的第二星，斗魁第二星指向酉位，所以叫作从魁。（斗柄一颗星指示方位，斗魁是两颗星连接线的方向指示方位，一颗星指向戌位，一颗星指向酉位。）传送的意思是，四月阳气鼎盛即将衰退，阴气正要生发，所以传阴而送阳。小吉是夏至之气，阳气去而阴气来，小人道兴旺，是个人小事的吉时，所以适合婚姻酒食之类的事。胜先的意思是，帝王趋向光明治理国家，万物在此相见，没有比此时更胜美的。太一是因为太微垣是帝星太一的居所。天罡是因为此时斗刚指向刚星的位置。（斗柄就叫作刚，苍龙第一星也称为刚，与斗柄平直。）太冲是因为此处是日月五星所出的门户，是天之冲。功曹的意思是十月一年的功业完成，可以计算功绩。大吉是冬至之气，阴气去而阳气来，君子道兴旺，是家国大事的吉时，所以主管文武大臣的事。十二月在子位，是北天的中间，上帝所居的地方。神后是帝君的敬称。因为是天十二辰，所以都以天象事件命名。

【原 文】

六壬有十二神将，以义求之，止合有十一神将。贵人为之主，其前有五将，谓螣蛇、朱雀、六合、勾陈、青龙也，此木、火之神在方左者。方左谓寅、卯、辰、巳、午。其后有五将，谓天后、太阴、玄武、太常、白虎也，此金、水之神在方右者。方右谓未、申、酉、亥、子。唯贵人对相无物，如日之在天，月对则亏①，五星对则逆行避之②，莫敢当其对。贵人亦然，莫有对者，故谓之天空。空者，无所有也，非神将也，犹月杀之有月空也③。以之占事，吉凶

皆空。唯求对见及有所伸理于君者，遇之乃吉。十一将，前二火、二木、一土间之，后当二金、二水、一土间之，玄武合在后二，太阴合在后三，今二神差互，理似可疑也。

注释

①**月对则亏**：日月同时出现时，月亮对太阳的光反射受地球遮挡一部分，总会体现出月亏。②**五星对则逆行避之**：如今解释为行星逆行现象，实际是地球绕太阳公转的轨道周期与太阳系其他行星的轨道周期不同，看上去像行星有一段时间逆向运行。③**犹月杀之有月空也**：疑为占卜中所说的每月有个月空日，认为此时是凶辰。"月杀"不解，与月空日相对的应是月德日。

译文

六壬有十二神将，但从意义上探求，应该只有十一神将。贵人是神将之主，在它之前有五将，名为腾蛇、朱雀、六合、勾陈、青龙，这些是木、火之神，在方左。（方左是指寅、卯、辰、巳、午的位置。）贵人之后有五将，名为天后、太阴、玄武、太常、白虎，这些是金、水之神，在方右。（方右是指未、申、酉、亥、子的位置。）只有贵人没有相对应的神将，就像天上的太阳，月与它对照时就会有月亏，五星与它对照时就会逆行避让，不敢与太阳相对。贵人也是这样，没有与之相对的神将，所以它的对位称为天空。空的意思就是无所有，而不是一名神将，就像月杀时对应月空一样。以此来占卜凶吉，所得都为空。只有在卜问会见以及向君王申诉道理的时候，遇到贵人就是吉相。（十一将，贵人前是两名火神和两名木神中间夹一土神，贵人后是两名金神和两名水神中间夹一土神，玄武应该在贵人后的第二位，太阴应该在贵人后的第三位，如今这两名神将的位置颠倒，其道理似乎值得探疑。）

原文

天事以辰名者为多，皆本于辰巳之辰，今略举数事。十二支谓之十二辰，一时谓之一辰，一日谓之一辰，日、月、星谓之三辰，北极谓之北辰，大火谓之大辰①，五星中有辰星②，五行之时，谓之"五辰"，《书》曰"抚于五辰"是也。已上皆谓之辰。今考，子、丑至于戌、亥谓之十二辰者，《左传》云"日、月之会是谓辰"，一岁日、月十二会，则十二辰也。日、月之所舍始于东方，苍龙角、亢之星起于辰，故以所首者名之。子、丑、戌、亥之月既谓之辰，则十二支、十二时皆子、丑、戌、亥，则谓之辰无疑也。一日谓之一辰者，以十二支言也。以十干言之谓之今日，以十二支言之谓之今辰，故支干谓之日辰。日、月、星谓之三辰者，日、月、星至于辰而毕见③，以其所见者名之，故皆谓之辰。四时所见有早晚，至辰则四时毕见，故日加辰为晨，谓日始出

之时也。**星有三类，一经星，北极为之长；二舍星，大火为之长；三行星，辰星为之长；故皆谓之辰。**北辰居其所而众星拱之，故为经星之长。大火，天王之座，故为舍星之长；辰星，日之近辅，远乎日不过一辰，故为行星之长。

①**大火**：指二十八宿之一的心宿，位于苍龙七宿。②**辰星**：指水星。③**日、月、星至于辰而毕见**：辰时是早上七点至九点，这时太阳初升而月、星尚可见，所以说是三辰毕见的时刻。

天文方面的事多以辰命名，都是来源于地支中辰巳的辰，现在今略举几件。十二支称为十二辰，一个时辰称为一辰，一天称为一辰，日、月、星称为三辰，北极星称为北辰，心宿称为大辰，五星之中有辰星，五行对应的时节称为"五辰"，《尚书》说的"抚于五辰"就是指这个。上述都以辰命名。如今依我研究，从子、丑到戌、亥称为十二辰，《左传》说是因为"日、月之会叫作辰"，一年中日、月交会十二次，就是十二辰。日、月居于东方，东方苍龙七宿起始的角宿和亢宿在辰，所以以其首位的名称命名。子、丑、戌、亥这些表示月份时既然称为辰，那么十二支、十二时也用子、丑、戌、亥等表示，也就无疑要称为辰了。一天称为一辰，是以十二支而言的。以十天干而言的话就称为今日，以十二地支而言的话就称为今辰，所以支干统称为日辰。日、月、星称为三辰，是因为日、月、星到了辰时同时可以看见，以它们出现的时刻命名，所以都称为辰。（四季里三辰同现的时刻有早有晚，但不论四季到辰时它们都会同现，所以日加辰是晨，是说日出之时。）星分为三类，一是经星，以北极星为首；二是舍星，以心宿为首；三是行星，以辰星为首；所以这三者都称为辰。（北极星所处的地方受到众星拱卫，所以是经星之长。大火是天王之座，所以是舍星之长；辰星是太阳最近的辅臣，距离太阳不超过一辰，所以是行星之长。）

《洪范》"五行"数，自一至五。先儒谓之此"五行生数"，各益以土数，以为"成数"。以谓五行非土不成，故水生一而成六，火生二而成七，木生三而成八，金生四而成九，土生五而成十，合之为五十有五，唯《黄帝素问》："土生数五，成数亦五。"盖水、火、木、金皆待土而成，土更无所待，故止一五而已。画而为图，其理可见。为之图者，设木于东，设金于西，火居南，水居北，土居中央。四方自为生数，各并中央之土，以为成数。土自居其位，更无所并，自然止有五数，盖土不须更待土而成也。合五行之数为五十，则大衍之数也①。此亦有理。

①**大衍**：用大数来演算的卦。

《洪范》中的"五行"数，是从一到五。先代的学者称其为"五行生数"，各自加上土数，就是"成数"。正所谓五行非土不成，所以水生一而成六，火生二而成七，木生三而成八，金生四而成九，土生五而成十，总共是五十五，只有《黄帝素问》说："土生数五，成数也是五。"这大概是因为水、火、木、金都加上土而成数，土无法加自身便没得可加，所以只成五而已。画成图，道理就显而易见了。画图的时候，将木画在东方，将金画在西方，火在南方，水在北方，土在中央。四方各自生数，各自与中央之土加和，作为成数。土自居其位，没有可加和的数，自然只有五了，也是说土不需要再加土就可以成数。这样五行之数总共是五十，是大衍之数。这也有道理。

揲蓍之法①：四十九蓍，聚之则一，而四十九隐于一中，散之则四十九，而一隐于四十九中。一者，道也。谓之无，则一在；谓之有，则不可取。四十九者，用也。静则归于一，动则唯睹其用，一在其间而不可取。此所谓"大衍之数五十，其用四十有九"。

①揲蓍：古代使用蓍草卜问的一种方法。

揲蓍的卜问方法是：用四十九根蓍草，聚合成一把，则四十九隐藏在一中，散开成为四十九根，则一隐藏于四十九中。一即是道。如果说它不存在，却的确存在着；如果说它存在，却又无法拿取出来。四十九即是功用。静置时它就归于一，动用时却只能看出它的功用，一在其中但不可拿取。这就是所谓的"大衍之数五十，其用四十有九"。

世之谈数者，盖得其粗迹。然数有甚微者，非特历所能知，况此但迹而已。至于感而遂通天下之故者，迹不预焉。此所以前知之神，未易可以迹求，况得其粗也。予之所谓甚微之迹者，世之言星者，特历以知之，历亦出乎亿而已①。予于《奉元历序》论之甚详。治平中，金、火合于轸，以《崇玄》《宣明》《景福》《明》《崇》《钦天》凡十一家大历步之，悉不合，有差三十日以上者，历岂足恃哉。纵使在其度，然又有行黄道之里者，行黄道之外者，行黄道之上者，行黄道之下者，有循度者，有失度者，有犯经星者②，有犯客星者③，所占各不同，此又非历之能知也。又一时之间，天行三十余度，总谓之一宫。然时有始末，岂可三十度间阴阳皆同，至交他宫则顿然差别？世言星历难知，唯五行时日为可据，是亦不然。世之言五行消长者，止是知一岁之间，如冬至后日行盈

●黄道经纬仪

黄道，太阳在天球上运行的路径，即地球绕日运动的轨道平面和天球相截的大圆。而黄道经纬仪，是古代用来观测天象的仪器，在观测天体时，可根据黄道圈和黄道经圈的刻度来定出太阳和行星的位置。

度为阳，夏至后日行缩度为阴，二分行平度[4]。殊不知一月之中，自有消长，望前月行盈度为阳，望后月行缩度为阴，两弦行平度[5]。至如春木、夏火、秋金、冬水，一月之中亦然。不止月中，一日之中亦然。《素问》云："疾在肝，寅卯愈，申酉剧。病在心，巳午愈，子亥剧。"此一日之中，自有四时也。安知一时之间无四时？安知一刻、一分、一刹那之中无四时邪？又安知十年、百年、一纪、一会、一元之间，又岂无大四时邪？又如春为木，九十日间，当蠢蠢消长[6]，不可三月三十日亥时属木。明日子时顿属火也。似此之类，亦非世法可尽者。

注释

①亿：通"臆"，臆断。②经星：恒星。③客星：彗星。④二分：二分日，即春分、秋分。⑤望：每月望日，月圆之日，即农历每月十五日。弦：与弯弓和弓弦的形状相似的弦月，上弦月是农历每月初七或初八，下弦月是农历每月二十二日或二十三日。⑥蠢蠢：行进的样子。

译文

世上谈论象数的人，大多只懂粗浅皮毛。而象数精微之处，并不是依靠历法所能得知的，更何况这也只是表面迹象而已。至于有所感悟而能够通晓天下这种事，是与表象无关的。这也就是先知的神力难以由表象窥见的原因，更何况只懂粗浅皮毛呢。我所说的精微的表象，就是世人说的星象，依靠对历法的熟悉而知晓星象，但历法也只是出于猜测判断而已。这一点，我在《奉元历序》中谈论得非常详细。治平年间，金星、火星在轸宿汇合，用《崇玄》《宣明》《景福》《明》《崇》《钦天》等十一家重大历法推算，都不合，有差到三十天以上的，这样的历法怎能足以依靠呢？纵使在轸宿这个区间内的，然而又有运行在黄道之内的，运行在黄道之外的，运行在黄道之上的，运行在黄道之下的，有遵循规律的，有不具规律的，有侵犯经星的，有侵犯客星的，所占卜出的结果各有不同，这又不是靠历法所能知晓的。另外，一个时辰之内，天象运行三十多度，总共称为一宫。但时辰有始末，怎么可能三十度间的阴阳都相同，到下一宫的时候突然产生差别呢？世人所说的靠星象历法难以知晓，只能靠五行时日作为依据，这也不对。世人所说的五行消长，只能知晓一年之间，比如冬至后太阳的运行愈发充盈为阳，夏至后太阳的运行愈发缩短为阴，二分日昼夜等长。却不知一个月之中，也自有消长，望日之前的月亮运行愈发充盈为阳，望日之后月亮愈发缩短为阴，两弦月时阴阳相等。至于春属木、夏属火、秋属金、冬属水，

梦溪笔谈

一月之中也有这种划分。不止一月之中，一日之中也有。《素问》说："疾在肝，寅卯愈，申酉剧。病在心，巳午愈，子亥剧。"这就是一日之中自有四时。怎知一个时辰之间没有四时？怎知一刻、一分、一刹那之中没有四时？又怎知十年、百年、一纪、一会、一元之间，又如何没有更宏大的四时呢？又比如春属木，九十天之内，应当是不断地消长着，不可能说三月三十日亥时还属木，第二天子时顿时就属火了。诸如此类，不是世间办法所能穷尽的。

原文

历法步岁之法，以冬至斗建所抵，至明年冬至所得辰刻衰杪^{miǎo}谓之斗分^①。故"岁"文从步、从戌。戌者，斗魁所抵也。

注释

①杪：毫末。

译文

历法中的步岁法，是以冬至时北斗星斗柄所指的方向，到第二年冬至时斗柄指向这一方向，其间经过的精确时间（为一年），叫作斗分。所以"岁"字从步、戌。戌是在这时斗魁所指的方向。

原文

正月寅，二月卯，谓之建，其说谓斗杓所建，不必用此说，但春为寅、卯、辰，夏为巳、午、未，理自当然，不须因斗建也。缘斗建有岁差，盖古人未有岁差之法。《颛帝历》："冬至日宿牛初。"今宿斗六度。古者正月斗杓建寅，今则正月建丑矣。又岁与岁合，今亦差一辰。《尧典》曰："日短星昴。"今乃日短星东壁。此皆随岁差移也。

译文

正月建寅，二月建卯，这里所说的建，意思是斗杓所指的方向，不是非要用这个说法，只说春天为寅、卯、辰，夏天为巳、午、未，是理所当然的，不需要因斗杓的指向来设定。而且斗杓每年指向的方向还有岁差，古人没有计算岁差的办法。《颛帝历》说："冬至时太阳居于牛宿开始的位置。"而现在冬至时太阳在斗宿六度的位置。古代时正月斗杓建寅，现在正月却已是建丑了。再者每年北斗回归的时刻相比，现在也相差一个时辰了。《尧典》说："冬至黄昏时昴宿在中天。"而现在冬至黄昏时是东壁宿在中天了。这都是随着岁差移动的。

原文

《唐书》云："落下闳^{hóng}造历^①，自言后八百年当差一算。至唐，一行僧出而正之^②。"此妄说也。落下闳历法极疏，盖当时以为密耳。其间阙略甚多，且举二事言之：汉世尚未知黄道岁差，至北齐张子信方候知岁差^③。今以今古历校之，凡八十余年差一度。则闳之历八十年自已差一度，兼余分疏阔，据其法推气朔五星，当时便不可用，不待八十年，乃曰"八百年差一算"，太欺诞也。

注 释

①落下闳：西汉天文学家，官居太史待诏。曾参与创制《太初历》，改造浑仪。②一行僧：即僧一行，唐代著名天文学家，主持编制《大衍历》，在制造天文仪器方面也贡献卓越。③张子信：北齐天文学家。他在海岛上隐居观测天象多年，发现太阳和五星的运动具有不均匀性，及月亮视差对日食的影响。

译 文

《新唐书》说："落下闳编纂历书，自称往后八百年应当相差一度。到了唐代，僧一行出来矫正了它。"这是错误的说法。落下闳的历法非常粗疏，只是当时认为很周密。其中缺漏很多，姑且举两个例子来说明：汉代人们还不知道黄道有岁差，到了北齐张子信才知道岁差的存在。现今用古今历书相比较，每八十多年差一度。那么落下闳的历书八十年已经差出一度，再加上其他分割上的粗疏，依据他这个方法推定的节气朔望五星运行，在当时就不能用了，不用等到八十年，还说"八百年差一算"，过于荒谬了。

原 文

天文家有浑仪，测天之器，设于崇台①，以候垂象者②，则古玑衡是也③。浑象，象天之器，以水激之，或以水银转之，置于密室，与天行相符，张衡、陆绩所为，及开元中置于武成殿者，皆此器也。皇祐中，礼部试《玑衡正天文之器赋》，举人皆杂用浑象事，试官亦自不晓，第为高等。汉以前皆以北辰居天中，故谓之极星，自祖暅以玑衡考验天极不动处④，乃在极星之末犹一度有余。熙宁中，予受诏典领历官，杂考星历，以玑衡求极星。初夜在窥管中，少时复出，以此知窥管小，不能容极星游转，乃稍稍展窥管候之。凡历三月，极星方游于窥管之内，常见不隐，然后知天极不动处，远极星犹三度有余。每极星入窥管，别画为一图。图为一圆规⑤，乃画极星于规中。具初夜、中夜、后夜所见各图之，凡为二百余图，极星方常循圆规之内，夜夜不差。予于《熙宁历奏议》中叙之甚详。

注 释

①崇台：高台，便于观测天象的场所。②垂象：显示征兆。③玑衡：省称。古代观测天体的仪器。④祖暅：南朝著名数学家，祖冲之之子。⑤圆规：规定样式的圆圈。

译 文

天文家有浑仪，是测量天象位置的仪器，设置在崇台，以备天象征兆显现，也就是古代说的玑衡。浑象，是用来演示天象的仪器，用水流驱动，或用水银使其旋转，放置在密

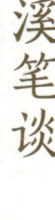

梦溪笔谈

室里，与天体运行相符，是张衡、陆绩发明制造的，到了开元年间放置在武成殿里的，也是这件仪器。皇祐年间，礼部出的试题为《玑衡正天文之器赋》，应试的举人都将其与浑象混淆，考官自己也不清楚，评为高等。汉以前都以北极星居于天中，称其为极星，自从祖暅用浑仪查验天极不动的地方，离北极星还有一度多的距离。熙宁年间，我受诏任职历官，综合考证星历，用浑仪来探查北极星。初夜时分北极星在窥管中，过了一小会儿又出离窥管的范围，因此得知窥管小，不能容纳北极星的游转，于是稍稍扩展窥管再等它。总共经过了三个月，北极星才游转进窥管内，一直出现而不隐匿，这才知道天极不动处，离北极星还有三度多。每次极星进入窥管，单独画一张图。图上是一个圆规，把北极星画进规中。根据初夜、中夜、后夜所见的形象各自画出，一共是二百多图，北极星才有规律地在圆规之内，夜夜不差。我在《熙宁历奏议》中详细叙述过。

原　文

　　古今言刻漏者数十家[①]，悉皆疏缪。历家言晷漏者[②]，自《颛帝历》至今，见于世谓之大历者，凡二十五家。其步漏之术，皆未合天度。予占天候景，以至验于仪象，考数下漏，凡十余年，方粗见真数，成书四卷，谓之《熙宁晷漏》，皆非袭蹈前人之迹。其间二事尤微。一者，下漏家常患冬月水涩，夏月水利，以为水性如此；又疑冰澌所壅[③]，万方理之，终不应法。予以理求之，冬至日行速，天运未期，而日已过表，故百刻而有余；夏至日行迟，天运已期，而日未至表，故不及百刻。既得此数，然后复求晷景漏刻，莫不吻合。此古人之所未知也。二者，日之盈缩，其消长以渐，无一日顿殊之理。历法皆以一日之气短长之中者，播为刻分，累损益，气初日衰，每日消长常同；至交一气，则顿易刻衰。故黄道有觚而不圆[④]，纵有强为数以步之者，亦非乘理用算，而多形数相诡。大凡物有定形，形有真数。方圆端斜，定形也；乘除相荡，无所附益，泯然冥会者[⑤]，真数也。其术可以心得，不可以言喻。黄道环天正圆．圆之为体，循之则其妥至均，不均不能中规衡；绝之则有舒有数，无舒数则不能成妥。以圆法相荡而得衰，则衰无不均；以妥法相荡而得差，则差有疏数。相因以求从，相消以求负，从、负相入，会一术以御日行。以言其变，则秒刻之间，消长未尝同；以言其齐，则止用一衰，循环无端，终始如贯，不能议其隙。此圆法之微，古之言算者，有所未知也。以日衰生日积，反生日衰，终始相求，迭为宾主。顺循之以索日变，衡别之求去极之度，合散无迹，泯如运规。非深知造算之理者，不能与其微也。其详具予奏议，藏在史官，及予所著《熙宁晷漏》四卷之中。

【注　释】

①刻漏：古代的计时器。在铜壶底下穿孔，壶中放有一个带刻度的箭形标杆，壶中的水逐渐滴漏，标杆上的度数渐次显现，表示出时刻。②晷漏：日晷和刻漏，均为古代的计时器。③冰澌：冰凌。壅：堵塞。指冰凌堵塞刻漏的滴水口。④觚：棱角。⑤泯然：完全的。冥会：暗合。

【译　文】

　　从古到今钻研刻漏的有数十家，都有很多疏漏错处。历法学家研究晷和漏的，从《颛帝历》至今，流传于世被称为大历的，共二十五家。这些人所述的计算刻漏的方法，都与天象不合。我观测天象、测量日影，到用仪器检验，考查了许多刻漏，花费十余年，才粗浅地发现其真正的规律，写成四卷书，叫作《熙宁晷漏》，均不沿袭前人的脚步。其中有两个发现尤其精妙。第一，研究刻漏的人总担忧冬天水滴缓慢，夏天水滴快速，以为水的属性就是这样的；又怀疑是冰凌阻塞了漏口，想方设法应对，始终不得方法。我以理论推测，冬至太阳运行快速，天象还没有到达相应的时刻，日影已经在日晷上走过了相应的刻度，所以一天比一百刻还多；夏至太阳运行缓慢，天象已经到达相应的时刻，但日晷上的日影还没有到，所以一天不到一百刻。既然找到了这个规律，然后再计算日晷的日影和刻漏的刻度，就完全吻合了。这是古人所不知道的。第二，太阳运行的快慢，变速都是逐渐的，没有一天之内顿时不同的道理。历法均以一个节气里快慢居中的那天，制作刻度，或加或减，从节气伊始的那天开始每天太阳运行的快慢消长等差；一到节气相交的时候，就顿时改变刻度。这样的话，黄道就成了有棱角的而不是圆的，纵使有勉强计算其真实运行速度的，也不合理，且大多运行状况与数值不符合。世间事物都有其确定的形态，有实际的数值。方圆平斜，都是定形；直接相乘相除，不添加其他项，而完全能够暗合的，就是真实的数值。这种计算方式可意会而不可言传。黄道是正圆形环绕在天空中，形态是圆形，循其轨迹运行，日长就会是均匀的，不均匀就无法与规衡相符；不循其轨迹运行就会有慢有快，没有快慢则不能成盈缩。用圆形的法则推算出的盈缩，则盈缩差都是平均的；以盈缩法推算出盈缩差，则快慢不一。相乘求出的日积，相减求出的日差，二者汇总，就成为一种计算太阳运行的方法。以此来描述太阳运行的变化，则每一秒的速度都是不同的；以此来描述太阳运行的恒定，则只有一个变速的速率，无限循环，连贯始终，没有间断的地方。这个圆形算法的精妙之处，是古代钻研算法的人，所不知道的。用日差算出日积，又反算出日差，终始相互求解，互换宾主。顺着这个规律探索太阳运行的变化，分别衡量太阳到北极星的距离，聚散没有痕迹，圆润如同圆规画出。不深谙算数原理的人，不能理解其精妙之处。详细的说明都在我的奏议里，现存于史官之处，以及我所著的《熙宁晷漏》四卷之中。

【原　文】

　　予编校昭文书时，预详定浑天仪①。官长问予："二十八宿，多者三十三度，

少者止一度，如此不均，何也？"予对曰："天事本无度，推历者无以寓其数，乃以日所行分天为三百六十五度有奇。日平行三百六十五日有余而一期天，故以一日为一度也。既分之，必有物记之，然后可窥而数，于是以当度之星记之。循黄道日之所行一期，当者止二十八宿星而已。度如伞橑[2]，当度谓正当伞橑上者。故车盖二十八弓，以象二十八宿。则予《浑仪奏议》所谓'度不可见，可见者星也。日月五星之所由，有星焉。当度之画者凡二十有八，谓之舍。舍所以挈度，度所以生数也'。今所谓：'距度星'者是也。非不欲均也。黄道所由当度之星，止有此而已。"

注 释

①浑天仪：即浑仪。②伞橑：伞骨。

译 文

我编校昭文馆的书籍时，参与了详细制定浑天仪的项目。负责此事的长官问我："二十八宿，多的占有三十三度，少的只占一度，这么不均匀，是为什么？"我回答说："天象本无区间的划分，推算历法的人无法将其量化，所以将太阳所运行的周天分为三百六十五度多点。（太阳平均运行三百六十五日有余而成一个周期，所以以太阳运行一天为一度。）既然有这样的划分，必须有事物来标记它，之后才能看清并计算，所以用度中的星来标记它。沿着黄道，太阳运行一周期，当度的只有二十八个宿星而已。（度就像伞骨，当度就是在伞骨上的意思。所以车盖有二十八条弓，用以象征二十八宿。就是我在《浑仪奏议》中说的：'度不可见，可见的是星。日月五星所经由的地方，都有星。当度的能够作为划分的共二十八，称作舍。舍标记度，度产生数'。）也就是现今所说的'距度星'。不是不想让它平均。黄道经由的当度之星，只有这些而已。"

原 文

又问予以："日月之形，如丸邪？如扇邪？若如丸，则其相遇岂不相碍？"予对曰："日月之形如丸。何以知之？以月盈亏可验也。月本无光，犹银丸，日耀之乃光耳。光之初生，日在其傍，故光侧而所见才如钩；日渐远，则斜照，而光稍满。如一弹丸，以粉涂其半，侧视之，则粉处如钩；对视之，则正圆，此有以知其如丸也。日、月，气也，有形而无质，故相直而无碍。"

译 文

又问我："日月的形状，是像弹丸还是像扇子？如果像弹丸，相遇时岂不是会互相阻碍？"我回答说："日月的形状像弹丸。如何得知？月亮的盈亏可以验证。月亮本不发光，像银做的弹丸，太阳照到它才发光。最初的时候，太阳在它旁边，所以照亮侧面才看上去像钩；太阳逐渐远去，就变成斜照，光就稍微增加。像一颗弹丸，用粉涂一半，侧面看它，被粉涂上的地方就像钩；正对着看，被粉涂上的地方就是正圆，因此知道月亮像弹丸。日、月，都是气化成的，有形态但无实质，所以直面也不会产生阻碍。"

原 文

又问："日月之行，月一合一对，而有蚀不蚀，何也？"予对曰："黄道与月道①，如二环相叠而小差。凡日月同在一度相遇，则日为之蚀；在一度相对，则月为之亏。虽同一度，而月道与黄道不相近，自不相侵；同度而又近黄道、月道之交，日月相值，乃相陵掩②。正当其交处则蚀而既；不全当交道，则随其相犯浅深而蚀，凡日食，当月道自外而交入于内，则蚀起于西南，复于东北；自内而交出于外，则蚀起于西北，而复于东南。日在交东，则蚀其内；日在交西，则蚀其外。蚀既，则起于正西，复于正东。凡月食，月道自外入内，则蚀起于东南，复于西北；自内出外，则蚀起于东北，而复于西南。月在交东，则蚀其外；月在交西，则蚀其内。蚀既，则起于正东，复于正西。交道每月退一度余，凡二百四十九交而一期。故西天法罗睺、计都，皆逆步之，乃今之交道也。交初谓之'罗睺'，交中谓之'计都'③。"

注 释

①月道：即今天所说的白道，是月亮绕行地球的轨道。②陵掩：遮掩。陵，同"凌"，侵犯。③罗睺、计都："罗睺"即现今所说黄道与白道相交的南交点，"计都"即现今所说黄道与白道相交的北交点。

译 文

长官又问："日月运行时，每月有一次汇合、一次相对，而有时会发生日蚀月蚀、有时不会，为何呢？"我回答说："黄道与月道，像两个环相叠而有微小差距。凡是日月同在一度里相遇，则日被月蚀；在一度里相对，则月被日亏。尽管在同一度内，但月道与黄道不相近，自然就不互相蚀了；在同一度而又靠近黄道、月道的交会点，日月相遇时，就会相互遮掩。正当其交会处则全蚀；二道不全交会的地方，则随其遮掩的浅深而蚀，凡是日食，当月道自外入内与黄道交会，则从西南方向开始蚀，在东北方向恢复；自内而外交会时，则从西北方向开始蚀，在东南方向恢复。太阳在交会点的东侧，则从北方开始蚀；太阳在交会点的西侧，则从南方开始蚀。全蚀的话，就是从正西开始，在正东恢复。凡是月食，月道自外入内，则从东南方向开始侵蚀，在西北方向恢复；月道自内出外，则从东北方向开始蚀，在西南方向恢复。月亮在交会点的东侧，则从南方开始蚀；月亮在交会点的西侧，则从北方开始蚀。全蚀的话，就是从正东开始，在正西恢复。二道的交会点每月退一度有余，一个周期共有二百四十九次交会。所以印度天文设有罗睺、计都，都是逆向推之得到的，也就是现今我们说的交道。交初叫作'罗睺'，交中叫作'计都'。"

原文

古之卜者，皆有繇辞①。《周礼》："三兆②，其颂皆千有二百。"如"凤凰于飞，和鸣锵锵"；"间于两社，为公室辅"；"专之渝，攘公之貐，一薰一莸，十年尚犹有臭"；"如鱼窥尾，衡流而方羊，裔焉，大国灭之，将亡，阖门塞窦，乃自后逾"；"大横庚庚，余为天王，夏启以光"③之类是也。今此书亡矣。汉人尚视其体，今人虽视其体，而专以五行为主，三代旧术，莫有传者。

注释

①繇辞：卦兆的占辞。繇，通"籀"。②三兆：古代烧灼龟甲以卜吉凶，其裂纹似玉、似瓦、似原田者，称为"三兆"。③"凤凰于飞"等句：古书上记录的颂辞。前四则均出自《左传》，第五则出自《史记》。

译文

古代的占卜，都有繇辞。《周礼》中记载："三兆，各有一千二百条颂辞。"比如"凤凰于飞，和鸣锵锵"；"间于两社，为公室辅"；"专之渝，攘公之貐，一薰一莸，十年尚犹有臭"；"如鱼窥尾，衡流而方羊，裔焉，大国灭之，将亡，阖门塞窦，乃自后逾"；"大横庚庚，余为天王，夏启以光"之类的语句就是了。现今这本书已经散佚。汉代的人尚看龟甲上的兆象，今人虽看龟甲上的兆象，却专门用五行学说为主来占卜，上古三代的旧占卜术，没有人传承。

原文

北齐张子信候天文，凡月前有星，则行速，星多则尤速。月行自有迟速定数，然遇行疾者，其前必有星，如子信说。亦阴阳相感自相契耳。

译文

北齐时期的张子信观测天象，凡是月亮之前有星的，则月亮运行速度较快，星多的话速度尤其快。月亮运行自有其快慢定数，但每逢运行速度变快的时候，其前面必有星，就像张子信所说，这也是由于阴阳相互惑召、相互契合。

原文

医家有五运六气之术①，大则候天地之变，寒暑风雨，水旱螟蝗，率皆有法；小则人之众疾，亦随气运盛衰。今人不知所用，而胶于定法，故其术皆不验。假令厥阴用事②，其气多风，民病湿泄。岂溥天之下皆多风，溥天之民皆病湿泄邪？至于一邑之间，而旸雨有不同者，此气运安在？欲无不谬，不可得也。大凡物理有常、有变，运气所主者，常也；异夫所主者，皆变也。常则如本气，变则无所不至，而各有所占。故其候有从、逆、淫、郁、胜、复、太过、不足之变，其发皆不同。若厥阴用事，多风，而草木荣茂，是之谓从；

天气明洁，燥而无风，此之谓逆；太虚埃昏，流水不冰，此之谓淫；大风折木，云物浊扰，此之谓郁；山泽焦枯，草木凋落，此之谓胜；大暑燔燎，螟蝗为灾，此之谓复；山崩地震，埃昏时作，此之谓太过；阴森无时，重云昼昏，此之谓不足。随其所变，疾厉应之，皆视当时当处之候。虽数里之间，但气候不同，而所应全异，岂可胶于一定。熙宁中，京师久旱，祈祷备至，连日重阴，人谓必雨。一日骤晴，炎日赫然，予时因事入对，上问雨期，予对曰："雨候已见，期在明日。"众以谓频日晦溽，尚且不雨，如此旸燥，岂复有望？次日，果大雨。是时湿土用事，连日阴者，从气已效，但为厥阴所胜，未能成雨。后日骤晴者，燥金入候，厥阴当折，则太阴得伸，明日运气皆顺，以是知其必雨。此亦当处所占也。若他处候别，所占亦异。其造微之妙，间不容发。推此而求，自臻至理。

梦溪笔谈

○八四

但被厥阴抑制，未能成雨。之后一天骤然放晴，是燥金进入了兆象，厥阴被摧折，于是太阴得以舒张，再后一日的气运通畅顺遂，由此得知必定有雨。这也是根据当时当地的情况进行占卜。如果处于其他候别，占卜结果也会不同。其中差异的微小，甚至不能容纳一根发丝。如此推断，自然趋于真理。

　　岁运有主气①，有客气。常者为主，外至者为客。初之气厥阴，以至终之气太阳者，四时之常叙也，故谓之主气②。唯客气本书不载其目，故说者多端，或以甲子之岁天数始于水下一刻，乙丑之岁始于二十六刻，丙寅岁始于五十一刻，丁卯岁始于七十六刻者，谓之客气。此乃四分历法求大寒之气③，何预岁运！又有"相火之下，水气承之"，"土位之下，风气承之"，谓之客气。此亦主气也，与六节相须，不得为客。大率臆计，率皆此类。凡所谓客者，岁半以前，天政主之；岁半以后，地政主之。四时常气为之主，天地之政为之客。逆主之气为害暴，逆客之气为害徐。调其主客，无使伤泝，此治气之法也。

　　①岁运：一年的气运。②"初之气"句：一年的主气从年初至年末为厥阴风木，少阴君火，少阳相火，太阴湿土，阳明燥金，太阳寒水，主气年年不变。③四分历：东汉施行的一种历法，规定一回归年等于365.25日，因岁余四分之一日，故称四分历。余出的四分之一日即二十五刻，前文的"始于二十六刻""始于五十一刻"等，即依此推算。

　　一年的气运有主气，有客气。恒常存在的是主气，外来的是客气。从最初的气运厥阴，到最终的气运太阳，是四季常在的气运顺序，所以称为主气。但客气在《素问》中不记录其名目，所以众说纷纭，有的以甲子年的天数始于寒水的下一刻，乙丑年始于二十六刻，丙寅岁始于五十一刻，丁卯岁始于七十六刻，称为客气。这是用四分历法推求大寒之气的方法，与岁运何干！又有人将"相火之下，水气承之"，"土位之下，风气承之"，称为客气。这也是主气，与六个节气相关，不能作为客气。大部分猜测都是类似这种的。其实所谓的客气，在上半年，由天政主导；下半年，由地政主导。四季常在的是主气，天地主导的是客气。违逆主气为害迅猛，违逆客气为害缓慢。调节主气客气，不使其受到伤害，这就是治气之法。

　　六气，方家以配六神。所谓青龙者，东方厥阴之气，其性仁，其神化，其色青，其形长，其虫鳞。兼是数者，唯龙而青者，可以体之，然未必有是物也。其他取象皆如是①。唯北方有二，曰玄武，太阳水之气也；曰螣蛇，少阳相火之气也。其在于人为肾，肾亦二，左为太阳水，右为少阳相火。火降

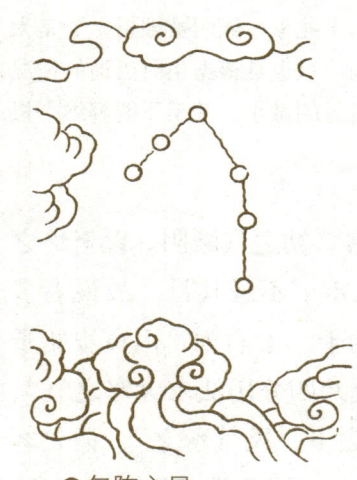

●勾陈六星

勾陈，亦作"钩陈"，是靠近北极附近的一列星，共6颗。据《晋书·天文志》："北极五星，钩陈六星，皆在紫宫中。"勾陈的地位很重要，被称为中央太阴土之神，是天子的护卫。在人体中，它相当于五脏中的脾，是冲虚之气所在之处。

而息水，水腾而为雨露，以滋五脏，上下相交，此坎离之交②，以为否泰者也，故肾为寿命之脏。左阳、右阴、左右相交，此乾坤之交，以生六子者也③，故肾为胎育之脏。中央太阴土曰勾陈，中央之取象，唯人为宜。勾陈者，天子之环卫也。居人之中，莫如君。何以不取象于君？君之道无所不在，不可以方言也。环卫居人之中央，而中虚者也。虚者，妙万物之地也。在天文，星辰皆居四傍而中虚，八卦分布八方而中虚，不虚不足以妙万物。其在于人，勾陈之配，则脾也。勾陈如环，环之中则所谓黄庭也。黄者，中之色；庭者，宫之虚地也。古人以黄庭为脾，不然也。黄庭有名而无所，冲气之所在也。脾不能与也，脾主思虑，非思之所能到也。故养生家曰："能守黄庭，则能长生。"黄庭者，以无所守为守。唯无所守，乃可以长生。或者又谓："黄庭在二肾之间。"又曰"在心之下"，又曰"黄庭有神人守之"，皆不然。黄庭者，虚而妙者也。强为之名。意可到则不得谓之虚，岂可求而得之也哉。

注释

①**取象：**取某事物之征象，如这里指六气取象青龙等。②**坎离：**卦象中代表水、火。③**乾坤……生六子：**八卦中乾坤为天地、父母，生其他六卦：震、巽、离、坎、兑、艮。

译文

六气，方术家将其与六神相配。青龙配东方厥阴之气，其性情仁慈，神形变化，颜色为青，形态修长，覆盖虫鳞。兼有这些特征的，只有青色的龙，可以符合，但未必真有其物。其他神的取象都是这样。只有北方有两种神，玄武，配太阳寒水气运；螣蛇，配少阳相火气运。在人体来讲属肾，肾也是两个，左为太阳寒水，右为少阳相火。火气下降而令水止息，水汽蒸腾而结为雨露，滋润五脏，上下相交，这是水火之交，掌握着凶吉，所以肾是主宰寿命的内脏。左阳、右阴、左右相交，这是阴阳之交，生出六子，所以肾是孕育胚胎的内脏。与中央太阴土相配的神称为勾陈，能够象征中央的，只有人适合。勾陈是天子身边的侍卫。在人之中，君王最高。为何不选取君王作为象征呢？君王之道无所不在，不可用一个方位来说。天子环卫在人的中央，而内里空虚。虚是运化万物之地。在天文上，星辰都居于四旁而正中空虚，八卦分布在八方而中间空虚，不空虚不足以运化万物。对于人而言，与勾陈相配的五脏是脾。勾陈就像是一个环，环的中间称为黄庭。黄是正中之色；庭是宫中的空地。古人以黄庭为脾，这也不对。黄庭有名称而无具体的地点，阴阳之气相冲的地方就是黄庭。脾不能与之相配，脾主管思虑，黄庭不是思虑所能达到的地方。所以养生家说："能守黄庭，则能长生。"黄庭是以无所守为守。只有无所守，才能长生。或者又说："黄庭在二肾之间。"又有说"在心之下"的，还有说"黄庭有神人守之"的，都不对。黄庭是空虚而奇妙的。勉强为其命名。如果名字能表示其意的话，就不能称为虚了，又怎么可能求得它的实贡呢。

原文

《易》象九为老阳，七为少；八为少阴，六为老。旧说阳以进为老，阴以退为老。九六者，乾坤之画，阳得兼阴，阴不得兼阳。此皆以意配之，不然也。九七、八六之数，阳顺、阴逆之理，皆有所从来，得之自然，非意之所配也。凡归余之数[①]，有多有少。多为阴，如爻之偶；少为阳，如爻之奇[②]。三少，乾也，故曰老阳九揲而得之，故其数九，其策三十有六[③]。两多一少，则一少为之主，震、坎、艮也，故皆谓之少阳。少在初为震，中为坎，末为艮。皆七揲而得之，故其数七，其策二十有八。三多，坤也，故曰老阴六揲而得之，故其数六，其策二十有四。两少一多，则多为之主，巽、离、兑也，故皆谓之少阴。多在初为巽，中为离，末为兑。皆八揲而得之。故其数八，其策三十有二。物盈则变，纯少阳盈，纯多阴盈。盈为老，故老动而少静。吉凶悔吝，生乎动者也。卦爻之辞，皆九六者，唯动则有占，不动则无朕，虽《易》亦不能言之。《国语》谓"贞屯悔豫皆八"，"遇泰之八"是也。今人以《易》筮者，虽不动，亦引爻辞断之。《易》中但有九六，既不动，则是七八安得用九六爻辞？此流俗之过也。

注释

①归余之数：揲蓍一次是将蓍草分为两堆，各自揲取后将余数归拢，求和得到的数即归余之数。②"多为阴"句：阴爻写为两短横"- -"，所以是多；阳爻写为一长横"一"，所以是少。③"三少，乾也"句：揲蓍三次得出的都是阳爻，即三少，表示乾。这样的三次揲蓍后剩下的数量为36，能够以4为一组揲取9次。后文的7、6、8得出的方法同理。揲蓍三次剩下的数量只可能为24、28、32、36四种情况。

释文

《周易》的卦象以九为老阳，七为少阳；八为少阴，六为老阴。旧说是阳以大数为老，阴以小数为老。九和六是乾坤之画，阳可以兼阴，阴不可以兼阳。这都是以人自己的意念相配的，其实不对。九七、八六之数，表示出阳顺、阴逆的原理，都是有来源的，自然能得出这样的数，并非人自己的意念所能为其匹配。凡在揲蓍过程中归余的数字，有多有少。多为阴，就像阴爻由偶数的短横表述；少为阳，就像阳爻由奇数的长横表述。得出的三爻都是少的，就是乾，所以叫老阳，得出三爻后剩下的蓍草能够揲取九次，所以数字是九，剩下三十六策。得出的三爻两多一少，则一少作为主体，得出震、坎、艮，所以都称之为少阳，（少在第一爻就是震、在第二爻就是坎、在第三爻就是艮。）得出三爻后剩下的蓍草均能够揲取七次，所以数字是七，剩下二十八策。三爻都是多的，就是坤，所以叫老阴，得出三爻后剩下的蓍草能够揲取六次，所以数字是六，剩下二十四策。得出的三爻两少一多，则一多作为主体，得出巽、离、兑，所以都称之为少阴，（多在第一爻就是巽、在第二爻就是离、在第三爻就是兑。）得出三爻后剩下的蓍草均能够揲取八次，所以数字是八，剩下三十二策。事物充盈则生变，（三爻全少是阳气充盈，三爻全多是阴气充盈。）充盈即是老，所以老阳、老阴变动而少阳、少阴不变。揲蓍结果的好坏，都生于变动。卦爻之辞，都重视九、六，只有这两个变动的数能占卜出结果，不变则不会产生征兆，就算是《周易》也不能判断其凶吉。《国语》中说的"贞屯悔豫皆八""遇泰之八"就是这样。现今以《周易》卜筮的人，就算得出的卦爻是不变的，也引述爻辞来判断。《周易》中的卦辞只有九、六的，既然七、八不变，这七、八怎能用九、六的爻辞呢？这是易学流俗带来的错误。

原文

guài

江南人郑夬曾为一书谈《易》，其间一说曰："乾坤，大父母也；复姤，小父母也。乾一变生复，得一阳；坤一变生姤，得一阴。乾再变生临，得二阳；坤再变生遁，得二阴。乾三变生泰，得四阳；坤三变生否，得四阴。乾四变生大壮，得八阳；坤四变生观，得八阴。乾五变生夬，得十六阳；坤五变生剥，得十六阴。乾六变生归妹，本得三十二阳；坤六变生渐，本得三十二阴。乾坤错综，阴阳各三十二，生六十四卦。"夬之为书，皆荒唐之论，独有此变卦之说，未知其是非。予后因见兵部员外郎秦君玠，论夬所谈，骇然叹曰："夬何处得此法？玠曾遇一异人，授此数历，推往古兴衰运历，无不皆验，常恨不能尽得其术。西都邵雍亦知大略，已能洞吉凶之变①。此人乃形之于书，必有天谴，此非世人得闻也。"予闻其言怪，兼复甚秘，不欲深诘之②。今夬与雍、玠皆已死，终不知其何术也。

注释

①洞：洞悉，洞察。②诘：追问。

释文

江南人郑夬曾著了一部谈《周易》的书，其中一段说："乾坤，大父母也；复姤，小父母也。乾一变生复，得一阳；坤一变生姤，得一阴。乾再变生临，得二阳；坤再变生遁，得二阴。乾三变生泰，得四阳；坤三变生否，得四阴。乾四变生大壮，得八阳；坤四变生观，得八阴。乾五变生夬，得十六阳；坤五变生剥，得十六阴。乾六变生归妹，本得三十二阳；坤六变生渐，本得三十二阴。乾坤错综，阴阳各三十二，生六十四卦。"郑夬写的书，尽是荒唐话，但唯独这个变卦的说法，不确定是否正确。我后来有事见到兵部员外郎秦君玠，谈起郑夬的这个说法，玠惊骇地感叹道："郑夬从哪里得到这个方法？我曾遇到一个异人，传授了我这个办法，推断以往的兴衰运历，都灵验了，我常常恨自己不能完全学到他的卦术。西都的邵雍也只知道大概，已经能洞悉吉凶变化。这个郑夬将此写成书，必遭天谴，这不是世间人应知道的。"我听他说这话很奇怪，又非常神秘，不好更深地追问。如今郑夬、邵雍、秦君玠都已死，最终也不知道这是什么卦术。

原文

　　庆历中，有一术士姓李，多巧思。尝木刻一"舞钟馗"，高二三尺，右手持铁简，以香饵置钟馗左手中。鼠缘手取食，则左手扼鼠，右手用简毙之。以献荆王，王馆于门下。会太史言月当蚀于昏时，李自云："有术可禳^①。"荆王试使为之，是夜月果不蚀。王大神之，即日表闻，诏付内侍省问状。李云："本善历术，知《崇天历》蚀限太弱，此月所蚀，当在浊中。以微贱不能自通，始以机巧干荆邸，今又假禳禬以动朝廷耳^②。"诏送司天监考验。李与判监楚衍推步日月蚀，遂加蚀限二刻，李补司天学生。至熙宁元年七月，日辰蚀东方，不效。却是蚀限太强，历官皆坐谪。令监官周琮重修，复减去庆历所加二刻。苟欲求熙宁日蚀，而庆历之蚀复失之，议久纷纷，卒无巧算，遂废《明天》，复行《崇天》。至熙宁五年，卫朴造《奉元历》，始知旧蚀法止用日平度，故在疾者过之，在迟者不及。《崇》《明》二历加减，皆不曾求其所因，至是方究其失。

注释

　　①禳：祈祷消除灾殃。②禳禬：为消除灾祸的意思。禬，古代为消灾除病而举行的祭祀。

释文

　　庆历年间，有一名李姓术士，多有巧妙构思。曾用木头刻一尊"舞钟馗"，高二三尺，右手拿铁板，左手中放置香饵。老鼠在他手中取食的时候，就能用左手抓住老鼠，右手用铁板拍死它。把这东西献给荆王，荆王便招他到门下。恰逢太史说黄昏时有月蚀，李姓术士便说："我有法术可以禳除月蚀。"荆王尝试让他做法，这晚果然没有月蚀了。王见他非常神奇，马上上奏皇帝，皇帝下诏让内侍省询问具体情况。李姓术士说："我原本擅长历术，知道《崇天历》中测定日月蚀的界限太宽泛，这次月蚀，应当在月亮未出的时候。因为身份低微不能自己举荐为官，一开始就以机关技巧进入荆府，现在又假借消除灾祸惊动朝廷。"皇帝下诏送他到司天监查考。李姓术士与判监楚衍一起推算日月蚀，将日月蚀的界限缩小了二刻，补录为司天学生。到了熙宁元年七月，太阳在辰时东方被蚀，未能预先算出。原因是日月蚀的界限太窄了，历法官员连坐全被贬谪。下令让监官周琮重新修订日月蚀的界定，又减去了庆历时所加的二刻。如果要算出熙宁年间的这次日蚀，那么庆历年间那次月蚀又算不出，众人纷纷议论，最终也没有较好的算法，于是废除了《明天历》，重新施行《崇天历》。到了熙宁五年，卫朴编纂了《奉元历》，才知道旧时测定日月蚀的方法只使用太阳运行的平均速度，所以当太阳运行较快时日蚀就过了，在太阳运行迟缓时日蚀就还未到。《崇》《明》两部历法中对日月蚀界限的加减，都没有找到正确的原因，在这时才找到真正的问题所在。

原 文

四方取象，苍龙、白虎、朱雀、龟蛇。唯朱雀莫知何物，但谓鸟而朱者，羽族赤而翔上，集必附木，此火之象也。或谓之"长离"，盖云离方之长耳①。或云，鸟即凤也，故谓之凤鸟。少昊以凤鸟至，乃以鸟纪官，则所谓丹鸟氏，即凤也②。又旗旐之饰皆二物③，南方曰"鸟、隼"，则鸟、隼盖两物也。然古人取象，不必大物也。天文家朱鸟，乃取象于鹑，故南方朱鸟七宿，曰鹑首、鹑火、鹑尾是也。鹑有两种，有丹鹑，有白鹑，此丹鹑也。色赤黄而文，锐上秃下，夏出秋藏，飞必附草，皆火类也。或有鱼所化者。鱼，鳞虫龙类，火之所自生也。天文东方苍龙七宿，有角、亢，有尾。南方朱鸟七宿，有喙，有嗉，有翼而无尾，此其取于鹑欤。

注 释

①离方：南方。②"少昊"句：传说上古武帝之少昊继位时天降凤鸟，所以以鸟的种类名称命名各个官职，称为鸟官，其中的丹鸟氏就是指凤。③旗旐：古代绘有图案的各式旌旗，有交龙为旂、熊虎为旗、鸟隼为旟、龟蛇为旐等，每个旗面上都是两种事物。

释 文

四方的取象为苍龙、白虎、朱雀、龟蛇。只有朱雀不知是什么，只说是朱红色的鸟，赤红羽毛而向上飞，降落时必在树木上，这是火的意象。有人将朱雀叫作"长离"，是说它是南方之首。有人说，鸟就是凤，所以朱雀是凤鸟。少昊时代因有凤鸟降临，就以鸟命名官职，所谓的丹鸟氏，也就是凤。另外，旌旗上装饰的都是两种东西，南方称"鸟、隼"，那么鸟、隼应该是两种动物。不过古人取象，也不一定都用宏大的事物。天文上说的朱鸟，取象是鹑鹑，所以南方朱鸟七宿分为鹑首、鹑火、鹑尾。鹑鹑有两种，有红鹑，有白鹑，这里说的是红鹑。颜色赤黄而有花纹，鸟头尖锐而鸟尾有些秃，夏天出来秋天避寒，飞行的时候必定会贴着草，这些都是火的性质。也有人说朱雀是鱼所化来的。鱼和鳞虫、龙是同类，自然能产生火。天文上的东方苍龙七宿，有角、亢和尾。南方朱鸟七宿，有喙，有嗉，有翅膀而没有尾，能说明这取自鹑鹑。

梦溪笔谈

　　司马彪《续汉书》候气之法："于密室中以木为案，置十二律管，各如其方。实以葭灰[①]，复以缇縠[②]，气至则一律飞灰。"世皆疑其所置诸律，方不逾数尺，气至独本律应，何也？或谓"古人自有术"，或谓"短长至数，冥符造化"，或谓"支干方位，自相感召"，皆非也。盖彪说得其略耳，唯《隋书志》论之甚详。其法先治一室，令地极平，乃埋律管，皆使上齐，入地则有浅深。冬至阳气距地面九寸而止，唯黄钟一管达之，故黄钟为之应。正月阳气距地面八寸而止，自太蔟以上皆达，黄钟大吕先已虚，故唯太蔟一律飞灰。如人用针彻其经渠，则气随针而出矣。地有疏密，则不能无差忒[③]，故先以木案隔之，然后实土案上，令坚窒均一。其上以水平其概，然后埋律。其下虽有疏密，为木案所节，其气自平，但在调其案上之土耳。

　　①葭灰：葭莩烧成的灰，极细。葭莩，是嫩芦苇秆内壁的薄膜。②缇：橘红色。縠：有皱纹的纱。③差忒：误差。

　　司马彪在《续汉书》中记载候气之法："在密室中用木头制成案台，放置十二根律管，各在各自的方位。在其中填满葭灰，用橘红色的纱覆盖，节气到了则相应的一根律管中的葭灰飞出。"时人都很怀疑他所说的放置律管，方寸之间距离不过数尺长，节气到了唯独相应的律管有反应，为什么？有人说"古人自有其术法"，有人说"律管的短长设计精微，冥冥中与自然造化相应"，有人说"放置在对应支干的不同方位，自然有相互感召"，都不对。原因是司马彪的记载很简略，但《隋书志》中非常详细地探讨了这个问题。方法是其先准备一个房间，让地面非常平整，再把律管埋入地下，使上端都与地面齐平，埋在地下的部分则有深有浅。冬至时的阳气停止在地面以下九寸，只有黄钟管能够达到这个深度，于是黄钟对其有反应。正月时阳气停止在地面以下八寸，太蔟管长度以上的律管都能达到，黄钟大吕中的葭灰都已先飞空了，所以只有太蔟一律飞灰。如果人用针刺穿律管，阳气就会随着针孔出来。土地有疏有密，不能做到完全没有差别，所以先用木制案台隔开，然后在案台上填实土壤，使其疏密平均。土的上面参照水平面刮平，然后埋下律管。再往下的土壤虽然有疏有密，但被木案所截，其上的阳气自然就是平均的，只需要调平案台上的土就可以了。

　　《易》有纳甲之法[①]，未知起于何时。予尝考之，可以推见天地胎育之理。乾纳甲壬，坤纳乙癸者，上下包之也。震、巽、坎、离、艮、兑纳庚、辛、戊、己、丙、丁者，六子生于乾坤之包中，如物之处胎甲者。左三刚爻，乾之气也；右三柔爻，坤之气也。乾之初爻交于坤，生震[2]，故震之初爻纳子午乾之初爻子午故也。中爻交于坤，生坎，初爻纳寅申震纳子午，顺传寅申，阳道顺。上爻交于坤，生艮，初爻纳辰戌亦顺传也。坤之初爻交于乾，生巽，故巽之初爻纳丑未坤之初爻丑未故也。中爻交于乾，生离，初爻纳卯酉巽纳丑未，逆传卯酉，阴道逆。上爻交于乾，生兑，初爻纳巳亥亦逆传也。乾坤始于甲乙，则长男、长女乃其次[3]，宜纳丙丁；少男、少女居其末，宜纳庚辛，今乃反此者，卦必自下生，先初爻，次中爻，末乃至上爻，此《易》之叙，然亦胎育之理也。物之处胎甲，莫不倒生。自下而生者，卦之叙，而冥合造化胎育之理。此至理合自然者也凡草木百谷之实，皆倒生，首系于干，其上抵于隶处，反是根。人与鸟兽生胎，亦首皆在下。

注释

①纳甲：将十天干分纳于八卦中，以乾、坤、震、巽、坎、离、艮、兑的顺序依次纳甲、乙、丙、丁、戊、己、庚、辛，余下的壬、癸则再从头由乾、坤所纳。②"乾之初爻"句：初爻是指三爻中最下面的一爻，乾的初爻与坤的阴爻相交，就生出了两阴一阳的震卦。后文的中爻、上爻依次是三爻中的中间一爻和最上面一爻，相生方法同理。③长男、长女：指震、巽。后文的少男、少女指艮、兑。另有中男、中女指坎、离。以乾爻交于坤生刚爻，即男；以坤爻交于乾生柔爻，即女。

译文

《周易》中有纳甲之法，不知是什么时候出现的。我曾经考证它，从中可以推导出天地胎育的道理。乾纳甲壬，坤纳乙癸，是指天地从上下包裹其他卦和天干。震、巽、坎、离、艮、兑纳庚、辛、戊、己、丙、丁，是六子卦在乾坤的包裹中诞生，就像动物处于胎中。左三震、坎、艮是刚爻，继承了乾之气；右三巽、离、兑是柔爻，继承了坤之气。乾的初爻与坤相交，生震，所以震的初爻纳子午（因为乾的初爻是子午）。乾的中爻与坤相交，生坎，所以震的初爻纳寅申（震纳子午，顺行传至寅申，阳气的道是顺行的）。乾的上爻与坤相交，生艮，所以艮的初爻纳辰戌（也是顺传的）。坤的初爻与乾相交，生巽，所以巽的初爻纳丑未（因为坤的初爻是丑未）。坤的中爻与乾相交，生离，所以离的初爻纳卯酉（巽纳丑未，逆行传至卯酉，阴气的道是逆行的）。坤的上爻与乾相交，生兑，所以兑的初爻纳巳亥（也是逆传的）。乾坤始于甲乙，其次是长男、长女，应纳丙丁；最后是少男、少女，应纳庚辛，如今却与此相反，是因为卦必是从下开始生的，先是初爻，然后是中爻，最后才是上爻，这是《周易》的顺序，但也是天地胎育的道理。事物出于胎中时，都是倒生的。自下而生，就是卦的顺序，冥冥中与造化胎育的道理暗合。这就是至真之理合乎自然（凡是草木百谷的果实，都是倒生的，头部系于枝干，上面与枝干相抵的地

方，反而是根。人和鸟兽生育胎儿时，也是头向下）。

卷八　象数二

原文

　　《史记·律书》所论二十八舍、十二律，多皆臆配，殊无义理。至于言数，亦多差舛。如所谓"律数者，八十一为宫，五十四为徵，七十二为商，四十八为羽，六十四为角"，此止是黄钟一均耳。十二律各有五音，岂得定以此为律数？如五十四，在黄钟则为徵，在夹钟则为角，在中吕则为商。兼律有多寡之数，有实积之数，有短长之数，有周径之数，有清浊之数。其八十一、五十四、七十二、四十八、六十四，止是实积数耳。又云："黄钟长八寸七分一，大吕长七寸五分三分一，太蔟长七寸七分二，夹钟长六寸一分三分一，姑洗长六寸七分四，中吕长五寸九分三分二，蕤宾长五寸六分二分一，林钟长五寸七分四，夷则长五寸四分三分二。南吕长四寸七分八，无射长四寸四分三分二，应钟长四寸二分三分二。"此尤误也。此亦实积耳，非律之长也。盖其间字又有误者，疑后人传写之失也。余分下分母，凡"七"字皆当做"十"字，误屈其中画耳黄钟当做"八寸十分一"，太蔟当做"七寸十分二"，姑洗当做"六寸十分四"，林钟当做"五寸十分四"，南吕当做"四寸十分八。"凡言"七分"者，皆是"十分"。

注释

　　①律有多寡之数，有实积之数，有短长之数，有周径之数：即律管的各个数值，包括个数、体积、长短，周长与直径的比值。②余分：即分数。

译文

　　《史记·律书》所说的二十八舍、十二律，大多是臆断匹配的，完全没有道理。至于所说的律数，也多有差错。比如所谓的"律数者，八十一为宫，五十四为徵，七十二为商，四十八为羽，六十四为角"，这只是对黄钟宫来说而已。十二律各自都有五音，岂能把律数确定成这些？比如五十四，在黄钟宫为徵，在夹钟宫则为角，在中吕宫则为商。而且律数包括多寡之数，实积之数，短长之数，周径之数，清浊之数。这里说的八十一、五十四、七十二、四十八、六十四，只是实积数而已。里面还说："黄钟长八寸七分一，大吕长七寸五分三分一，太蔟长七寸七分二，夹钟长六寸一分三分一，姑洗长六寸七分四，中吕长五寸九分三分二，蕤宾长五寸六分二分一，林钟长五寸七分四，夷则长五寸四分三分二。南吕长四寸七分八，无射长四寸四分三分二，应钟长四寸二分三分二。"这尤其错误。这也是实积之数，不是指律管的长短。其间又有错字，怀疑是后人传写时出现的。分数下面的分母，所有的"七"都应为"十"，把中竖错误地弯曲了（黄钟应该是"八寸十分一"，太蔟应该是"七寸十分二"，姑洗应该是"六寸十分四"，林钟应该是"五寸十分四"，南吕应该是"四寸十分八"。凡是说"七分"的，都是"十分"才对）。

原文

今之卜筮，皆用古书，工拙系乎用之者①。唯其寂然不动，乃能通天下之故。人未能至乎无心也，则凭物之无心者而言之。如灼龟、墁瓦②，皆取其无心，则不随理而震，此近乎无心也。

注释

①工拙：工即精巧，拙即粗劣。②灼龟、墁瓦：古代用火烧灼龟甲、瓦片，视其裂纹以测吉凶。

释文

今天的卜筮之术，都使用古书，优劣在于用的人如何。唯有寂然不动，才能通晓天下的事。人不能达到无心的境界，就要借用无心之物来占卜。比如烧灼龟甲、墁瓦，都是取它们无心的属性，不会被人的心智左右，这样的占卜就近乎无心了。

原文

吕才为卜宅、禄命、卜葬之说①，皆以术为无验。术之不可恃，信然。而不知彼皆寓也。神而明之，存乎其人，故一术二人用之，则所占各异。人之心本神，以其不能无累，而寓之以无心之物，而以吾之所以神者言之，此术之微，难可以俗人论也。才又论："人姓或因官，或因邑族，岂可配以宫商②？"此亦是也。如今姓敬者，或更姓文，或更姓苟。以文考之，皆非也。敬本从苟音丞从攴，今乃谓之苟与文，五音安在哉？此为无义，不待远求而知也。然既谓之寓，则苟以为字，皆寓也，凡视听思虑所及，无不可寓者。若以此为妄，则凡祸福、吉凶、死生、变化，孰为非妄者？能齐乎此，然后可与论先知之神矣。

注释

①卜宅、禄命、卜葬：占卜宅邸、钱财性命、丧葬时日与墓地的凶吉。②"人姓……配以宫商"句：古代风水中将所有的姓氏归于五音，依照五行的对应关系占卜凶吉。

释文

吕才撰写卜宅、禄命、卜葬的学说，都说其没有依据可以检验。法术并不可靠，确实是这样。但他不知道这些都是有所寄托的。之所以将其视为神术而能占明凶吉，都在于占卜之人，所以一种占术两个人用，占卜出的结果不同。人的心本就是通神的，因为人心不

能做到无所负累，所以寄托给无心之物，而用我们称之为神的事物来表述，这种法术的精微，很难与俗人探讨。吕才又说："人的姓氏有些是因为官职，有些是因为家族的所在地，怎么能与音律相配？"这也是同样的道理。如今姓敬的人，有的改姓文，有的改姓苟。从字形上查考，都不对。敬本来从茍（音亟），从攴，现在变为苟和文，和五音有什么关系？这种事没有道理，不需要深远地探求就能得知。但是既然说是寄托，那么苟作为文字，也有其寄托，凡是视听思虑所及的事物，都可以作为寄托。如果认为这是虚妄的，那么祸福、吉凶、死生、变化，哪有不虚妄的？能够明察这个道理，然后才能与之探讨先知的神术。

原文

历法，天有黄、赤二道，月有九道。此皆强名而已，非实有也。亦由天之有三百六十五度，天何尝有度？以日行三百六十五日而一期，强为之度[①]，以步日月五星行次而已。日之所由，谓之黄道；南北极之中，度最均处，谓之赤道。月行黄道之南，谓之朱道；行黄道之北，谓之黑道。黄道之东，谓之青道；黄道之西，谓之白道。黄道内外各四，并黄道为九。日月之行，有迟有速，难可以一术御也。故因其合散，分为数段，每段以一色名之，欲以别算位而已。如算法用赤筹、黑筹[②]，以别正负之数。历家不知其意，遂以为实有九道，甚可嗤也。

注释

①度：以日行三百六十五又四分之一日为一个周期，将天分为等量的度数，叫作日度。
②赤筹、黑筹：古代算术里使用算筹来计数，赤筹表示正数、黑筹表示负数。

译文

历法里天上有黄道、赤道，月亮的运行则有九道。这都是强自命名的，不是真实存在的。也就像是把天分为三百六十五度，天哪有度呢？把太阳运行三百六十五天作为一个周期，强自划分成度，以用来计算日月五星的运行罢了。太阳运行经过的轨迹，称为黄道；在南北天极的中间，估量在最中间的那一处，称为赤道。月亮运行在黄道之南的时候，称为朱道；运行在黄道之北的时候，称为黑道。运行在黄道之东的时候，称为青道；运行在黄道之西的时候，称为白道。黄道内外各有四道，加上黄道共有九道。日月运行的速度有快有慢，难以用统一的方法掌握。因此以其聚合离散的情况不同，分为几段，每段以一种颜色命名，为了区别算法而已。类似算法使用赤筹、黑筹，以区别正负数。历法家不知其中的用意，就以为真的有九道，非常可笑。

原文

二十八宿，为其有二十八星当度，故立以为宿。前世测候，多或变。如《唐书》测得毕有十七度半，觜只有半度之类[①]，皆谬说也。星既不当度，自不当用为宿次，自是浑仪度距疏密不等耳。凡二十八宿度数，皆以赤道为法。唯

●二十八星宿图

为了研究天象，古代星相家把天空的星群分成二十八组，称二十八宿。东西南北各为七宿，分别以苍龙、白虎、朱雀、玄武之名代之。

黄道度有不全度者，盖黄道有斜，有直，故度数与赤道不等。即须以当度星为宿，唯虚宿末有奇数②，自是日之余分。历家取以为斗分者，此也。余宿则不然。

注释

①毕有十七度半，觜只有半度之类：此为记录唐开元年间官造游仪所测得的数据，并无新、旧唐书内容区别，故仅记为《唐书》。②奇数：小数。由于日度的总数不是整数，有四分之一的余分，所以唯有虚宿带有小数。后文的"斗分"也是指这个。

译文

二十八星宿，是因为有二十八颗星在日度线上，所以立为宿。前朝测量天候，多有改变。比如《唐书》中记载，测得毕宿有十七度半，觜宿只有半度等，都是错误的说法。不是正好在日度线上的星，自然不应用作宿次，这种半度的现象是浑仪上日度的刻度距离疏密不均匀导致的。凡说二十八宿的度数，都是以赤道为准的。只有黄道上的度数有不是整度的，是因为黄道有倾斜，有笔直，所以度数与赤道不等。这时就必须要以正好在正当度数的星作为宿，只有虚宿的尾数有非整的余数，这是日度的余分。历法家用来做斗分的，就是这个。余下的星宿则不是这样。

原文

予尝考古今历法，五星行度，唯留、逆之际最多差①。自内而进者，其退必向外；自外而进者，其退必由内。其迹如循柳叶，两末锐，中间往还之道，相去甚远。故两末星行成度稍迟，以其斜行故也；中间成度稍速，以其径绝故也。历家但知行道有迟速，不知道径又有斜直之异②。熙宁中，予领太史令，卫朴造历，气朔已正，但五星未有候簿可验。前世修历，多只增损旧历而已，未曾实考天度。其法须测验每夜昏、晓、夜半月及五星所在度秒，置簿录之，满五年，其间剔去云阴及昼见日数外，可得三年实行，然后以算术缀之。古所谓"缀术"者，此也。是时司天历官，皆承世族，隶名食禄，本无知历者，恶朴之术过己，群沮之③，屡起大狱。虽终不能摇朴，而候簿至今不成。《奉元历》五星步术，但增损旧历，正其甚谬处，十得五六而已。朴之历术，今古未有，为群历人所沮，不能尽其艺，惜哉。

①**留、逆**：行星留守、逆行的视运动现象。当其他行星绕行太阳的周期大于地球，便会周期性地出现地球“超过”其他行星的现象，这时从地球上观测行星，看上去就像是行星先缓慢滞留，然后退行一段距离，再回到正常运行方向。②**斜直之异**：沈括认为行星在留、逆时展现的不同运行速度是因为轨道的斜直，这在现在的天文科学看来是错误的。在各自的运行轨道上，行星与地球趋近直至最近距离的过程会使行星看上去运行速度变慢，而从最近距离开始趋远的过程会使行星看上去更快。③**沮**：阻碍。

译　文

我曾考证古今的历法中关于五星运行的规律，只有留、逆时的错误最多。在黄道以内运行的星，逆行时必向黄道以外；在黄道以外运行的星，逆行时必向黄道以内。逆行时的轨迹就像沿着柳叶边缘，两段尖锐，中间是来往的轨迹，相隔很远。所以在两个末端的时候行星运行的速度稍慢，是因为它在斜向运行；中间的速度稍快，是因为它的路径是直的。历法家只知道运行路径有快有慢，不知道路径斜直的区别。熙宁年间，我担任太史令，卫朴修订历法，节气、朔望已经修订正确，但五星运行没有过往的观测记录簿可以查验。以前的朝代修订历法，大多只是在旧历的基础上增删，没有实际查考过天象规律。考证其规律，必须观测每天的黄昏、破晓、半夜的月亮及五星所在的精确位置，设置记录簿来记录，满五年，其间除去阴天及月亮和五星在白昼出现的天数，能够得到三年实际的运行，然后用算术统计它。古时候说的“缀术”就是指这个。当时掌管天象历法的官员，都是家族承袭的，顶官名食俸禄，本就没有懂得历法的人，妒恨卫朴的能力超过自己，集体阻碍他，多次以严重罪名告罪他。尽管最终不能动摇卫朴，但导致候簿至今没能完成。《奉元历》中的五星运行，只能在旧历基础上增删，修正了明显错误的地方，能修补的错误只有十之五六而已。卫朴在历法上的才能，今古未有，被一群历人所阻挠，不能完全发挥他的才能，太可惜了。

原　文

国朝置天文院于禁中，设漏刻、观天台、铜浑仪，皆如司天监，与司天监互相检察。每夜天文院具有无谪见、云物、祯祥①，及当夜星次，须令于皇城门未发前到禁中。门发后，司天占状方到，以两司奏状对勘，以防虚伪。近岁皆是阴相计会，符同写奏，习以为常，其来已久，中外具知之，不以为怪。其日月五星行次，皆只据小历所算躔度誊奏②，不曾占候，有司但备员安禄而已。熙宁中，予领太史，尝按发其欺，免官者六人。未几，其敝复如故。

注　释

①**谪见**：古代认为异常的天象是上天对人的谴责，出现灾变的征候就称为“谪见”。
祯祥：吉祥的征兆。②**小历**：民间的一种历法。

【译文】

本朝将天文院设置在禁宫中，设有漏刻、观天台、铜浑仪，都如司天监的配置一样，与司天监互相检查核实。每天夜晚天文院呈报的有无灾变征候、云气情况、祥瑞征兆，以及当晚的行星位置，必须使其在皇城门未开之前呈报到宫中。门开后，司天监的观测奏表才到达，用两司的奏状对照勘验，以防作假。近年来都是私下里先合计好，将奏表写得相同，习以为常，来源已久，皇宫内外都知情，不以为怪。日月五星运行及位置的记录，都只根据小历所算出的度数誊写上奏，不曾观测实际的物候，相关官员只是为了安稳地领取俸禄而已。熙宁年间，我担任太史的时候，曾揭发这些欺瞒的行为，罢免了六名官员。不久，又故态复萌了。

【原文】

司天监铜浑仪，景德中历官韩显符所造①，依仿刘曜时孔挺、晁崇、斛兰之法②，失于简略。天文院浑仪，皇祐中冬官正舒易简所造③，乃用唐梁令瓒、僧一行之法，颇为详备，而失于难用。熙宁中，予更造浑仪，并创为玉壶浮漏④、铜表，皆置天文院，别设官领之。天文院旧铜仪，送朝服法物库收藏，以备讲求。

【注释】

①景德中：据胡道静考，韩显符制造铜浑仪在至道初，沈括错记成景德中。②刘曜：十六国时期的前赵国君。③冬官正：古代以四季命名官职，以冬官掌管工程制作，官正即掌管。④玉壶浮漏：据《宋史·志一》收录沈括《浮漏议》，他制造了带有玉权、玉嘴的新式浮漏，但未出现"玉壶浮漏"名称，且壶身与玉无关，似乎不能称为玉壶。《续资治通鉴》记载沈括造"五壶浮漏"，上述新式浮漏确为五壶。怀疑"玉壶"是否为"五壶"误写。另有胡道静版本标点为"玉壶、浮漏"，但未考见沈括制造"玉壶"的记载，且浮漏早已有之，自称"创为浮漏"显然不合适，故不采用。

【译文】

司天监的铜浑仪，是景德年间的历法官员韩显符所造，仿照了前赵刘曜时期的孔挺、晁崇、斛兰的方法，缺点是过于简略。天文院的浑仪，是皇祐年间的冬官正舒易简所造，使用的是唐代梁令瓒、僧一行的方法，颇为详尽，但缺点是难以使用。熙宁年间，我改造浑仪，并创制了玉壶、浮漏、铜表，都放置在天文院，另外设置官员管理。天文院的旧铜仪，送到朝服法物库收藏，以备研究使用。

卷九 人事一

【原文】

景德中，河北用兵，车驾欲幸澶渊①，中外之论不一，独寇忠愍赞成上意。

乘舆方渡河，虏骑充斥，至于城下，人情恂<ruby>恂<rt>xiǒng</rt></ruby>。上使人微觇准所为，而准方酣寝于中书，鼻息如雷。人以其一时镇物，比之谢安②。

①**车驾欲幸澶渊**：景德元年（1004）辽兵南下，宋真宗亲至澶渊督战，于年底与辽议和，史称澶渊之盟。②**谢安**：东晋名士，指挥历史上著名的以少胜多的淝水之战，部署妥当后便与宾客下棋，听闻捷报依然镇定自若。

译文

景德年间，河北有战乱，皇帝车驾要亲临澶渊，朝廷内外意见不一，只有寇准（谥号忠愍）赞成皇帝的意见。皇帝乘车驾刚刚渡过黄河，敌人的骑兵就充斥到了城下，人心惶惶。皇帝派人偷偷去看寇准怎样做，而寇准还能在中书省酣睡，鼾声如雷。人们因为他这时非凡镇定，将他与谢安相比。

原文

武昌张谔，好学能议论，常自约：仕至县令则致仕而归，后登进士第，除中允。谔于所居营一舍，榜为中允亭，以志素约也。后谔稍稍进用①，数年间为集贤校理，直舍人院，检正中书五房公事，判司农寺。皆要官，权任渐重。无何，坐事夺数官，归武昌。未几捐馆②，遂终于太子中允。岂非前定？

注释

①**稍稍**：逐渐。②**捐馆**：抛弃馆舍，死亡的婉辞。

译文

武昌张谔，好学且善于议论，曾经自我规定：官职做到县令就辞官回家，后来考取进士，担任中允。张谔在住所兴建一处屋舍，题名为中允亭，意思是将平日的自我约束铭记在心。后来张谔渐渐升官得到任用，数年间担任过集贤校理，直舍人院，检正中书五房公事，判司农寺。都是重要的官职，权力责任越来越重。不久，因事获罪剥夺多个官职，回到武昌。不久死亡，于是最终做到太子中允的位置。这岂不是早已注定的？

原文

许怀德为殿帅①。尝有一举人，因怀德乳姥求为门客②，怀德许之。举子<ruby>曳<rt>lán</rt></ruby>襕拜于庭下③，怀德据座受之。人谓怀德武人，不知事体，密谓之曰："举人无没阶之礼④，宜少降接也。"怀德应之曰："我得打乳姥关节秀才，只消如此待之！"

注释

①**殿帅**：统领禁军的殿前司长官都指挥使或殿前指挥使。②**乳姥**：即乳母，奶妈。③**曳**：提。**襕**：上下一体的裙袍。④**没阶之礼**：在台阶最下面行礼。

许怀德担任殿帅。曾有一名举人，通过许怀德的乳母请求成为许怀德的门客，许怀德答应了。举人提襕在庭下拜见，许怀德坐在座位上接受他的礼拜。有人说许怀德是武人，不懂规矩，私下与他说："举人不需要在台阶下行礼，你应稍下台阶受礼才对。"许怀德回答他说："我对一个靠我奶妈关系进来的秀才，这样待他已经足够了！"

夏文庄性豪侈，禀赋异于人。才睡，即身冷而僵，一如逝者；既觉，须令人温之，良久方能动。人有见其陆行，两车相连，载一物巍然，问之，乃绵帐也，以数千两绵为之。常服仙茅、钟乳、硫黄[1]，莫知纪极。晨朝每食钟乳粥。有小吏窃食之，遂发疽[2]，几不可救。

[1]仙茅、钟乳、硫黄：均可入药治疗虚寒症，性温、热。仙茅、硫黄有毒。[2]疽：痈疽，毒疮。

夏竦（谥号文庄）性情豪迈放纵，天赋异禀。刚刚睡着，身体就冰冷僵硬，像是死尸一样；醒来后，必须让人温暖他，很久才能动。有人见他走在路上，两辆车连在一起，载着一个高大的物件，问他是什么，说是绵帐，用数千两棉花制作的。经常服食仙茅、钟乳、硫黄，不知控制限度。每天早晨吃钟乳粥。有小吏偷吃，立即发毒疮，险些没救。

郑毅夫自负时名，国子监以第五人选，意甚不平。谢主司启词，有"李广事业，自谓无双；杜牧文章，止得第五[1]"之句。又云："骐骥已老，甘驽马以先之；臣鳌不灵，因顽石之在上。"主司深衔之[2]。他日廷策，主司复为考官，必欲黜落，以报其不逊。有试业似獬者，枉遭斥逐；既而发考卷，则獬乃第一人及第。又嘉祐中，士人刘几，累为国学第一人。骤为怪崄之语[3]，学者翕然效之[4]，遂成风俗。欧阳公深恶之。会公主文，决意痛惩，凡为新文者一切弃黜。时体为之一变，欧阳之功也。有一举人论曰："天地轧，万物茁，圣人发。"公曰："此必刘几也。"戏续之曰："秀才剌，试官刷。"乃以大朱笔横抹之，自首至尾，谓之"红勒帛"，判大纰缪字榜之。既而果几也。复数年，公为御试考官，而几在庭。公曰："除恶务力，今必痛斥轻薄子，以除文章之害。"有一士人论曰："主上收精藏明于冕旒之下。"公曰："吾已得刘几矣。"既黜，乃吴人萧稷也。是时试《尧舜性之赋》，有曰："故得静而延年，独高五帝之寿，动而有勇，形为四罪之诛[5]。"公大称赏，擢为第一人，及唱名，乃刘辉。人有识之者曰："此刘几也，易名矣。"公愕然久之。因欲成就其名，小赋有"内积安行之德，盖禀于天"，公以谓"积"近于学，改为"蕴"，人莫不以公为知言。

释文

郑獬（字毅夫）因自己当时有名气而自负，被国子监选为第五名，心里非常不平。在答谢主司的谢词中有"李广事业，自谓无双；杜牧文章，止得第五"的句子。又说："骐骥已老，甘驽马以先之；巨鳌不灵，因顽石之在上。"主司怀恨在心。另一日殿试问策，主司又作为考官，想着一定要使其落榜，以报他的出言不逊。有答卷类似郑毅夫的人，平白遭到驱逐；之后发放考卷，郑毅夫却以第一名及第。另有嘉祐年间的士人刘几，多次被国子监选为第一人。喜欢发表突兀险怪的言论，学者全都效仿他，便成为一时风俗。欧阳修非常厌恶这种风气。有一次恰好欧阳修主持文试，决心严惩这种风气，凡是做这种文章的一律落榜。当时的文体为之一变，是欧阳修的功绩。有一个举人论述道："天地轧，万物茁，圣人发。"欧阳修说："这一定是刘几了。"戏谑地续写道："秀才剌，试官刷。"然后用大朱笔横抹掉他的文章，从头到尾，称作"红勒帛"，批写上"大纰缪"张贴出来。后来发现果然是刘几。过了很多年，欧阳修作为殿试考官，刘几在殿上。欧阳修说："驱除坏的事物务必尽全力，今天我必要痛斥轻浮的家伙，以根除文章的坏风气。"有一名士人论述道："主上收精藏明于冕旒之下。"欧阳修说："我已知道这是刘几了。"判落榜后，发现是吴人萧稷。当时试题是《尧舜性之赋》，有人写道："故得静而延年，独高五帝之寿，动而有勇，形为四罪之诛。"欧阳修大为赞赏，选拔为第一名，等公布名单的时候，此人叫刘辉。有认识的人说："这就是刘几，改名了。"欧阳修愕然很久。因想使他成名，小赋写有"内积安行之德，盖禀于天"，欧阳修认为"积"的意思近似"学"，改为"蕴"，人们没有不说欧阳修通晓言辞的。

原文

古人谓贵人多知人，以其阅人物多也。张邓公为殿中丞，一见王东城，遂厚遇之，语必移时。王公素所厚唯杨大年，公有一茶囊，唯大年至，则取茶囊具茶，他客莫与也。公之子弟，但闻"取茶囊"，则知大年至。一日公命"取茶囊"，群子弟皆出窥大年，及至，乃邓公。他日，公复取茶囊，又往窥之，亦邓公也。子弟乃问公："张殿中者何人，公待之如此？"公曰："张有贵人法，不十年当据吾座。"后果如其言。又文潞公为太常博士，通判兖州，回谒吕许公。

公一见器之，问潞公：“太博曾在东鲁，必当别墨。”令取一丸墨濒阶磨之，揖潞公就观："此墨何如? "乃是欲从后相其背。既而密语潞公曰："异日必大贵达。"即日擢为监察御史，不十年入相，潞公自庆历八年登相，至七十九岁，以太师致仕，凡带平章事三十七年[1]，未尝改易。名位隆重，福寿康宁，近世未有其比。

注释

①**带平章事**：兼任同中书门下平章事，与中书省、门下省协商处理国事，简称同平章事。

译文

古人说位高权重的人多能知人，因为他们对人物的阅历多。张士逊（封邓国公，故称张邓公）任殿中丞时，初见到王东城，就被厚待，每次谈话必定很久。王东城素来厚待的只有杨亿（字大年），他有一茶囊，只有杨亿来的时候，才取出茶囊沏茶，其他宾客都不给。王东城的子弟只要听到他说"取茶囊"，就知道是杨亿来了。一天王东城命令"取茶囊"，众子弟都出来偷看杨亿，等人到了，却是张士逊。又一日，王东城又命取茶囊，子弟又去偷看，又是张士逊。于是子弟问王东城："张殿中是怎样的人，您如此对待他? "王东城说："张士逊有贵人面相，不出十年就会达到我现在的这个位置。"后来果真如他所说。另有文彦博（封潞国公，故称文潞公）时任太常博士、兖州通判，回到京城谒见吕夷简（封许国公，故称吕许公）。吕夷简一见就很器重他，问："您曾在东鲁，一定很擅长品鉴墨。"命人取了一丸墨沿着台阶打磨，让文彦博靠近观察："这墨怎么样? "其实是想从后面看他的背。随后悄悄对他说："您日后必将大富大贵。"文彦博很快就被选为监察御史，不出十年就成为宰相，自庆历八年任职宰相，到七十九岁在太师位置上退官，总共兼任平章事三十七年，未曾改变。名高位重，福寿安康，近年来没有能与之相比的。

原文

王延政据建州，令大将章某守建州城，尝遣部将刺事于军前，后期当斩，惜其材，未有以处，归语其妻。其妻连氏，有贤智，私使人谓部将曰："汝法当死，急逃乃免。"与之银数十两，曰："径行，无顾家也。"部将得以潜去，投江南李主[1]，以隶查文徽麾下。文徽攻延政，部将适主是役。城将陷，先喻城中："能全连氏一门者，有重赏。"连氏使人谓之曰："建民无罪，将军幸赦之。妾夫妇罪当死，不敢图生。若将军不释建民，妾愿先百姓死，誓不独生也。"词气感慨，发于至诚。不得已为之，戢兵而人[2]，一城获全。至今连氏为建安大族，官至卿相者相踵，皆连氏之后也。又李景使大将胡则守江州，江南国下，曹翰以兵围之三年，城坚不可破。一日，则怒一饔人鲙鱼不精，欲杀之。其妻遽止之曰："士卒守城累年矣。暴骨满地，奈何以一食杀士卒耶? "则乃舍之。此卒夜缒城，走投曹翰，具言城中虚实。先是，城西南依崄，素不设守。

卒乃引王师自西南攻之。是夜城陷，胡则一门无遗类。二人者，其为德一也，何其报效之不同邪？

注 释

①江南：即南唐。②戢兵：收起兵器，引申为停止战争。

译 文

王延政镇守建州的时候，令大将章某守在建州城，曾派遣部将在行军前刺探敌情，部将拖后了期限，应当斩首，章某爱惜人才，没有处决，回家和妻子说。妻子连氏，聪明贤惠，私下派人告诉部将："你按法律应当处死，赶快逃跑就可以免死。"给了他数十两银子，说："直接走，别管家室了。"部将得以潜逃，投奔了江南李主，隶属于查文徽的麾下。查文徽攻打王延政的时候，部将恰好主掌这次战役。城池即将沦陷的时候，先告诉城中："能保全连氏一门的人，有重赏。"连氏派人回答说："建州百姓无罪，望将军好心赦免他们。我们夫妇罪当处死，不敢贪生。如果将军不赦免建州百姓，我愿在百姓之前先死，发誓不独自存活。"措辞语气慷慨激昂，非常真诚。部将没有办法，息兵进城，一城获得保全。至今连氏都是建安大族，官位高至公卿宰相的接踵相连，都是连氏的后人。又有李景派大将胡则镇守江州，江南国家败落，曹翰带兵围困了三年，城池坚不可破。一天，胡则因一名厨子做鱼不精细而发怒，要杀他。胡则的妻子立即阻止他说："士兵们守城多年了。已是尸骨满地无人收葬，何必因一顿饭杀死士兵呢？"于是胡则作罢。这个士兵趁夜缘绳索从城墙翻下，投奔了曹翰，详细告知了城中情况。在此之前，城西南依靠地势险峻，一直不设守备。士兵就引曹翰的军队从西南面进攻。当夜城池沦陷，胡则一家人没有活下来的。这两个人，都同样受到恩德，为何回报的方式不同呢？

原 文

王文正太尉局量宽厚，未尝见其怒。饮食有不精洁者，但不食而已。家人欲试其量，以少埃墨投羹中①，**公唯啖饭而已。家人问其何以不食羹？曰："我偶不喜肉。"一日又墨其饭，公视之曰："吾今日不喜饭，可具粥（sù）。"其子弟愬于公曰："庖肉为饔（yōng）人所私，食肉不饱，乞治之。"公曰："汝辈人料肉几何？"曰："一斤，今但得半斤食，其半为饔（sōu）人所废。"公曰："尽一斤可得饱乎？"曰："尽一斤固当饱。"曰："此后人料一斤半可也。"其不发人过皆类此。尝宅门坏，主者彻屋新之，暂于廊庑下启一门以出入。公至侧门，门低，据鞍俯伏而过，都不问。门毕，复行正门，亦不问。有控马卒，岁满辞公，公问："汝控马几时？"曰："五年矣。"公曰："吾不省（xǐng）有汝。"既去，复呼回曰："汝乃某人乎？"于是厚赠之。乃是逐日控马，但见背，未尝视其面，因去见其背，方省也。**

注 释

①埃墨：烟灰。

太尉王旦（谥号文正）宽宏大量，从没见过他发怒。饮食上遇到不干净的，只是不吃而已。他的家人想试探他的肚量，将细小烟灰投入肉羹里，王旦就只是吃饭。家人问他为什么不吃肉羹？他说："我偶尔不想吃肉。"一天又往他的饭里掺灰，王旦看了说："我今天不想吃饭，可以准备些粥。"他的子弟向他控诉："做饭用的肉材被厨子私占，我们吃不饱肉，请求您治理他。"王旦说："你们每人需要多少肉材？"回答说："一斤，现在只能吃到半斤，另外一半被厨子私藏了。"王旦问："给足一斤就能吃饱吗？"回答说："足一斤当然能饱。"王旦说："今后每人给肉材一斤半就行了。"他不揭发别人的错误，都是类似这种情况处理。曾有一次宅门损坏，主管的人占着屋子翻新它，暂时在廊庑下开一个门进出。王旦到了侧门，门太低，只能伏身在马鞍上经过，也不问责。门修好了，可以重新由正门进出，他也不过问。有牵马的下人，工期满了向王旦告辞，王旦问："你牵马多久了？"回答说："已经五年了。"王旦说："我不记得有你。"下人离开后，他又把人叫回来，说："你是某某吧？"于是重赏他。原来是因为那人每天牵马，王旦只看见他的后背，没见过他的正脸，由于下人离时他看见了下人的背，这才想起来。

　　石曼卿居蔡河下曲，邻有一豪家，日闻歌钟之声。其家僮仆数十人，常往来曼卿之门。曼卿呼一仆，问："豪为何人？"对曰："姓李氏，主人方二十岁，并无昆弟，家妾曳罗绮者数十人①。"曼卿求欲见之，其人曰："郎君素未尝接士大夫，他人必不可见。然喜饮酒，屡言闻学士能饮酒，意亦似欲相见，待试问之。"一日，果使人延曼卿，曼卿即著帽往见之。坐于堂上，久之方出。主人着头巾，系勒帛，都不具衣冠。见曼卿，全不知拱揖之礼。引曼卿入一别馆，供帐赫然。坐良久，有二鬟妾，各持一小盘至曼卿前，盘中红牙牌十余②。其一盘是酒，凡十余品，令曼卿择一牌；其一盘肴馔名，令择五品。既而二鬟去，有群妓十余人，各执肴果乐器，妆服人品皆艳丽粲然。一妓酌酒以进，酒罢乐作，群妓执果肴者，萃立其前；食罢则分列其左右，京师人谓之"软槃"③。酒五行，群妓皆退，主人者亦翩然而入，略不揖客。曼卿

●石延年

　　石延年，字曼卿，宋代人，官至太子中允。极富有才思，为真宗所赏识，性情豁达，为人豪放不羁，好饮酒，时称"酒中仙"。

独步而出。曼卿言：“豪者之状，懵然愚骏^④，殆不分菽麦^⑤，而奉养如此，极可怪也。”他日试使人通郑重^⑥，则闭门不纳，亦无应门者。问其近邻，云：“其人未尝与人往还，虽邻家亦不识面。”古人谓之“钱痴”^⑦，信有之。

译 文

石延年（字曼卿）住在蔡河的下游弯曲处，邻居有一户富豪，每天听到唱歌奏乐的声音。这家有童仆数十人，经常从石延年家门口往来。石延年叫住一个，问："这户富豪是什么人？"回答说："姓李，主人才二十岁，没有兄弟，家里有擅长跳舞的姬妾数十人。"石延年请求见他，那人说："主人平素不曾接见士大夫，其他人肯定是见不到的。但是他喜欢饮酒，多次说您能饮酒，似乎也有想见您的意思，等我试着问问他。"一天，果然请人来请石延年，石延年就戴着礼帽去见他。坐在堂上等候，很久才见人出来。主人戴着头巾，系着丝织腰带，完全没有穿着正式的衣冠。见到石延年，也全然不知行拱手作揖的礼节。带领石延年进入一处别馆，筵席铺设非常豪华。坐了很久，有两个丫鬟各持一个小盘到石延年面前，盘中有十余个红牙牌。其中一盘里写着酒，共十余种，让石延年挑选一个牌子；另一盘里写着菜肴，让他挑选五种。之后两个丫鬟离开，来了十余个舞女，每个都拿着菜肴水果乐器等，妆容服饰相貌都艳丽光鲜。一个妮女倒酒给他，喝完开始奏乐；众舞女中拿水果菜肴的，聚集在前方站立；吃完后就分列左右两边，京城的人将这样的排场称为"软盘"。酒行过五轮，众舞女都退下，主人也潇洒地回去了，全然不礼揖客人。石延年独自走了出去。石延年说："看这富豪的样子，懵懂愚蠢，大概五谷不分，还这么养尊处优，非常奇怪。"另一日试着让人殷切通报，却闭门不开，亦也没有人应门。问附近的邻居，都说："这人从不与别人来往，就算是邻居也不认得。"古人说这种人是"钱痴"，果真有之。

原 文

颍昌阳翟县有一杜生者，不知其名，邑人但谓之杜五郎^①。所居去县三十余里，唯有屋两间，其一间自居，一间其子居之。室之前有空地丈余，即是篱门。杜生不出篱门凡三十年矣。黎阳尉孙轸曾往访之，见其人颇萧洒，自陈："村民无所能，何为见访？"孙问其不出门之因，其人笑曰："以告者过也。"指门外一桑曰："十五年前，亦曾到此桑下纳凉，何谓不出门也？但无用于时，无求于人，偶自不出耳，何足尚哉！"问其所以为生，曰："昔时居邑之南，有田五十亩，与兄同耕。后兄之子娶妇，度所耕不足赡，乃以田与兄，携妻子至此。偶有乡人借此屋，遂居之。唯与人择日②，又卖一药，以具饘粥③，亦有时不继。后子能耕，乡人见怜，与田三十亩，令子耕之，尚有余力，又为人佣耕，自此食足。乡人贫，以医卜自给者甚多，自食既足，不当更兼乡人之利，自尔择日卖药，一切不为。"又问："常日何所为？"曰："端坐耳，无可为也。"问："颇观书否？"曰："二十年前，亦曾观书。"问："观何书？"曰："曾有人惠一书册，无题号。其间多说《净名经》，亦不知《净名经》何书也。当时极爱其议论，今亦忘之，并书亦不知所在久矣。"气韵闲旷，言词清简，有道之士也。盛寒，但布袍草履。屋中枵然，一榻而已。问其子之为人，曰："村童也。然质性甚淳厚，未尝妄言，未尝嬉游。唯买盐酪，则一至邑中，可数其行迹，以待其归。径往径还，未尝傍游一步也。"予时方有军事，至夜半未卧，疲甚，与官属闲话，轸遂及此。不觉肃然，顿忘烦劳。

注释

①**邑**：县。②**与人择日**：为人挑选吉日，古时凡婚丧、祭祀、开张等大事都要择吉进行。③**饘**：稠。

译文

颍昌阳翟县有一个姓杜的人，不知叫什么名字，同乡都叫他杜五郎。居住的地方离县城有三十多里，只有两间屋舍，自己居住一间，他的儿子居住一间。房前有一丈多宽的空地，就到了篱笆院门。杜生不出这扇篱门已经三十年了。黎阳尉孙轸曾经去探访他，见这人颇为潇洒，杜生说："我一介村民没有什么能耐，为何要来见我？"孙轸问他不出门的原因，他笑着说："是告诉你的人说得太过了。"指着门外的一棵桑树说："十五年前，我还曾到这棵树下乘凉，怎能说不出门呢？但我对这个时代来说没什么用，也没有需要求人的地方，才自愿不出门罢了，有什么值得称道的呢！"问他以什么为生，说："旧时住在县城南边，有五十亩田地，与我兄长一起耕作。后来兄长的儿子娶妻了，他们耕种的部分不足以赡养家庭，我就把我那部分田地给了兄长，带着妻子孩子来到这里。碰到有乡人借我这间屋，就住下来。唯有给人择吉，再卖一种药，以换来粥食，也常有断顿的时候。后来儿子能耕田了，受乡人同情，给了我们三十亩田地，让儿子耕种，还有余力，又给人帮工耕种，从此就够吃饱了。乡人贫穷，用医术和卜术养活自己的人很多，既然自己能吃饱了，就不应该更多地赚取乡人的利益，从此择吉卖药的事，完全都不干了。"孙轸又问："平日做些什么呢？"答道："端坐着罢了，没事可做。"问："看些书吗？"答道："二十年前，也曾看书。"问："看什么书？"答："曾有人赠我一本书，没有题名。里面多讲的是《净名经》，也不知道《净名经》是什么书。当时很喜欢书里面的论述，现在也忘了，而且书也很久不知道在哪儿了。"杜生的气质闲适旷达，语言清淡简练，是有修养的人。天非常冷，却只穿布袍草鞋。屋中空旷，只有一张床榻而已。问他的儿子是什么样的人，答："村里孩子罢了。

但性格非常淳厚，从不说谎，也从不游玩闲逛。只有买盐买酪的时候，去一次县城。可以估算他的路程，预计他什么时候回来。直来直去，从不去别处游玩一步。"我当时正有军务，到半夜还没休息，非常疲惫，与下属闲聊，孙轸便说起这事。不觉肃然起敬，顿时忘记了烦劳。

［原文］

唐白乐天居洛，与高年者八人游，谓之"九老[①]"。洛中士大夫至今居者为多，继而为九老之会者再矣。元丰五年，文潞公守洛，又为"耆年会"，人为一诗，命画工郑奂图于妙觉佛寺，凡十三人：守司徒致仕韩国公富弼，年七十九；守太尉判河南府潞国公文彦博，年七十七；司封郎中致仕席汝言，年七十七；朝议大夫致仕王尚恭，年七十六；太常少卿致仕赵丙，年七十五；秘书监刘几，年七十五；卫州防御使冯行己，年七十五；太中大夫充天章阁待制楚建中，年七十三；朝议大夫致仕王慎言，年七十二；宣徽南院使检校太尉判大名府王拱辰，年七十一；太中大夫张问，年七十；龙图阁直学士通议大夫张焘，年七十；端明殿学士兼翰林侍读学士太中大夫司马光，年六十四。

［注释］

①**九老**：九老为白居易、胡杲、吉皎、刘真、郑据、卢贞、张浑、李元爽、僧如满，九人都在七十岁以上，告老归洛后由白居易组织聚会，赋诗并绘制《九老图》。

［译文］

唐朝人白居易（字乐天）居住在洛阳，与八位年长者同游，称为"九老"。洛阳文人至今很多住在洛阳，一再像九老那样发起聚会。元丰五年，文潞公镇守洛阳的时候，又发起"耆年会"，每人作一首诗，命画工郑奂画在妙觉佛寺中，共十三人：守司徒致仕韩国公富弼，七十九岁；守太尉判河南府潞国公文彦博，七十七岁；司封郎中致仕席汝言，七十七岁；朝议大夫致仕王尚恭，七十六岁；太常少卿致仕赵丙，七十五岁；秘书监刘几，七十五岁；卫州防御使冯行己，七十五岁；太中大夫充天章阁待制楚建中，七十三岁；朝议大夫致仕王慎言，七十二岁；宣徽南院使检校太尉判大名府王拱辰，七十一岁；太中大夫张问，七十岁；龙图阁直学士通议大夫张焘，七十岁；端明殿学士兼翰林侍读学士太中大夫司马光，六十四岁。

［原文］

王文正太尉气羸多病，真宗面赐药酒一注瓶[①]，令空腹饮之，可以和气血，辟外邪。文正饮之，大觉安健，因对称谢。上曰："此苏合香酒也[②]。每一斗酒，以苏合香丸一两同煮。极能调五脏，却腹中诸疾。每冒寒夙兴[③]，则饮一杯。"因各出数榼赐近臣[④]。自此臣庶之家皆仿为之，苏合香丸盛行于时。此方本出

《广济方》，谓之"白术丸"，后人亦编入《千金》《外台》⑤，治疾有殊效。予于《良方》叙之甚详。然昔人未知用之。钱文僖公集《箧中方》，"苏合香丸"注云："此药本出禁中，祥符中尝赐近臣⑥。"即谓此也。

①注：一壶。古代的一种酒器称注子。②苏合香：苏合香树的树脂，产自大秦，即当时罗马帝国一带。③夙兴：早起。夙，早。④榼：壶，古代盛酒的容器。⑤《千金》：《千金要方》，唐朝医学家孙思邈所著，约成书于永徽三年（652）。《外台》：《外台秘要》，唐代医学家王焘所著，成书于天宝十一年（752）。⑥祥符：即大中祥符（1008—1016），宋真宗年号。

太尉王旦气弱多病，宋真宗当面赐予他一壶药酒，让他空腹喝下，可以调和气血，规避外邪。王旦喝了，觉得明显安康，于是答谢。宋真宗说："这是苏合香酒，每一斗酒，用一两苏合香丸同煮。最能调节五脏，去除腹中的各种疾病。每当冒着寒冷早起的时候，就喝一杯。"于是赐给近臣每人多壶。从此官民之家都仿照制作，苏合香丸一时盛行。这个药方原本出自《广济方》，称为"白术丸"，后人还将其编入《千金》《外台》，治疗疾病有奇效。我在《良方》里详细记叙过。但旧时的人不知道这个用处。钱惟演（谥号文僖）编纂的《箧中方》有"苏合香丸"，注释说："这种药原本出自皇宫中，大中祥符年间曾赐予近臣。"说的就是这件事。

李士衡为馆职，使高丽，一武人为副。高丽礼币赠遗之物①，士衡皆不关意，一切委于副使。时船底疏漏，副使者以士衡所得缣帛藉船底②，然后实己物，以避漏湿。至海中，遇大风，船欲倾覆，舟人大恐，请尽弃所载，不尔，船重必难免。副使苍惶，悉取船中之物投之海中，更不暇拣择。约投及半，风息船定。既而点检所投，皆副使之物。士衡所得在船底，一无所失。

①礼币：用作馈赠、贡献的礼物。②缣帛：绢帛织物，古代多用作赏赐酬谢之物，亦用作货币。

李士衡在文馆任职的时候，出使高丽，一个武人作为副使。高丽馈赠的金钱礼物，李士衡都不关心，一切委托给副使处理。当时船底漏洞，副使把李士衡所得的锦缎财物垫在船底，然后放自己的东西，以避免被漏出的水沾湿。到了海中，遇到大风，船快要翻了，开船的人非常惊恐，请他们把所载的行李全都扔下去，不这样的话，船太重必定难免翻船。副使仓皇，把船里的行李全都扔进海里，更来不及拣选。扔了大概一半，风停了船也安定下来。再点检所投的东西，全都是副使的东西。李士衡所得的放在船底，一件都没有失去。

原文

刘美少时善锻金，后贵显，赐与中有上方金银器，皆刻工名，其间多有美所造者。又杨景宗微时，常荷畚(bēn)为丁晋公筑第①。后晋公败，籍没其家②，以第赐景宗。二人者，方其微贱时，一造上方器，一为宰相筑第，安敢自期身飨其用哉。

注释

①荷：挑着担子。畚：畚箕，用于运送建材。②籍：记录。没：没收。

译文

刘美年少时擅长锻造金器，后来显贵了，获得的赏赐中有御用金银器，都刻着工匠的名字，其中多有刘美自己所造的。又有杨景宗身份低微时，曾挑着畚箕为丁谓（封晋国公）修筑宅第。后来丁谓败落，家产都被登记没收，宅第赐给了杨景宗。这两个人，当他们身份微贱时，一个制造御用金银器，一个为宰相修筑宅第，哪敢期待有天能被自己享用呢。

原文

旧制，天下贡举人到阙，悉皆入对，数不下三千人，谓之群见。远方士皆未知朝廷仪范，班列纷错，有司不能绳勒。见之日，先设禁围于着位之前①，举人皆拜于禁围之外，盖欲限其前列也。至有更相抱持，以望黼座(fǔ)者。有司患之，近岁遂止令解头入见②，然尚不减数百人。嘉祐中，予忝在解头，别为一班，最在前列。目见班中唯从前一两行稍应拜起之节，自余亦终不成班缀而罢，每为阁门之累。常言殿庭中班列不可整齐者，唯有三色，谓举人、蕃人、骆驼。

注释

①禁围：皇帝身边仪仗人员拱卫的范围。②解头：即解元，科举乡试的第一名。

译文

依照旧制，天下各地举荐的举人到达宫门，都要进去面圣，数量不下三千人，叫作群见。远道而来的士子都不清楚朝廷的礼仪规范，排队列次纷乱出错，有关官员无法约束管制。面见皇帝之日，先在士子们站位的地方前面设置禁围，举人都在禁围之外拜见，这是为了限制他们前排列队的位置。甚至更有互相举抱，为了看清皇座的人。有关官员防患这些行为，近年便只让各地解元进宫面圣，但依然不少于数百人。嘉祐年间，我荣幸为解元，令排一队，在最前列。亲眼见到队伍中只有前一两行稍稍做对了拜起的礼节，其余的人始终不能排好队形而作罢，每每给阁门添麻烦。常说宫殿庭中列队无法排整齐的，只有三种，就是举人、外族和骆驼。

原文

两浙田税①，亩三斗。钱氏国除②，朝廷遣王方贽均两浙杂税，方贽悉令亩出一斗。使还，责擅减税额，方赟以谓："亩税一斗者，天下之通法。两浙既已为王民，岂当复循伪国之法？"上从其说。至今亩税一斗者，自方赟始。唯江南、福建犹循旧额，盖当时无人论列，遂为永式。方赟寻除右司谏，终于京东转运使。有五子：皋、准、覃、巩、罕。准之子珪，为宰相；其他亦多显者。岂惠民之报欤？

注 释

　　①两浙：浙东、浙西的合称，宋代设两浙路。②国除：封国被除，收归中央。钱氏吴越国为五代十国时期钱镠所建，后尊宋为正统，接受册封，至公元978年纳土归宋，即这里说的国除。

译 文

　　两浙地方的田税，每亩缴纳三斗。钱氏纳土归宋后，朝廷派遣王方赟治理两浙的杂税，王方赟让每亩田地都只缴纳一斗。王方赟出使回来，因擅自削减税额受到责备，王方赟解释说："亩税一斗，是天下通行的规矩。两浙的人既然已经是皇帝的臣民，怎可以还遵循已废的国家的规矩？"皇帝同意了他的说法。直到今天的亩税一斗，就是从王方赟开始的。只有江南、福建的田税还遵循旧的数额，是因为当时没有人提出讨论，就成了定式。王方赟很快任职了右司谏，最后做到京东转运使。他有五个儿子：皋、准、覃、巩、罕。王准之子王珪，当了宰相；其他子孙也多有显贵的。这难道不是让惠于民的报答吗？

原 文

　　孙之翰，人尝与一砚，直三十千。孙曰："砚有何异，而如此之价也？"客曰："砚以石润为贵，此石呵之则水流。"孙曰："一日呵得一担水，才值三钱，买此何用？"竟不受。

译 文

　　曾有客人送给孙甫（字之翰）一块砚台，价值三十千。孙甫问："这砚有什么奇特，值得这么高的价钱？"客人说："砚以石料湿润为贵，这块石头只要呵气就能结成水流。"孙甫说："就算每天呵气得到一担水，也才值三钱，买这有什么用？"最终没有接受。

原 文

　　王荆公病喘，药用紫团山人参，不可得。时薛师政自河东还①，适有之，赠公数两，不受。人有劝公曰："公之疾非此药不可治，疾可忧，药不足辞。"公曰："平生无紫团参，亦活到今日。"竟不受。公面黧黑②，门人忧之，以问医。医曰："此垢污，非疾也。"进澡豆令公颒面③。公曰："天生黑于予，澡豆其如予何！"

注释

①**薛师政**：薛向，字师政。《宋史》写作师正，本书三次出现均为师政，故遵沈括所写。②**黧**：黑里带黄的颜色。③**颒面**：洗脸。

译文

王安石（封荆国公，故称王荆公）生病喘息急促，需要用紫团山人参做药，找不到。当时薛向（字师政）从河东回来，正好有，赠他数两，王安石不接受。有人劝他说："您的病非得这味药才能治疗，疾病值得担忧，药不应该推辞。"王安石答道："我平生没有紫团参，也活到现在了。"最终没有接受。王安石脸色黄黑，门人担心他，去问医生。医生说："这是污垢，不是病。"进献了澡豆让王安石沆脸。王安石说："上天生给我这张黑脸，澡豆对我有什么用！"

原文

王子野生平不茹荤腥，居之甚安。

译文

王质（字子野）生平不吃荤腥，也生活得很安乐。

原文

赵阅道为成都转运使，出行部内，唯携一琴一鹤，坐则看鹤鼓琴。尝过青城山，遇雪，舍于逆旅。逆旅之人不知其使者也，或慢狎之。公颓然鼓琴不问①。

注释

①**颓然**：安静和顺的样子。

译文

赵抃（字阅道）任职成都转运使的时候，在辖区内出行，只带一琴一鹤，坐着的时候就看鹤同时弹琴。曾有次路过青城山，遇到山雪，住在旅社里。旅社里的人不知道他是使者，有轻慢侮辱他的。他只是静静地弹琴不理会。

原文

淮南孔旻，隐居笃行，终身不仕，美节甚高。尝有窃其园中竹，旻愍其涉水冰寒，为架一小桥渡之。推此则其爱人可知。然予闻之，庄子妻死，鼓盆而歌①。妻死而不辍鼓可也，为其死而鼓之，则不若不鼓之愈也。犹邴原耕而得金②，掷之墙外，不若管宁不视之愈也。

注释

①**庄子妻死，鼓盆而歌**：庄子的妻子去世，他鼓盆而歌，表现出看透死亡如回归自然的思想。出自《庄子·至乐》。②**邴原耕而得金**：邴原年少时与管宁、华歆共读，《世说新语·德行》记载华歆锄菜见地有片金，捉而掷去，管挥锄与瓦石不异。疑沈括误记华歆为邴原。

淮南孔旻，避世而居行为淳朴，终身不为官，美名很高。曾有人偷窃他园中的竹子，孔旻怜悯他蹚水寒冷，为他搭建了一座渡河的小桥。由此可以推知他对人的仁爱。但我听说，庄子的妻子去世，他敲着盆唱歌。妻子去世也不停止敲盆是可以的，为她的死而敲盆，就不如不敲更好。就像邴原耕地而发现金子，把它扔到墙外，不如管宁的不看金子更好。

原 文

狄青为枢密使，有狄梁公之后，持梁公画像及告身十余通①，诣青献之，以为青之远祖。青谢之曰："一时遭际，安敢自比梁公？"厚有所赠而还之。比之郭崇韬哭子仪之墓②，青所得多矣。

注 释

①告身：古代封官的任命状。②郭崇韬哭子仪之墓：后唐名将郭崇韬，有人献媚说他与唐代大将郭子仪同乡，他便以郭子仪后人自居，征蜀途中拜其墓。

译 文

狄青任职枢密使的时候，有狄仁杰（追封梁国公，故称狄梁公）的后人拿着狄仁杰的画像及十余通授官文凭，求见并献给狄青，认为是狄青的远祖。狄青感谢他说："我这只是一时际遇，怎么敢与梁公相比？"丰厚地回赠他并把东西归还。相比郭崇韬哭郭子仪的墓，狄青所得到的更多些。

原 文

郭进有材略，累有战功。尝刺邢州，今邢州城乃进所筑，其厚六丈，至今坚完。铠仗精巧，以至封贮亦有法度。进于城北治第，既成，聚族人宾客落之，下至土木之工皆与。乃设诸工之席于东庑①，群子之席于西庑。人或曰："诸子安可与工徒齿？"进指诸工曰："此造宅者。"指诸子曰："此卖宅者，固宜坐造宅者下也。"进死，未几果为他人所有。今资政殿学士陈彦升宅，乃进旧第东南一隅也。

注 释

①东庑：房屋东边的廊屋，古代以东为上首，所以这里是尊位。后文的西庑相应为下位。

译 文

郭进雄才大略，多次立下战功。曾任邢州刺史，现在的邢州城就是他所筑，城墙厚六丈，至今坚固完整。铠甲和兵器制作精巧，连贮藏也有规矩。郭进在城北兴建宅第，到建成时，聚集了亲戚及客人来庆贺落成，就连平民土木工匠都来参与。于是请诸位工匠坐在东庑尊座，众子孙坐在西庑。有人问："您的子孙怎么与工匠们并列呢？"郭进指着工匠们说："这是建造宅第的人。"指着众子孙说："这是变卖宅第的人，当然适合坐在建造宅第的人下位。"郭进死后，不久宅第果真为其他人所有。现今的资政殿学士陈荐（字彦升）的宅邸，就是郭进旧宅的东南一角。

原文

有一武人，忘其名，志乐闲放，而家甚贫。忽吟一诗曰："人生本无累，何必买山钱？"遂投檄去[1]，至今致仕，尚康宁。

注释

①投檄：即投弃征召的文书，指弃官。檄，即古代官府征召用的文书。

译文

有一名武人，我忘记了他的名字，他乐观旷达，但家里很穷。忽然吟一首诗道："人生本无累，何必买山钱？"于是辞官离开，如今不做官了，还很健康安宁。

原文

真宗皇帝时，向文简拜右仆射，麻下日[1]，李昌武为翰林学士，当对。上谓之曰："朕自即位以来，未尝除仆射，今日以命敏中，此殊命也，敏中应甚喜。"对曰："臣今日早候对，亦未知宣麻，不知敏中何如？"上曰："敏中门下，今日贺客必多。卿往观之，明日却对来，勿言朕意也。"昌武候丞相归，乃往见。丞相方谢客，门阑，悄然无一人。昌武与向亲，径入见之。徐贺曰："今日闻降麻，士大夫莫不欢慰，朝野相庆。"公但唯唯[2]。又曰："自上即位，未尝除端揆[3]。此非常之命，自非勋德隆重，眷倚殊越，何以至此？"公复唯唯，终未测其意，又历陈前世为仆射者勋劳德业之盛，礼命之重，公亦唯唯，卒无一言。既退，复使人至庖厨中，问"今日有无亲戚宾客、饮食宴会？"亦寂无一人。明日再对，上问："昨日见敏中否？"对曰："见之。""敏中之意何如？"乃具以所见对。上笑曰："向敏中大耐官职。"向文简拜仆射年月，未曾著于国史，熙宁中，因见《中兴题名记》：天禧元年八月，敏中加右仆射。然《枢密院题名记》：天禧元年二月，王钦若加右仆射。

注释

①麻：诏书。唐宋任命将相时用麻纸写诏书公布，称为宣麻、降麻。②唯唯：恭顺应答的声音。③端揆：指相位。揆即掌管之意，宰柜居百官之首，总揽国政，故称端揆，也称揆席。

译文

宋真宗时期，向敏中（谥号文简）任职右仆射，诏书下达的那天，李宗谔（字昌武）是翰林学士，正要面圣，皇帝对他说："朕从即位以来，从未任命过仆射，今日任命敏中，这是特别的任命，敏中应当很高兴。"李昌武回答说："臣今天早上在等候面见，也不知道要下达任命，不知敏中作何反应？"皇帝说："敏中的府门下，今天一定有很多贺喜的客人。

你去看看，明天再来和我说，不要说是我让你去的。"李昌武等到向敏中回去，才去见他。丞相刚刚谢绝了客人，门前阑珊，静悄悄地没有一个人。李昌武与向敏中素来亲密，径直进去见他。缓缓道贺说："今天听闻任命诏书下达，士人们没有不欢喜宽慰的，朝廷内外都在庆祝。"向敏中只是恭顺地答应着。李昌武又说："自从皇帝即位，还没有任命过宰相。这是特殊的任命，如果不是功勋德行都卓越的人，格外地受到圣眷，又怎么会这样呢？"向敏中仍是应和着，李昌武始终没能揣测到他的意思，又一件件陈述以往任职仆射的人的功勋德行之高、礼遇、任命之隆重，向敏中也是应和而已，最终也没说一句话。向敏中离开，又让人到厨房去，问："今天有亲戚客人来吗？有准备饮食宴会吗？"也寂静地没有一个人。第二天再去面圣，皇帝问："昨天见到敏中了吗？"回答说："见到了。""敏中有什么意向？"于是以所见的如实答对。皇帝笑着说："向敏中耐得住这么高的官职。"（向敏中任职仆射的年月，未曾在国史中记载，熙宁年间，看到《中书题名记》记载：天禧元年八月，敏中加右仆射。但《枢密院题名记》记载：天禧元年二月，王钦若加右仆射。）

原文

晏元献公为童子时，张文节荐之于朝廷，召至阙下。适值御试进士，便令公就试。公一见试题，曰："臣十日前已作此赋，有赋草尚在，乞别命题。"上极爱其不隐。及为馆职时，天下无事，许臣寮择胜燕饮。当时侍从文馆士大夫，各为燕集，以至市楼酒肆，往往皆供帐为游息之地。公是时贫甚，不能出，独家居，与昆弟讲习。一日选东宫官，忽自中批除晏殊。执政莫谕所因，次日进覆，上谕之曰："近闻馆阁臣寮，无不嬉游燕赏，弥日继夕。唯殊杜门，与兄弟读书。如此谨厚，正可为东宫官。"公既受命，得对，上面谕除授之意，公语言质野，则曰："臣非不乐燕游者，直以贫，无可为之具。臣若有钱，亦须往，但无钱不能出耳。"上益嘉其诚实，知事君体，眷注日深。仁宗朝，卒至大用。

译文

晏殊（谥号元献）少年时，张知白（谥号文节）向朝廷举荐他，皇帝召他入京。正赶上御试进士，就让晏殊也参加考试。晏殊一见试题，就说："臣十天前已经写过这个题目，赋的草稿还在，请另外出题。"皇帝非常喜欢他的不隐瞒。到了出任馆职的时候，天下太平，允许臣僚们选择胜地聚会宴饮。当时在文馆任职的士子们，各自聚会，以至于坊间酒楼往往都专门设置供他们游玩的地方。晏殊当时很贫穷，不能出来游玩，独自在家，与兄弟讲议研习。一天遴选东宫官，忽然从宫中下达了任命晏殊的诏令。执政大臣们不知原因，第二天进言复核，皇帝解释说："我最近听闻馆阁的臣僚们，没有不嬉游宴饮的，夜以继日。只有晏殊杜绝出门，与兄弟读书。这么谨慎笃厚的人，正可以当东宫官。"晏殊受命后，得以入朝面圣，皇帝当面解释了授官的原因，晏殊言辞质朴，便说："臣不是不喜宴游，只是家贫，无法筹备。臣如果有钱，也必定会前去，只是没钱不能出门罢了。"皇帝依然称

梦溪笔谈

赏他的诚实，知晓侍奉君主的体统，圣眷日益加深。到了宋仁宗时期，最终得到了重用。

　　宝元中，忠穆王吏部为枢密使。河西首领赵元昊叛①，上问边备，辅臣皆不能对，明日，枢密四人皆罢，忠穆谪虢州。翰林学士苏公仪与忠穆善，出城见之。忠穆谓公仪曰："鬷之此行，前十年已有人言之。"公仪曰："必术士也。"忠穆曰："非也。昔时为三司盐铁副使，疏决狱囚，至河北。是时曹南院自陕西谪官初起为定帅。鬷至定，治事毕，玮谓鬷曰：'决事已毕，自此当还，明日愿少留一日，欲有所言。'鬷既爱其雄材，又闻欲有所言，遂为之留，明日。具馈甚简俭，食罢，屏左右曰：'公满面权骨，不为枢辅，即边帅。或谓公当做相，则不然也。然不十年，必总枢柄。此时西方当有警，公宜预讲边备，蒐阅人材，不然，无以应卒。'鬷曰：'四境之事，唯公知之，幸以见教。'曹曰：'玮实知之，今当为公言。玮在陕西日，河西赵德明尝使人以马博易于中国，怒其息微，欲杀之，莫可谏止。德明有一子，方十余岁，极谏不已，曰："以战马资邻国，已是失计，今更以货杀边人，则谁肯为我用者？"玮闻其言，私念之曰："此子欲用其人矣，是必有异志。"闻其常往来牙市中②，玮欲一识之，屡使人诱致之，不可得。乃使善画者图形容，既至，观之，真英物也。此子必须为边患，计其时节，正在公秉政之日。公其勉之。'鬷是时殊未以为然。今知其所画，乃元昊也。皆如其言也。"

　　①赵元昊：西夏开国皇帝，原姓拓跋，祖上在唐代因功获赐李姓，即李元昊。后宋赐姓赵，又称赵元昊。②牙市：即互市。古代国家或民族之间进行的贸易。

　　宝元年间，吏部王鬷（谥号忠穆）任职枢密使。河西首领赵元昊叛变，皇帝问边防整备，辅臣们都答不出来。第二天，四名枢密使都被罢免，王鬷被贬至虢州。翰林学士苏公仪与王鬷关系亲善，出城云见他。王鬷对苏公仪说："我这一行，十年前已经有人预言到了。"苏公仪说："想必是术士吧。"王鬷说："不是。当年我任三司盐铁副使，清理判决狱中的囚徒，来到河北。当时曹玮（任宣徽南院使，故称曹南院）从陕西贬官到这里，刚被起用为定州都总管。我到定州，处理完事务，曹玮对我说：'判决已办完，就应当立即归还，但希望您明天稍留一天，我有后要说。'我既爱惜他的雄才，又听他有话要说，就为此留下了。第二天，简单备了餐食，吃完后，屏退下人说：'您颧骨非常凸出，不当枢密院辅臣，就当边关将帅。可能有人说您适合做相，其实不对。然而过不了十年，您必会总管枢密院。那时西方应当有警情，您最好预先准备边防，搜集阅览人才，不然，无法应

急。'我说：'四方边境的事，唯有您知道，我有幸能受您指教。'曹玮说：'我确实知情，今天就为您说说。我在陕西的时候，河西赵德明曾派人用马匹广泛地与中原交换物资，因利益微薄而发怒，要杀死商人，没人能够阻止他。赵德明有一个儿子，才十几岁，不停地极力劝阻说："把战马资助给邻国，已经是失策了，现在更因为交易杀死边塞的人，那谁还肯为我所用？"我听了这话，暗暗想："这孩子想到用人，必定是有特别的志向。"我听说他经常在边塞集市中往来，就想认识一下他，多次派人引诱他，没能成功。于是就让擅长画画的人画出他的样子，画送到后，我一看他，真是杰出的人物。这个人必定成为边关的隐患，计算一下时间，正是在您当政的时候。请您防备他。'我当时并没当回事。现在知道了他那画上的，就是赵元昊。都和他说的一样。"

原文

石曼卿喜豪饮，与布衣刘潜为友，尝通判海州，刘潜来访之，曼卿迎之于石闼堰①，与潜剧饮。中夜酒欲竭，顾船中有醋斗余，乃倾入酒中并饮之。至明日，酒醋俱尽。每与客痛饮，露发跣足，着械而坐②，谓之"囚饮"。饮于木杪③，谓之"巢饮"。以稿束之，引首出饮，复就束，谓之"鳖饮"。其狂纵大率如此。廨后为一庵，常卧其间，名之曰"扪虱庵④"。未尝一日不醉。仁宗爱其才，尝对辅臣言，欲其戒酒。延年闻之，因不饮，遂成疾而卒。

注释

①石闼堰：闼即门，堰即坝，石闼堰便是带石门的水坝，古时多地有此为地名。②械：木枷、镣铐等刑具。③木杪：树梢。杪，即细木。④扪虱庵：扪虱搔首、任情自适的样子。

译文

石延年喜欢豪饮，与平民刘潜是好友，任海州通判的时候，刘潜来拜访，石延年在石闼堰处迎接他，与他喝了很多酒。到半夜酒快喝完了，看到船里有一斗多的醋，便倒进去与酒一起喝。到天亮时，酒和醋都喝完了。石延年每每与客人痛饮，披散头发光着脚，戴着枷锁而坐，称为"囚饮"。坐在树枝上饮酒，称为"巢饮"。用草席将自己卷起来，伸出头去喝酒，喝完再缩回来，称为"鳖饮"。他的狂放大致如此。官署后面建了一座庵，他常躺在里面，取名叫"扪虱庵"。没有一天不喝醉的。宋仁宗爱惜他的才华，曾对辅臣说，想让他戒酒。石延年听说了，于是不饮酒，结果得病而死。

原文

工部胡侍郎则为邑日，丁晋公为游客，见之，胡待之甚厚，丁因投诗索米。明日，胡延晋公，常日所用樽罍悉屏去①，但陶器而已，丁失望，以为厌己，遂辞去。胡往见之，出银一箧遗丁曰："家素贫，唯此饮器，愿以赆行②。"丁始谕设陶器之因，甚愧德之。后晋公骤达，极力携挽，卒至显位。庆历中，

谏官李兑坐言事，谪湖南物务^③。内殿承制范亢为黄、蔡间都监，以言事官坐谪后多至显官，乃悉倾家物，与兑办行。兑至湖南，少日遂卒。前辈有言："人不可有意，有意即差。"事固不可前料也。

●胡则

胡则，字子正，北宋人。果敢有才，真宗时曾担任三司度支副使。在职期间颇有政绩，平生与丁谓很友善，二人亦称为知己。

<u>译　文</u>

工部侍郎胡则管理县城的时候，丁谓（封晋国公）是云游的旅人，见到胡则，胡则待他很亲厚，于是丁谓为他献诗换取粮食。第二天，胡则宴请丁谓，平常用的贵重酒器都撤下了，只留下陶器，丁谓很失望，以为胡则厌恶自己，便辞去。胡则去见他，拿出一箱银器送给他说："我家向来贫穷，只有这些银酒器值钱，愿资助您远行。"丁谓这才明白设宴用陶器的原因，非常羞愧并感恩。后来丁谓骤然腾达，极力提携胡则，最终到了显赫的地位。庆历年间，谏官李兑因进言而获罪，贬谪为湖南物务。内殿承制范亢是黄、蔡一代的都监，因认为进言获罪被贬的官员日后常能显贵，便倾其家财，为李兑置办行李。李兑到了湖南，没多久便死了。前辈人有句话说："人做事不能太刻意，太刻意便会得到与期望不同的结果。"世事本就不是能预料到的。

<u>原　文</u>

朱寿昌，刑部朱侍郎巽之子。其母微，寿昌流落贫家，十余岁方得归，遂失母所在。寿昌哀慕不已。及长，乃解官访母，遍走四方，备历艰难，见者莫不怜之。闻佛书有水忏者^①，其说谓欲见父母者诵之，当获所愿。寿昌乃昼夜诵持，仍刺血书忏，摹板印施于人，唯愿见母。历年甚多，忽一日至河中府，遂得其母。相持恸绝，感动行路。乃迎以归，事母至孝。复出从仕，今为司农少卿。士人为之传者数人，丞相荆公而下，皆有《朱孝子诗》数百篇。

朱寿昌是刑部侍郎朱巽的儿子。其母身份卑微，朱寿昌流落在贫人家庭，十余岁才回来，便不知母亲的所在。朱寿昌因此悲哀思念不已。长大后，就辞官去寻访母亲，遍走四方，历尽艰辛，看见他的人没有不可怜他的。听说佛经中有水忏一篇，据说如果想见父母的人吟诵，就会实现愿望。朱寿昌便日夜吟诵佛经，刺破手指用血写书，刻成版印发给别人，只为见到母亲。这样经过多年，忽然有一天到河中府的时候，见到了他的母亲。母子相抱痛哭，感动路人。于是接母亲回来，非常孝顺地侍奉母亲。重新出来做官，如今任司农少卿。士人中为他写传的人很多，自丞相王安石以下，共有《朱孝子诗》数百篇。

原文

朝士刘廷式，本田家。邻舍翁甚贫，有一女，约与廷式为婚。后契阔数年①，廷式读书登科，归乡间。访邻翁，而翁已死，女因病双瞽②，家极困饿。廷式使人申前好，而女子之家辞以疾，仍以佣耕，不敢姻士大夫。廷式坚不可："与翁有约，岂可以翁死子疾而背之？"卒与成婚。闺门极雍睦，其妻相携而后能行，凡生数子。廷式尝坐小谴，监司欲逐之，嘉其有美行，遂为之阔略。其后廷式管干江州太平宫而妻死，哭之极哀。苏子瞻爱其义，为文以美之。

注释

①契阔：久别。②瞽：失明。

译文

朝士刘廷式，原本是农人。邻居有一位老翁非常贫穷，有一个女儿，与刘廷式有婚约。后来过了很多年没再相见，刘廷式读书考上科举，回到家乡。拜访邻居老翁，但老翁已经死了，女儿因病双目失明，家里极其穷困。刘廷式派人去提先前的婚约，但女子家里因她的疾病而推辞，而且因为帮人种田为生，不敢与士大夫结婚。刘廷式坚决不依，说："我与老翁有约，怎么可以因为老翁去世、女儿得病就背信呢？"最终与她成婚。夫妻非常和睦，妻子被搀携着才能走路，生了许多孩子。刘廷式曾犯轻罪，监司本要处罚他，因嘉赏他的美德行为，便宽恕了他。后来刘廷式管理江州太平宫的时候妻子去世，他哭得极其哀恸。苏轼（字子瞻）喜爱他的义气，写文章赞美他。

原文

柳开少好任气，大言凌物。应举时，以文章投主司于帘前，凡千轴，载以独轮车。引试日，衣襕①，自拥车以入，欲以此骇众取名。时张景能文，有名，唯袖一书，帘前献之。主司大称赏，擢景优等。时人为之语曰："柳开千轴，不如张景一书。"

注释

①襕：襕衫，古代士人所穿的服饰，上下相连，衫下有一横襕作下裳。

柳开年少时任性气盛，说话盛气凌人。参加科举时，把文章送到主考官面前，共有千卷，用独轮车装载。考试当天，穿着襕衫，自行推车进入，想要以此惊骇众人而取得名次。当时张景善写文章，有名声，只在袖里装了一篇文章，献到考官面前。主考官大为称赏，选拔张景为优等。时人因此说："柳开千轴，不如张景一书。"

卷十　人事二

原 文

蒋堂侍郎为淮南转运使日，属县例致贺冬至书，皆投书即还。有一县令使人，独不肯去，须责回书。左右谕之皆不听，以至呵逐亦不去，曰："宁得罪，不得书，不敢回邑。"时苏子美在坐，颇骇怪，曰："皂隶如此野狠，其令可知。"蒋曰："不然，审必健者，能使人不敢慢其命令如此。"乃为一简答之，方去。子美归吴中月余，得蒋书曰："县令果健者。"遂为之延誉，后卒为名臣。或云乃天章阁待制杜杞也。

译 文

侍郎蒋堂任职淮南转运使的时候，下属的县令例行送上恭贺冬至的信，都是送来书信便回去。只有一名县令的差人不肯离去，必须要等回信。旁人劝他都不听，甚至呵斥驱逐他也不肯离去，说："宁可获罪，没得到书信，不敢回县里。"当时苏舜钦（字子美）在场，颇为惊骇奇怪，问："差人这么蛮横，那县令可想而知。"蒋堂说："不一定，县令一定是个强干的人，能使差人如此不敢怠慢他的命令。"于是写了一封简答信，差人才离去。苏舜钦回到吴中一个多月，收到蒋堂的信说："县令果然是个强干的人。"于是为他传播美誉，最后成了名臣。有人说他便是天章阁待制杜杞。

原 文

国子博士李余庆知常州，强于政事，果于去恶，凶人恶吏，畏之如神。末年得疾甚困，有州医博士，多过恶，常惧为余庆所发，因其困，进利药以毒之，服之洞泄不已，势已危，余庆察其奸，使人扶舁坐厅事[1]，召医博士，杖杀之。然后归卧，未及席而死。葬于横山，人至今畏之，过墓者皆下马。有病疟者，取墓土著床席间，辄差[2]，其敬惮之如此。

注 释

①舁：抬。②差：同"瘥"，病愈。

译 文

国子博士李余庆任职常州知庁的时候，在政事上很强硬，在除恶上很果决，凶恶的百姓和官吏，都像待神一样敬畏他。他晚年得病非常困顿，州里有个医博士，作恶多端，时常恐惧被李余庆发现，趁他困顿的时候，下泻药毒害他。服用后下泻不止，情势已濒危，李余庆发觉医博士的奸恶，派人搀抬着自己坐上厅堂问事，召医博士，杖杀了他。然后回去卧床，没到床上便死去了。葬在横山，人们至今敬畏他，经过他的坟墓都会下马。如果有病重的人，就取李余庆的墓土放在床席间，立即痊愈，人们对他敬惮到如此程度。

　　盛文肃为尚书右丞，知扬州，简重少所许可①。时夏有章自建州司户参军授郑州推官，过扬州，文肃骤称其才雅，明日置酒召之。人有谓有章曰："盛公未尝燕过客，甚器重者方召一饭。"有章荷其意，别日为一诗谢之，至客次②，先使人持诗以入。公得诗不发封，即还之，使人谢有章曰："度已衰老，无用此诗。"不复得见。有章殊不意，往见通判刁绎，具言所以。绎亦不谕其由，曰："府公性多忤③，诗中得无激触否？"有章曰："元未曾发封。"又曰："无乃笔札不严④？"曰："有章自书，极严谨。"曰："如此，必是将命者有所忤耳。"乃往见文肃而问之："夏有章今日献诗何如？"公曰："不曾读，已还之。"绎曰："公始待有章甚厚，今乃不读其诗，何也？"公曰："始见其气韵清秀，谓必远器。今封诗乃自称'新圃田从事⑤'，得一幕官，遂尔轻脱。君但观之，必止于此官，志已满矣。切记之，他日可验。"贾文元时为参政，与有章有旧，乃荐为馆职。有诏候到任一年召试，明年除馆阁校勘。御史发其旧事⑥，遂寝夺⑦，改差国子监主簿，仍带郑州推官，未几卒于京师。文肃阅人物多如此，不复挟他术。

　　①简重：庄严持重。②客次：接待客人的场所。③忤：忤逆，不顺从，性情多忤即易怒之意。④笔札：笔迹，所写的文字。⑤新圃田从事：即新上任的圃田从事官员。圃田在郑州。⑥御史发其旧事：庆历三年欧阳修为御史，上《论凌景阳三人不宜与馆职奏状》称"又闻夏有章、魏廷坚等亦皆得旨，将试馆职。此二人者，皆有赃污，著在刑书，此尤不可玷辱朝化"。⑦寝夺：寝为停止之意，寝夺即罢免。

　　盛度（谥号文肃）任职尚书右丞，管理扬州，庄严持重很少认可别人。当时夏有章在建州司户参军位置上被授予郑州推官，路过扬州，盛度忽然称赞他的才华高雅，第二天置办酒席请他来。有人对夏有章说："盛公从没设宴款待过客人，对非常器重的人才请来吃一顿饭。"夏有章承盛度的美意，后来写了一首诗答谢他，做客时，先让人拿着诗进去给盛度。盛度拿到诗后不拆看，便还给他，让人感谢夏有章说："我已衰老，要这诗没有用处了。"夏有章便没能再面见他。夏有章未料到这种情况，就去找时任通判的刁绎，陈述了事情经过。刁绎也不明白其中缘由，问："盛公性情易怒，诗中有没有激怒他的地方？"夏有章说："他都没打开信封。"又问："那是不是因为信封上的笔迹不工整？"答说："我亲自书写的，非常严谨。"刁绎说："既然这样，一定是传信的人让他生气了。"于是去见盛度，问他："夏有章今天所献的诗怎么样？"盛度说："没读过，已经还给他了。"刁绎问："您一开始对他很亲厚，今天却不读他的诗，为什么？"盛度说："一开始看他气质清秀，想他必成大器。今天看他在信封上竟自称'新圃田从事'，当了一个幕官，便如此轻浮。您且看着吧，他的仕途必定止于此官，他的志气已经到这儿了。切记我说的话，以后可以验证。"贾昌朝（谥号文元）当时任职参政，与夏有章有情谊，便举荐他任馆职。皇帝下诏命他等到在任满一年后再来考试，第二年任命为馆阁校勘。时为御史的欧阳修发现他以前犯过罪，便罢免了他，改任国子监主簿，仍兼任郑州推官，不久死于京城。盛度看待人物大多如此，没有更多其他方法。

原文

　　林逋隐居杭州孤山，常畜两鹤，纵之则飞入云霄，盘旋久之，复入笼中。逋常泛小艇，游西湖诸寺。有客至逋所居，则一童子出应门，延客坐，为开笼纵鹤。良久，逋必棹小船而归。盖尝以鹤飞为验也。逋高逸倨傲，多所学，唯不能棋。常谓人曰："逋世间事皆能之，唯不能担粪与着棋。"

译文

　　林逋隐居在杭州孤山，日常畜养着两只鹤，放出去便会飞入云霄，盘旋很久，又回到笼中。林逋经常泛舟游览西湖上的各个寺院。有客人到林逋的居所，就会有一名童子出来应门，请客人坐下，并去开笼放鹤。过一段时间，林逋必定会划着小船回来。大概是以鹤飞为信号吧。林逋清高放浪、性情倨傲，所学众多，唯独不会下棋。常对人说："世间事我全都会做，唯独不能挑粪和下棋。"

原文

　　庆历中，有近侍犯法，罪不至死，执政以其情重，请杀之，范希文独无言，退而谓同列曰："诸公劝人主法外杀近臣，一时虽快意，不宜教手滑①。"诸公默然。

注释

　　①手滑：行事不加节制或不能自止。

译文

　　庆历年间，有皇帝近侍犯法，罪不至于处死，执政大臣们认为其情节严重，要求处死他，唯独范仲淹（字希文）不说话，退朝后对同僚们说："你们劝皇帝在法律之外处死近臣，虽然一时痛快，但也不应让皇帝做事不加节制。"大臣们沉默无言。

景祐中，审刑院断狱①，有使臣何次公具狱。主判官方进呈，上忽问："此人名'次公'者何义？"主判官不能对，是时庞庄敏为殿中丞审刑院详议官，从官长上殿，乃越次对曰："臣尝读《前汉书》，黄霸字次公，盖以'霸'次'王'也。此人必慕黄霸之为人。"上颔之。异日复进谳②，上顾知院官问曰："前时姓庞详议官何故不来？"知院对："任满，已出外官。"上遽指挥中书，与在京差遣，除三司检法官，俄擢三司判官，庆历中，遂入相。

①审刑院：亦称"审刑"，是宋代宫中设立的官署，负责复核大理寺的判决，并上报中书省。②谳：审判定罪。

景祐年间，审刑院裁断案件时，有一名名叫何次公的使臣在判决中。主判官刚把判决呈上，皇帝忽然问："这人为什么叫'次公'？"主判官答不出来，当时庞籍（谥号庄敏）任职殿中丞审刑院详议官，跟随长官上殿，便越级答道："我曾读到《前汉书》里黄霸字次公，是因为'霸'仅次于'王'。这人想必是仰慕黄霸的为人。"皇帝点头认同。另一天又来呈进判决时，皇帝看见知院官问："上次那个姓庞的详议官怎么没来？"知院官回答说："他的任期满了，已经外出做官。"皇帝便立即下令中书省，给庞籍一个在京城的职务，任命为三司检法官，不久后选拔为三司判官，庆历年间，便成为宰相。

卷十一　官政一

世称陈恕为三司使，改茶法①，岁计几增十倍。予为三司使时，考其籍，盖自景德中北戎入寇之后，河北籴便之法荡尽②，此后茶利十丧其九。恕在任，值北虏讲解，商人顿复，岁课遂增，虽云十倍之多，考之尚未盈旧额。至今称道，盖不虞之誉也。

①改茶法：《宋史》记载，陈恕改定茶法，将茶分为三等，重新划定征税方式，以避免以往上等茶取利太深、下等茶无所取的状况。②籴便之法：国家向民间征收粮食的办法，多用来囤积军粮。商人、百姓上交粮食，换取茶盐及其他商品。籴，即买入粮食的意思。

世人称道陈恕任职三司使时，改定茶税征收的办法，使每年的税收增加了几乎十倍。我任职三司使的时候，查考关于税收的记载，大约从景德年间北方辽军大举入侵之后，河

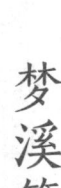

北国家征购粮食的制度不复存在，此后茶税丧失了十分之九。陈恕在任时，正值与北方敌寇和解，商人顿时复兴起来，每年的税收逐步增加，尽管说有十倍之多，但考证起来还没达到以往的数额。这件事至今被称道，是意料外的赞誉。

原　文

世传算茶有"三说法"最便。"三说"者，皆谓见钱为一说，犀牙、香药为一说，茶为一说，深不然也。此乃"三分法"耳，谓缘边入纳粮草，其价折为三分，一分支见钱，一分折犀象杂货，一分折茶，尔后又有并折盐为四分法，更改不一，皆非"三说"也。予在三司，求得"三说"旧案。"三说"者，乃是三事：博籴为一说，便籴为一说，直便为一说。其谓之"博籴"者，极边粮草，岁入必欲足常额，每岁自三司拋数下库务，先封桩见钱[①]、紧便钱、紧茶钞"紧便钱"谓水路商旅所便处，"紧茶钞"谓上三山场榷务[②]。然后召人入中。"便籴"者，次边粮草，商人先入中粮草，乃诣京师算请慢便钱、慢茶钞及杂货"慢便钱"谓道路货易非便处，"慢茶钞"谓下三山场榷务。"直便"者，商人取便，于缘边入纳见钱，于京师请领。三说，先博籴，数足，然后听便籴及直便。以此商人竞趋争先赴极边博籴，故边粟常先足，不为诸郡分裂，粮草之价，不能翔踊，诸路税课，亦皆盈衍，此良法也。予在三司，方欲讲求，会左迁，不果建议。

注　释

①封桩：宋代的一种财政制度，封存国资以备急用。②上三山场榷务：榷务即榷货务，即官营的贸易及税收机构，上三山场与后文的下三山场均指官方经营的茶场。

译　文

世人说计算茶税以"三说法"最为便利。一般都认为"三说"中，现钱为一说，犀牙、香药为一说，茶为一说，其实完全错误。这说的是"三分法"，是指在边境向商人买入粮草，分为三种方式，一是支给现钱，一是折换成犀象等杂货，一是折换成茶，之后又有折合成盐的，合称为四分法，变更不一，但都不叫"三说"。我任职三司的时候，找到了"三说"的旧文件。"三说"是指这三种方法：博籴为一说，便籴为一说，直便为一说。所谓"博籴"，是指最远边境的粮草，每年买入的量必须要满足通常消耗的额度，每年从三司下达数额给府库，先将足够的现钱、紧便钱、紧茶钞封存（"紧便钱"是指靠近水路商旅便利之处的国家资金，"紧茶钞"是指上三山官卖茶场的茶钞），然后招募商人纳粮。"便籴"是指次一级边境上的粮草，商人先纳粮，然后到京城核算慢便钱、慢茶钞及杂货（"慢便钱"是指道路货易不那么便利的地方的国家资金，"慢茶钞"是指下三山官卖茶场的茶钞）。"直便"是指依商人的方便，在边境处交纳现钱，到京城去申领物资。这三种方法中，优先博籴，数量满足后，再用便籴和直便。因此商人竞相先去最远的边境进行博籴，于是边境的屯粮常常最先满足，不被各地方所分占，粮草的价格，也不会飞涨，各地方的课税，也都满盈了，这是个好方法。我任职三司时，正要提出此法，遇到贬官，没能实现这个建议。

原文

　　延州故丰林县城，赫连勃勃所筑①，至今谓之赫连城。紧密如石，劚之皆火出②。其城不甚厚，但马面极长且密③。予亲使人步之，马面皆长四丈，相去六七丈，以其马面密，则城不须太厚，人力亦难攻也。予曾亲见攻城，若马面长则可反射城下攻者，兼密则矢石相及，敌人至城下，则四面矢石临之。须使敌人不能到城下，乃为良法。今边城虽厚，而马面极短且疏，若敌人可到城下，则城虽厚，终为危道。其间更多刓其角，谓之团敌，此尤无益。全藉倚楼角以发矢石，以覆护城脚。但使敌人备处多，则自不可存立。赫连之城，深为可法也。

注释

　　①赫连勃勃：匈奴人，十六国时期大夏（胡夏）的建立者。②劚：砍。③马面：古代沿城墙所建的凸出于墙面外的墩台，既能加固城体，又便于夹击攻城的敌人。

释文

　　延州的丰林县旧城，是赫连勃勃所建，至今仍叫作赫连城。城墙像坚石般紧密，砍下去会迸出火星。城墙不是很厚，但从城墙上延伸出的马面极长而且排布很密集。我亲自派人丈量，这些马面均长四丈，相隔六七丈，由于马面密集，所以城墙不需要太厚，人力也难以攻破。我曾亲眼见过敌人攻城时，如果马面够长则可以反射城下攻城的人，马面够密集则箭矢飞石守备的范围能够相接，敌人攻打到城下时，则四面八方都有箭矢飞石落下来。要阻止敌人攻到城下，这就是良法。如今的边城城墙虽厚，但马面非常短小而且排布稀疏，如果敌人攻到了城下，就算城墙很厚，终究很危险。其间更有很多马面建成圆形，称作"团敌"，这尤其没有益处。全要倚仗马面的楼角发射箭矢飞石，才能保护到城脚。只要让敌人防备的地方多起来，敌人自然没有立足之地。赫连城的样式，是非常值得效法的。

原文

　　刘晏掌国计，数百里外物价高下，即日知之。人有得晏一事，予在三司时，尝行之于东南。每岁发运司和籴米于郡县①，未知价之高下，须先具价申禀，然后视其贵贱，贵则寡取，贱则取盈。尽得郡县之价，方能契数行下，比至则粟价已增，所以常得贵售。晏法则令多粟通途郡县，以数十岁籴价与所籴粟数高下，各为五等，具籍于主者今属发运司。粟价才定，更不申禀，即时

廪收，但第一价则籴第五数，第五价即籴第一数，第二价则籴第四数，第四价即籴第二数，乃即驰递报发运司。如此，粟贱之地，自籴尽极数；其余节级，各得其宜，已无枉售。发运司仍会诸郡所籴之数计之，若过于多，则损贵与远者；尚少，则增贱与近者。自此粟价未尝失时，各当本处丰俭。即日知价，信皆有术。

注释

①和籴：官府向百姓征收粮食。

译文

刘晏掌管国家财政，数百里外的地方物价的高低，当日就能知晓。有人掌握了刘晏的一项举措，我任职三司时，曾在东南地区实行。每年发运司从各个郡县收购粮食，还不知道价格高低，必须先以具体价格申请，然后视其高低，价高则少收，价低则收满所需。都要先得到郡县的价格，才能核定要收购的数量下发命令，到那时粮价已经更高了，所以常常买贵了。刘晏的办法则是让产粮量高、交通便利的郡县，将数十年间收购粮食的价格和收到的粮食数量的高低，分为五等，全部记录在主管部门（现今是发运司）。粮价刚刚确定下来，不需要再申请，当时就能收入粮仓，如具价格为第一等的价格则收购第五等的数量，第五等价格则收购第一等数额，第二等价格则收购第四等数额，第四等价格则收购第二等数额，之后立即快报给发运司。这样一来，粮食便宜的地方，自然就收购了极多；其他等级的地方，也各得合适的数量，再也没有白白买贵了的情况。发运司也会整合各地购得的数量来统计，如果数量过多了，则减少价高的和偏远地区的收购；如果数量还少，则增加价低的和邻近地区的收购。从此粮价再没延误时机，各地顺应了本地粮食情况增减收购。说刘晏当天就能知道价格，相信是有其方法的。

原文

旧校书官多不恤职事，但取旧书，以墨漫一字，复注旧字于其侧，以为日课。自置编校局，只得以朱围之，仍于卷末书校官姓名。

译文

旧时的校书官职大多不重视工作，只拿来旧书，用墨涂抹一字，再把原来的字注在旁边，就作为当日的工作。自从设立了编校局，只许用红笔圈字，并且要在卷末写上校书官的姓名。

原文

五代方镇割据，多于旧赋之外，重取于民。国初悉皆蠲正①，税额一定。其间或有重轻未均处，随事均之。福、歙州税额太重，福州则令以钱二贯五百折纳绢一匹，歙州输官之绢止重数两。太原府输赋全除，乃以减价籴粜补之。后人往往疑福、歙折绢太贵，太原折米太贱，盖不见当时均赋之意也。

释文

五代时期各地藩镇割据，多有在以往的税赋之外，向人民重苛税收的。建国初期全部废除、修正，税额有固定数目。其中有一些税赋重轻不平衡的地方，随着具体情况调整。福州、歙州的税赋太重，福州则规定以二贯五百钱折合交纳一匹绢，歙州向官府交纳的绢只有几两。太原府的税赋全部免除，改用向百姓低价买卖粮食来补充。后人常常觉得福州、歙州纳绢折合的价钱太贵，太原折合粮食的价钱太贱，是因为不知道当时均赋的意图。

原文

夏秋沿纳之物，如盐麹钱之类①，名件烦碎。庆历中，有司建议并合，归一名以省帐钞。程文简为三司使，独以谓仍旧为便，若没其旧名，异日不知。或再敷盐麹，则致重复。此亦善虑事也。

注释

①盐麹钱：作为税赋交纳的盐、曲等物。麹，即酿造酒、酱过程中使用的曲霉。

释文

夏秋时节交纳的各项杂物税赋，比如盐麹钱等，名目琐碎。庆历年间，主管部门建议合并，统一名目以省去抄录账簿的麻烦。程琳（谥号文简）任职三司使时，唯独认为依照旧的名目更方便，如果省去了旧的名目，日后便无从知道了。有可能再设置盐麹钱，导致重复。这也是善于思考事情的人。

原文

近岁邢、寿两郡，各断一狱，用法皆误，为刑曹所驳。寿州有人杀妻之父母昆弟数口，州司以不道缘坐妻子①。刑曹驳曰："殴妻之父母，即是义绝，况其谋杀。不当复坐其妻。"邢州有盗杀一家，其夫妇即时死，唯一子明日乃死。其家财产户绝，法给出嫁亲女。刑曹驳曰："其家父母死时，其子尚生，时产乃子物，出嫁亲女，乃出嫁姊妹，不合有分。"此二事略同，一失于生者，一失于死者。

注释

①不道：刑律名，唐律以"杀一家非死罪三人，及肢解人，造畜蛊毒厌魅"为不道。

释文

近年邢州、寿州两地，各有一个案件，断案所用的法律都有误，被刑曹驳回。寿州有人杀死其妻的父母兄弟几口人，州司认为是不道之罪，所以连坐了他的妻子。刑曹驳回

说:"殴打妻子的父母，就是断绝关系了，更何况是谋杀。不应当再连坐他的妻子。"邢州有强盗杀死一家人，这家的夫妇当时就死了，但一个儿子第二天才死。州司将这家的财产按照户绝的法律给了他家已出嫁的亲生女儿。刑曹驳回说:"这家父母死的时候，儿子还活着，当时财产应是这个儿子的，已出嫁的亲生女儿，是他已出嫁的姐妹，不应该分得。"这两件事类似，一个是对生者的判处不公，一个是对死者的判处不公。

原文

深州旧治靖安，其地碱卤①，不可艺植，井泉悉是恶卤。景德中，议迁州。时傅潜家在李晏，乃奏请迁州于李晏，今深州是也。土之不毛②，无以异于旧州，盐碱殆与土半，城郭朝补暮坏，至于薪刍，亦资于他邑。唯胡卢水粗给居民，然原自外来，亦非边城之利。旧州之北，有安平、饶阳两邑，田野饶沃，人物繁庶，正当徐村之口，与祁州、永宁犬牙相望③。不移州于此，而恤其私利，亟城李晏者，潜之罪也。

注释

①碱卤：盐碱地，土地泛出盐霜。②不毛：没有植物，即荒芜。③犬牙相望：形容交错相对的地势。

译文

深州以前的地方政府设在靖安，土地盐碱化严重，无法耕种，井水泉水都特别苦涩。景德年间，讨论迁州府去别处。当时傅潜的家在李晏，于是奏请将州府迁去李晏，也就是现今的深州。土地的荒芜程度，与旧州府差不多，盐碱地几乎是土地的一半，城墙早上修补好傍晚就坏了，就连薪柴和草料，都要从其他县镇购买。只有胡卢河的水勉强供给居民，但也是从外面流来的，对边城而言也不是好事。旧州府的北边，有安平、饶阳两县，田野肥沃，人口物产旺盛，位置正处在徐村口，与祁州、永宁交错相望。不迁州到这些地方，而徇私利，急切地将州府迁到李晏，是傅潜的罪过。

原文

律云:"免官者，三载之后，降先品二等叙。免所居官及官当者①，期年之后，降先品一等叙②。""降先品"者，谓免官二官皆免，则从未降之品降二等叙之。"免所居官及官当"，止一官，故降未降之品一等叙之。今叙官乃从见存之官更降一等者，误晓律意也。

注释

①所居官：自宋元丰年间改制后，官制分为了职事官和寄禄官两种，这里的所居官指的是具有实际职务的职事官，而寄禄官没有实际职务，只用来定品级、俸禄等。官当：以官阶抵刑。②叙：叙用，分级任用。

　　法律上说："被罢免官职的人，三年之后，比原品级降低二等任用。被罢免职事官的人及以官抵刑的人，满一年之后，比原品级降低一等任用。""比原品级降低"的意思是，职事官与寄禄官均被罢免时，从原品级开始降低二等任用。"被罢免职事官的人及以官抵刑的人"，只罢免了一官，所以是从这个官品开始降低一等任用。如今复用官员时，从现存的官职品级再降一等，曲解了法律的意思。

原　文

　　律累降虽多，各不得过四等。此止法者，不徒为之，盖有所碍，不得不止。据律，"更犯余有历任官者，仍累降之；所降虽多，各不得过四等。"注："各谓二官各降，不在通计之限。"二官，谓职事官、散官、卫官为一官，勋官为一官①。二官各四等，不得通计，乃是共降八等而止。予考其义，盖除名叙法：正四品于正七品下叙，从四品于正八品上叙，即是降先品九等。免官官当若降五等，则反重于除名，此不得不止也。此律今虽不用，然用法者须知立法之意，则于新格无所抵牾。予检正刑房公事日，曾遍询老法官，无一人晓此意者。

注　释

　　①**勋官：**授给有功官员的一种荣誉称号，没有实际职务。

●侯景

　　侯景，字万景，少小即狂放不羁，膂力惊人，善骑射。其先曾仕北魏定州刺史，后投靠东魏，又转投梁朝。不久即起兵反叛，历时四年之久，最后攻入建康，大肆烧杀、掠夺，南梁为之一蹶不振。

译　文

　　法律中规定多次降职时尽管降等可以很多，但各官职不得降过四等。这个限制性的条文，不是凭空写就的，是因为实际操作时有所阻碍，所以不得不限制。根据法律，"更犯余有历任官者，仍累降之；所降虽多，各不得过四等"。注："各的意思是二官各降，不是合计的限度。"二官以职事官、散官、卫官为一官，勋官为一官。二官各自不能降过四等，不是合计的，也就是说总共降八等为止。我考证其意义，是为了除名和叙用：正四品免官的以正七品下叙用，从四品免官的以正八品上叙用，也就是比原品降九等。免官官当的情况下如果降五等，则反而比除名更重了，所以不得不加以限制。这项法律尽管现今不用了，但执法者须知当时立法的用意，这样新立的法律就不会相抵触。我任检正刑房公事的时候，曾问遍了老资历的法官，没有一人能通晓这个用意。

原文

边城守具中有战棚，以长木抗于女墙之上^①，大体类敌楼^②，可以离合，设之顷刻可就，以备仓卒城楼摧坏或无楼处受攻，则急张战棚以监之。梁侯景攻台城^③，为高楼以临城，城上亦为楼以拒之，使壮士交槊，斗于楼上，亦近此类。预备敌人，非仓卒可致。近岁边臣有议，以谓既有敌楼，则战棚悉可废省，恐讲之未熟也。

注释

①**女墙**：矮墙，指城墙上凹凸形状的小墙。②**敌楼**：城墙上用于御敌的城楼。③**梁侯景攻台城**：指侯景之乱。南朝梁将领侯景发起叛乱，围攻都城建康（今南京）。台城，即宫城。

译文

边境城池的守城用具中有战棚，是用长木架在矮墙上，大致类似于敌楼，可以分开、合起，顷刻间就能架设好，用来防备城楼被摧毁或没有城楼的地方受到攻击的紧急情况，能立即展开战棚来应对。南朝梁的侯景围攻台城，建设高楼以攻略城池，城墙上也是架起楼来抵抗，让强壮兵士使矛交战，在高楼上搏斗，也与此类似。防备敌军，不是仓促之间就能备好的。近年有边塞官员提议，认为既然有敌楼，就可以全部废去战棚，这种方法恐怕思虑不够成熟。

原文

鞠真卿守润州，民有斗殴者，本罪之外，别令先殴者出钱以与后应者。小人靳财，兼不愤输钱于敌人，终日纷争，相视无敢先下手者。

译文

鞠真卿镇守润州，遇到百姓有斗殴的，在受到原本的罪刑之外，还要先动手的人赔钱给后动手的人。小人吝惜钱财，并且不甘心输钱给仇家，整日纠纷，但互相瞪视谁也不敢先动手。

原文

曹州人赵谏尝为小官，以罪废，唯以录人阴事控制闾里^①，无敢忤其意者。人畏之甚于寇盗，官司亦为其羁绁^②，俯仰取容而已^③。兵部员外郎谢涛知曹州，尽得其凶迹，逮系有司，具前后巨蠹状奏列^④，章下御史府按治。奸赃狼籍，遂论弃市^⑤，曹人皆相贺。因此有"告不干己事法"著于敕律。

注释

①**闾里**：里巷，借指平民。②**羁绁**：控制。原意为控制马的络头和缰绳。③**俯仰**：指一举一动。**取容**：取悦，讨好别人以求自己安身。④**巨蠹**：大蛀虫，常比喻损害国家利益的官员。⑤**弃市**：原指在街头示众、受人唾弃的刑罚，后特指死刑。

曹州人赵谏曾经任职小官，因犯罪废除，只利用记录别人私事来控制百姓，没有敢违逆他的人。人们怕他更甚于怕强盗，官府官员也被他控制，做事只为取悦他而已。兵部员外郎谢涛治理曹州时，得知了他所有恶迹，递交到有关部门，将其前后各种奸恶行为列于奏章，文件下达到御史府按规定治理。贪赃繁多，于是判处死刑，曹州人都互相庆贺。因此法律条文中列入了"告不干己事法"一条。

原 文

驿传旧有三等，曰步递、马递、急脚递。急脚递最遽，日行四百里，唯军兴则用之[1]，熙宁中，又有金字牌急脚递，如古之羽檄也[2]。以木牌朱漆黄金字，光明眩目，过如飞电，望之者无不避路，日行五百余里。有军前机速处分，则自御前发下，三省、枢密院莫得与也。

注 释

①**军兴**：战事兴起。②**羽檄**：古代军事文书插鸟羽以示紧急，必须迅速传递。

译 文

驿站传递信物分三个等级，叫步递、马递、急脚递。急脚递最迅速，每天能行路四百里，只有发生战争时使用。熙宁年间，又有了金字牌急脚递，和古代插羽毛的军事急信一样，用涂上红漆的木牌上书金字，光亮炫目，路过如同闪电经过，看到的人没有不躲避让路的，每天能行路五百余里。前线机密紧急的指挥，则从皇帝直接下令，三省、枢密院都不能参与。

原 文

皇祐二年，吴中大饥，殍殣枕路[1]（piǎo jìn），是时范文正领浙西，发粟及募民存饷[2]，为术甚备。吴人喜竞渡，好为佛事，希文乃纵民竞渡，太守日出宴于湖上，自春至夏，居民空巷出游。又召诸佛寺主首，谕之曰："饥岁工价至贱，可以大兴土木之役。"于是诸寺工作鼎兴。又新敖仓吏舍，日役千夫。监司奏劾杭州不恤荒政，嬉游不节，及公私兴造，伤耗民力，文正乃自条叙所以宴游及兴造，皆欲以发有余之财，以惠贫者。贸易饮食、工技服力之人，仰食于公私者，日无虑数万人。荒政之施，莫此为大。是岁，两浙唯杭州晏然，民不流徙，皆文正之惠也。岁饥发司农之粟，募民兴利，近岁遂著为令。既已恤饥，因之以成就民利，此先王之美泽也[3]。

注 释

①**殍殣**：饿死的尸体。**枕路**：铺满道路。②**发粟**：开官仓发粮赈灾。**募民存饷**：募集百姓家里余存的钱粮。③**先王**：当时在位的皇帝是宋仁宗。

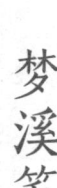

梦溪笔谈

　　皇祐二年，吴中一带闹大饥荒，饿殍遍地。当时范仲淹（谥号文正，字希文）管理浙西，发放粮食并募集民间富余钱粮，方法非常周到。吴人喜欢赛船，又喜欢做佛事，范仲淹就让人们赛船，每天在湖上设宴，从春到夏，百姓全都从家里出来游玩。他又召集各个佛寺的住持，下令道："饥年工人价格便宜，可以大兴土木。"于是各个佛寺的营建也达到鼎盛。又新建粮仓和官吏宿舍，每天雇用上千人劳动。监察部门上奏弹劾杭州不仅不体恤灾情，还游乐不加节制，以及公私大肆兴建，损耗人力。范仲淹于是逐条自陈之所以设宴游乐以及兴建，都是为了发动各类有余的钱财，来施惠给穷人。从事买卖餐饮、工匠劳力的这些人，靠公家或民间消费营生的，每天不止数万人。救荒政策的实施，这些最为重要。这年，两浙地区唯有杭州安定，饥民不逃荒迁徙，都是因为范仲淹带来的惠利。荒年令官仓发放粮食，发动百姓促进经济，近年来便成为明令。既能抚恤饥馑，又能借此达到利民的效果，这是先代君主的恩泽。

　　凡师行，因粮于敌，最为急务。运粮不但多费，而势难行远。予尝计之，人负米六斗，卒自携五日干粮，人饷一卒，一去可十八日米六斗，人食日二升。二人食之，十八日尽。**若计复回，只可进九日。**二人饷一卒，一去可二十六日米一石二斗，三人食，日六升，八日，则一夫所负已尽，给六日粮遣回。后十八日，二人食，日四升并粮。**若计复回，止可进十三日**前八日，日食六升。后五日并回程，日食四升并粮。三人饷一卒，一去可三十一日米一石八斗，前六日半，四人食，日八升。减一夫，给四日粮。中七日，三人食，日六升。又减一夫，给九日粮。后十八日，二人食，日四升并粮。**计复回，止可进十六日**前六日半，日食八升。中七日，日食六升，后十一日并回程，日食四升并粮。三人饷一卒，极矣。**若兴师十万，辎重三之一，止得驻战之卒七万人，已用三十万人运粮，此外难复加矣**放回运夫，须有援卒。缘运行死亡疾病，人数稍减，且以所减之食，准援卒所费①。**运粮之法，人负六斗，此以总数率之也②。**其间队长不负，樵汲减半③，所余皆均在众夫。更有死亡疾病者，所负之米，又以均之。则人所负，常不啻六斗矣。故军中不容冗食④，一夫冗食，二三人饷之，尚或不足。若以畜乘运之，则驼负三石，马骡一石五斗，驴一石。比之人运，虽负多而费寡，然刍牧不时⑤，畜多瘦死。一畜死，则并所负弃之。较之人负，利害相半。

　　①**准：**与某物类似。'所减之运人"与"所增之援卒"基本相当，前者余下的粮食基

本满足后者的消耗。②率：比率。运人总数与负粮总数的比率，即人均负粮的数量。③樵汲：负责砍柴、打水的人，均为勤杂人员。④冗食：吃闲饭的人，冗余无用的士兵。⑤刍牧不时：运粮行进途中无法按时饲喂、放牧牲畜，容易造成牲畜饥病死亡。刍，割草饲喂；牧，放牧。

译文

凡是军队行征，从敌方地区获取粮草，是当务之急。运粮不但花费多，而且势必难以运输很远。我曾统计过，每人背负六斗米，士兵自己携带五天的干粮，每人供应一个士兵，运输一次可以供应十八天的粮食（六斗米，人每天吃两升。两人吃，十八日吃完）。如果计算运输人员的回程，只能吃九天。让两个人供应一个士兵，运输一次可以供应二十六天的粮食（一石二斗米，三个人吃，每天六升，八天则一个人背负的已经吃完了，分给他六天的粮食遣他返回。之后的十八天，两人吃，每天共吃四升）。如果计算运输人员的回程，只能吃十三天（前八天，每天吃六升。之后的五天包括回程，每天共吃四升）。让两个人供应一个士兵，运输一次可以吃三十一天（一石八斗米，前六天半，四个人吃，每天八升。减少一人，分给他四天的粮食遣返。中间七天，三个人吃，每天六升。再减少一人，分给他九天的粮食。之后的十八天，两个人吃，每天共吃四升）。如果计算运输人员的回程，只能吃十六天（前六天半，每天吃八升。中间七天，每天吃六升，之后的十一天包括回程，每天共吃四升）。让三个人供应一名士兵，就是极限了。比如十万人的军队行征，运输辎重的人占三分之一，驻战兵力只有七万人，已经要用去三十万人运粮，在此之外很难再增加了（放回运输人员，需要有护送的士兵。随着途中死亡生病的，人数稍稍减少，就以减少的人员所余的食物，抵消护送士兵的耗费）。按照运粮的规定，每人背负六斗米，这是以总数平均算下来的。在这之中队长不背粮，打柴汲水的人员背粮减半，其余的分摊在众人身上。更有死亡生病的人，他们所背负的米，又要分摊。这样算来每人背负的，常常不止六斗。所以军中不允许冗食的人存在，一个人冗食，就要两三个人供应他，可能还不够。如果用牲畜运输，则骆驼可以背负三石，马骡可以背负一石五斗，驴背负一石。相比人力运输，虽然背得多、耗费少，但无法按时喂草放牧，牲畜多有瘦弱饿死的。一头牲畜死亡，连同它所背负的粮食也要舍弃。与人力运输相比，好坏各半。

原文

忠、万间夷人①，祥符中尝寇掠，边臣苟务怀来②，使人招其酋长，禄之以券粟③。自后有效而为之者，不得已，又以券招之。其间纷争者，至有自陈："若某人，才杀掠若干人，遂得一券；我凡杀兵民数倍之多，岂得亦以一券见给？"互相计校，为寇甚者，则受多券。熙宁中会之，前后凡给四百余券，子孙相承，世世不绝。因其为盗④，悉诛锄之，罢其旧券，一切不与。自是夷人畏威，不复犯塞。

①**忠、万**：今重庆市忠县、万州区一带。②**苟务**：苟且事务，只图眼前安宁、得过且过。**怀来**：招抚。③**券粟**：兑付粮食的票券凭证。④**因**：趁。

译 文

忠州、万州一带的外族人，大中祥符年间曾侵犯劫掠，边境大臣采用苟且怀柔的手段，请人招安他们的酋长，用粮券贿赂他们。这之后有效仿他们来劫掠的，没有办法，又用粮券招安他们。盗寇之中有争夺利益的人，甚至自称："比如某人，只杀害抢掠了几个人，就得到一券；我杀死的兵民数量比他多几倍，怎么也只得到一券？"互相计校，抢掠更多的人，得到的粮券就更多。熙宁年间统计，前后总共给出了四百多粮券，掠夺者世代承袭，世世不绝。后来趁他们侵犯的时候，悉数铲除，废弃了旧粮券，所有的都不给支付。从此外族人畏惧我方威严，不再侵犯边境。

原 文

庆历中，河决北都商胡①，久之未塞，三司度支副使郭申锡亲往董作②。凡塞河决垂合，中间一埽③，谓之"合龙门"④，功全在此。是时屡塞不合。时合龙门埽长六十步，有水工高超者献议，以谓埽身太长，人力不能压，埽不至水底，故河流不断，而绳缆多绝。今当以六十步为三节，每节埽长二十步，中间以索连属之，先下第一节，待其至底方压第二、第三。旧工争之，以为不可，云："二十步埽，不能断漏。徒用三节，所费当倍，而决不塞。"超谓之曰："第一埽水信未断，然势必杀半。压第二埽，止用半力，水纵未断，不过小漏耳。第三节乃平地施工，足以尽人力处置。三节既定，即上两节自为浊泥所淤，不烦人功。"申锡主前议，不听超说。是时贾魏公帅北门，独以超之言为然，阴遣数千人于下流收漉流埽。既定而埽果流，而河决愈甚，申锡坐谪。卒用超计，商胡方定。

注 释

①**北都**：宋代大名府为北都。**商胡**：今河南濮阳一带，归大名府管辖，故称北都商胡。宋代黄河决口频繁，庆历八年商胡决口，改道北流。②**董**：监督管理。③**埽**：治河时用来护堤堵口的器材，用树枝、秫秸、石头等捆扎而成。④**合龙门**：堤坝或桥梁从两岸开始施工，在中间接合称为合龙门，如今依然使用"合龙"表示此类工程竣工。

译 文

庆历年间，黄河在北都商胡地区决口，很久没能填塞上，三司度支副使郭申锡亲自前往监督工程。凡是填塞黄河决口，到两端即将接合的时候，中间填塞一埽，称为"合龙门"，能否成功在此一举。当时填塞多次也无法合龙。当时用于合龙门的埽长六十步，有一名叫高超的水利工人献策，说埽身太长，以人力无法下压，埽不能到达水底，所以黄河水流不能截断，并且拉埽的绳缆经常拉断。现今应当把六十步的长度分为三节，每节埽长二十步，中间用铁索连接起来，先把第一节压下水，等它到达水底再压第二、第三节。老工人与他争论，认为不可行，说："二十步长的埽，无法截断水流。白白分成三节，耗费翻倍，决口也填塞不上。"高超答道："第一埽当然无法截断水流，但水势必定减半。压第二埽的时候，只需要用一半人力，即便水流没能截断，但也只剩较小的漏口罢了。第三节就是在平地上施工了，可以充分用上人力来处理。第三节已经固定好，前两节自然会被水带来的浊泥堵塞起来，不需要耗费人工。"郭申锡主张继续用先前的办法，不听取高超的说法。当时贾昌朝（封魏国公，故称贾魏公）统率北方边防，唯独认为高超说得对，暗中派遣数千人在下游打捞被水冲下来的埽。沿用老办法固定埽果然又被冲走，而黄河决口更加严重，郭申锡获罪贬谪。最后用了高超的办法，商胡决口才得以平定。

原 文

　　盐之品至多，前史所载，夷狄间自有十余种[1]；中国所出，亦不减数十种。今公私通行者四种：一者"末盐"，海盐也，河北、京东、淮南、两浙、江南东西、荆湖南北、福建、广南东西十一路食之。其次"颗盐"，解州盐泽及晋、绛、潞、泽所出，京畿、南京、京西、陕西、河东、褒、剑等处食之。又次"井盐"，凿井取之，益、梓、利、夔四路食之。又次"崖盐"，生于土崖之间，阶、成、凤等州食之。唯陕西路颗盐有定课，岁为钱二百三十万缗[2]；自余盈虚不常，大约岁入二千余万缗。唯末盐岁自抄三百万，供河北边籴；其他皆给本处经费而已。缘边籴买仰给于度支者，河北则海、末盐，河东、陕西则颗盐及蜀茶为多。运盐之法，凡行百里，陆运斤四钱，船运斤一钱，以此为率。

注 释

　　①夷狄：古代称东方的外族为夷，北方的外族为狄，泛指外族。②缗：穿钱的绳子，引申为一串铜钱，成为计量单位。

译 文

　　盐的分类最多，据前朝史书记载，夷狄地区就有十余种；中原地区出产的，也不下数十种。现在官盐和私盐通行的有四种：一种是"末盐"，也就是海盐，河北、京东、淮南、两浙、江南东西、荆湖南北、福建、广南东西这十一路食用这种盐。其次是"颗盐"，解州盐泽及晋、绛、潞、泽出产的，京畿、南京、京西、陕西、河东、褒、剑等地区食用这种盐。再次是"井盐"，凿井提取的，益、梓、利、夔这四路食用这种盐。再次是"崖盐"，产于山岩间，阶、成、凤等州食用这种盐。唯有陕西路的颗盐有定量的课税，每年二百三十万缗钱；其余的多少不定，大约每年课税两千余万缗钱。唯有末盐每年自取出三百万缗钱，供给河北边境收购粮食用；其他的都交给本地作为经费开支。沿边境收购粮食仰赖于度支司，河北则仰赖于海、末盐，河东、陕西则多仰赖于颗盐及蜀茶。运盐的规

梦溪笔谈

定，凡运输百里，陆路运输每斤给四钱，水路运输每斤给一钱，以此为标准。

原文

太常博士李处厚知庐州慎县，尝有殴人死者，处厚往验伤，以糟戴灰汤之类薄之[1]，都无伤迹，有一老父求见曰："邑之老弓吏也，知验伤不见其迹。此易辨也，以新赤油伞日中覆之[2]，以水沃其尸[3]，其迹必见。"处厚如其言，伤迹宛然。自此江、淮之间官司往往用此法。

注释

①戴：切成大块的肉。薄：涂盖。②**以新赤油伞日中覆之**：在太阳最晒的时候用红伞遮挡尸体。利用红伞滤光的原理，阻挡部分其他色光而只让红光通过，使尸体上不易观察的青色瘀伤痕迹更加明显。③**沃**：浇灌。

译文

太常博士李处厚任庐州慎县知县时，曾有人殴人至死，李处厚去验伤，用糟肉灰汤之类的东西涂盖尸体，都看不出伤痕。有一老人求见说："我是县里的老书吏，听说验伤不见伤痕。这个容易辨别，用新的红色油纸伞在日上中天的时候遮挡尸体，用水浇尸体，痕迹必会显现。"李处厚按他说的做，伤痕清晰可见。从此江、淮一带的司法官员常常用这个办法。

原文

钱塘江，钱氏时为石堤，堤外又植大木十余行，谓之"滉柱"[1]。宝元、康定间，人有献议取滉柱，可得良材数十万。杭帅以为然。既而旧木出水，皆朽败不可用。而滉柱一空，石堤为洪涛所激，岁岁摧决。盖昔人埋柱以折其怒势，不与水争力，故江涛不能为害。杜伟长为转运使，人有献说，自浙江税场以东，移退数里为月堤，以避怒水。众水工皆以为便，独一老水工以为不然，密谕其党曰："移堤则岁无水患，若曹何所衣食[2]？"众人乐其利，乃从而和之。伟长不悟其计，费以巨万，而江堤之害，仍岁有之。近年乃讲月堤之利，涛害稍稀。然犹不若滉柱之利，然所费至多，不复可为。

注释

①**滉柱**：埋在堤坝外侧水域里防洪护堤的木桩。②**若曹**：汝辈，你们。若，即你；曹，即等、辈。

译文

钱塘江，在吴越国时期建立石堤，堤外又埋了十余行木桩，称为"滉柱"。宝元、康定年间，人有献策砍伐滉柱，可得到数十万优良木材。杭州的长官认为可以。之后将陈旧的木材从水中捞出，都是腐朽不可使用的。而滉柱全被捞出，石堤被汹涌的波涛冲击，年年垮塌决口。这是因为前人埋柱用以减弱怒涛的水势，石堤不与水直接角力，所以波涛不能造成危害。杜杞（字伟长）任转运使的时候，有人献策，从浙江税场以东，退后数里的地方修建月堤，可以避开怒涛。众水工们都认为可行，只有一个老水工不这样认为，私下与他的朋友说："移堤之后每年没有水灾，你们靠什么赚取衣食？"众人贪图利益，就跟从附和他。杜杞不知道他们的诡计，耗费数万，而江堤的损害，仍然年年发生。近年来才又开始讨论月堤的好处，使浪涛危害稍微减少。但仍不如滉柱的好处，然而滉柱耗材极多，无法复建了。

原文

陕西颗盐①，旧法官自般运，置务拘卖。兵部员外郎范祥始为钞法，令商人就边郡入钱四贯八百售一钞，至解池请盐二百斤，任其私卖，得钱以实塞下，省数十郡搬运之劳。异日挈车牛驴以盐役死者，岁以万计，冒禁抵罪者，不可胜数，至此悉免。行之既久，盐价时有低昂，又于京师置都盐院，陕西转运司自遣官主之。京师食盐，斤不足三十五钱，则敛而不发，以长盐价；过四十，则大发库盐，以压商利。使盐价有常，而钞法有定数。行之数十年，至今以为利也。

注释

①颗盐：未经炼制的粗盐，俗称粒盐。

释文

陕西的颗盐，以往的规矩是由官方自行搬运，设置事务所限制买卖。从兵部员外郎范祥开始使用钞票办法，令商人从边境城镇交纳四贯八百钱，换购一张盐钞，到解池申领二百斤盐，私人可以任意买卖，得到的钱用以充实边塞，节省了跨越数十郡的搬运劳力。以往赶车用牛驴运盐时死在服役中的，每年以万人计，冒着犯罪的风险违反禁令买卖私盐的人，数不胜数，至此全都没有了。法令实施久了，盐价时有高低，又在京城设立都盐院，陕西转运司自行派遣官员主持事务。京城的食盐价格，每斤不到三十五钱的话，就收敛不出售，用以提高盐价；每斤超过四十钱的话，就大量放出库存食盐，以压低商盐利润。这使得盐价有常数，而盐钞的价值有定数。实行了数十年，至今仍是便利的。

原文

河北盐法，太祖皇帝尝降墨敕①，听民间贾贩，唯收税钱，不许官榷②。其后有司屡请闭固，仁宗皇帝又有批诏云③："朕终不使河北百姓常食贵盐。"献议者悉罢遣之。河北父老，皆掌中掬灰，藉火焚香，望阙欢呼称谢。熙宁中，复有献谋者。予时在三司，求访两朝墨敕不获，然人人能诵其言，议亦竟寝。

注释

①太祖皇帝：宋太祖赵匡胤。②官榷：榷为专卖之意，官榷即官方垄断。③仁宗皇帝：

宋仁宗赵祯。

【译文】

　　河北管理盐的办法，宋太祖曾降下亲笔特敕，任民间商人贩售，但要收取税钱，不允许官方垄断。之后相关部门多次请求限制私人买卖，宋仁宗又批示道："朕总不能让河北百姓经常吃贵盐。"将提议的人全部罢免外遣。河北百姓，都手捧香灰，点火焚香，望向京城的方向欢呼道谢。熙宁年间，又有提议的人。我当时在三司任职，寻求之前这两朝皇帝的亲笔诏书未得，但人人都能背诵那些话，这个提议也最终搁置。

卷十二　官政二

【原　文】

　　淮南漕渠①，筑埭以畜水②，不知始于何时，旧传召伯埭谢公所为。按李翱《来南录》，唐时犹是流水，不应谢公时已作此埭。天圣中，监真州排岸司右侍禁陶鉴始议为复闸节水③，以省舟船过埭之劳。是时工部郎中方仲荀、文思使张纶为发运使、副，表行之，始为真州闸。岁省冗卒五百人，杂费百二十五万。运舟旧法，舟载米不过三百石。闸成，始为四百石船。其后所载浸多④，官船至七百石；私船受米八百余囊，囊二石。自后，北神、召伯、龙舟、茱萸诸埭，相次废革，至今为利。予元丰中过真州，江亭后粪壤中见一卧石，乃胡武平为《水闸记》，略叙其事，而不甚详具。

【注　释】

　　①漕渠：用以运输粮食的人工汀道。②埭：土石堤坝。③复闸：一套两闸的堤坝，用来控制水位高低，辅助船只更顺利地通过堤坝。开启上游的闸门、关闭下游的闸门，则两闸间蓄水，水位上升，由低到高，逆水行驶的船只在闸内随水位上升而升高，自然通过堤坝到达高水位的上游，不需要再由人力拉动，载重量也得以提高。两闸反向操作，则船只可以从高水位的上游顺利通过堤坝到达下游。④浸　逐渐。

【译　文】

　　淮南漕运的河道，修筑堤坝用以蓄水，不知是从什么时候开始的，相传召伯埭是谢安所建。按照李翱《来南录》的说法，唐代时这里还是流水，不符合谢公时期已建埭的说法。天圣年间，监真州排岸司右侍禁陶鉴才提议建造复闸来控制水位，用以节省船只通过堤坝时的费力。当时工部郎中方仲荀、文思使张纶作为发运使、发运副使，上表施行工程，开始建造真州闸。每年省去冗余兵力五百人，省去杂费一百二十五万。按照船运的旧办法，每艘船载米不能超过三百石。复闸建成，开始可以载四百石。之后载重量越来越多，官船能载高达七百石；私船能载米八百余袋，每袋二石。从此以后，北神、召伯、龙舟、茱萸等土坝，相继废旧改建，至今带来便利。元丰年间我途经真州，在江亭后的堆肥地里看见一块倒卧的石碑，是胡武平写的《水闸记》，大略记录了这件事，但不是很详细具体。

原文

张杲卿丞相知润州日，有妇人夫出外数日不归，忽有人报菜园井中有死人，妇人惊往视之，号哭曰："吾夫也。"遂以闻官。公令属官集邻里就井验是其夫与非，众皆以井深不可辨，请出尸验之。公曰："众皆不能辨，妇人独何以知其为夫？"收付所司鞫问[1]，果奸人杀其夫，妇人与闻其谋。

注释

①鞫：通"鞫"，审讯犯人。

译文

丞相张昇（字杲卿）任润州知州时，有一名妇人的丈夫出外多日未归，忽然有人来报菜园的井中有死人，妇人大惊前往探看，号哭道："是我的丈夫。"于是向官府报告。张昇下令属官召集乡邻去井边辨认是否是她的丈夫，众人都说井太深了无法辨认，申请捞出尸体来辨认。张昇说："众人都无法辨认，为何唯独妇人能知道这是她丈夫？"将妇人收押到官府审讯，果然是与她通奸的人杀了她的丈夫，妇人是与人合谋的。

原文

庆历中，议弛茶盐之禁及减商税。范文正以为不可：茶盐商税之入，但分减商贾之利耳，行于商贾未甚有害也。今国用未减，岁入不可阙，既不取之于山泽及商贾，须取之于农。与其害农，孰若取之于商贾？今为计莫若先省国用，国用有余，当先宽赋役，然后及商贾。弛禁非所当先也。其议遂寝。

译文

庆历年间，朝廷探讨放宽茶盐私人买卖的禁令以及减少商业税收。范仲淹认为不可以：茶盐买卖和商业税收的收入，只是减少了商人的获利而已，这样施行对商人而言并不是非常有害。如今国家支出用度没有减少，年税收入不可以缺少，既然不从山川和商人收取，就必定要从农业上收取。与其损害农业，不如从商人身上收取，不是吗？如今的办法不如先节省国家开支，国家开支有结余的话，应当先减少田赋和徭役，然后才到商业。放宽私人买卖的禁令不是应当先行的。这项提议便搁置了。

原文

真宗皇帝南衙日[1]，开封府十七县皆以岁旱放税，即有飞语闻上，欲有所中伤[2]。太宗不悦。御史探上意，皆露章言开封府放税过实，有旨下京东、西两路诸州选官覆按[3]。内亳州当按太康、咸平两县。是时曾会知亳州，王冀公在幕下，曾爱其识度，常以公相期之。至是遣冀公行，仍戒之曰："此行所系事体不轻，不宜小有高下。"冀公至两邑，按行甚详。其余抗言放税过多[4]，追收所税物，而冀公独乞全放，人皆危之。明年，真宗即位，首擢冀公为右正言，仍谓辅臣曰："当此之时，朕亦自危惧。钦若小官，敢独为百姓伸理，此大臣节也。"自后进用超越，卒至入相。

注 释

①南衙：开封府尹于京城皇宫之南开衙办公，故称南衙。②中伤：诋毁。③覆按：复核、按察。④抗言：高声说。

译 文

宋真宗赵恒当年任于封府尹的时候，开封府下辖的十七县都因旱年而减税，就有流言传给当时的皇帝宋太宗，想要中伤他。宋太宗不高兴。御史试探皇帝的意思，都公开奏章说开封府减税超过了实际需要，皇帝下旨京东、西两路各州选派官员调查。其中亳州应当对应调查太康、咸平两县。当时曾会任亳州知州，王钦若（封冀国公，故称王冀公）在他府中做幕僚，曾会喜爱他有见识和气度，常以将来当公相的标准来期待他。于是这时派遣王钦若去调查，而且告诫他说："此行事关重大，不应稍有差池。"王钦若到了两县，调查非常详细。其他人都声称减税过多，追收应交的税物，而唯独王钦若要求全部减免，人人担忧他。第二年，宋真宗即位，首先提拔王钦若为右正言，并对辅臣说："正当那时，连我也内心危惧。王钦若只是一个小官，却唯独敢为百姓伸张正义，这是做大臣的气节。"此后破格重用，最终成为宰相。

原 文

国朝初平江南，岁铸钱七万贯。自后稍增广，至天圣中，岁铸一百余万贯。庆历间，至三百万贯。熙宁六年以后，岁铸铜铁钱六百余万贯。

译 文

本朝刚平定江南的时候，每年铸币七万贯。此后稍微增多，到天圣年间，每年铸币一百余万贯。庆历年间，达到三百万贯。熙宁六年以后，每年铸铜铁币六百余万贯。

原 文

天下吏人，素无常禄，唯以受赇为生①，往往致富者。熙宁三年，始制天下吏禄，而设重法以绝请托之弊②。是岁，京师诸司岁支吏禄钱三千八百三十四贯二百五十四。岁岁增广，至熙宁八年，岁支三十七万一千五百三十三贯一百七十八。自后增损不常，皆不过此数，京师旧有禄者，及天下吏禄，皆不预此数。

注 释

①受赇：收受贿赂。②请托：请求、托关系、走门路。

译 文

天下做属吏的人，素来没有固定的俸禄，只能靠收受贿赂为生，常有因此富有的人。

熙宁三年，开始制定所有属吏的俸禄，并且定立重法以杜绝请托受贿的弊病。这年，京城各机构一年支出的属吏俸禄共计三千八百三十四贯二百五十四钱。年年增多，到熙宁八年，每年支出达到三十七万一千五百三十三贯一百七十八钱。从此以后增减不定，都差不多是这个数目，京城旧有的俸禄支出，以及其他地方的属吏俸禄支出，都不在此计数中。

【原文】

　　国朝茶利，除官本及杂费外，净入钱禁榷时取一年最中数①，计一百九万四千九十三贯八百八十五，内六十四万九千六十九贯茶净利卖茶，嘉祐二年收十六万四百三十一贯五百二十七，除元本及杂费外，得净利十万六千九百五十七贯六百八十五。客茶交引钱②，嘉祐三年，除元本及杂费外，得净利五十四万二千一百一十一贯五百二十四。**四十四万五千二十四贯六百七十**茶税钱最中嘉祐元年所收数，除川茶钱在外③。**通商后来，取一年最中数，计一百一十七万五千一百四贯九百一十九钱，内三十六万九千七十二贯四百七十一钱茶租**嘉祐四年通商，立定茶交引钱六十八万四千三百二十一贯三百八十，后累经减放，至治平二年，最中分收上数。**八十万六千三十二贯六百四十八钱茶税**最中治平三年，除川茶税钱外会此数。

【注释】

　　①禁榷：禁止私人买卖，仅许官方专营。②交引：即北宋官府发给商人的贸易凭证，如盐铁茶酒等禁榷的商品，为控制其贸易，商人须购买交引，定点取茶自行贩售。③除川茶钱在外：四川历来茶叶产量大、饮茶者多，难以收归官方专营，故茶叶禁榷不包含川茶，只是不允许川茶出境。

【译文】

　　本朝的茶叶收入，除了官方支出的本金和杂费之外，净收入在官方专营时的年中间数，为一百零九万四千零九十三贯八百八十五钱，其中六十四万九千零六十九贯为茶叶的净利润（卖茶的收入，嘉祐二年收入十六万零四百三十一贯五百二十七钱，除本金和杂费外，赚得净利润十万六千九百五十七贯六百八十五钱。茶商交纳的交引钱，在嘉祐三年，除本金和杂费外，赚得净利润五十四万二千一百一十一贯五百二十四钱）。四十四万五千零二十四贯六百七十钱为茶税钱（取嘉祐元年收入做中间数，不包含川茶的收入）。允许贩售给茶商之后，年中间数为一百一十七万五千一百零四贯九百一十九钱，其中三十六万九千零七十二贯四百七十一钱是茶租（嘉祐四年开放茶商买卖茶叶，规定茶交引钱为六十八万四千三百二十一贯三百八十钱，后来多次减免，到治平二年的茶租中间数就是上述数字）。八十万六千零三十二贯六百四十八钱为茶税钱（治平三年是中间数，不包含川茶税钱）。

本朝茶法：乾德二年，始诏在京、建州、汉、蕲口各置榷货务①。五年，始禁私卖茶，从不应为情理重②。太平兴国二年，删定禁法条贯，始立等科罪。淳化二年，令商贾就园户买茶，公于官场贴射，始行贴射法③。淳化四年，初行交引，罢贴射法。西北入粟，给交引，自通利军始④。是岁，罢诸处榷货务，寻复依旧。至咸平元年，茶利钱以一百三十九万二千一百一十九贯三百一十九为额。至嘉祐三年，凡六十一年，用此额，官本杂费皆在内，中间时有增亏，岁入不常。咸平五年，三司使王嗣宗始立三分法，以十分茶价，四分给香药，三分犀象，三分茶引。六年，又改支六分香药犀象，四分茶引。景德二年，许人入中钱帛金银，谓之三说。至祥符九年，茶引益轻，用知秦州曹玮议，就永兴、凤翔以官钱收买客引，以救引价，前此累增加饶钱⑤。至天禧二年，镇戎军纳大麦一斗，本价通加饶，共支钱一贯二百五十四。乾兴元年，改三分法，支茶引三分，东南见钱二分半，香药四分半。天圣元年，复行贴射法，行之三年，茶利尽归大商，官场但得黄晚恶茶，乃诏孙奭重议，罢贴射法。明年，推治元议省吏、计覆官、旬献等，皆决配沙门岛；元详定枢密副使张邓公、参知政事吕许公、鲁肃简各罚俸一月，御史中丞刘筠、入内内侍省副都知周文质、西上阁门使薛昭廓、三部副使，各罚铜二十斤；前三司使李咨落枢密直学士，依旧知洪州。皇祐三年，算茶依旧只用见钱。至嘉祐四年二月五日，降敕罢茶禁。

①榷货务：官署名。用于管理官方专营货物买卖，如盐、茶等。②不应为：古代法律对没有明文规定但事理上不可做的事判为"不立为"罪。③贴射法：商人直接向茶园买茶，而茶须经官方茶官估价，以估价与交易价的差价作为商人向政府交纳的茶税，这个方法称为贴射。《宋史·食货志》记载："必辇茶入官，随商人所指予之，给券为验，以防私售，故有贴射名。"④通利军：地名，在今河南浚县。⑤饶钱：额外多加的钱利。如同现今购买货物时说的"饶一点（钱或其他货物）"。

●鲁宗道

鲁宗道，字贯之，北宋时人。少孤贫，后屡迁秘书丞、户部员外郎等职，因敢于直言进谏，为真宗所赏识，还被送了个"鱼头参政"的绰号，卒谥肃简。

　　本朝的茶叶管理办法：乾德二年开始下诏在京师、建州、汉口、蕲口各设置榷货务。乾德五年开始禁止私人贩卖茶叶，以不应为罪中违背情理较重的罪行判处。太平兴国二年，删除修订禁止贩卖的法条，开始分等级定罪。淳化二年，下令商人从茶园农户处买茶，公家在官办茶场贴射，开始施行贴射法。淳化四年开始施行交引法，废除贴射法。商人在西北边境交纳粮食，换取交引，从通利军开始。当年，废除了各处专营机构，不久后又恢复成原来的样子。到咸平元年，茶利高达一百三十九万二千一百一十九贯三百一十九钱。到嘉祐三年，共六十一年，茶利均遵照这个数额，官方支出的本金及杂费都包含在内，中间时有盈亏，每年的收入不定。咸平五年，三司使王嗣宗创立三分法，将茶价划为十份，其中四份支给香料药材，三份支给犀角象牙，三份支给茶引。咸平六年，又改为六份支给香药、犀象，四份支给茶引。景德二年，允许商人交纳钱帛金银，称为三说。到了大中祥符九年，茶引价值逐渐减少，使用了秦州知州曹玮的提议，在永兴、凤翔以官方出钱购买茶商手中的茶引，用以提高茶引的价值，在此之前多次增加额外的惠利。到天禧二年，在镇戎军交纳一斗大麦，原本的价格加上惠利，一共支付一贯二百五十四钱。乾兴元年，又改进三分法，三分支给茶引，二分半在东南地区领取现钱，四分半支给香料药材。天圣元年，重新施行贴射法，推行了三年，茶利全都被大规模的商人得到，官场只剩下过季低劣的茶，于是诏令孙奭重新制定办法，废除贴射法。第二年，将原先提出办法的省吏、计覆官、旬献等官员治罪，全部发配沙门岛；原先任职茶法详定官的枢密副使张士逊、参知政事吕夷简、鲁宗道各罚一个月俸禄，御史中丞刘筠、入内内侍省副都知周文质、西上阁门使薛昭廓、三部副使，各罚二十斤铜；前任三司使李咨降职为枢密直学士，依照旧职任洪州知州。皇祐三年，交纳茶税依旧只用现钱。到嘉祐四年二月五日，下旨废除茶禁。

　　国朝六榷货务，十三山场[1]，都卖茶岁一千五十三万三千七百四十七斤半，租额钱二百二十五万四千四十七贯一十[2]。其六榷货务取最中，嘉祐六年抛占茶五百七十三万六千七百八十六斤半，租额钱一百九十六万四千六百四十七贯二百七十八：荆南府租额钱三十一万五千一百四十八贯三百七十五，受纳潭[3]、鼎、澧、岳、归、峡州、荆南府片散茶共八十七万五千三百五十七斤；汉阳军租额钱二十一万八千三百二十一贯五十一，受纳鄂州片茶二十三万八千三百斤半；蕲州蕲口租额钱三十五万九千八百三十九贯八百一十四，受纳潭、建州、兴国军片茶五十万斤；无为军租额钱三十四万八千六百二十贯四百三十，受纳潭、筠、袁、池、饶、建、歙、江、洪州、南康、兴国军片散茶共八十四万二千三百三十三斤；真州租额钱五十一万四千二十二贯九百三十二，受纳潭、袁、池、饶、歙、建、抚、筠、宣、江、吉、洪州、兴国、临江、南康军片散茶共二百八十五万六千二百六斤；海州租额钱三十万八千七百三贯六百七十六，受纳睦、湖、杭、越、衢、温、婺、台、常、明、饶、歙州片散茶共四十二万四千五百九十斤。十三山场租额钱共二十八万九千三百九十九贯七百三十二，共买茶四百七十九万六千九百六十一斤；光州光山场买茶三十万七千二百十六斤，卖钱一万二千四百五十六贯；子安场买茶二十二万八千三十斤，卖钱一万三千六百八十九贯三百四十八；商城场买茶四十万五百五十三斤，卖钱二万七千七十九贯四百四十六；寿州麻步场买茶三十三万一千八百三十三斤，卖钱三万四千八百一十一贯三百五十；霍山场买茶五十三万二千三百九斤，卖钱三万五千五百九十五贯四百八十九；开顺场买茶二十六万九千七十七斤，卖钱一万七千一百三十贯；庐州王同场买茶二十九万七千三百二十八斤，卖钱一万四千三百五十七贯六百四十二；黄州麻城场买茶二十八万四千二百七十四斤，卖钱一万二千五百四十贯；舒州罗源场买茶一十八万五千八十二斤，卖钱一万四百六十九贯七百八十五；太湖场买茶八十二万九千三十二斤，卖钱三万六千九十六贯六百八十；蕲州洗马场买茶四十万斤，卖钱二万六千三百六十贯；王祺场买茶一十八万二千二百二十七斤，卖钱一万一千九百五十三贯九百九十二；石桥场买茶五十五万斤，卖钱三万六千八十贯。

注释

①十三山场：是宋代榷茶制度的主要实施机构。榷货务，是茶叶买卖的官方专营机构；山场，是官方贷款帮扶并集中向茶农收购茶叶的地方。②租额钱：官方向茶场支出的租金。③受纳：收购。

译文

本朝设置六处茶叶榷货务，十三处山场，每年合计卖茶一千零五十三万三千七百四十七斤半，租金二百二十五万四千零四十七贯一十钱。六处茶叶榷货务的中间数，嘉祐六年收售茶叶五百七十三万六千七百八十六斤半，支出租金一百九十六万四千六百四十七贯二百七十八钱：荆南府租金三十一万五千一百四十八贯三百七十五钱，收上潭州、鼎州、澧州、岳州、归州、峡州、荆南府一带的散茶共八十七万五千三百五十七斤；汉阳军租金二十一万八千三百二十一贯五十一钱，收上鄂州一带的茶叶二十三万八千三百斤半；蕲州蕲口租金三十五万九千八百三十九贯八百一十四钱，收上潭州、建州、兴国军一带的茶叶五十万斤；无为军租金三十四万八千六百二十贯四百三十钱，收上潭州、筠州、袁州、池州、饶州、建州、歙州、江州、洪州、南康军、兴国军一带的散茶共八十四万二千三百三十三斤；真州租金五十一万四千零二十二贯九百三十二钱，收上潭州、袁州、池州、饶州、歙州、建州、抚州、筠州、宣州、江州、吉州、洪州、兴国军、临江军、南康军一带的散茶共二百八十五万六千二百零六斤；海州租金三十万八千七百零三贯六百七十六钱，收上睦州、湖州、杭州、越州、衢州、温州、婺州、台州、常州、明州、饶州、歙州一带的散茶共四十二万四千五百九十斤。十三处山场的租金共二十八万九千三百九十九贯七百三十二钱，共买茶四百七十九万六千九百六十一斤；光州光山场买茶三十万七千二百一十六斤，卖钱一万二千四百五十六贯；子安场买茶二十二万八千零三十斤，卖钱一万三千六百八十九贯三百四十八钱；商城场买茶四十万五百五十三斤，卖钱二万七千零七十九贯四百四十六钱；寿州麻步场买茶三十三万一千八百三十三斤，卖钱三万四千八百一十一贯三百五十钱；霍山场买茶五十三万二千三百零九斤，卖钱三万五千五百九十五贯四百八十九钱；开顺场买茶二十六万九千零七十七斤，卖钱一万七千一百三十贯；庐州王同场买茶二十九万七千三百二十八斤，卖钱一万四千三百五十七贯六百四十二钱；黄州麻城场买茶二十八万四千二百七十四斤，卖钱一万二千五百四十贯；舒州罗源场买茶十八万五千零八十二斤，卖钱一万零四百六十九贯七百八十五钱；太湖场买茶八十二万九千零三十二斤，卖钱三万六千零九十六贯六百八十钱；蕲州洗马场买茶四十万斤，卖钱二万六千三百六十贯；王祺场买茶十八万二千二百二十七斤，卖钱一万一千九百五十三贯九百九十二钱；石桥场买茶五十五万斤，卖钱三万六千零八十贯。

原文

发运司岁供京师米，以六百万石为额：淮南一百三十万石，江南东路九十九万一千一百石，江南西路一百二十万八千九百石，荆湖南路六十五万石，荆湖北路三十五万石，两浙路一百五十万石，通余羡[1]，岁入六百二十万石。

注释

①余羡：盈余。羡，即剩余的意思。

译文

发运司每年供给京城的大米，定额是六百万石：淮南供给一百三十万石，江南东路供给九十九万一千一百石，江南西路供给一百二十万八千九百石，荆湖南路供给六十五万石，荆湖北路供给三十五万石，两浙路供给一百五十万石，通算上盈余部分，每年输入六百二十万石。

原文

熙宁中，废并天下州县。迄八年，凡废州、军、监三十一：仪、滑、慈、郑、集、万、乾、儋、南仪、复、蒙、春、陵、宪、辽、窦、壁、梅、汉阳、通利、宁化、光化、清平、永康、荆门、广济、高邮、江阴、富顺、涟水、宣化。
废县一百二十七：晋州赵城。杭州南新。普州普康。磁州昭德。华州渭南。德州德平。陵州贵平、籍县。忠州桂溪。兖州邹县。广州信安、四会。陕府湖城、硖石。河中西河、永乐。巴州七盘、其章。坊州升平。春州铜陵。北京大名、洹水、经城、永济。莫州莫、长丰。梧州戎城。邛州临溪。梓州永泰。河阳汜水。沧州饶安、临津。融州武阳、罗城。象州武化。归州兴山。汝州龙兴。怀州修武、武陟。道州营道。庆州乐蟠、华池。瀛州束城、景城。顺安高阳。澶州顿丘。洺州曲周、临洺。丹州云岩、汾川。潞州黎城。琼州舍城。火山火山。横州永定。宜州古阳、礼丹、金城、述昆。汾州孝义。延州金明、丰林、延水。太原平晋。随州光化。邢州尧山、任县、平乡。秦州长道。达州三冈、石鼓。扬州广陵。赵州隆平、柏乡、赞皇。雅州百丈、荣经。祁州深泽。同州夏阳。嘉州平羌。河南洛阳、福昌、颖阳、缑氏、伊阙。滨州招安。慈州文城、吉乡。成都犀浦。戎州宜宾。绵州西昌。荣州公井。宁化宁化。乾宁乾宁。真定灵寿、井陉。荆南建宁、枝江。辰州麻阳、诏谕。陈州南顿。桂州修仁、永宁。安州云梦。忻州定襄。剑门关剑门。汉阳汉川。恩州清阳。熙州狄道。河州枹罕。卫州新乡、卫。渝州南川。虢州玉城。果州流溪。利州平蜀。许州许田。岢岚岚谷。蓬州蓬山、良山。冀州新河。涪州温山。阆州晋安、岐平。复州玉沙。润州延陵。

译文

熙宁年间，废置、合并天下州县。到熙宁八年，共废置州、军、监三十一个：仪、滑、慈、郑、集、万、乾、儋、南仪、复、蒙、春、陵、宪、辽、窦、壁、梅、汉阳、通利、宁化、光化、清平、永康、荆门、广济、高邮、江阴、富顺、涟水、宣化。废置县一百二十七个：晋州（赵城）、杭州（南新）、普州（普康）、磁州（昭德）、华州（渭南）、德州（德平）、陵州（贵平、籍县）、忠州（桂溪）、兖州（邹县）、广州（信安、四会）、陕府（湖城、硖石）、河中（西河、永乐）、巴州（七盘、其章）、坊州（升平）、春州（铜陵）、北京（大名、洹水、经城、永济）、莫州（莫、长丰）、梧州（戎城）、邛州（临溪）、梓州（永泰）、河阳（汜水）、沧州（饶安、临津）、融州（武阳、罗城）、象州（武化）、归州（兴山）、汝州（龙兴）、怀州（修武、武陟）、道州（营道）、庆州（乐蟠、华池）、瀛州（束城、景城）、顺安（高阳）、澶州（顿丘）、洺州（曲周、临洺）、丹州（云岩、汾川）、潞州（黎城）、琼州（舍城）、火山（火山）、横州（永定）、宜州（古阳、礼丹、金城、述昆）、汾州（孝义）、延州（金明、丰林、延水）、太原（平晋）、随州（光化）、邢州（尧山、任县、平乡）、秦州（长道）、达州（三冈、石鼓）、扬州（广陵）、赵州（隆平、柏乡、赞皇）、雅州（百丈、荣经）、祁州（深泽）、同州（夏阳）、嘉州（平羌）、河南（洛阳、福昌、颍阳、缑氏、伊阙）、滨州（招安）、慈州（文城、吉乡）、成都（犀浦）、戎州（宜宾）、绵州（西昌）、荣州（公井）、宁化（宁化）、乾宁（乾宁）、真定（灵寿、井陉）、荆南（建宁、枝江）、辰州（麻阳、招谕）、陈州（南顿）、桂州（修仁、永宁）、安州（云梦）、忻州（定襄）、剑门关（剑门）、汉阳（汉川）、恩州（清阳）、熙州（狄道）、河州（枹罕）、卫州（新乡、卫）、渝州（南川）、虢州（玉城）、果州（流溪）、利州（平蜀）、许州（许田）、岢岚（岚谷）、蓬州（蓬山、良山）、冀州（新河）、涪州（温山）、阆州（晋安、岐平）、复州（玉沙）、润州（延陵）。

卷十三 权智

原 文

　　陵州盐井，深五百余尺，皆石也。上下甚宽广，独中间稍狭，谓之杖鼓腰。旧自井底用柏木为干，上出井口，自木干垂绠而下，方能至水。井侧设大车绞之。岁久，井干摧败，屡欲新之，而井中阴气袭人①，入者辄死，无缘措手。唯候有雨入井，则阴气随雨而下，稍可施工，雨晴复止。后有人以一木盘，满中贮水，盘底为小窍，酾水一如雨点②，设于井上，谓之雨盘，令水下终日不绝。如此数月，井干为之一新，而陵井之利复旧。

注 释

　　①阴气：古时盐井由于开采、封井工艺有限，地下有害气体如二氧化硫、硫化氢等容易溢至井里，导致下井施工的人因中毒或窒息而死亡。②酾：原意为滤酒，这里是如滤酒般将水漏下。

译 文

　　陵州的盐井，深五百多尺，都是由石头构成的。上下两端非常宽广，唯独中间稍微狭窄，称作杖鼓腰。以往是在井底用柏木做支架，向上从井口处伸出，从支架上垂井绳，才能打到水。井的旁边设置大轮轴用来绞绳子。时日长了，支架腐朽，多次想要更新，但井里阴气侵袭人体，人一进去就会死，没有办法着手处理。只有等待雨水落在井里的时候，阴气会随着雨水降下，可以稍稍施工，雨过天晴后就又要停止。后来有人用一个装满水的木盘，盘底开一些小洞，像雨点一样滴水，架设在井上，称为雨盘，使水能够一直不断地滴下。这样过了几个月，井架修缮一新，而陵州盐井又可以像以前一样为人带来益处了。

原 文

　　世人以竹、木、牙、骨之类为叫子①，置人喉中吹之，能作人言，谓之"颡叫子②"。尝有病喑者，为人所苦，烦冤无以自言。听讼者试取叫子令颡之，作声如傀儡子③。粗能辨其一二，其冤获申。此亦可记也。

[注 释]

①**叫子**：即哨子。②**颡**：颡子，即嗓子。③**傀儡子**：木偶。

[译 文]

世人用竹、木、牙、骨等制作叫子，放在人的喉咙处吹，能发出像人说话似的声音，称为"颡叫子"。曾有因病变哑的人，被人冤枉，无法自辩冤情。审讯的人试着拿叫子来给他吹，发出的声音像傀儡一般。大略能分辨出一些，冤屈得以伸张。这种方法也是值得记录的。

[原 文]

《庄子》曰："畜虎者不与全物、生物。"此为诚言。尝有人善调山鹧，使之斗，莫可与敌。人有得其术者，每食则以山鹧皮裹肉哺之，久之，望见真鹧，则欲搏而食之。此以所养移其性也。

[译 文]

《庄子》说："饲养老虎的人不能给它完整的或活的动物。"这是实话。曾有人善于调教山鹧，使它与其他山鹧搏斗，没有能与它匹敌的。有人得知了他的方法，每次喂食的时候用山鹧皮裹着肉哺喂，时间长了，看见真的鹧，就会想要与之搏斗然后吃掉。这就是以饲养方法改变动物的性情。

[原 文]

宝元中，党项犯塞，时新募万胜军，未习战阵，遇寇多北。狄青为将，一日尽取万胜旗付虎翼军①，使之出战。虏望其旗，易之，全军径趋，为虎翼所破，殆无遗类。又青在泾原，尝以寡当众，度必以奇胜。预戒军中，尽舍弓弩，皆执短兵器。令军中：闻钲一声则止②；再声则严阵而阳却③；钲声止则大呼而突之。士卒皆如其教。才遇敌，未接战，遽声钲，士卒皆止；再声，皆却。虏人大笑，相谓曰："孰谓狄天使勇？"时虏人谓青为"天使"。钲声止，忽前突之，虏兵大乱，相蹂践死者，不可胜计也。

[注 释]

①**尽取万胜旗付虎翼军**：此事据《宋史·张亢传》记载为张亢所为，疑为沈括误记。②**钲**：古代的一种铜制打击乐器，在行军时敲打。形似钟而狭长，口向上，有长柄可执。③**阳**：通"佯"，假装。

[译 文]

宝元年间，党项人侵犯边塞，当时新招募一支万胜军，没有练习过打仗的阵法，遭遇敌军常常战败。狄青作为将军，有一天把所有万胜旗拿来用在虎翼军中，让他们出战。敌寇看见万胜旗，便轻敌了，全军径直突进过来，被虎翼军所破，全军覆没。又一次狄青在泾原，曾以寡敌众，想着必须以奇策才能战胜。预先告诫军队，全部舍弃弓弩，拿短兵器。下令军中：听到一声钲鸣就停止；再一声则以严整的阵形假装退却；钲声停止就大喊着突进。士兵们都像他教的这样做。刚遇敌的时候，还未相接，突然听到钲声，士兵们全部止步；再一声，全部退却。敌人大笑，互相说："谁说狄天使英勇呢？"当时的敌人称狄青为"天使"。钲声停止，突然向前突进，敌兵大乱，互相踩踏致死的，不计其数。

狄青为枢密副使，宣抚广西。时侬智高守昆仑关[①]。青至宾州，值上元节，令大张灯烛，首夜燕将佐，次夜燕从军官，三夜飨军校。首夜乐饮彻晓。次夜二鼓时，青忽称疾，暂起如内[②]。久之，使人谕孙元规，令暂主席行酒，少服药乃出，数使人劝劳座客，至晓，各未敢退。忽有驰报者云，是夜三鼓，青已夺昆仑矣。

①**侬智高**：宋羁縻广源州的壮族首领，建立大历国，据今广西一带称帝。**昆仑关**：在今广西南宁市东北昆仑山上。②**如**：去往。

狄青任职枢密副使的时候，担任广西宣抚使。当时侬智高镇守昆仑关。狄青到宾州的时候，正好是元宵节，侬智高下令张灯结彩，第一晚宴请将军及佐吏，第二晚宴请随从军官，第三晚犒劳辅职军官。第一晚通宵奏乐饮酒。第二夜二鼓时，狄青忽然说身体不适，暂时离席进入内间。时间很久，派人告诉孙元规，让他暂时主持行酒，自己稍微吃点药就出来，多次派人为在座宾客劝酒。到第二天早晨，众人也没敢退场。忽然有快马来报说，当晚三鼓时，狄青已夺取昆仑关。

曹南院知镇戎军日，尝出战小捷，虏兵引去。玮侦虏兵去已远，乃驱所掠牛羊辎重，缓驱而还，颇失部伍。其下忧之，言于玮曰："牛羊无用，徒縻军[①]，不若弃之，整众而归。"玮不答，使人候。虏兵去数十里，闻玮利牛羊而师不整，遽还袭之。玮愈缓，行得地利处，乃止以待之。虏军将至近，使人谓之曰："蕃军远来[②]，必甚疲。我不欲乘人之怠，请休憩士马，少选决战[③]。"虏方苦疲甚，皆欣然，严军歇良久。玮又使人谕之："歇定可相驰矣。"于是各鼓军而进一战大破虏师，遂弃牛羊而还。徐谓其下曰："吾知虏已疲，故为贪利以诱之。比其复来，几行百里矣，若乘锐便战，犹有胜负。远行之人若小憩，则足痹不能立，人气亦阑，吾以此取之。"

注 释

①縻：捆，拴住。②蕃军：少数民族军队。③少选：一会儿，须臾。

译 文

曹玮管理镇戎军的时候，曾经出战小胜，敌军退去。曹玮探得敌军已经远去，便带着掠来的牛羊辎重，慢慢驶回，队伍颇为散乱。属下为其担忧，对曹玮说："牛羊没什么用，白白拖累军队，不如放弃那些，整队回去。"曹玮不回答，让人等着。敌军退后了数十里，听说曹玮贪图牛羊而队伍不整，便立即掉转队伍去袭击。曹玮行军越发缓慢，走到地势有利的地方，便停下等待。敌军快到附近的时候，派人去说："蕃军远道而来，一定很疲惫。我不想乘人之危，请你们休息士兵和马匹，稍后决战。"敌军正苦于疲惫，都很高兴，严整队伍休息了很久。曹玮又派人去说："休息好了可以来战了。"于是各自擂鼓进军，一次就大破敌军，于是放弃牛羊返回。慢慢与他的下属说："我知道敌人已经疲劳，所以装出贪图利益的模样来诱敌。他们折返回来，几乎要走一百里路，如果趁他们还有锐气的时候就开战，那谁输谁赢还不一定。远行的人如果稍事休息，脚就会酸软难以站立，士气也尽了，我由此取胜。"

原 文

　　予友人有任术者①，尝为延州临真尉，携家出宜秋门。是时茶禁甚严。家人怀越茶数斤，稠人中马惊，茶忽坠地。其人阳惊，回身以鞭指城门鸱尾②。市人莫测，皆随鞭所指望之，茶囊已碎于埃壤矣。监司尝使治地讼，其地多山，险不可登，由此数为讼者所欺。乃呼讼者告之曰："吾不忍尽尔，当贳尔半③。尔所有之地，两亩止供一亩，慎不可欺，欺则尽覆入官矣。"民信之，尽其所有供半。既而指一处覆之，文致其参差处，责之曰："我戒尔无得欺，何为见负？今尽入尔田矣。"凡供一亩者，悉作两亩收之，更无一犁得隐者④。其权数多此类。其为人强毅恢廓，亦一时之豪也。

注 释

　　①任术：擅长权谋、策略的人。②鸱尾：古代建筑屋脊两端翘起的装饰构件，形状像鸱鹰的尾巴。③贳：宽纵，赦免。④犁：同"犁"，一犁之内的土地，意指极小。

译 文

　　我有个擅使计策的朋友，曾担任延州临真尉，带家眷从宜秋门出行。当时茶禁很严。他的家人带着许多斤越茶，人群密集中马匹受惊，茶忽然掉在地上。他假装吃惊，回身用马鞭指向城门上的鸱尾。路上的人不知道发生了什么，都随着他的鞭子看向所指之处，茶叶包裹已经被踩碎在尘埃里了。监司曾让他处理地税纠纷，被告的土地多山，险陡无法攀登，因此监司多次受到被告的欺瞒。他便叫来被告说："我不忍心让你按所有土地征税，就免你一半吧。你所拥有的土地，两亩地只交一亩的税供，切记不可以再欺瞒了，若再欺瞒就要收你全部的了。"山民听信他的话，将所有土地的一半上税。之后他指着一处土地复核，核对文字中细微的差别，指责他说："我告诫过你不能欺瞒，为何你辜负了我？现在你的所有土地都要上税了。"凡是之前交纳一亩税供的，都按两亩来收取，更没有一点土地能够隐瞒了。他的计策大多类似这样。他的为人坚毅宽宏，也是一时豪杰。

原文

王元泽数岁时①，客有以一獐一鹿同笼以问雱："何者是獐，何者是鹿？"雱实未识，良久对曰："獐边者是鹿，鹿边者是獐。"客大奇之。

注释

①王元泽：王雱，王安石之子。

译文

王雱（字元泽）几岁的时候，有客人将一只獐一只鹿放在同一个笼子里问他："哪个是獐，哪个是鹿？"王雱其实并不知道，过了很久回答说："獐的旁边是鹿，鹿的旁边是獐。"客人大为惊奇。

原文

濠州定远县一弓手，善用矛，远近皆伏其能。有一偷，亦善击刺①，常蔑视官军，唯与此弓手不相下，曰："见必与之决生死。"一日，弓手者因事至村步②，适值偷在市饮酒，势不可避，遂曳矛而斗。观者如堵墙。久之，各未能进。弓手者忽谓偷曰："尉至矣。我与尔皆健者，汝敢与我尉马前决生死乎？"偷曰："喏。"弓手应声刺之，一举而毙，盖乘其隙也。又有人曾遇强寇斗，矛刃方接，寇先含水满口，忽噀其面③。其人愕然，刃已揕胸④。后有一壮士复与寇遇，已先知噀水之事，寇复用之，水才出口，矛已洞颈。盖已陈刍狗⑤，其机已泄，恃胜失备，反受其害。

注释

①击刺：使矛攻击突刺。②步：同"埠"，码头。③噀：含在口中而喷出。④揕：用刀、剑等刺。⑤已陈刍狗：指已经过时的轻贱无用的东西。刍狗，古代祭祀时用草扎成的狗，在祭祀前人们尊重供奉，祭祀后便弃置一旁遭人践踏。

译文

濠州定远县有一名弓手，擅长用矛，远近的人都佩服他的能力。有一个小偷，也擅长用矛，经常无视宫廷军队的存在而行动，唯独与这名弓手能力相当，说："见到他必要与他决一生死。"一天，弓手有事到村边埠头，正遇上小偷在集市上喝酒，不可避免相遇，便拿起矛来打斗。围观的人多得像一堵墙。过了很久，两边都没能取胜。弓手忽然和小偷说："县尉到了。我和你都很强健，你敢和我在县尉马前决一生死吗？"小偷说："好。"弓手应声刺他，一下杀死了他，这是趁了他的疏忽。又有人曾遇到强盗与之打斗，矛刃刚打

梦溪笔谈

一五○

到一起，强盗事先含了满口的水，忽然朝他的脸喷去。那人一惊，刀刃已刺到胸口。后来有一名壮士又与这个强盗相遇了，已经事先知道喷水的事，强盗又用了这一招，水刚出口，矛已经洞穿了他的脖子。这是因为招数已经过时了，机密已泄露，还想靠这个取胜而失去防备，反而被它害了。

原文

　　陕西因洪水下大石，塞山涧中，水遂横流为害[1]。石之大有如屋者，人力不能去，州县患之。雷简夫为县令，乃使人各于石下穿一穴，度如石大，挽石入穴窖之[2]，水患遂息也。

注释

　　[1]横流：水不循道而泛滥。[2]窖：把东西收藏在地洞里。

译文

　　陕西因洪水冲下了大石头，堵塞在山涧中途，使得水流泛滥造成水患。石头大得像栋屋子，人力无法移除，州县为之忧虑。雷简夫作为县令，便让人在大石下面挖一个坑，和石头一边大，把石头推进坑中填埋，水患便平息了。

原文

　　熙宁中，高丽入贡，所经州县，悉要地图，所至皆造送，山川道路，形势险易，无不备载。至扬州，牒州取地图[1]。是时丞相陈秀公守扬，绐使者欲尽见两浙所供图，仿其规模供造。及图至，都聚而焚之，具以事闻。

注释

　　[1]牒：文牒，文书。指呈上文书。

译文

　　熙宁年间，高丽入朝进贡，经过的州县，都索要地图，所到之处都绘制了地图送给他们，山川道路，地形险峻与否，没有不详细记录的。到了扬州，发文书给州令索要地图。当时的丞相陈秀公镇守扬州，迷惑使者说想要把两浙送给他们的所有地图都看一看，以便模仿他们的形制绘制地图。等到地图拿来，都放在一起焚烧掉，并将这件事上报皇帝。

原文

　　狄青成泾原日，尝与虏战，大胜，追奔数里，虏忽壅遏山踊[1]，知其前必遇险，士卒皆欲奋击，青遽鸣钲止之，虏得引去。验其处，果临深涧，将佐皆悔不击。青独曰："不然。奔亡之虏，忽止而拒我，安知非谋？军已大胜，残寇不足利，得之无所加重；万一落其术中，存亡不可知。宁悔不击，不可悔不止。"青后平岭寇，贼帅侬智高兵败奔邕州，其下皆欲穷其窟穴，青亦不从，以为趋利乘势，入不测之城，非大将事，智高因而获免。天下皆罪青不入邕州，脱智高于垂死，然青之用兵，主胜而已。不求奇功，故未尝大败。计功最多，卒为名将。譬如弈棋，已胜敌可止矣，然犹攻击不已，往往大败，此青之所戒也。临利而能戒，乃青之过人处也。

注释

①壅遏：阻塞，停滞。

译文

狄青驻守泾原的时候，曾与敌军交战，大获胜利，追击了数里地，敌军忽然在山崖处停滞不前，知道前面必有险情，士兵都想要奋力追击，狄青突然鸣钲让军队停下，敌军得以逃脱。查验这处地方，果然面临深渊，众将士都悔恨没有追击。唯独狄青说："不是这样。逃亡中的敌军，忽然停止下来对抗我军，怎么知道不是有阴谋？我军已经大胜，残余的敌军不足为利，击溃他们也没有更多功绩；万一落入陷阱，生存灭亡还不知道。宁可后悔没有追击，不可后悔没有停止。"狄青后来平定岭南叛军，叛军主帅侬智高的军队溃败逃往邕州，狄青的属下都想要打尽他的巢穴，狄青也不同意，认为为了追逐利益趁势追击，进入没有预先了解的城池，不是大将该做的事，侬智高因此免于一死。天下人都怪罪狄青不进入邕州，让侬智高从垂死境地逃脱出来。但狄青的用兵之道，主要是追求胜利而已。不求特别卓越的功勋，因此也从没有大的失败。累计功勋最多，最后成为名将。这就好像围棋对弈，已经胜过对方就可以停下了，但仍不停进攻的，往往大败，这是狄青所戒备的。面对胜利时能保持警戒，这是狄青的过人之处。

原文

瓦桥关北与辽人为邻，素无关河为阻。往岁六宅使何承矩守瓦桥，始议因陂泽之地①，潴水为塞②。欲自相视，恐其谋泄。日会僚佐，泛船置酒赏蓼花，作《蓼花吟》数十篇，令座客属和，画以为图，传至京师，人莫喻其意，自此始壅诸淀③。庆历中，内侍杨怀敏复踵为之。至熙宁中，又开徐村、柳庄等泺④，皆以徐、鲍、沙、唐等河，叫猴、鸡距、五眼等泉为之源，东合滹沱、漳、淇、易、白等水并大河⑤。于是自保州西北沈远泺，东尽沧州泥枯海口，几八百里，悉为潴潦⑥，阔者有及六十里者，至今倚为藩篱。或谓侵蚀民田，岁失边粟之入，此殊不然。深、冀、沧、瀛间，唯大河、滹沱、漳水所淤，方为美田；淤淀不至处，悉是斥卤⑦，不可种艺。异日唯是聚集游民，刮咸煮盐，颇干盐禁，时为寇盗。自为潴泺，奸盐遂少，而鱼蟹菰苇之利⑧，人亦赖之。

注释

①陂泽：湖泽。陂，即池塘。②潴水：积水。③壅：堵塞。④泺：同"泊"，湖泊。⑤大河：即黄河。⑥潴潦：停积的水。⑦斥卤：盐碱地。⑧菰：生于浅水，茎即茭白，可食用。苇：

生于水边，即芦苇，可编席、造纸等。

瓦桥关的北面与辽人为邻，向来没有关隘河流作为阻隔。往年六宅使何承矩镇守瓦桥，开始讨论借助湖泽的地形，积水形成屏障。想要亲自前往探视情况，又怕谋划泄露。每天邀请同僚辅佐，在湖上泛舟喝酒赏蓼花，写了数十篇《蓼花吟》，让在座宾客附和，画成图，传到京城，人们不理解这是什么意思，从此开始壅堵各个湖泽。庆历年间，内侍杨怀敏按这样重新开始施工。到熙宁年间，又挖开了徐村、柳庄等水泊，都以徐、鲍、沙、唐等河流，叫猴、鸡距、五眼等泉眼作为源头，向东与滹沱、漳、淇、易、白等河流一起汇入黄河。由此从保州西北的沈远泺，东至沧州的泥枯海口，近八百里，都积水成湖，最宽的地方有六十里，至今依靠这些湖泽为屏障。有人说这样做侵蚀了农田，每年丧失了一些边塞上税的粮食，完全不是这样。深、冀、沧、瀛一带，只有黄河、滹沱、漳水流经淤积泥沙的地方，才成为良田；淤积不到的地方，全都是盐碱地，不可种植。以前这里只有流民聚集，刮盐碱煮成盐，严重违犯了盐禁，还常常做强盗。自从积水成湖，偷制私盐的人渐渐少了，而鱼、蟹、菰、苇的收益，也使人们赖以为生。

浙帅钱镠时，宣州叛卒五千余人送款，钱氏纳之，以为腹心。时罗隐在其幕下，屡谏，以谓敌国之人，不可轻信，浙帅不听，杭州新治城堞[1]，楼橹甚盛[2]，浙帅携寮客观之，隐指却敌，佯不晓曰："设此何用？"浙帅曰："君岂不知欲备敌邪！"隐谬曰："审如是[3]，何不向里设之？"浙帅大笑曰："本欲拒敌，设于内何用？"对曰："以隐所见，正当设于内耳。"盖指宣卒将为敌也。后浙帅巡衣锦城，武勇都指挥使徐绾、许再思挟宣卒为乱，火青山镇，入攻中城。赖城中有备，绾等寻败，几于覆国。

①**城堞**：即城墙。②**楼橹**：用于瞭望、攻防的高台，可建于地面，也可建于车船之上。③**审**：一定，果然。

钱镠割据两浙时，有五千多名宣州叛军向他行贿，钱镠收下了，把他们当作心腹。当时罗隐是他的幕僚，多次谏言，说敌国的人不可轻信。钱镠不听，杭州新建城墙，城楼非常雄伟，钱镠带幕僚们参观，罗隐指着用于击退敌人的武器，假装不知道地说："架设这个有什么用？"钱镠说："你难道不知道这些是击退敌人用的吗！"罗隐反讽道："如果真像这样，为什么不向城内架设呢？"钱镠大笑道："本就是要击退敌人的，向内架设有什么用？"罗隐回答道："以我所见，正应该向内架设。"意指宣州将士是敌人。后来钱镠巡防衣锦城的时候，武勇指挥使徐绾、许再思带领宣州将士叛乱，火烧青山镇，攻进内城。依

靠着城中的戒备，徐绾等人才败退，几乎灭国。

　　淳化中，李继捧为定难军节度使，阴与其弟继迁谋叛，朝廷遣李继隆率兵讨之。继隆驰至克胡，渡河入延福县，自铁茄驿夜入绥州，谋其所向。继隆欲径袭夏州，或以谓夏州贼帅所在，我兵少，恐不能克，不若先据石堡，以观贼势。继隆以为不然，曰：“我兵既少，若径入夏州，出其不意，彼亦未能料我众寡。若先据石堡，众寡已露，岂复能进？”乃引兵驰入抚宁县，继捧犹未知，遂进攻夏州。继捧狼狈出迎，擒之以归。抚宁旧治无定河川中，数为虏所危。继隆乃迁县于滴水崖，在旧县之北十余里，皆石崖，峭拔十余丈，下临定水，今谓之啰瓦城者是也。熙宁中所治抚宁城，乃抚宁旧城耳。本道图牒皆不载，唯李继隆《西征记》言之甚详也。

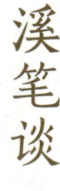

译文

　　淳化年间，李继捧任职定难军节度使，私下与弟弟李继迁谋反，朝廷派遣李继隆率军讨伐。李继隆的军队行到克胡，渡河进入延福县，趁夜通过铁茄驿进入绥州，谋划接下来行军的方向。李继隆计划直接袭击夏州，有人认为夏州是敌寇首领所在的地方，我军兵力较少，恐怕不能攻克，不如先占据石堡，观望敌军的动向。李继隆不这样认为，说：“我军既然兵力很少，如果径直突入夏州，出其不意，他们也未必能预料到其实我军兵力很少。如果先占据石堡，已经暴露了我军兵力之少，又如何能再前进呢？”于是带兵疾行进入抚宁县，李继捧还不知此事，便攻打了夏州。李继捧狼狈出来迎敌，被擒获带回。抚宁县的旧县治在无定河河流之中，多次陷入被敌寇攻占的危险。李继隆便迁县治到滴水崖，在旧县治以北十余里的地方，都是石崖，陡峭而上十余丈，下面是无定河水，现今叫啰瓦城的就是了。而熙宁年间设立的抚宁城，是在抚宁旧城。本府的地图文书都没有记载，只有李继隆的《西征记》里面说得很详细。

原文

　　熙宁中，党项母梁氏引兵犯庆州大顺城。庆帅遣别将林广拒守，虏围不解。广使城兵皆以弱弓弩射之①。虏度其势之所及，稍稍近城，乃易强弓劲弩丛射。虏多死，遂相拥而溃。

注释

　　①弱弓弩：力量较弱的弓弩，射程较短。后文的“强弓劲弩”是力量较强的弓弩，射程较长。

译文

　　熙宁年间，党项族母梁氏率兵侵犯庆州大顺城。庆州主帅派遣别将林广拒守大顺城，敌人围攻了城池无法化解。林广让守城士兵都用射程较短的弓弩射击。敌寇判断出这些弓弩的射程所能到达的地方，就稍稍离城近一些，这时再换成射程长的弓弩齐射。敌人大多死伤，于是抱头奔逃。

　　苏州至昆山县凡六十里，皆浅水，无陆途，民颇病涉。久欲为长堤，但苏州皆泽国，无处求土。嘉祐中，人有献计，就水中以蘧蒢、刍稿为墙①，栽两行，相去三尺。去墙六丈又为一墙，亦如此。漉水中淤泥实蘧蒢中②，候干，则以水车汰去两墙之间旧水③。墙间六丈皆土，留其半以为堤脚，掘其半为渠，取土以为堤，每三四里则为一桥，以通南北之水。不日堤成，至今为利。

　　①蘧蒢、刍稿：用芦苇、竹篾、干草或稻秸编成的粗席。②漉：沥水。③汰：同"汰"，去除。

　　从苏州到昆山县共六十里路，都是浅滩，没有陆地途经，百姓因涉水而非常困苦。想要修建长堤很久了，但苏州全都是水泽，没有地方找修堤的土。嘉祐年间，人有献计，在水中用蘧蒢、刍稿做成墙，竖起两行，相隔三尺。离墙六丈的地方再竖一道墙，也是这样的形制。把淤泥从水中沥出真满蘧蒢之间，等晾干了，就用水车捞走两墙之间旧有的水。两墙之间的六丈都填满了土，留一半作为堤的地基，挖掘另一半土作为沟渠，从渠里取土做堤，每隔三四里就建一座桥，让南北边的水能流通。不过多久长堤建成了，至今惠利百姓。

　　李允则守雄州，北门外民居极多，城中地窄，欲展北城，而以辽人通好，恐其生事。门外旧有东岳行宫①，允则以银为大香炉，陈于庙中，故不设备。一日，银炉为盗所攘，乃大出募赏，所在张榜，捕贼甚急。久之不获，遂声言庙中屡遭寇，课夫筑墙围之②，其实展北城也，不逾旬而就，虏人亦不怪之，则今雄州北关城是也。大都军中诈谋，未必皆奇策，但当时偶能欺敌，而成奇功。时人有语云："用得着，敌人休；用不着，自家羞。"斯言诚然。

　　①东岳行宫：即东岳庙，是道教供奉东岳大帝的道观，国内多地有之。②课：使人交税或服役，如课役，此处即招募人来服役的意思。

　　李允则驻守雄州，雄州北门外的民居非常多，城中的土地狭窄，想要扩张北城，但国家正与辽国通好，怕这样做会生出事端。门外原有一座东岳行宫，李允则用银铸造大香炉，放在庙里，故意不设防备。一天，银炉被盗贼偷去，便大加悬赏，到处张贴告示，非常急切地想要捉捕盗贼。很久也没有破获，又宣称庙里多次被盗，雇人筑墙围起来，其实这就是拓展了北城，没过十天就建好了，辽国人也不责怪，这就是如今雄州的北关城。大多用在军中的计谋，未必都是奇策，但在适当的时候能欺瞒一下敌人，而成就奇功。当时有人说："用得着，敌人休；用不着，自家羞。"这话没错。

原文

　　陈述古密直知建州浦城县日①，有人失物，捕得莫知的为盗者。述古乃绐(dài)之曰："某庙有一钟，能辨盗，至灵。"使人迎置后阁祠之，引群囚立钟前，自陈不为盗者，摸之则无声；为盗者摸之则有声。述古自率同职，祷钟甚肃，祭讫，以帷围之，乃阴使人以墨涂钟。良久，引囚逐一令引手入帷摸之，出乃验其手，皆有墨。唯有一囚无墨，讯之，遂承为盗。盖恐钟有声，不敢摸也。此亦古之法，出于小说。

注释

①密直：枢密直学士，官名的简称。

译文

　　枢密直学士陈述古任建州浦城县知县时，有人丢失物品，捕捉到的人里不知道哪个是盗窃的人。陈述古便迷惑他们说："某庙里有一口钟，能辨认盗贼，非常灵验。"派人把钟迎来放置在后阁里祠奉，带众囚犯到钟前站立，亲自解释说：不是盗贼的人，摸钟则不响；偷东西的人摸钟就会有声。陈述古亲自率领同事，非常严肃地对钟祷告，祭礼完后，用布围起来，便暗中让人用墨把钟涂黑。很久之后，领囚徒过来逐一把手伸入布帷中摸钟，出来验看他们的手，都有墨。只有一个囚徒手上没有墨，审讯他，便承认为盗贼。因为怕钟发出响声，才不敢摸。这也是古时候便有的办法，出自小说。

●陈述古

　　陈襄，字述古，少孤贫，庆历间进士。宋神宗时出知明州，后改侍御史，曾反对王安石变法，晚年官至枢密直学士，判尚书都省。为官时，恪尽职守，兴办学校，注重减轻农民负担。

原文

　　熙宁中，濉(suī)阳界中发汴堤淤田①，汴水暴至，堤防颇坏陷，将毁，人力不可制。都水丞侯叔献时莅其役②，相视其上数十里有一古城，急发汴堤注水入古城中，下流遂涸，急使人治堤陷。次日，古城中水盈，汴流复行，而堤陷已完矣，徐塞古城所决，内外之水，平而不流，瞬息可塞。众皆伏其机敏。

注释

①发：挖掘。②都水丞：官职名。

译文

熙宁年间，潍阳地界上挖开汴堤用来堆积田地，汴河水暴涨，堤防损坏陷落颇为严重，即将被摧毁，人力不可控制。都水丞侯叔献当时负责这项工程，看到上游数十里处有一座古城，立即挖开汴河河堤注水到古城里，下流便干涸了，又急忙派人修理河堤陷落处。第二天，古城里的水满盈了，汴河水重新流下，而河堤已经修缮完工，慢慢填塞古城那边的决口，古城内外的水，水位相平没有大的流动，很快就可以填塞上，众人都佩服侯叔献的机敏。

原文

宝元中，党项犯边，有明珠族首领骁悍，最为边患。种世衡为将，欲以计擒之。闻其好击鼓，乃造一马，持战鼓①，以银裹之，极华焕，密使谍者阳卖之入明珠族。后乃择骁卒数百人，戒之曰："凡见负银鼓自随者，并力擒之。"一日，羌酋负鼓而出，遂为世衡所擒。又元昊之臣野利，常为谋主，守天都山，号天都大王，与元昊乳母白姥有隙。岁除日，野利引兵巡边，深涉汉境数宿，白姥乘间乃谮其欲叛，元昊疑之。世衡尝得蕃酋之子苏吃囊，厚遇之，闻元昊尝赐野利宝刀，而吃囊之父得幸于野利。世衡因使吃囊窃野利刀，许之以缘边职任、锦袍、真金带。吃囊得刀以还。世衡乃唱言野利已为白姥谮死②，设祭境上，为祭文，叙岁除日相见之欢。入夜，乃火烧纸钱，川中尽明，虏见火光，引骑近边窥觇。乃佯委祭具，而银器凡千余两悉弃之。虏人争取器皿，得元昊所赐刀，及火炉中见祭文已烧尽，但存数十字。元昊得之，又识其所赐刀，遂赐野利死。野利有大功，死不以罪，自此君臣猜贰③，以至不能军。平夏之功，世衡计谋居多，当时人未甚知之。世衡卒，乃录其功，赠观察使。

注释

①乃造一马，持战鼓：似为"乃造一马持战鼓"。②唱言：扬言，宣扬。③猜贰：君猜忌臣，臣有二心，是君臣互相猜疑。

译文

宝元年间，党项族侵犯边境，其中明珠族的首领最为骁勇剽悍，是边塞最大的祸患。种世衡作为大将，打算设计擒获他。听说他喜好击鼓，便造了一面骑马佩带的战鼓，用银包裹，极其华丽炫目，秘密派间谍假装将其卖到明珠族里。后来选择了善战的士兵数百人，训诫他们说："凡是见到背着银鼓不离身的人，就合力擒获他。"一天，羌族首领背着鼓出来，便被种世衡的人所擒获。又有一名李元昊的臣子名叫野利，常常为他出谋划策，镇守天都山，号称天都大王，他与李元昊的乳母白姥之间有嫌隙。除夕这天，野利带兵巡察边境，深入大宋边境多天，白姥趁机便诬陷他想要谋反，李元昊对他心存怀疑。种世衡麾下曾有一名番邦首领之子苏吃曩，待他亲厚，听说李元昊曾赐给野利一柄宝刀，而苏吃曩的父亲受野利重用。因此种世衡派苏吃曩去偷窃野利的刀，许诺给他边境上的官职、锦袍、真金带。苏吃曩偷得了刀回来。种世衡于是散布流言说野利已经被白姥诬陷致死，在边境上设祭祀，写祭文，叙述了除夕那天相见时的欢乐。到了夜晚，就用火烧纸钱，河上全是明亮的，敌军看见火光，策马到边境前来窥探，于是他们假装扔掉祭具，共计千余两的银器全部弃置。敌军争夺银器，得到了李元昊所赐的宝刀，以及从火炉中发现祭文已经烧尽，只剩下数十字。李元昊得到这些祭文的残片，又认出自己所赐的宝刀，于是将野利处死。野利立有大功，非因罪过而死，从此君臣猜忌，导致不能妥善率领军队。平定西夏的功劳，以种世衡的计谋居多，当时的人并不是太清楚。种世衡死后，才记录他的功劳，追赠观察使一职。

卷十四　艺文一

　　欧阳文忠常爱林逋诗"草泥行郭索，云木叫钩辀①"之句，文忠以为语新而属对亲切。钩辀，鹧鸪声也，李群玉诗云："方穿诘曲崎岖路，又听钩辀格磔声②。"郭索，蟹行貌也。扬雄《太玄》曰："蟹之郭索，用心躁也。"

　　①草泥行郭索，云木叫钩辀：长草的泥淖中有（螃蟹）行走的"郭索"形迹，入云的树梢上有（鹧鸪）鸣叫的"钩辀"声音。②方穿诘曲崎岖路，又听钩辀格磔声：刚穿过弯绕难行的山路，又听见"钩辀格磔"的鸟鸣。

　　欧阳修（谥号文忠）平生喜爱林逋诗中"草泥行郭索，云木叫钩辀"一句，认为用语新颖并且对仗贴切。钩辀是鹧鸪的叫声，李群玉的诗中说："方穿诘曲崎岖路，又听钩辀格磔声。"郭索是螃蟹行走的样子。扬雄在《太玄》里说："蟹之郭索，用心躁也。"

　　韩退之集中《罗池神碑铭》有"春与猿吟兮秋与鹤飞"，今验石刻，乃"春与猿吟兮秋鹤与飞"。古人多用此格，如《楚辞》"吉日兮辰良"，又"蕙肴蒸兮兰藉，奠桂酒兮椒浆。"盖欲相错成文，则语势矫健耳。杜子美诗："红稻啄余鹦鹉粒，碧梧栖老凤凰枝。"此亦语反而意全。韩退之《雪诗》："舞镜鸾窥沼，行天马度桥。"亦效此体，然稍牵强，不若前人之语浑成也。

韩愈文集中的《罗池祠碑铭》有"春与猿吟兮秋与鹤飞"一句，今核对石刻，应是"春与猿吟兮秋鹤与飞"。古人常用这个句式，比如《楚辞》的"吉日兮辰良"，又比如"蕙肴蒸兮兰藉，奠桂酒兮椒浆。"因为想让语句交错呼应，则文句气势矫健。杜甫的诗有："红稻啄余鹦鹉粒，碧梧栖老凤凰枝。"这也是调整语序而句义完整。韩愈的《雪诗》："舞镜鸾窥沼，行天马度桥。"也是效仿这种句式，但是稍显牵强，不如前人诗句的浑然一体。

原 文

唐人作富贵诗，多纪其奉养器服之盛，乃贫眼所惊耳。如贯休《富贵曲》云："刻成筝柱雁相挨。"此下里鬻弹者皆有之[1]，何足道哉！又韦楚老《蚊诗》云："十幅红绡围夜玉。"十幅红绡为帐[2]，方不及四五尺，不知如何伸脚？此所谓不曾近富儿家。

注 释

①**鬻弹**：以弹奏乐器谋生。②**十幅**：布的量词，也指布的宽度。

译 文

唐人写作富贵诗，大多记录他们饮食衣着器物的丰盛，是以他们贫穷的眼光看来新奇的罢了。比如贯休的《富贵曲》说："刻成筝柱雁相挨。"这些东西乡下卖唱的人都有，有什么值得称道的呢！又比如韦楚老的《蚊诗》说："十幅红绡围夜玉。"十幅红绡做成的帐子，宽不过四五尺，不知如何伸脚？这就是他们不曾了解富贵人家。

原 文

诗人以诗主人物，故虽小诗，莫不埏埴极工而后已[1]。所谓句锻月炼者，信非虚言。小说，崔护《题城南诗》，其始曰："去年今日此门中，人面桃花相映红。人面不知何处去，桃花依旧笑春风。"后以其意未全，语未工，改第三句曰："人面只今何处在？"至今所传此两本，唯《本事诗》作"只今何处在"。唐人工诗，大率多如此。虽有两"今"字，不恤也[2]，取语意为主耳。后人以其有两"今"字，只多行前篇。

注 释

①**埏埴**：本意为反复捶击制作陶器的黏土，意指反复修改锤炼文句。**极工**：极尽所能。
②**不恤**：不顾惜。

译 文

诗人用诗主要描绘的是人物，所以尽管诗小，也没有不反复锤炼的。所谓句锻月炼，所言非虚。小说记载，崔护写《题城南诗》，一开始说的是："去年今日此门中，人面桃花相映红。人面不知何处去，桃花依旧笑春风。"后来认为语义不完整，用词不工整，于是改第三句为："人面只今何处在？"流传至今的这两个版本，只有《本事诗》中写作"只今何处在"。唐代人锤炼诗句，大多是这样。后一个版本虽然有两个"今"字，这个不需顾忌，重要的是取其语义。后人因为它出现两个"今"字，所以大多流传前一个版本。

原文

　　书之阙误，有可见于他书者。如《诗》"天夭是椓"，《后汉·蔡邕传》作"夭夭是加"，与"速速方谷"为对。又"彼岨矣岐，有夷之行"，《朱浮传》作"彼岨者岐，有夷之行"。《坊记》："君子之道，譬则坊焉。"《大戴礼》："君子之道，譬犹坊焉。"《夬卦》："君子以施禄及下，居德则忌。"王辅嗣曰："居德而明禁"，乃以"则"字为"明"字也。

释文

　　书籍记载的缺漏错误，有些可以参见其他书籍。比如《诗经》中的"天夭是椓"，《后汉书·蔡邕传》里写作"夭夭是加"，与"速速方谷"呼应。又比如"彼岨矣岐，有夷之行"，《后汉书·朱浮传》里写作"彼岨者岐，有夷之行"。《礼记·坊记》中的"君子之道，譬则坊焉"，在《大戴礼》里记为"君子之道，譬犹坊焉"。《周易·夬卦》中的"君子以施禄及下，居德则忌"，王弼（字辅嗣）的"居德而明禁"，则是将"则"字写作了"明"字。

原文

　　音韵之学，自沈约为四声①，及天竺梵学入中国，其术渐密。观古人谐声②，有不可解者。如玖字、有字多与李字协用③；庆字、正字多与章字、平字协用。如《诗》"或群或友，以燕天子"；"彼留之子，贻我佩玖"；"投我以木李，报之以琼玖"；"终三十里，十千维耦"；"自今而后，岁其有我，君子有谷，贻尔孙子"；"陟降左右，令闻不已"；"膳夫左右，无不能止"；"鱼丽于罶，鲿鲨，君子有酒，旨且有"，如此极多。又如"孝孙有庆，万寿无疆"；"黍稷稻粱，农夫之庆"；"唯其有章矣，是以有庆矣"；"则笃其庆，载锡之光"；"我田既臧，农夫之庆"；"万舞洋洋，孝孙有庆"；《易》云"西南得朋，乃与类行；东北丧朋，乃终有庆"；"积善之家，必有余庆；积不善之家，必有余殃"；班固《东都赋》"彰皇德兮侔周成，永延长兮膺天庆"，如此亦多。今《广韵》中庆一音卿。然如《诗》之"未见君子，忧心怲怲；既得君子，庶几式臧"；"谁秉国成，卒劳百姓，我王不宁，覆怨其正"，亦是怲、正与宁、平协用，不止庆而已。恐别有理也。

注释

　　①四声：南朝文臣沈约首次将四声作为概念提出，以"天子圣哲"四个字表示，后来隋人陆法言《切韵》才提出如今我们了解的"平上去入"四声，但内涵是相同的。②谐声：声韵谐和，即押韵。③协用：配合使用，即押韵。

音韵学的相关知识，从沈约规定四声开始，到了印度梵学进入中原，其知识逐渐构成体系。看古代人使用谐声，有不能理解的情况。比如玖字、有字经常与李字押韵；庆字、正字经常与章字、平字押韵。比如《诗经》的"或群或友，以燕天子"；"彼留之子，贻我佩玖"；"投我以木李，报之以琼玖"；"终三十里，十千维耦"；"自今而后，岁其有我，君子有谷，贻尔孙子"；"陟降左右，令闻不已"；"膳夫左右，无不能止"；"鱼丽于罶，鲿鲨，君子有酒，旨且有"，像这样的情况非常多。又比如"孝孙有庆，万寿无疆"；"黍稷稻粱，农夫之庆"；"唯其有章矣，是以有庆矣"；"则笃其庆，载锡之光"；"我田既臧，农夫之庆"；"万舞洋洋，孝孙有庆"；《周易》里的"西南得朋，乃与类行；东北丧朋，乃终有庆"；"积善之家，必有余庆；积不善之家，必有余殃"；班固所写的《东都赋》里的"彰皇德兮侔周成，永延长兮膺天庆"，像这样的情况也很多。如今在《广韵》里的庆字读音是卿。但像《诗经》里的"未见君子，忧心怲怲；既得君子，庶几式臧"；"谁秉国成，卒劳百姓，我王不宁，覆怨其正"，也是怲、正与宁、平押韵，不只是庆字而已。可能有另外的道理。

小律诗虽末技[1]，**工之不造微**[2]，**不足以名家。故唐人皆尽一生之业为之，至于字字皆炼，得之甚难。但患观者灭裂**[3]，**则不见其工，故不唯为之难，知音亦鲜。设有苦心得之者，未必为人所知。若字字皆是，无瑕可指，语意亦掞丽**[4]（shàn），**但细论无功，景意纵全，一读便尽，更无可讽味**[5]。**此类最易为人激赏，乃诗之《折杨》《黄华》也**[6]。**譬若三馆楷书作字**[7]，**不可谓不精不丽，求其佳处，到死无一笔，此病最难为医也。**

①**末技**：不足称道的低等技艺。②**造微**：达到精妙的程度。③**灭裂**：形容粗疏草率的样子。④**掞丽**：华丽。掞，即光彩艳丽之意。⑤**讽味**：朗读品味，讽，即讽诵、朗读。⑥**《折杨》《黄华》**：古代俗曲名，传唱广泛。《黄华》又称《皇华》，出自《小雅》而里巷传唱，《折杨》有苏轼诗中称"《折杨》新曲万人趋"。⑦**三馆**：宋代设有广文、大学、律学三馆，是教育士子的机构。

短小的律诗虽然是低等的技艺，但如果不精细锤炼，就不足以称为名家。所以唐代人都将其作为倾注一生的事业，以至于每一个字都很精练。能做到这样非常难得，但怕的是读者草率读过，看不出其中倾注的用心，所以不仅是作诗很难，知音也少有。即使有人苦心吟得好诗，也未必被人们知晓。如果每个字都用得精准，没有瑕疵可以指摘，语意也很华丽，但仔细品评也没有什么过人之处，纵然意境完整，一读就透，更没有值得讽诵玩味的。这类最容易被人大为称赏，是诗中的《折杨》《黄华》。就像是三馆的学士们用楷书写字，不能不说是精美的，但寻找它的优长之处，到死也没有一笔，这是最难治的病了。

　　王圣美治字学，演其义以为右文。古之字书，皆从左文。凡字，其类在左，其义在右。如木类，其左皆从木。所谓右文者，如戋①，小也，水之小者曰浅，金之小者曰钱，歹之小者曰残，贝之小者曰贱。如此之类，皆以戋为义也。

注　释

　　①戋：少，细微，如"为数戋戋"。

译　文

　　王子韶（字圣美）研究文字学，用文字的右半部分推演字义。古代的字学书籍，都是从左半部分。所有的字，左半部分表示类别，右半部分表示字义。比如树木一类，左半部分都从木字旁。所谓右半部分，比如戋是小的意思，小的水就叫"浅"，小的金就叫"钱"，小的坏就叫"残"，小的贝就是"贱"。诸如此类的，都是以戋作为字义。

原　文

　　王圣美为县令时，尚未知名，谒一达官，值其方与客谈《孟子》，殊不顾圣美。圣美窃哂其所论①。久之，忽顾圣美曰："尝读《孟子》否？"圣美对曰："生平爱之，但都不晓其义。"主人问："不晓何义？"圣美曰："从头不晓。"主人曰："如何从头不晓？试言之。"圣美曰："'孟子见梁惠王'，已不晓此语。"达官深讶之，曰："此有何奥义？"圣美曰："既云孟子不见诸侯，因何见梁惠王？"其人愕然无对。

注　释

　　①窃哂：窃笑。

译　文

　　王子韶任县令时，还没有名气，拜访一位高官，正值他与客人讨论《孟子》，完全不理睬王子韶。王子韶暗自嘲笑他们的论述。过了很久，高官忽然看向王子韶问："你读过《孟子》吗？"王子韶回答说："我生平喜爱《孟子》，但都不理解其中的意思。"高官问："哪里不理解？"王子韶说："从头开始就不理解。"高官问："怎么会从头就不理解？试着说说。"王子韶说："'孟子见梁惠王'，我已不明白这个意思。"高官非常惊讶，说："这有什么深奥的意思呢？"王子韶说："既然说孟子不见诸侯，为何会见梁惠王？"对方愕然无法回答。

原　文

　　杨大年因奏事，论及《比红儿诗》①，大年不能对，甚以为恨。遍访《比红儿诗》，终不可得。忽一日，见鬻故书者有一小编，偶取视之，乃《比红儿诗》也。自此士大夫始多传之。予按《摭言》②，《比红儿诗》乃罗虬所为，凡百篇，盖当时但传其诗而不载名氏，大年亦偶忘《摭言》所载。

　　①《比红儿诗》：唐代诗人罗虬的代表作，共百首七绝，以古代众佳人与名妓杜红儿作比，盛赞其美貌。②《摭言》：即《唐摭言》，五代人王定保撰。

释 文

　　杨亿（字大年）有事禀奏，皇帝提到《比红儿诗》，杨亿不能答对，因此非常悔恨。到处寻访《比红儿诗》，始终没能得到。忽然有一天，看见卖旧书的地方有一本小册子，偶然拿起来看，就是《比红儿诗》。从此在士大夫之间开始流传。我查考《唐摭言》里的记载，《比红儿诗》是罗虬所作，共有一百篇，大概是当时只流传了其诗而没记载作者姓名，杨亿也碰巧忘记了《唐摭言》中记载过。

原 文

　　晚唐士人专以小诗著名，而读书灭裂。如白乐天《题座隅诗》云："俱化为饿殍①。"作孚字押韵。杜牧《杜秋娘诗》云："厌饫不能饴。"饴乃饧耳②，若作饮食，当音饲③。又陆龟蒙作《药名诗》云："乌啄蠹根回。"乃是乌喙④，非乌啄也。又"断续玉琴哀"，药名止有续断⑤，无断续。此类极多。如杜牧《阿房宫赋》误用"龙见而雩"事⑥，宇文时斛斯椿已有此谬⑦，盖牧未尝读《周》《隋书》也。

注 释

　　①饿殍：饿死的人。②饴、饧：饴与饧都有糖块的意思。③饲：同"饲"。④乌喙：药名，附子的别称，因其形似乌鸦的喙。⑤续断：药名，因能接续断骨（强健筋骨）的药效而得名。⑥"龙见而雩"事：《阿房宫赋》中有"未云何龙"一句，意指阿房宫中没有云为何也会出现龙，原来是长桥如龙。而"龙见而雩"出自《左传》，意指孟夏四月龙星显现时当举行求雨祭典。其中的"龙见"并非龙出现的意思。⑦宇文时：指北魏由宇文氏执政的时期。

释 文

　　晚唐的士人专门以写小诗而闻名，但读书粗糙草率。比如白居易的《题座隅诗》有："俱化为饿殍。"殍当作孚来押韵。杜牧的《杜秋娘诗》有："厌饫不能饴。"饴是饧的意思，如果当饮食讲，应该是饲的音。又有陆龟蒙的《药名诗》中说："乌啄蠹根回。"其实应该是乌喙，而不是乌啄。还有"断续玉琴哀"，药名里只有续断，没有断续。类似的情况非常多。比如杜牧的《阿房宫赋》误用了"龙见而雩"的典故，宇文时期的斛斯椿已经犯了这个错误，大概是杜牧没读过《周书》《隋书》。

原 文

　　往岁士人多尚对偶为文①。穆修、张景辈始为平文②，当时谓之古文。穆、张尝同造朝，待旦于东华门外，方论文次，适见有奔马践死一犬，二人各记其事，以较工拙。穆修曰："马逸，有黄犬遇蹄而毙。"张景曰："有犬死奔马

之下。"时文体新变，二人之语皆拙涩，当时已谓之工，传之至今。

[注 释]

①**对偶为文**：即骈文，以对偶的骈句构成，文句工整。②**平文**：即散文。

[译 文]

以往的士人大多崇尚以对偶方式行文。从穆修、张景这一代开始写散文，当时称作古文。穆、张曾同时上朝，在东华门外等候天亮朝观，正当讨论文章章法的时候，碰巧见到有飞驰的马匹踩死一条狗，两人各自记录下这件事，以比较文句的高下。穆修写道："马逸，有黄犬遇蹄而毙。"张景写道："有犬死奔马之下。"当时文体革新，两人的文句都是拙劣枯涩的，当时已算是工整，流传至今。

[原 文]

按《史记·年表》，周平王东迁三年，鲁惠公方即位。则《春秋》当始惠公，而始隐，故诸儒之论纷然，乃《春秋》开卷第一义也。唯啖、赵都不解始隐之义①，学者常疑之。唯于《纂例》隐公下注八字云："惠公二年，平王东迁。"若尔，则《春秋》自合始隐，更无可论，此啖、赵所以不论也。然与《史记》不同，不知啖、赵得于何书？又尝见士人石端集一纪年书，考论诸家年统，极为详密。其叙平王东迁，亦在惠公二年。予得之甚喜，亟问石君，云出一史传中。遽检未得，终未见的据。《史记·年表》注东迁在平王元年辛未岁，《本纪》中都无说，《诸侯世家》言东迁却尽在庚午岁。《史记》亦自差谬，莫知其所的。

[注 释]

①**啖、赵**：即啖助及其弟子赵匡，唐代经学家，主要学说收于弟子陆淳的《春秋集传纂例》。

[译 文]

根据《史记·年表》的说法，周平王东迁后三年，鲁惠公才即位。那么《春秋》应该从鲁惠公开始，却从隐公开始，于是众学者对此议论纷纷，是《春秋》开篇的第一个问题。但啖助、赵匡均不解释从隐公开始的含义，学者常有疑惑。只有在《春秋集传纂例》隐公下注释八个字："惠公二年，平王东迁。"如果是这样，那么《春秋》自然应该从隐公开始，更没有可讨论的，因此啖、赵都不探讨它。但这个记载与《史记》不同，不知啖、赵是从哪里得来的？又曾看见士人石端编纂的一本年表，考证《春秋》各家的纪年统系，非常详细缜密。他记叙的平王东迁，也在惠公二年。我发觉这一点十分欢欣，连忙问石端，说是出自一本史传。马上去寻找却没找到，我最终没见到这条记载的根据。《史记·年表》注释说东迁的时间在平王元年辛未岁，《本周纪》中都没有提及，《诸侯世家》却说东迁在庚午岁。《史记》本身也有差错谬误之处，不知哪种才是正确的。

梦溪笔谈

　　长安慈恩寺塔，有唐人卢宗回一诗颇佳，唐人诸集中不载，今记于此："东来晓日上翔鸾，西转苍龙拂露盘。渭水冷光摇藻井，玉峰晴色堕栏干。九重宫阙参差见，百二山河表里观。暂辍去蓬悲不定，一凭金界望长安。"

　　长安慈恩寺塔上，有唐代卢宗回的一首诗很好，唐代的各种文集中没有收录，现记录于此："东来晓日上翔鸾，西转苍龙拂露盘。渭水冷光摇藻井，玉峰晴色堕栏干。九重宫阙参差见，百二山河表里观。暂辍去蓬悲不定，一凭金界望长安。"

　　古人诗有"风定花犹落"之句，以谓无人能对。王荆公以对"鸟鸣山更幽"。"鸟鸣山更幽"本宋王籍诗，元对"蝉噪林逾静，鸟鸣山更幽"，上下句只是一意："风定花犹落，鸟鸣山更幽"则上句乃静中有动，下句动中有静。荆公始为集句诗①，多者至百韵，皆集合前人之句，语意对偶，往往亲切过于本诗。后人稍稍有效而为者。

　　①集句诗：编辑前人已有的诗句以成篇。

　　古代人的诗中有"风定花犹落"一句，号称没有人能够对出下句。王安石用"鸟鸣山更幽"作对。"鸟鸣山更幽"原本是宋人王籍的诗句，原来的对句是"蝉噪林逾静，鸟鸣山更幽"，上下句表达的是同一个意思；"风定花犹落，鸟鸣山更幽"则是上句静中有动，下句动中有静。从王安石开始用集句的方式作诗，长的多达百句，都是集合前人的诗句构成的，语意对偶，往往比原本的诗句更加贴合。后人逐渐有效仿他作集句诗的。

　　欧阳文忠尝言曰："观人题壁①，而可知其文章矣。"

　　①题壁：将诗文题写于壁上。

　　欧阳修曾说："观人题壁，而可知其文章矣。"

　　毗陵郡士人家有一女，姓李氏，方年十六岁，颇能诗，甚有佳句，吴人多得之。有《拾得破钱诗》云："半轮残月掩尘埃①，依稀犹有开元字。想得清光未破时②，买尽人间不平事。"又有《弹琴诗》云："昔年刚笑卓文君，岂

信丝桐解误身③。今日未弹心已乱，此心元自不由人。"虽有情致，乃非女子所宜也。

注 释

①**半轮残月**：指残破一半的铜钱。②**清光未破**：指前句的月亮未残破的时候，也就是指完好的铜钱。③**"昔年"句**：西汉才女卓文君，因司马相如以琴声挑心，成为眷属。

译 文

毗陵郡的一户士人家中有一女儿，姓李，刚刚到十六岁，擅长写诗，有不少佳句，吴地人士多有耳闻。有一首《拾得破钱诗》写道："半轮残月掩尘埃，依稀犹有开元字。想得清光未破时，买尽人间不平事。"又有一首《弹琴诗》写道："昔年刚笑卓文君，岂信丝桐解误身。今日未弹心已乱，此心元自不由人。"尽管这样的诗很有情致，但不是女子应该作的。

原 文

退之《城南联句》首句曰①："竹影金锁碎②。"所谓"金锁碎"者，乃日光耳，非竹影也。若题中有"日"字，则曰"竹影金锁碎"可也。

注 释

①**《城南联句》**：唐代诗人韩愈与孟郊采取轮流作句的手法合写的诗，这种手法称为联句。第一句"竹影金锁碎"由孟郊作，韩愈续作二、三句，孟郊续作四、五句……最后一句由韩愈作结。全诗长共 304 句。②**锁**：《全唐诗》作"琐"。

译 文

韩愈的《城南联句》第一句写道："竹影金锁碎。"所谓"金锁碎"，指的是日光，而不是竹影。如果联句的题目中有"日"字，那么"竹影金锁碎"就说得通了。

卷十五 艺文二

原 文

切韵之学，本出于西域。汉人训字，止曰"读如某字"，未用反切①。然古语已有二声合为一字者，如"不可"为"叵"，"何不"为"盍"，"如是"为"尔"，"而已"为"耳"，"之乎"为"诸"之类，似西域二合之音，盖切字之原也。如"輭"字文从"而、犬"，亦切音也。殆与声俱生，莫知从来。今切韵之法，先类其字，各归其母②，唇音、舌音各八，牙音、喉音各四，齿音十，半齿半舌音二，凡三十六③，分为五音，天下之声总于是矣。每声复有四等，谓清、次清、浊、平也，如颠、天、田、年、邦、胮、庞、厐之类是也。皆得之自然，非人为之。如帮字横调之为五音，帮、当、刚、臧、央是也帮，

宫之清。当，商之清。刚，角之清。臧，徵之清。夬，羽之清。**纵调之为四等，帮、滂、傍、茫是也**帮，宫之清。滂，宫之次清。傍，宫之浊。茫，宫之不清不浊。**就本音本等调之为四声，帮、髈、傍、博是也**帮，宫清之平。髈，宫清之上。傍，宫清之去。博，宫清之入。**四等之声，多有声无字者，如封、峰、逢，止有三字；邕、胸，止有两字；竦、火、欲、以，皆止有一字。五音亦然，滂、汤、康、苍，止有四字。四声，则有无声，亦有无字者。如"萧"字、"肴"字，全韵皆无入声。此皆声之类也。所谓切韵者，上字为切，下字为韵。切须归本母，韵须归本等。切归本母，谓之音和，如德红为东之类，德与东同一母也。字有重、中重、轻、中轻。本等声尽泛入别等，谓之类隔。虽隔等，须以其类，谓唇与唇类，齿与齿类，如武延为绵、符兵为平之类是也。韵归本等，如冬与东字，母皆属端字，冬乃端字中第一等声，故都宗切，宗字第一等韵也，以其归精字，故精徵音第一等声；东字乃端字中第三等声，故德红切，红字第三等韵也，以其归匣字，故匣羽音第三等声。又有互用借声。类例颇多。大都自沈约为四声，音韵愈密。然梵学则有华、竺之异，南渡之后**④**，又杂以吴音，故音韵厖驳**⑤** páng，师法多门。至于所分五音，法亦不一。如乐家所用，则随律命之，本无定音，常以浊者为宫，稍清为商，最清为角，清浊不常为徵、羽。切韵家则定以唇、齿、牙、舌、喉为宫、商、角、徵、羽。其间又有半徵、半商者，如来、日二字是也，皆不论清浊。五行家则以韵类清浊参配，今五姓是也。梵学则喉、牙、齿、舌、唇之外，又有折、摄二声。折声自脐轮起至唇上发**⑥**，如牸字浮金反之类是也。摄声鼻音，如欹字鼻中发之类是也。字母则有四十二，曰阿、多、波、者、那、啰、拖、婆、荼、沙、嚩、哆、也、瑟吒二合、迦、娑、么、伽、他、社、锁、拖前一拖轻呼，此一拖宣呼、奢、佉、叉、娑多二合、壤、曷拶多三合、婆上声、车、娑么二合、诃婆、缝、伽上声、吒、挐、娑颇二合、娑迦二合、也娑二合、室者二合、佗、陀。为法不同，各有理致。虽先王所不言，然不害有此理。历世浸久，学者日深，自当造微耳。**

①**反切**：用两个已知读音的汉字来表示一个未知汉字读音的方法，取前一个字的声母和后一个字的韵母拼合成这个字的读音。但由于古代汉语中一些字的读音与现代汉语中的有差异，所以无法完全用现今的读音来对照。②**母**：即现今所说的声母。后文的"韵"即现今所说的韵母。③**三十六**：宋代音韵图上用来表示声母的三十六个字母，使用三十六个

常用易读字，如后文举例用的"帮"字即其中之一。④**南渡**：指晋室南渡。西晋受五胡乱华影响灭亡，公元317年晋室向南渡过长江在建邺（今江苏南京）建立东晋。⑤**厖**：通"庞"。⑥**脐轮**：梵学中表示人体经脉系统中七个能量聚合点的"七轮"之一，位于肚脐。

释文

切韵的方法，原本出自西域。汉人表达文字的读音，只说"读如某字"，没有使用反切的。但是古语里已经有将二声合为一字的读音方式，如"不可"为"叵"，"何不"为"盍"，"如是"为"尔"，"而已"为"耳"，"之乎"为"诸"等，类似于西域二合之音的切韵方法，是汉人切韵字的来源。比如"轫"字从"而""犬"，也是来源于它的切音。大概字形与字音是同时产生的，无法得知从何而来。现今所使用的切韵方法，先把字分类，按声母各自分类，唇音、舌音各八类，牙音、喉音各四类，齿音十类，半齿半舌音两类，一共三十六类，再分为五音，天下所有的读音都能总括于其中。每个声又有四等，称为清、次清、浊、平，比如颠、天、田、年、邦、胮、庞、厖之类就是这样。都是自然形成的，不是人为规定的。比如帮字的横调形成的五音，就是帮、当、刚、臧、央（帮是宫之清。当是商之清。刚是角之清。臧是徵之清。央是羽之清）。纵调形成的四等，就是帮、滂、傍、茫（帮是宫之清。滂是宫之次清。傍是宫之浊。茫是宫之不清不浊）。将本音本等又按声调分为四声，就是帮、牓、傍、博（帮是宫清之平。牓是宫清之上。傍是宫清之去。博是宫清之入）。按四等来分，常有声但无对应字的情况，比如封、峰、逢，只有三个字；邕、胸，只有两个字；竦、火、欲、以，都只有一个字。按五音来分也是这样，比如滂、汤、康、苍，只有四字。按四声来分，有的声既无声也无字。比如"萧"字、"肴"字，这个韵母完全没有入声。这都是声母的分类。所谓切韵，是指用反切表示字音的时候，上面的字为切，下面的字为韵。切字必须与原本字的声母相同，韵字必须与原本字的韵母相同。切字与原本字的声母相同的，称为音和，例如德红为东这类，德与东是同一个声母。字的读音有重、中重、轻、中轻。本等的声母都归纳到其他等的，称为类隔。尽管隔等，也必须依照与原本字同一类的发音位置，比如原本的字是唇音那么切字也是唇音，原本的字是齿音那么切字也是齿音，例如武延为绵、符兵为平这类就是了。韵字必须与原本字的韵母相同，例如冬字和东字，韵母都属端字，冬字是端字的第一等声，所以读作都宗切，宗字是第一等韵，归于精字，所以读作精字的徵音第一等声；东字是端字的第三等声，所以读作德红切，红字是第三等韵，归于匣字，所以读作匣字的羽音第三等声。还有互相借用声母的，个例繁多。大概是自从沈约规定了四声后，音韵学越来越烦琐。但梵学则有中原、天竺的区分，南渡之后，又掺杂了吴音，所以音韵学系统庞杂，有许多种流派。至于分为五音，方法都不一致。比如乐律学家使用的，就随着律名来命名，本来没有固定的音高，通常以浊音为宫，稍清的音为商，最清的音为角，不清不浊的为徵、羽。切韵学家则是以唇、齿、牙、舌、喉来划定宫、商、角、徵、羽。其间又有半徵音、半商音，比如来、日这两个字就是，均不分清浊。五行学家则是以韵的清浊分类来搭配五音，就是现今说的五姓。梵学家则在喉、牙、齿、舌、唇之外，又多了折、摄二声。折声是从脐轮开始发音，到唇上发出声音，比如牟字（浮金反）这类就是。摄声是鼻音，比如欽字这样从鼻中发音的这类就是。梵文的字母则有四十二个发音，阿、多、波、者、那、啰、拖、婆、茶、沙、嚩、哆、也、瑟吒（二合）、迦、娑、么、伽、他、社、锁、拖（前一拖轻呼，此一拖重呼）、奢、佉、叉、娑多（二合）、壤、曷捋多（三合）、婆（上声）、车、娑么（二合）、诃婆、縒、伽（上声）、咤、拏、娑颇（二合）、娑迦（二合）、也婆（二合）、室者（二合）、佗、陀。方法不同，各有各的道理。虽然先王不讲求这些理论，但不妨碍有这些理论。经历的时间久了，学问日益深刻，自然会至臻至精。

原文

幽州僧行均集佛书中字为切韵训诂①，凡十六万字，分四卷，号《龙龛手镜》，燕僧智光为之序，甚有词辩。契丹重熙二年集②。契丹书禁甚严，传入中国者法皆死。熙宁中有人自虏中得之，入傅钦之家。蒲传正帅浙西，取以镂版③。其序末旧云："重熙二年五月序。"蒲公削去之。观其字音韵次序，皆有理法，后世殆不以其为燕人也。

注释

①幽州：在燕云十六州之内，被后晋皇帝石敬瑭割让给契丹，故后文燕僧、燕人均意为外域人。②契丹重熙二年：即宋仁宗明道二年（1033），重熙为辽兴宗年号。③镂版：镂刻木板，即雕版印刷。

译文

幽州的僧侣行均将佛书中的字集编起来做切韵和训诂，共十六万字，分为四卷，命名为《龙龛手镜》，燕人僧侣智光为它写序，很有辩才。于契丹重熙二年集成。契丹对书籍的禁令非常严格，传入中原的人按照法律均要处死。熙宁年间有人从敌寇手中得到，收藏在傅尧俞（字钦之）家中。蒲传正统领浙西时，拿去做了雕版印刷。在序的最后原有："重熙二年五月序。"被蒲传正删去了。看这本书中对字的音韵次序排布，都很有章法，后世大概不会相信作者是燕人。

原文

古人文章，自应律度，未以音韵为主。自沈约增崇韵学，其论文则曰："欲使宫羽相变，低昂殊节。若前有浮声，则后须切响①。一简之内，音韵尽殊；两句之中，轻重悉异。妙达此旨，始可言文。"自后浮巧之语，体制渐多，如傍犯、蹉对蹉，音千过反、假对、双声、叠韵之类。诗又有正格、偏格，类例极多。故有三十四格、十九图、四声、八病之类。今略举数事。如徐陵云："陪游驳娑sà，骋纤腰于结风；长乐鸳鸯，奏新声于度曲。"又云："厌长乐之疏钟，劳中宫之缓箭。"虽两"长乐"，意义不同，不为重复，此类为傍犯。如《九歌》："蕙肴蒸兮兰藉，奠桂酒兮椒浆。"当日"蒸蕙肴"，对"奠桂酒"，今倒用之，谓之蹉对。如"自朱邪之狼狈，致赤子之流离"，不唯"赤"对"朱"，"邪"对"子"，兼"狼狈""流离"乃兽名对鸟名[2]。又如"厨人具鸡黍，稚子摘杨梅"，"当时物议朱云小，后代声名白日长"。以"鸡"对"杨"，以"朱云"对"白日"，如此之类，皆为假对。如"几家村草里，吹唱隔江闻"，"几家""村草"与"吹唱""隔江"，皆双声。如"月影侵簪冷，江光逼屐清"，"侵簪""逼屐"皆叠韵。诗第二字侧入，谓之正格，如"凤历轩辕纪，龙飞四十春"之类。第二字平入，谓之偏格，如"四更山吐月，残夜水明楼"之类。唐名贤辈诗，多用正格，如杜甫律诗。用偏格者，十无一二。

注　释

　　①浮声：发音清越。切响：发音浊重。②流离：鸥鶒的别名。

译　文

　　古人写文章自然顺应规律，并没有以音韵为主要标准。自沈约开始推崇音韵学，他的论点则是："如要使宫羽互相变化，高低音区分就要明显。如果前面的语句声音浮，那么后面的语句必须重浊。一个段落之中，音韵的差异要尽量大；两个句子之间，轻重也都要相异。能完美地达到这个要求，才可以讨论写文章。"此后浮夸精巧的语句，体例规则渐渐多起来，比如傍犯、蹉对（蹉，读音千过反）、假对、双声、叠韵等。诗又有正格、偏格，类别体例繁多。于是有了三十四格、十九图、四声、八病等。在这里举几个例子。比如徐陵云写道："陪游驳娑，骋纤腰于结风；长乐鸳鸯，奏新声于度曲。"又写道："厌长乐之疏钟，劳中宫之缓箭。"虽有两个"长乐"，但意思不同，就不算重复，这类叫作傍犯。比如《九歌》里的："蕙肴蒸兮兰藉，奠桂酒兮椒浆。"本应该用"蒸蕙肴"对"奠桂酒"，现在倒过来用，就叫作蹉对。比如"自朱邪之狼狈，致赤子之流离"，不仅"赤"对"朱"，"邪"对"子"，而且"狼狈""流离"也是兽名对鸟名。又如"厨人具鸡黍，稚子摘杨梅"，"当时物议朱云小，后代声名白日长"。以"鸡"对"杨"，以"朱云"对"白日"，这一类的，都叫作假对。比如"几家村草里，吹唱隔江闻"，"几家""村草"与"吹唱""隔江"，都是双声。比如"月影侵簪冷，江光逼屐清"，"侵簪""逼屐"都是叠韵。诗句的第二个字是仄声，称为正格，比如"凤历轩辕纪，龙飞四十春"这类。第二个字是平声，称为偏格，比如"四更山吐月，残夜水明楼"这类。唐代著名前辈的诗，大多使用正格，比如杜甫的律诗。使用偏格的，只有不到十之一二。

原　文

　　文潞公归洛日，年七十八。同时有中散大夫程珦、朝议大夫司马旦、司封郎中致仕席汝言，皆年七十八。尝为同甲会[1]，各赋诗一首。潞公诗曰："四人三百十二岁，况是同生丙午年。招得梁园为赋客，合成商岭采芝仙[2]。清谈亹亹^{wěi}风盈席^③，素发飘飘雪满肩。此会从来诚未有，洛中应作画图传。"

注释

①同甲会：同岁人的集会。古代以甲子纪年，所以同年出生的同岁人称同甲。②梁园：汉代皇家园林，在今河南商丘，是汉代以梁孝王、司马相如等人为中心形成的梁园文学的主阵地，后世众多文人慕名前来，是著名的文学符号。**商岭**：即商山，在今陕西商洛，秦代四位博士隐居于此直至年老，称为商山四皓，皓即白首的意思，后来商山成为隐逸的象征。故文彦博以梁园、商山作比自己四位老人的赋诗会。③**亹亹**：因谈论有吸引力而不知疲倦的样子。

译文

文彦博回到洛阳任职的时候，年纪七十八岁。同时有中散大夫程珦、朝议大夫司马旦、司封郎中致仕席汝言，年纪都是七十八岁。曾召集同甲会，各自写了一首诗。文彦博的诗写道："四人三百十二岁，况是同生丙午年。招得梁园为赋客，合成商岭采芝仙。清谈亹亹风盈席，素发飘飘雪满肩。此会从来诚未有，洛中应作画图传。"

原文

晚唐、五代间，士人作赋用事，亦有甚工者。如江文蔚《天窗赋》："一窍初启，如凿开混沌之时^①；两瓦欻飞，类化作鸳鸯之后^②。"又《土牛赋》："饮渚^{yù}俄临^③，讶盟津之捧塞^④；度关倏许^⑤，疑函谷之丸封^⑥。"

注释

①"一窍"句：用《庄子内篇·立帝王》中"日凿一窍，七日而混沌死"的典故。②"两瓦"句：用魏文帝梦见殿上双瓦化为鸳鸯的典故，古人对瓦又称鸳鸯瓦。③饮渚俄临：用《博物志》有人出海探访直至天河，见一人牵牛饮于渚，即牵牛星的典故。④盟津之捧塞：用东汉朱浮"以区区渔阳而结怨天子，此犹河滨之人捧土以塞孟津"的典故，形容不自量力之举。⑤度关倏许：用老子骑青牛出函谷关后莫知所终的典故。⑥函谷之丸封：用东汉王元"请以一丸泥封函谷关"的典故，形容要害之处只要很小力量就能掌握。

译文

晚唐、五代这段时期，士人写作赋所使用的典故，也有非常工整的。如江文蔚《天窗赋》里的："一窍初启，如凿开混沌之时；两瓦欻飞，类化作鸳鸯之后。"又如《土牛赋》里的："饮渚俄临，讶盟津之捧塞；度关倏许，疑函谷之丸封。"

原文

河中府鹳雀楼^①，三层，前瞻中条，下瞰大河。唐人留诗者甚多，唯李益、王之涣、畅诸三篇能状其景。李益诗曰："鹳雀楼西百尺墙，汀洲云树共茫茫。汉家箫鼓随流水，魏国山河半夕阳。事去千年犹恨速，愁来一日即知长。风烟并在思归处，远目非春亦自伤。"王之涣诗曰："白日依山尽，黄河入海流。

欲穷千里目，更上一层楼。"畅诸诗曰："迥临飞鸟上，高出世尘间。天势围平野，河流入断山。"

注释

①**河中府：** 今山西省永吉县蒲州镇。**鹳雀楼：** 始建于北周，因王之涣的诗《登鹳雀楼》而闻名，元初毁于战火。

译文

河中府的鹳雀楼，有三层，向前可以眺望中条山，向下可以俯瞰黄河。唐代在此题诗的人很多，唯有李益、王之涣、畅诸的三篇能描绘其景象。李益的诗写道："鹳雀楼西百尺墙，汀洲云树共茫茫。汉家箫鼓随流水，魏国山河半夕阳。事去千年犹恨速，愁来一日即知长。风烟并在思归处，远目非春亦自伤。"王之涣的诗写道："白日依山尽，黄河入海流。欲穷千里目，更上一层楼。"畅诸的诗写道："迥临飞鸟上，高出世尘间。天势围平野，河流入断山。"

原文

庆历间，予在金陵，有饔^{yōng}人以一方石镇肉①，视之，若有镂刻。试取石洗濯，乃宋海陵王墓铭②，谢朓撰并书。其字如钟繇，极可爱。予携之十余年，文思副使夏元昭借去，遂托以坠水，今不知落何处。此铭朓集中不载，今录于此："中枢诞圣，膺历受命，于穆二祖，天临海镜。显允世宗，温文著性。三善有声，四国无竞。嗣德方衰，时唯介弟。景祚云及，多难攸启。载骤轮猎，高辟代邸。庶辟欣欣，威仪济济。亦既负扆，言观帝则。正位恭己，临朝渊嘿。虔思宝缔，负荷非克，敬顺天人，高逊明德。西光已谢，东龟又良。龙纛夕俨，葆挽晨锵^{dāo}。风摇草色，日照松光。春秋非我，晚夜何长。"

注释

①**饔人：** 厨师。②**宋海陵王墓铭：** 据欧阳修《集古录》记载应为南齐海陵王墓铭。

译文

庆历年间，我在金陵，有厨子用一块方石压肉，我观看它上面似乎有镂刻。尝试拿去冲洗干净，原来是宋海陵王的墓铭，谢朓撰文并书写。他的字很像钟繇的，非常令人喜爱。我带着这块墓铭十余年，被文思副使夏元昭借去，后来便说沉入水中，至今不知流传到那里了。这篇墓铭在谢朓的文集中没有记载，现记录于此："中枢诞圣，膺历受命，于穆二祖，天临海镜。显允世宗，温文著性。三善有声，四国无竞。嗣德方衰，时唯介弟。景祚云及，多难攸启。载骤轮猎，高辟代邸。庶辟欣欣，威仪济济。亦既负扆，言观帝则。正位恭己，临朝渊嘿。虔思宝缔，负荷非克，敬顺天人，高逊明德。西光已谢，东龟又良。龙纛夕俨，葆挽晨锵。风摇草色，日照松光。春秋非我，晚夜何长。"

　　枣与棘相类，皆有刺。枣独生，高而少横枝；棘列生，卑而成林：以此为别。其文皆从束音刺，木芒刺也。束而相戴立生者枣也。束而相比横生者棘也。不识二物者，观文可辨。

　　枣和棘类似，都有刺。枣是独生的，株高而少有横枝；棘是丛生的，株矮而长成一片：以这个来区分。两个字都是从束，读音为刺，表示枝干上的芒刺。刺竖直上下而生的是枣。刺横向并列而生的是棘。不认识这两种植物的，看字形就可以分辨。

　　金陵人胡恢博物强记，善篆隶，臧否人物①，坐法失官十余年，潦倒贫困，赴选集于京师②。是时韩魏公当国，恢献小诗自达③，其一联曰："建业关山千里远，长安风雪一家寒。"魏公深怜之，令篆太学石经④。因此得复官，任华州推官而卒。

　　①臧否：品评，褒贬。②选集：集中选拔。③自达：表现自己。④太学石经：竖立在太学供学子抄录学习的石碑。

　　金陵人胡恢见多识广、记忆力强，善写篆书隶书，又爱指点人物，因罪失官十余年，贫困潦倒，到京城去参加选拔。当时韩琦（字稚圭，自号赣叟，英宗时封魏国公）主持国政，胡恢献上一首小诗以自荐，其中一联写道："建业关山千里远，长安风雪一家寒。"韩琦非常喜欢，命他篆刻在太学石经上。因此得以恢复官职，在华州推官的任期内去世。

　　熙宁六年，有司言日当蚀四月朔①。上为彻膳，避正殿。一夕微雨，明日不见日蚀，百官入贺，是日有皇子之庆。蔡子正为枢密副使，献诗一首，前四句曰："昨夜熏风入舜韶②，君王未御正衙朝。阳辉已得前星助，阴沴潜随夜雨消③。"其叙四月一日避殿、皇子庆诞、云阴不见日蚀，四句尽之。当时无能过之者。

　　①朔：朔日，即初一。②舜韶：《韶》乐，传为虞舜所作。③阴沴：指天文气象的灾害。

　　熙宁六年，天文官员称四月一日将有日蚀（日食）。皇帝为此撤掉饮食，回避正殿。当晚小雨，第二天看不到日蚀（日食），百官入朝庆贺，当天有皇子降生的喜事。蔡挺（字子正）任枢密副使，献诗一首，前四句写道："昨夜熏风入舜韶，君王未御正衙朝。阳辉已得前星助，阴沴潜随夜雨消。"讲述了四月一日避殿、皇子庆生、阴天不见日蚀（日食），四句里都说到了。当时没有能超越这首诗的。

欧阳文忠好推挽后学[1]。王向少时为三班奉职，勾当滁州一镇，时文忠守滁州。有书生为学子不行束脩[2]，自往诣之，学子闭门不接。书生讼于向，向判其牒曰："礼闻来学，不闻往教。先生既已自屈，弟子宁不少高[3]？盍二物以收威[4]，岂两辞而造狱[5]？"书生不直向判，径持牒以见欧公。公一阅，大称其才，遂为之延誉奖进，成就美名，卒为闻人。

①**推挽**：原意为从后面推、从前面拉，使物体向前。引申为举荐的意思。②**束脩**：干肉，古代学生送给老师的学费。③**少高**：自重。④**二物**：即夏楚二物，古代对学生的两种体罚工具，后泛指体罚学生的工具。⑤**两辞**：诉讼双方的话，这里指诉讼。

欧阳修喜欢举荐后辈学子。王向年轻的时候任三班奉职，主管滁州一镇，当时欧阳修任滁州知州。有一名书生因为学生不行束脩之礼，亲自去见他，学生闭门不接待。书生向王向投诉，王向的判决书写道："礼闻来学，不闻往教。先生既已自屈，弟子宁不少高？盍二物以收威，岂两辞而造狱？"书生不服王向的判决，直接拿着判决书去见欧阳修。欧阳修一读，盛赞王向的才华，于是为他举荐，成就了他的美名，最后成了知名的人。

卷十六　艺文三

士人刘克博观异书。杜甫诗有"家家养乌鬼，顿顿食黄鱼"，世之说者，皆谓夔、峡间至今有鬼户，乃夷人也，其主谓之鬼主[1]，然不闻有"乌鬼"之说。又鬼户者，夷人所称，又非人家所养。克乃按《夔州图经》，称峡中人谓鸬鹚为"乌鬼"。蜀人临水居者，皆养鸬鹚，绳系其颈，使之捕鱼，得鱼则倒提出之，至今如此。予在蜀中，见人家养鸬鹚使捕鱼，信然，但不知谓之"乌鬼"耳。

①**鬼主**：实为唐宋时云贵川一代少数民族部落首领的称号。

士人刘克博览奇书。杜甫诗中有一句"家家养乌鬼，顿顿食黄鱼"，后世解释这句话，都说是夔、峡一代至今有蓄养鬼的人家，是蛮夷人，他们的首领叫作鬼主，但没听过"乌

"鬼"的说法。又有人说鬼户是蛮夷人的别称，不是家里蓄养着鬼。于是刘克根据《夔州图经》中的说法，解释称峡中人把鸬鹚叫作"乌鬼"。蜀地人住在水边，都养着鸬鹚，用绳子系住鸬鹚的脖子，驱使它们捕鱼，捕到鱼的话就从鸬鹚嘴里倒提出来，至今还是这样。我在蜀中的时候，见过人家养鸬鹚用来捕鱼，的确是这样，只是不知道将其称作"乌鬼"。

原文

和鲁公凝有艳词一编①，名《香奁集》。凝后贵，乃嫁其名为韩偓，今世传韩偓《香奁集》，乃凝所为也。凝生平著述，分为《演纶》《游艺》《孝悌》《疑狱》《香奁》《籯金》六集，自为《游艺集·序》云："予有《香奁》《籯金》二集，不行于世。"凝在政府，避议论，讳其名，又欲后人知，故于《游艺集·序》实之，此凝之意也。予在秀州，其曾孙和惇家藏诸书，皆鲁公旧物，末有印记②，甚完。

注释

①艳词：轻浮香艳的诗词，通常描写情爱。②印记：印章标记。

译文

和凝（封鲁国公）写有一册艳词，名叫《香奁集》。和凝后来显贵，于是将这本词集假借韩偓的名义，现今流传的韩偓《香奁集》，其实是和凝所作。和凝的生平著述，分为《演纶》《游艺》《孝悌》《疑狱》《香奁》《籯金》六集，他自己写的《游艺集·序》中说："我有《香奁》《籯金》二集，不在世上刊行流传。"和凝在政府里，为躲避议论，不说自己是这本词集的作者，又希望后人能够知晓，所以在《游艺集·序》里坐实，这是和凝的意图。我在秀州的时候，和凝的曾孙和惇家里收藏了这些书籍，都是和凝的旧物，末尾有完整的印记。

原文

蜀人魏野，隐居不仕宦，善为诗，以诗著名。卜居陕州东门之外①，有《陕州平陆县诗》云："寒食花藏院，重阳菊绕湾。一声离岸橹，数点别州山。"最为警句。所居颇萧洒，当世显人多与之游，寇忠愍尤爱之。尝有《赠忠愍诗》云："好向上天辞富贵，却来平地作神仙。"后忠愍镇北都，召野置门下。北都有妓女，美色而举止生梗②，士人谓之"生张八"。因府会，忠愍令乞诗于野，野赠之诗曰："君为北道生张八，我是西州熟魏三。莫怪樽前无笑语，半生半熟未相谙。"吴正宪《忆陕郊诗》云："南郭迎天使，东郊访隐人。"隐人谓野也。野死，有子闲，亦有清名，今尚居陕中。

注释

①卜居：择地而居。②生梗：生硬。

蜀地人魏野，隐居不出仕做官，擅长写诗，以诗闻名。在陕州东门外择地居住，写有《陕州平陆县诗》："寒食花藏院，重阳菊绕湾。一声离岸橹，数点别州山。"是最为精练动人的诗句。住得非常潇洒，当时的显贵人士有很多与他有来往，寇准（谥号忠愍）尤其喜欢他。他曾有《赠忠愍诗》写道："好向上天辞富贵，却来平地作神仙。"后来寇准镇守北都，召魏野来做门客。北都有一名妓女，样貌美丽但举止生硬，士人们叫她"生张八"。借府会的机会，寇准让她向魏野讨诗，魏野赠她的诗写道："君为北道生张八，我是西州熟魏三。莫怪樽前无笑语，半生半熟未相谙。"吴正宪的《忆陕郊诗》："南郭迎天使，东郊访隐人。"这里说的隐人就是魏野。魏野死后，留有一子名闲，也很有清誉，如今还住在陕中。

卷十七　书画

原文

　　藏书画者，多取空名。偶传为钟、王、顾、陆之笔[1]，见者争售，此所谓"耳鉴"。又有观画而以手摸之，相传以为色不隐指者为佳画，此又在耳鉴之下，谓之"揣骨听声"[2]。

注释

　　[1]钟、王、顾、陆：三国时期书法家钟繇，东晋时期书法家王羲之，东晋时期画家顾恺之，南朝宋画家陆探微，均为史上著名的书画家。[2]揣骨听声：原意为古代算命的一种办法，摸其骨骼、听其语声。后引申为牵强附会、妄加评判的意思。

译文

　　收藏书画的人，大多是为了博取虚名。偶有传闻为钟繇、王羲之、顾恺之、陆探微的真迹，看见了就争相购买，这叫"耳鉴"。还有观看书画时用手摸，相传颜料平整不凸起的就是好画，这又比耳鉴更低下，叫作"揣骨听声"。

原文

　　欧阳公尝得一古画牡丹丛，其下有一猫，未知其精粗。丞相正肃吴公与欧公姻家，一见曰："此正午牡丹也。何以明之？其花披哆而色燥[1]，此日中时花也；猫眼黑睛如线，此正午猫眼也。有带露花，则房敛而色泽。猫眼早暮则睛圆，日渐中狭长，正午则如一线耳。"此亦善求古人心意也。

注释

　　[1]披哆：散开。

译文

　　欧阳修曾得到一幅绘牡丹丛的古画，牡丹下有一只猫，不知画得精细与否。丞相吴正

肃与欧阳修是姻亲，一看就说："这是正午时分的牡丹。怎么知道的？因为花瓣散开而且颜色干燥，这是中午的花；猫眼的黑眼仁像一条线，这是正午的猫眼。早上带露水的花，就是花瓣收敛而且颜色润泽的。早上的猫眼仁则是圆形的，随着太阳升起而变得狭长，到正午就像一条线了。"这也是善于探查古人的心意。

●牡丹

牡丹，花之富贵者也，因其色泽艳丽，花香浓郁，而且品种繁多。我国的牡丹栽培历史，直可追溯到魏晋南北朝时期，千年以来，博得世人的称赞，被誉为"百花之王"。

原文

相国寺旧画壁，乃高益之笔。有画众工奏乐一堵，最有意。人多病拥琵琶者误拨下弦，众管皆发"四"字①。琵琶"四"字在上弦，此拨乃掩下弦，误也。予以谓非误也。盖管以发指为声，琵琶以拨过为声，此拨掩下弦，则声在上弦也。益之布置尚能如此，其心匠可知。

注释

① "四"字：工尺谱上的"四"字表示的音，相当于现代音名的"la"。

译文

相国寺的旧壁画，是高益的笔迹。有一堵画着众乐工奏乐的墙，最有意思。人们常质疑他把抱琵琶的人误画成拨下弦，可所有管乐都发"四"音。琵琶的"四"字在上弦，这里画成掩下弦，是错的。我认为这不是错误。因为管乐器是用手指按住的方式发声，琵琶则是用手指拨过的方式发声，这里画的手正拨掩下弦，其实发声的是上弦。高益的构图安排尚且能这样细致，他的匠心可以得见。

原文

书画之妙，当以神会，难可以形器求也。世之观画者，多能指摘其间形象、位置、彩色瑕疵而已，至于奥理冥造者①，罕见其人。如彦远《画评》言：王维画物，多不问四时，如画花往往以桃、杏、芙蓉、莲花同画一景。予家所藏摩诘画《袁安卧雪图》，有雪中芭蕉，此乃得心应手，意到便成，故造理入神，迥得天意，此难可与俗人论也。谢赫云："卫协之画，虽不该备形妙，而有气韵，凌跨群雄，旷代绝笔。"又欧文忠《盘车图》诗云："古画画意不画形，梅诗咏物无隐情。忘形得意知者寡，不若见诗如见画。"此真为识画也。

注释

① 冥：深奥。

书画的妙处，应当以心神来领会，很难从有形事物上探求。世上欣赏画作的人，大多能评论其中的形象、构图、彩色上的瑕疵而已，至于探讨更深奥的义理，很少见这样的人。比如，张彦远的《画评》里说：王维画景物，大多不论时节，如画花卉常把桃、杏、芙蓉、莲花画在同一个景中。我家收藏的王维（字摩诘）《袁安卧雪图》，画中有雪中芭蕉，这是心之所想形于手下，意境到了便成图画，所以是合理且有神的，深得天意，这很难与俗人探讨。谢赫说："卫协的画，虽然事物样貌不完备精妙，但有神韵，凌驾于众画家之上，是世代未有的绝妙之笔。"又有欧阳修《盘车图》诗写道："古画画意不画形，梅诗咏物无隐情。忘形得意知者寡，不若见诗如见画。"这是真正懂得赏识画作的人。

王仲至阅吾家画，最爱王维画《黄梅出山图》，盖其所图黄梅、曹溪二人，气韵神检，皆如其为人。读二人事迹，还观所画，可以想见其人。

王钦臣（字仲至）观览我家藏的画，最喜爱王维的《黄梅出山图》，因为他所画的黄梅、曹溪二人，神韵仪表，都像他们的为人。阅读二人的事迹，再看王维所画，可以想见他们的样子。

《国史补》言："客有以《按乐图》示王维，维曰：'此《霓裳》第三叠第一拍也。'客未然，引工按曲，乃信。"此好奇者为之。凡画奏乐，止能画一声，不过金石管弦同用一字耳[1]，何曲无此声，岂独《霓裳》第三叠第一拍也？或疑舞节及他举动拍法中，别有奇声可验，此亦不然。《霓裳曲》凡十三叠，前六叠无拍，至第七叠方谓之叠遍，自此始有拍而舞作。故白乐天诗云："中序擘騞初入拍[2]。"中序即第七叠也，第三叠安得有拍？但言"第三叠第一拍"，即知其妄也。或说：尝有人观画《弹琴图》，曰："此弹《广陵散》也。"此或可信。《广陵散》中有数声，他曲皆无，如拨捰声之类是也[3]。

①金石：钟磬等金属、石制的打击乐器。②擘騞：擘为剖开的意思，騞为刀割裂物的声音。③拨捰：一种弹奏手法。捰，为挥摆。

《国史补》中写道："有客人将《按乐图》展示给王维看，王维说：'这是《霓裳》的第三叠第一拍。'客人不信，让乐工弹奏，才相信了。"这是好事者编造的。凡是画乐器演奏，只能画一声，不过是打击乐器管弦乐器都在演奏同一字的音罢了，哪首乐曲没有这一个音，难道唯独是《霓裳》的第三叠第一拍吗？有人怀疑是舞蹈的节拍或举动符合，或

者另有独特的声音可以推断出来，这也不对。《霓裳曲》共十三叠，前六叠没有拍的动作，到第七叠才叫叠遍，自此才开始有拍的舞蹈动作。所以白居易的诗中说："中序擘騞初入拍。"中序也就是第七叠，第三叠哪里有拍？只说"第三叠第一拍"，就知道是假话了。有人说：曾有人看《弹琴图》，说："这弹的是《广陵散》。"这或许可信。《广陵散》中有几个声，是其他乐曲都没有的，例如拨捭声等就是了。

原文

画牛、虎皆画毛，惟马不画。予尝以问画工，工言："马毛细，不可画。"予难之曰："鼠毛更细，何故却画？"工不能对。大凡画马，其大不过盈尺，此乃以大为小，所以毛细而不可画；鼠乃如其大，自当画毛。然牛、虎亦是以大为小，理亦不应见毛，但牛、虎深毛，马浅毛，理须有别。故名辈为小牛、小虎，虽画毛，但略拂拭而已。若务详密，翻成冗长；约略拂拭①，自有神观，迥然生动，难可与俗人论也。若画马如牛、虎之大者，理当画毛，盖见小马无毛，遂亦不摹，此庸人袭迹，非可与论理也。又李成画山上亭馆及楼塔之类，皆仰画飞檐，其说以谓自下望上，如人平地望塔檐间，见其榱桷②。此论非也。大都山水之法，盖以大观小，如人观假山耳。若同真山之法，以下望上，只合见一重山，岂可重重悉见，兼不应见其溪谷间事。又如屋舍，亦不应见其中庭及后巷中事。若人在东立，则山西便合是远境；人在西立，则山东却合是远境。似此如何成画？李君盖不知以大观小之法，其间折高、折远③，自有妙理，岂在掀屋角也。

注释

①拂拭：用毛笔轻轻扫过。②榱桷：屋椽，搭在檩上架起屋顶的木条。③折高、折远：将高的、远的事物拉近处理。

译文

画牛、虎等动物都要画毛，唯独画马不画毛。我曾问画工，画工说："马毛很细，不能画出来。"我为难他说："鼠毛更细，为什么却要画？"画工不能对答。凡是画马，大小不过是一尺左右，这是将大的画小，所以毛更细而不能画出来；画鼠是原来的大小，自然应当画毛。然而画牛、虎也是将大的画小，按理说也不应该看得见毛，但牛、虎的毛深长，马的毛短，理应有所区别。所以有名的画家画小牛、小虎，虽然画出毛，但只是略略拂拭几笔而已。如果必须要画得详细，反而累赘冗余；略略拂拭几笔，自有神态，格外生动，难与俗人讨论。如果画马像牛、虎这样大，理应画出毛，可能因为看到小马没有画毛，于是画大的马也不描摹出毛，这是庸俗之人模仿名家笔迹，没法与他们讨论道理。还有李成画山上的亭台楼阁等建筑，都以仰视的角度画飞檐，说因为是自下往上望，如果人是在平地上望见塔檐，就能看见屋椽。这个说法不对。画山水的方法大多是以大观小，就像人看假山这样。如果像看见真山那样画，从下往上望，只能看见一座山罢了，怎么会看见重重叠叠的多座山，也不应能看见溪谷间的事物。又比如画屋舍，也不应该能看见院子中庭以及屋后巷子里的事物。如果人站在东边，山的西边就应该是远景；人站在西边，山的东边就变成了远景。像这样怎能画得成画？李成是不知道以大观小的画法，这之中将高景投射成近的、将远景投射成近的，自有精妙的道理，不只在仰视屋角而已。

　　画工画佛身光①，有匾圆如扇者，身侧则光亦侧，此大谬也。渠但见雕木佛耳，不知此光常圆也。又有画行佛光尾向后，谓之"顺风光"，此亦谬也。佛光乃定果之光，虽劫风不可动②，岂常风能摇哉！

注 释

　　①佛身光：即佛光，在佛像背后的环状光芒。②劫风：佛教中处于坏劫期间的世界，由水、风、火三种劫灾依次破坏，其中的风灾即劫风。

译 文

　　画工画佛身的佛光，有画成扁圆形像扇子一样的，画侧身的时候光也变成侧面，这是很大的错误。他们只见过木雕的佛像，不知道佛光总是圆的。还有画行走的佛，佛光的光芒向后，称为"顺风光"，这也是不对的。佛光是禅定的光，就算是劫风也不能吹动，寻常的风岂能动摇呢！

原 文

　　古文"己"字从一、从亡①，此乃通贯天地人，与"王"字义同。中则为"王"，或左或右则为"己"。僧肇曰："会万物为一己者，其惟圣人乎！子曰：'下学而上达②。'人不能至于此，皆自域之也。"得"己"之全者如此。

注 释

　　①己：古文篆书的己字为己，上面是一横，下面是亡，此字非"亡"，依胡道静书改。
②下学而上达：下学人事，上达天命。出自《论语·宪问》："不怨天，不尤人，下学而上达，知我者天乎！"

译 文

　　古文字里的"己"字从一、从亡，意思是通贯天地人，和"王"字的意思相同。居中对称的话就是"王"，偏左偏右就是"己"。僧肇说："将万物融汇入一己的，只有圣人了！孔子说：'学习基本的人事，从而理解高层次的天命。'人不能达到这样的境界，就都受到自我限制。""己"字的完全意义就是这样。

原 文

　　度支员外郎宋迪工画，尤善为平远山水，其得意者有《平沙雁落》《远浦帆归》《山市晴岚》《江天暮雪》《洞庭秋月》《潇湘夜雨》《烟寺晚钟》《渔村落照》，谓之"八景"，好事者多传之。往岁小窑村陈用之善画，迪见其画山水，谓用之曰："汝画信工，但少天趣。"用之深伏其言，曰："尝患其不及古人者，正在于此。"迪曰："此不难耳，汝先当求一败墙，张绢素讫①，倚之败墙之上，朝夕观之。观之既久，隔素见败墙之上，高平曲折，皆成山水之象。心存目想：高者为山，下者为水；次者为谷，缺者为涧；显者为近，晦者为远。神领意造，恍然见其有人禽草木飞动往来之象，了然在目。则随意命笔，默以神会，自然境皆天就，不类人为，是谓活笔。"用之自此画格日进②。

注 释

①绢素：素绢，未染色的白绢，古人在绢、绫等丝织品上作画。②画格：画的品格、格调。

译 文

度支员外郎宋迪擅长绘画，尤其擅长画平远山水，其中画得好的有《平沙雁落》《远浦帆归》《山市晴岚》《江天暮雪》《洞庭秋月》《潇湘夜雨》《烟寺晚钟》《渔村落照》，称为"八景"，爱画的人之间流传广泛。以往小窑村人陈用之善于绘画，宋迪看他画的山水，对他说："你的画的确很工整，但缺乏天然趣味。"陈用之非常信服，问："我曾忧虑我的画不如古人的原因，正在于这里。"宋迪说："这不难，你找一面破墙，展开白绢，贴在破墙面上，从早到晚观看它。看得久了，隔着白绢能看见破墙上的裂纹，高地平折，都像是山水的样子。凝视的同时用心思索：高的是山，下面是水；凹的是谷，缺口是涧；明显的线条是近景，模糊的线条是远景。用心领神会，用意念构建，忽然看见有人物鸟兽草木走动飞翔往来的景象，清晰地在眼前。于是随意挥笔，心领神会，意境自然是天成的，不像是人为的，这就叫作活笔。"陈用之从此绘画层次每日精进。

原 文

古文字从自变隶，其法已错乱，后转为楷字，愈益讹舛，殆不可考。如言有口为"吴"，无口为"天"。按字书，"吴"字本从"口"、从"夨"音掀，非"天"字也。此固近世谬从楷法言之。至如两汉篆文尚未废，亦有可疑者。如汉武帝以隐语召东方朔云①："先生来来。"解云："来来，枣也。"按"枣"字从"朿"音刺，不从"来"。此或是后人所传，非当时语。如卯、金、刀为"刘"，"货泉"为"白水真人"，此则出于纬书，乃汉人之语。按"刘"字从"卯"音酉、从"金"，如"栁、骝、畱"皆从"卯"，非"卯"字也。"货"从"贝"，"真"乃从"具"，亦非一法，不知缘何如此？字书与本史所记，必有一误也。

梦溪笔谈

注 释

①**汉武帝以隐语召东方朔**：《太平御览》卷九六五引《东方朔传》记载，汉武帝持杖敲击殿槛，召东方朔道："叱！叱！先生来！来！先生知筐中何等物也？"东方朔答："上林献枣四十九枚。"并解释道："呼朔者，上也；以杖击槛两木，两木林也；来来者，枣也；叱叱四十九枚。"

译 文

古文字自从变为隶书，章法已经错乱，后来再转变为楷书，错讹之处越来越多，几乎无从考证。比如有人说有口为"吴"，无口为"天"。按照字书，"吴"字本来是从"口"、从夨（音掟），不是从"天"。这原本是近年错误遵从了楷书写法而说的。至于两汉时期篆书还未废除，也有值得质疑的说法。比如汉武帝用隐语喊东方朔道："先生来来。"解释说："来来即枣。"考证枣字从"朿"（音刺），不从"来"。这也许是后人所传，不是当时人说的话。比如"卯、金、刀"合成刘字，"货泉"拆成"白水真人"，这些则是出自纬书，是汉代人的话。考证"刘"字从"丣"（音酉）、从"金"，就如"柳、駵、畱"都是从"丣"，不是从"卯"。"货"字从"贝"，"真"字则是从"具"，也不是一个写法，不知为何会这样？字书上的写法与历史上的记录，必定有一个是错的。

原 文

唐韩偓为诗极清丽，有手写诗百余篇，在其四世孙奕处①。偓天复中避地泉州之南安县②，子孙遂家焉。庆历中予过南安，见奕出其手集，字极淳劲可爱。后数年，奕诣阙献之。以忠臣之后，得司士参军，终于殿中丞。又予在京师见偓《送畱光上人》诗，亦墨迹也与此无异。

注 释

①**四世孙**：古代表示世系子孙的方式，一世为世祖、二世为世子、三世为世孙、四世为曾孙、五世为玄孙等。②**避地**：避世隐居。

译 文

唐代诗人韩偓写的诗非常清丽，有手写的诗稿一百多篇，藏在他的曾孙韩奕那里。韩偓在天复年间到泉州南安县隐居，于是子孙在这里安家了。庆历年间我路过南安，看见韩奕拿出韩偓的手写诗集，字体非常淳厚刚劲，令人喜欢。许多年后，韩奕将它献给了皇帝。韩奕由于是忠臣后代，得到了司士参军的官职，最终任职殿中丞。我还在京城见过韩偓的《送畱光上人》诗稿，笔迹与这个也是一样的。

原 文

江南徐铉善小篆，映日视之，画之中心，有一缕浓墨，正当其中；至于曲折处，亦当中，无有偏侧处。乃笔锋直下不倒侧，故锋常在画中，此用笔之法也。铉尝自谓："吾晚年始得蠨匾之法①。"凡小篆喜瘦而长，蠨匾之法，非

老笔不能也。

注释

①**蹁匾之法**：指一种不规整的草法篆书。蹁，同“歪”。匾，同“扁”。

译文

江南徐铉擅长写小篆，对着阳光看，笔画的中心有一缕浓墨，就在笔画的正中间；就算到笔画折弯的地方，也在正中间，没有偏侧的。是因为笔锋竖直向下不歪不倒，所以笔锋总在笔画正中，这是用笔的技法。徐铉曾说自己：“我晚年才学会蹁匾的写法。”凡是小篆都以瘦长为好，蹁匾的写法，不是老练笔法不能做到。

原文

《名画录》：“吴道子尝画佛，留其圆光①，当大会中，对万众举手一挥，圆中运规，观者莫不惊呼。”画家为之自有法，但以肩倚壁，尽臂挥之，自然中规。其笔画之粗细，则以一指拒壁以为准，自然匀均，此无足奇。道子妙处，不在于此，徒惊俗眼耳。

注释

①**圆光**：即佛光。

译文

《名画录》记载：“吴道子曾画佛像，留下圆形佛光不画，在大会上，面对众多观众举手一挥笔，画出的圆像圆规一样标准，观众无不惊呼。”画家画圆自有方法，只需要以肩靠住墙壁，尽量伸直胳膊挥圆，自然就是一个合乎圆规的圆。笔画粗细的掌握，则是用一根手指抵着墙壁作为标准，画出的粗细自然就是均匀的，这没什么稀奇的。吴道子画的精妙之处，不在于这种技法，只是惊讶俗人罢了。

原文

晋、宋人墨迹，多是吊丧问疾书简①。唐贞观中，购求前世墨迹甚严，非吊丧问疾书迹，皆入内府。士大夫家所存，皆当时朝廷所不取者，所以流传至今。

注释

①**吊丧问疾**：祭奠死者、探问疾病。

译文

晋代、宋代书法家的墨迹，大多是吊丧问疾的书信。唐代贞观年间，朝中收购前朝书法家墨迹的要求非常严格，凡不是吊丧问疾的书法作品，都收入内府。士大夫家留存的书法，都是当时朝廷不收的，才能流传至今。

原文

鲤鱼当胁一行三十六鳞①，鳞有黑文如十字，故谓之鲤。文从鱼、里者，三百六十也。然井田法即以三百步为一里②。恐四代之法③，容有不相袭者。

注释

①**胁**：从腋下到肋骨尽处的部位。②**井田法**：即井田制，商代已有，将土地划分成井字格给农民耕种，周边的部分为私田，中间一块为公田，收获上交国家。③**四代**：指虞、夏、商、周。

译文

鲤鱼胁下一行有三十六片鳞，鳞上的黑色纹路像十字，所以叫作鲤。鲤字从鱼、里，里就是三百六十步的意思。但井田法是以三百步为一里，可能四代的度量单位，不完全是相沿袭的。

原文

国初，江南布衣徐熙、伪蜀翰林待诏黄筌①，皆以善画著名，尤长于画花竹。蜀平，黄筌并子居宝、居寀、居实，弟惟亮，皆隶翰林图画院，擅名一时。其后江南平，徐熙至京师，送图画院品其画格。诸黄画花，妙在赋色，用笔极新细，殆不见墨迹，但以轻色染成，谓之写生。徐熙以墨笔画之，殊草草，略施丹粉而已，神气迥出，别有生动之意。筌恶其轧己，言其画粗恶不入格，罢之。熙之子乃效诸黄之格，更不用墨笔，直以彩色图之，谓之"没骨图"。工与诸黄不相下，筌等不复能瑕疵，遂得齿院品②。然其气韵皆不及熙远甚。

注释

①**江南**：南唐，在江南一带建国，称江南国。**伪蜀**：即后蜀，在四川一带建国，不受宋朝承认故称伪蜀，后被宋太祖灭。②**齿**：并列。

译文

本朝建立之初，南唐平民徐熙、后蜀翰林待诏黄筌，都以善于绘画而闻名，尤其擅长画花竹。后蜀平定，黄筌带儿子居宝、居寀、居实，弟弟惟亮，都在翰林图画院任职，名噪一时。后来南唐平定，徐熙到京城，将自己的画送去翰林图画院品评其水平。黄姓诸画师画花，精妙之处在于上色，用笔非常清新细腻，几乎看不见墨迹，只用清淡的颜色染成，称为写生。徐熙则是用墨笔画花，非常潦草，略用颜色而已，神态迥然而出，别有生动的意境。黄筌不愿他胜过自己，说他的画工粗俗不入流，不许他进画院。徐熙的儿子则效仿黄姓诸画师的风格，愈发不用墨笔，直接用颜色涂画，称为"没骨图"。画工与黄姓诸画师不相上下，黄筌等人无法再挑剔，才得以并列为院品。但这种画的神态、气韵都远不如徐熙的。

原文

予从子辽喜学书，尝论曰："书之神韵，虽得之于心，然法度必资讲学。常患世之作字，分制无法。凡字有两字、三四字合为一字者，须字字可拆。

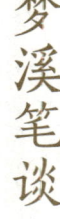

若笔画多寡相近者，须令大小均停①。所谓笔画相近，如'殺'字，乃四字合为一，当使'乂'、'木''几''又'四者大小皆均。如'朱'字，乃二字合，当使'上'与'小'二者，大小长短皆均。若笔画多寡相远，即不可强牵使停。寡在左，则取上齐；寡在右，则取下齐。如从口、从金，此多寡不同也，'唅'即取上齐，'钿'则取下齐。如从'朱'、从'又'、及从'口'、从'胃'三字合者，多寡不同，则'叔'当取下齐，'喟'当取上齐。如此之类，不可不知。"又曰："运笔之时，常使意在笔前。"此古人之良法也。

①**均停**：均匀停当。

译 文

我的侄子沈辽喜欢学习书法，曾谈论道："书法的神韵，虽然是由心体会的，但方法必须是能够对他人讲出来的。我常忧虑世人写字，拆分字体的规则没有定法。凡是由两个字、三四个字拼合成一个字的，必须其中每个字都能拆分出来。如果笔画多少相近的，必须使它们大小均匀。所谓笔画相近，比如'殺'字，是四个字合为一个字，应当让'乂''木''几''又'四个部件大小均匀。比如'朱'字，是两个字合为一个字，应当让'上'与'小'两个部件大小长短都均匀。如果笔画多少相差较多，就不能强行使它们均匀。笔画少的在左边，就取上齐；笔画少的在右边，就取下齐。比如从口、从金，这就有笔画多少的不同，'唅'即取上齐，'钿'则取下齐。又比如从'朱'、从'又'、还有从'口'、从'胃'，三个字合成的，笔画多少不同，那么'叔'字应取下齐，'喟'字应取上齐。像这样的规则，不能不知。"又说："运笔的时候，总要先想好再落笔。"这是古人的好方法。

原文

王羲之书，旧传唯《乐毅论》乃羲之亲书于石，其他皆纸素所传。唐太宗哀聚二王墨迹①，唯《乐毅论》石本在，其后随太宗入昭陵。朱梁时②，耀州节度使温韬发昭陵得之，复传人间。或曰：公主以伪本易之③，元不曾入圹④。本朝入高绅学士家。皇祐中，绅之子高安世为钱塘主簿，《乐毅论》在其家，予尝见之。时石已破缺，末后独有一"海"字者是也。其家后十余年，安世在苏州，石已破为数片，以铁束之。后安世死，石不知所在。或云：苏州一富家得之。亦不复见。今传《乐毅论》，皆摹本也，笔画无复昔之清劲。羲之小楷字，于此殆绝。《遗教经》之类，皆非其比也。

①**哀聚**：收集。哀，即聚集。②**朱梁**：五代时的后梁，朱温所建，所以又叫朱梁。
③**公主**：指太平公主。据传《乐毅论》真本被太平公主外借出拓写，失去踪迹。④**圹**：

墓穴。

　　王羲之的书法，旧时传言只有《乐毅论》是王羲之亲笔写在石碑上的，其他都是在纸上写的。唐太宗搜集王羲之和王献之的墨宝，只有《乐毅论》的石本还存在，后来随着唐太宗去世陪葬于昭陵。后梁时期，耀州节度使温韬开掘昭陵得到了它，重新在世间流传。有人说：公主用仿冒的替换了，真本没有下葬。在本朝藏在高绅学士的家里。皇祐年间，高绅的儿子高安世任职钱塘主簿，《乐毅论》在他的家里，我曾见过。当时石碑已破损，最末单独有一个"海"字。他家后来十多年，高安世在苏州，石碑已破碎成好几片，用铁箍住。后来高安世去世，石碑不知在哪里了。有人说：苏州的一户富裕人家得到了。也没有重新出现。如今流传的《乐毅论》，都是仿摹本，笔画没有以往的清劲。王羲之的小楷字，从此基本断绝。《遗教经》之类的，都不能与之相比。

原文

　　王铁据陕州，集天下良工画圣寿寺壁，为一时妙绝。画工凡十八人，皆杀之，同为一坎^①，瘗于寺西厢^②，使天下不复有此笔。其不道如此。至今尚有十堵余，其间西廊"迎佛舍利"、东院"佛母壁"最奇妙，神彩皆欲飞动。又有"鬼母""瘦佛"二壁差次，其余亦不甚过人。

注释

　　①坎：坑穴。②瘗：埋。

译文

　　王铁占据陕州，召集天下优良的画工绘制圣寿寺的壁画，成为当时一绝。画工共有十八人，都被杀了，葬在一起，埋在圣寿寺的西厢，使世间无法再出现这样的画。王铁的无道达到这种程度。至今还留存着十几堵墙，其中西廊的"迎佛舍利"、东院的"佛母壁"最奇绝精妙，神采生动都像是要飞动一般。又有"鬼母""瘦佛"两面壁画稍差，其他的水平也不是很优秀。

原文

　　江南中主时^①，有北苑使董源善画，尤工秋岚远景，多写江南真山，不为奇峭之笔。其后建业僧巨然，祖述源法，皆臻妙理。大体源及巨然画笔，皆宜远观。其用笔甚草草，近视之，几不类物象；远观则景物粲然，幽情远思，如睹异境。如源画《落照图》，近视无功，远观村落杳然深远，悉是晚景；远峰之顶，宛有反照之色。此妙处也。

注释

　　①江南中主：即李璟，南唐的第二位皇帝。南唐共传三位皇帝，即先主李昇、中主李璟和后主李煜。

南唐李璟时期，北苑使董源擅长绘画，尤其擅长画秋山远景，大多是写实江南地区的真山，不画奇险陡峭的笔法。在他之后，建业的僧侣巨然，沿袭了董源的画法，都达到极致的精妙。总体来说董源和巨然的笔法，都适合远观。他们的用笔非常潦草，靠近观看，几乎不像景物；远看则景物清晰明了，其中深远的情思，就像看见另一片天地。比如董源画的《落照图》，靠近看没有什么水平，远看则村落邈远，都是晚景；远处山峰的峰顶，仿佛有反射夕阳的颜色。这是它的精妙之处。

卷十八 技艺

原文

贾魏公为相日，有方士姓许[1]，对人未尝称名，无贵贱皆称"我"，时人谓之"许我"。言谈颇有可采。然傲诞，视公卿蔑如也[2]。公欲见，使人邀召数四，卒不至。又使门人苦邀致之，许骑驴，径欲造丞相厅事。门吏止之，不可，吏曰："此丞相厅门，虽丞郎亦须下。"许曰："我无所求于丞相，丞相召我来，若如此，但须我去耳。"不下驴而去。门吏急追之，不还，以白丞相。魏公又使人谢而召之，终不至。公叹曰："许市井人耳。唯其无所求于人，尚不可以势屈，况其以道义自任者乎。"

注释

①方士：掌握方术的人，从事求仙问药、医卜星相等职业的人。②蔑如：微小的。

译文

贾昌朝做宰相的时候，有一名姓许的方士，对别人从不自称姓名，不论对方贵贱都称"我"，当时人叫他"许我"。他的言谈很有可取之处。但是高傲怪诞，蔑视高官。贾昌朝想见他，派人邀请了四次，都不到。又派门人苦苦邀请终于请到，许我骑着驴，直接要到丞相府大堂里。门吏制止他，他不肯停下，门吏说："这是丞相府门口，就算是尚书省官员也必须下来。"许我说："我没有事有求于丞相，丞相叫我来，如果就这样对待，我只管离开就是了。"不下驴而回去。门吏急忙追赶他没能追回，以此禀告丞相。贾昌朝又派人道歉并邀请他，最后也没有来。贾昌朝说："许我只是个市井人而已。因为不求于人，他尚且不会屈尊于权贵，更何况是自身担负道义的人呢？"

原文

营舍之法，谓之《木经》，或云喻皓所撰[1]。凡屋有三分：自梁以上为上分，地以上为中分，阶为下分。凡梁长几何，则配极几何[2]，以为榱等[3]。如梁长八尺，配极三尺五寸，则厅堂法也，此谓之上分。楹若干尺，则配堂基若干尺，以为橑等。若楹一丈一尺，则阶基四尺五寸之类。以至承栱榱桷^④，皆有定法，谓之中分。阶级有峻、平、慢三等，宫中则以御辇为法：凡自下而登，前竿垂尽臂，后竿展尽臂为峻道；荷辇十二人：前二人曰前竿，次二人曰前傤，又次曰前胁；后二人曰后胁，又后曰后傤，末后曰后竿。辇前队长一人，曰传唱；后一人，曰报赛。前竿平肘，后竿平肩，为慢道；前竿垂手，后竿平肩，为平道。此之谓下分。其书三卷。近岁土木之工，益为严善，旧《木经》多不用，未有人重为之，亦良工之一业也。

注 释

①**喻皓**：北宋建筑家，被欧阳修赞誉为"国朝以来木工，一人而已"。②**极**：顶高。③**橑等**：即等衰，等差递减。④**承栱榱桷**：承重的斗拱、屋椽。

译 文

营造房屋的方法，称为《木经》，有人说是喻皓所撰写的。房屋分为三部分：房梁以上是上分，屋内地面到房梁之间是中分，屋下台阶是下分。房梁长多少，就要搭配相应高度的房顶，以合乎比例。比如房梁长八尺，搭配的房顶高度是三尺五寸，这就是造厅堂的方法，这叫作上分。楹有多少尺，就要搭配相应高度的堂基，以合乎比例。如果楹长一丈一尺，那么阶基就是四尺五寸等。再到斗拱、屋椽这些承重构件，都有固定的造法，这些是中分。台阶有峻、平、慢三种，宫里的台阶就要以御辇为准：凡是从下往上走的台阶，前竿需要垂下手臂至最低，后竿需要抬举手臂至最高的，就是峻道；（抬御辇的十二个人：前两个人称为前竿，其次两人称为前傤，再次两人称为前胁；之后两人称为后胁，再后两人称为后傤，最后两个人称为后竿。御辇前有一名队长，称为传唱；御辇后面有一个人，称为报赛。）前竿抬竿与肘部水平，后竿抬竿与肩部水平的，就是慢道；前竿垂下手臂，后竿抬竿与肩部水平的，就是平道。这些叫作下分。《木经》共有三卷。近年的土木工程，越来越严格完善，旧的《木经》大多不使用了，还没有人重新编写，这也是优良工匠应做的一件事。

原 文

审方面势，覆量高深远近，算家谓之"害术"，害文象形，如绳木所用墨斗也^①。求星辰之行，步气朔消长，谓之"缀术"。谓不可以形察，但以算数缀之而已。北齐祖亘有《缀术》二卷^②。

注 释

①**绳木所用墨斗**：木工为了量直木块，用墨线拉直标出想要裁截的地方，固定两端，轻弹墨线使木块上留下平直的墨迹，称为绳木。墨斗即缠绕墨线的线轴装置，其中蓄墨，需要时将线头拉出，就是一条均匀染墨的线。②**祖亘**：南朝数学家，祖冲之之子，南朝梁时期担任太府卿。亘，当作"暅"。

译 文

　　测定方向地势，度量高低远近，算术家称为"耷术"，耷字是象形字，像量直木头所用的墨斗一样。求算星辰运行轨迹，测算节气朔望消长，称为"缀术"。意思是说不能以有形的事物来观察，只能月数字推算它而已。北齐的祖亘著有《缀术》两卷。

原 文

　　算数求积尺之法，如刍萌、刍童、方池、冥谷、堑堵、鳖臑、圆锥、阳马之类，物形备矣，独未有隙积一术。古法，凡算方积之物，有立方[1]，谓六幕皆方者。其法再自乘则得之。有堑堵[2]，谓如土墙者，两边杀，两头齐。其法并上下广，折半以为之广，以直高乘之，又以直高为股，以上广减下广，余者半之为句[3]。句股求弦，以为斜高。有刍童[4]，谓如覆斗者，四面皆杀，其法倍上长加入下长，以上广乘之，倍下长加入上长，以下广乘之，并二位，以高乘之，六而一。隙积者[5]，谓积之有隙者，如累棋、层坛及酒家积罂之类[6]。虽似覆斗，四面皆杀，缘有刻缺及虚隙之处，用刍童法求之，常失于数少。予思而得之，用刍童法为上行、下行，别列下广，以上广减之，余者以高乘之，六而一，并入上行。假令积罂，最上行纵广各二罂，最下行各十二罂，行行相次。先以上二行相次，率至十二；当十一行也。以刍童法求之，倍上行长得四，并入下长得十六，以上广乘之，得之三十二；又倍下行长得二十四，并入上长，得二十六，以下广乘之，得三百一十二；并二位得三百四十四，以高乘之，得三千七百八十四。重列下广十二，以上广减之，余十，以高乘之，得一百一十，并入上位，得三千八百九十四。六而一，得六百四十九，此为罂数也。刍童求见实方之积，隙积求见合角不尽，益出美积也[7]。履亩之法，方圆曲直尽矣，未有会圆之术[8]。凡圆田，既能拆之，须使会之复圆。古法唯以中破圆法拆之，其失有及三倍者。予别为拆会之术，置圆田，径半之以为弦，又以半径减去所割数，余者为股，各自乘。以股除弦，余者开方除为句，倍之为割田之直径。以所割之数自乘退一位倍之，又以圆径除所得，加入直径，为割田之弧，再割亦如之，减去已割之弧，则再割之弧也。假令有圆田，径十步，欲割二步，以半径为弦，五步自乘得二十五，又以半径减去所割二步，余三步为股，自乘得九，用减弦外，有十六，开平方，除得四步为句，倍之为所割直径，以所割之数二步自乘为四，倍之得八，退上一位为四尺[9]，以圆径除。今圆径十，已足盈数，无可除，只用四尺加入直径，为所割之弧，凡得圆径八步四尺也。再割亦依此法。如圆径二十步求弧数，则当折半，乃所谓以圆径除之也。**此二类皆造微之术，古书所不到者，漫志于此。**

译文

算数中求体积的算法，比如刍萌、刍童、方池、冥谷、堑堵、鳖臑、圆锥、阳马等，各种形状都已具备，唯独没有求取物体间有空隙时的堆积体积的办法。依照以往的方法：凡是计算物体的体积，计算立方体，也就是六面都是正方形的时候，方法是边长自乘两遍就得到了。计算堑堵，比如土墙这种，两个墙面倾斜，左右两端的截面垂直，截面面积的计算方法是上下底长度之和折半，乘以垂直的高度。再用垂直的高度作为股，用上底和下底长度相减再折半作为勾。用勾股定理求出的弦长，就是斜高。计算刍童，也就是像倒扣的斗一样，四面都是斜坡，方法是上底面的长的二倍加下底面的长，乘以上底面的宽，下底面的长的二倍加上底面的长，乘以下底面的宽，这两个数相加乘以高，除以六。隙积，也就是体积中有空隙的物体，比如堆放棋子、坛子和酒家堆积酒坛之类的。尽管堆放的形状也像倒扣的斗，四面都是斜的，但由于有空隙，用刍童法计算出的数量，总是比实际数量少。我思考得到一种方法，用刍童法计算从最上一层到最下一层的数值，另外单列出最下层的宽减去最上层的宽，差数乘以高，除以六，加到前面的数值上。（假设堆积酒坛，最上一层长宽各两个酒坛，最下一层长宽各十二个酒坛，每层的长宽各递减一个。先从最上两层相差一算起，算到十二，正好是十一层。用刍童法求算，上层长乘以二得四，加下层长得十六，乘以上层宽，得三十二；再用下层长乘以二得二十四，加上层长，得二十六，乘以下层宽，得三百一十二；两数相加得三百四十四，乘以高，得三千七百八十四。另列出下层宽十二，与上层宽相减，得十，乘以高，得一百一十，加上之前算出的数，得三千八百九十四。除以六，得六百四十九，这就是酒坛的总数。刍童法求的是实心体积，隙积法求的是边角交错码放时，多出来的数量。）计算田亩的方法，只有方圆曲直，而没有会圆术。凡是圆形的田地，既然能拆分，就必须能使之复原成圆形。以往的方法只能用中破圆法拆开，差错能达到三倍。我另创一种拆分复原的方法，设置一

块圆田，用半径作为弦，再用半径减去所割圆弧的高，得出的数为股，各自平方，用股的平方除以弦的平方，得数再开方就是勾，勾乘以二就是所割圆弧的弦长。用所割圆弧的高的平方退一位乘以二，再除以圆的半径所得的数，加直径，就是所割田地的弧长，再割一块地也是这样，减去已割的弧长，就是再割的弧长了。（假设有一块圆田，直径十步，要割一个高为二步的弧，以半径为弦，五步的平方得二十五，再用半径减去所割圆弧的高二步，得出三步就是股，平方得九，两数相减得十六，开平方，得到四步作为勾，乘以二就是所割的弦长，用所割圆弧的高二步平方得四，乘以二得八，退上一位就是四尺，除以圆的直径。现在圆的直径是十，已经是整十数，无沄再除，只将四尺加直径，得出所割田地的弧长，总共长八步四尺。再割一块也是按照这个方法。比如直径是二十步的圆求弧数，就应当折半，也就是所说的用圆的半径来除。）隙积术和会圆术都是臻于精微的算法，是古书上没有涉及的，随手记在这里。

原文

　　蹙融，或谓之蹙戎，《汉书》谓之格五[①]，虽止用数棋，共行一道，亦有能否。徐德占善移，遂至无敌。其法以己常欲有余裕，而致敌人于险。虽知其术止如是，然卒莫能胜之。

注释

　　[①]**格五**：蹙融游戏双方各执五枚棋子。

译文

　　蹙融，或者叫蹙戎，《汉书》里叫作格五，虽然只用几枚棋子，共行在一条道上，也能有胜负。徐禧（字德占）擅长走棋，于是到达无

●蹙融

蹙融，又称格五，古代的一种弈棋方法。其方法为：用黑白颜色的棋子各五枚，共争中道，遇到对方的棋子则跳过去，以先到达对方的地域为胜。

敌境界。他的方法是常让自己有余裕，而让敌人冒险。虽然知道他的战术只是这样，仍然没有能胜过他的。

原文

　　予伯兄善射[①]，自能为弓。其弓有六善：一者性体少而劲，二者和而有力，三者久射力不屈，四者寒暑力一，五者弦声清实，六者一张便正。凡弓性体少则易张而寿，但患其不劲；欲其劲者，妙在治筋。凡筋生长一尺，干则减半；以胶汤濡而梳之，复长一尺，然后用，则筋力已尽，无复伸弛。又揉其材令仰[②]，然后傅角与筋，此两法所以为筋也。凡弓节短则和而虚，"虚"谓挽过吻则无力。节长则健而柱，"柱"谓挽过吻则木强而不来。"节"谓把梢桦木[③]，长则柱，短则虚，节若得中则和而有力，仍弦声清实。凡弓初射与天寒，则劲强

而难挽；射久、天暑，则弱而不胜矢，此胶之为病也。凡胶欲薄而筋力欲尽，强弱任筋而不任胶，此所以射久力不屈，寒暑力一也。弓所以为正者，材也。相材之法视其理，其理不因矫揉而直，中绳则张而不跛^④，此弓人之所当知也。

注 释

①**伯兄**：大哥，古代以伯为兄弟间排行最大者。②**揉**：指通过煨热木材使其软化，塑造出弯曲的定型。③**裨**：增益，补助。④**中绳**：即平直的意思。中，即符合的意思。绳，指墨线，墨线用于木工上的取直。

译 文

我的大哥擅长射箭，能自己制作弓。他做的弓有六个优点：一是弓体轻巧而劲大，二是柔和而有力，三是用久了也不容易弯曲，四是寒暑天气下力道都均一，五是弓弦的声音清脆扎实，六是弓一拉开便是端正的。通常弓体轻巧就会容易拉开而寿命长，但问题是劲道不足；想要劲道够大，诀窍在于对筋的处理。凡是筋原本长一尺的，晒干则长度减半；用胶汤濡湿并梳理，恢复一尺长，然后使用，筋力就已经丧失了，不能再拉伸收缩。再煨弯木材使之反向弯曲，然后绑上角和筋，这是处理筋的两种方法。凡是弓节短的弓就会柔和但力道虚（"虚"的意思是拉过嘴部就无力了）。弓节长就强健而柱（"柱"的意思是拉过嘴部就紧绷过硬而拉不动）。"节"是弓柄上的衬木，长了则会柱，短了则会虚），弓节如果适中则柔和且有力，并且弦声清脆扎实。一般的弓第一次射的时候与天冷的时候，都是强劲难拉开的；射的时间长了或天热的时候，就会力弱无法发箭，这是胶筋的弊病。通常胶最好是薄的而让筋力能尽量发挥，力的强弱由筋决定而不是由胶，这才能够保证射久而劲道不衰退，寒暑的力道都均一。弓可以拉得正的原因，在于木材。选择好材料的办法是看它的纹理，纹理不经矫正揉煨就是直的，那么张弓的时候就不会歪，这是制弓人应当知道的。

原 文

小说：唐僧一行曾算棋局都数^①，凡若干局尽之。予尝思之，此固易耳，但数多，非世间名数可能言之^②。今略举大数。凡方二路，用四子，可变八千十一局。方三路，用九子，可变一万九千六百八十三局。方四路，用十六子，可变四千三百四万六千七百二十一局。方五路，用二十五子，可变八千四百七十二亿八千八百六十万九千四百四十三局。古法：十万为亿，十亿为兆，万兆为稊。算家以万万为亿，万万亿为兆，万万兆为垓。今但以算家数计之。方六路，用三十六子，可变十五兆九十四万六千三百五十二亿八千二百三万一千九百二十六局。方七路以上，数多无名可记。尽三百六十一路^③，大约连书"万"字四十三^④，即是局之大数。万字四十三，最下万字是万局，第二是万万局，第三是万亿局，第四是一兆局，第五是万兆局，第六是万万兆，谓之一垓，第七是万垓局，第八是万万垓，第九是万亿万万垓。此外无名可纪，但四十三次万倍乘之，即是都大数，零中数不与。**其法：初一路可变三局，一黑、一白、一空。自后不以横直，但增一子，即三因之。凡三百六十一增，皆三因之，即是都局数。又法：先计循边一行为"法"**，凡十九路，得一十亿六千二百二十六万一千四百六十七局。**凡加一行，即以"法"累乘之，乘终十九行，亦得上数。又法：以自"法"相乘**，得一百三十五兆八百五十一万七千一百七十四亿四千八百二十八万七千三百三十四局，此是两行，凡三十八路变得此数也。**下位副置之，以下乘上，又以下乘下，置为上位；又副置之，以下乘上，以下乘下；加一"法"，亦得上数。有数法可求，惟此法最径捷，只五次乘**⑤，便尽三百六十一路。**千变万化，不出此数，棋之局尽矣。**

〔注释〕

①**都数：**总数。②**名数：**数量单位名称。③**三百六十一路：**围棋棋盘为十九行十九列，相乘得三百六十一格。④**连书万字四十三：**即万的三十四次方。沈括原文误作五十二。⑤**五次乘：**如上算法即"法"的十九次方。

〔译文〕

小说记载：唐代僧人一行曾计算棋局总数，共有若干局能够穷举。我曾思考这个问题，这件事固然容易，但数量繁多，不是用世上现有的数量能够表达的。现在大略举出数字。凡是二乘二见方的棋局，用四个棋子，可以有八千一十一种变化。三乘三见方的棋局，用九个棋子，可以有一万九千六百八十三种变化。四乘四见方的棋局，用十六个棋子，可以有四千三百零四万六千七百二十一种变化。五乘五见方的棋局，用二十五个棋子，可以有八千四百七十二亿八千八百六十万九千四百四十三种变化。古代的计数方法是：十万为一亿，十亿为一兆，一万兆为一秭。（算术家以一万个万为亿，以一万个万亿为兆，以一万个万兆为垓。现在只按算术家的方法计算。）六乘六见方的棋局，用三十六个棋子，可以有十五兆零九十四万六千三百五十二亿八千二百零三万一千九百二十六种变化。七乘七以上，数量太大没有相应的名称了。棋盘上总共有十九乘十九得三百六十一路，大约连写四十三个万字，就是棋局总共的数量。（四十三个万字，从最末数的第一个万字是万局，第二个是万万局，第三个是万亿局，第四个是一兆局，第五个是万兆局，第六个是万万兆，也就是一垓，第七个是万垓局，第八个是万万垓，第九个是万亿万万垓。在这之后就没有相应的数量名称了，但万的四十三次方，就是大约的总数，零头不计。）这个计算方法是依照：最初的一路可以有三种变化（一黑、一白、一空）。之

后不论横向还是直向，只要增加一个棋子，就要乘以三。总共三百六十一枚棋子，每次都乘以三，就是全部的局数。还有一种方法：先计算最靠边的一行为法，（一共十九行，得十一亿六千二百二十六万一千四百六十七种。）每加一行，就用法乘一次，总共乘完十九行，也得上面的数。还有一种方法：用法和法相乘，（得一百三十五兆零八百五十一万七千一百七十四亿四千四百八百二十八万七千三百三十四种局，这是两行，一共三十八路可以变出的棋局。）把这个乘积复制放置在下位，再乘以上位，得到的数再乘以下位，放置在上位；再复制放置在下位，乘以上位，得到的数再乘以下位；多乘一次法，也得出上述数字。能用数字求出的，只有这种方法最便捷，（只需要乘五次，就可以算尽三百六十一路。）千变万化，不出这些数，棋局的可能性就穷尽了。

原文

《西京杂记》云："汉元帝好蹴鞠①，以蹴鞠为劳，求相类而不劳者，遂为弹棋之戏。"予观弹棋绝不类蹴鞠，颇与击鞠相近②，疑是传写误耳。唐薛嵩好蹴鞠，刘钢劝止之曰："为乐甚众，何必乘危邀顷刻之欢？"此亦击鞠，《唐书》误述为蹴鞠。弹棋今人罕为之，有谱一卷，盖唐人所为。其局方二尺，中心高，如覆盂；其巅为小壶，四角微隆起。今大名开元寺佛殿上有一石局，亦唐时物也。李商隐诗曰："玉作弹棋局，中心亦不平。"谓其中高也。白乐天诗："弹棋局上事，最妙是长斜。"长斜谓抹角斜弹③，一发过半局，今谱中具有此法。柳子厚《叙棋》用二十四棋者，即此戏也。《汉书》注云："两人对局，白、黑子各六枚。"与子厚所记小异。如弈棋，古局用十七道，合二百八十九道，黑白棋各百五十，亦与后世法不同。

注释

①**蹴鞠**：同"蹴鞠"，即古代的足球。②**击鞠**：即击鞠，古代的马球，因比赛选手骑在马上用曲棍击球，有一定的危险性。③**抹角斜弹**：擦着四角，路线倾斜地弹出弹棋。

译文

《西京杂记》记载："汉元帝喜欢踢蹴鞠，但蹴鞠劳力，寻求类似但不劳力的活动，于是创作了弹棋之戏。"我看弹棋完全不类似蹴鞠，倒是与击鞠很像，怀疑是传写错误。唐人薛嵩喜欢蹴鞠，刘钢劝阻他道："娱乐活动那么多，何必冒着危险享受一时快乐呢？"这说的也是击鞠，《新唐书》中误记为蹴鞠。弹棋现今的人很少玩了，有一卷棋谱，是唐代人写的。棋盘方二尺，中心高，像倒扣的盂；中心顶上有一小壶，四角微微隆起。现在大名开元寺的佛殿上有一个石制棋盘，也是唐代留下的东西。李商隐的诗说："玉作弹棋局，中心亦不平。"就是说中心高。白居易的诗说："弹棋局上事，最妙是长斜。"长斜是指抹角斜弹，一发弹棋掠过半盘，现存的棋谱中有这一技法。柳宗元的《叙棋》中写的使用二十四颗棋子的，就是指此游戏。《汉书》注说："两人对局，白、黑子各六枚。"与柳宗

梦溪笔谈

元记录的小有差异。就像围棋，古代的棋盘是横竖各十七道，一共二百八十九格，黑白棋各一百五十枚，也与后世的规则不同。

原 文

算术多门，如求一、上驱、搭因、重因之类，皆不离乘除。唯增减一法稍异，其术都不用乘除，但补亏就盈而已。假如欲九除者，增一便是；八除者，增二便是。但一位一因之。若位数少，则颇简捷；位数多，则愈繁，不若乘除之有常。然算术不患多学，见简即用，见繁即变，不胶一法，乃为通术也。

释 文

算术有许多门类，求一、上驱、搭因、重因等，都离不开乘除法。只有增减这种方法稍有不同，算法都不用乘除，只需要补亏就盈而已。假设一个数要被九除，商是将这个数退一位且余数是这个数本身；被八除的，商是将这个数退一位且余数是这个数的二倍。但是被除数的每多一位都要多算一次。如果位数少，就很简单便捷；位数多，就更加复杂，不如乘除法有规律。但算术不怕多学方法，遇到简单的就用，遇到繁复的就变通，不拘泥于一种算法，才是算术的共同法则。

原 文

板印书籍①，唐人尚未盛为之，自冯瀛王始印五经，已后典籍，皆为板本。庆历中，有布衣毕昇，又为活板②。其法用胶泥刻字，薄如钱唇③，每字为一印，火烧令坚。先设一铁板，其上以松脂、蜡和纸灰之类冒之④。欲印则以一铁范置铁板上⑤，乃密布字印。满铁范为一板，持就火炀之，药稍熔，则以一平板按其面，则字平如砥⑥。若止印三、二本，未为简易；若印数十百千本，则极为神速。常作二铁板，一板印刷，一板已自布字。此印者才毕，则第二板已具。更互用之，瞬息可就。每一字皆有数印，如"之""也"等字，每字有二十余印，以备一板内有重复者。不用则以纸贴之，每韵为一贴⑦，木格贮之。有奇字素无备者，旋刻之，以草火烧，瞬息可成。不以木为之者，木理有疏密，沾水则高下不平，兼与药相粘，不可取。不若燔土，用讫再火令药熔，以手拂之，其印自落，殊不沾污。昇死，其印为予群从所得⑧，至今宝藏。

注 释

①**板印**：即雕版印刷，在木板上阳刻出反字字稿，涂墨印刷，可反复多次使用，但内容固定不能改变。板，同版。②**活板**：即活字印刷，是在雕版印刷基础上飞跃性的改良，使用各个独立的泥字字印拼排成书稿，印刷后可以卸下重新使用，灵活高效。③**钱唇**：铜钱的边沿。④**冒**：覆盖。⑤**范**：模范，模板。⑥**砥**：磨刀石。⑦**每韵为一贴**：按照音韵将字分类，同一韵的字放在一起，贴纸表示。⑧**群从**：指堂兄弟及诸子侄。

雕版印刷书籍，唐代还没有盛行，从冯道开始印五经，此后的典籍，都是雕版印刷的版本。庆历年间，有一名平民毕昇，又发明了活字印刷。方法是用胶泥刻字，字细得像钱的边沿，每字做一个印，用火烧使其坚固。先准备好一块铁板，上面用松脂、蜡和纸灰等药铺满。要印的时候就用一块铁制的模具放在铁板上，再排满字印。满一铁范作为一板，拿着在火上烤，药稍微融化，就用一块平板按压字面，使字面像磨刀石一样平整。如果只印两三本，不算简易；如果印数十本甚至百千本，就非常神速。通常准备两块铁板，一板在印刷，一板已布好字印。这一板才印好，第二板已经准备好了。交替使用，瞬间就能完成。每个字都制成多个字印，如"之""也"这类常用字，每字备有二十余个字印，以备一板之内有重复使用的情况。不用的时候就用纸贴好标签，每个韵为一贴，放在木格里贮藏。有生僻字平时没有准备的，立即刻出，用草点火烧一下，立即完成。不用木头制作的原因是，木纹有疏密，沾水就会高低不平，而且与药相粘，无法取下来。不如烧过的黏土，用完再烤火使药融化，用手拂拭，字印自然脱落，完全不会沾污。毕昇死后，他的字印被我的兄弟子侄获得，至今珍藏着。

淮南人卫朴精于历术，一行之流也。《春秋》日蚀三十六，诸历通验，密者不过得二十六七，唯一行得二十九；朴乃得三十五，唯庄公十八年一蚀，今古算皆不入蚀法，疑前史误耳。自夏仲康五年癸巳岁，至熙宁六年癸丑，凡三千二百一年，书传所载日蚀，凡四百七十五。众历考验，虽各有得失，而朴所得为多。朴能不用算，推古今日月蚀，但口诵乘除，不差一算。凡大历悉是算数，令人就耳一读，即能暗诵；傍通历则纵横诵之[1]。尝令人写历书，写讫，令附耳读之，有差一算者，读至其处，则曰："此误某字。"其精如此。大乘除皆不下照位，运筹如飞[2]，人眼不能逐。人有故移其一算者，朴自上至下，手循一遍，至移算处，则拨正而去。熙宁中撰《奉元历》，以无候簿，未能尽其术。自言得六七而已，然已密于他历。

①**傍通历**：相对于大历，即民间历法。②**运筹**：用算筹进行计算。

淮南人卫朴擅长历术，是僧一行之流的人物。《春秋》记载日食三十六次，各种历法综合验证，精确的不过能测算出二十六七次，只有僧一行能算出二十九次；卫朴则能算出三十五次，只有鲁庄公十八年的一次日食，按古今历法都不在食法内，怀疑是前朝史书记载有误。从夏代的仲康五年癸巳年，到熙宁六年癸丑年，共三千二百零一年，史书传记上记载的日食，共四百七十五次。各个历法验算，尽管各有得失，但以卫朴算出的最多。卫朴可以不用算筹，推断出古今日月食，只用口算乘除，不差一点。凡是大历中的所有算数，让人在耳边一读，就能背诵；民间历书也背诵广泛。曾命人写历书，写完让人在耳边读一遍，有一点差错的，读到这里，他就会说："这是错字。"如此精准。大位数的乘除法都不用对位，运算快得像飞，人眼无法跟上看。有人故意挪动他的一根算筹，卫朴自上而下，用手捋一遍，到被移位的地方，就拨正而继续下去。熙宁年间他撰写了《奉元历》，由于没有记载天候的记录簿，没能完全发挥他的技艺。自称只能算对六七成而已，但已经比其他历法准确了。

原文

　　医用艾一灼谓之一壮者[1]，以壮人为法。其言若干壮，壮人当依此数，老幼羸弱量力减之。

注释

　　①艾：艾草，可做针灸使用。

译文

　　医用艾灸烧一根称为"一壮"，是以身体强壮的人为标准。所说的若干壮，是指身体强壮的人应当按这个数量来治疗，老幼虚弱的人依据情况减量。

原文

　　四人分曹共围棋者[1]，有术可令必胜：以我曹不能者立于彼曹能者之上，令但求急，先攻其必应，则彼曹能者为其所制，不暇恤局，则常以我曹能者当彼不能者。此虞卿斗马术也[2]。

注释

　　①分曹：两两分对。②虞卿：战国时期赵国的谋士虞氏，官至上卿，故称虞卿。斗马术：古代赛马的战术。

译文

　　四个人分组下围棋的，有办法可以必胜：让我方弱者在对方强者的上手，只求急攻，对方必定回应我方的先手攻击，那么对方的强者被制约，无暇顾及局势，然后让我方强者抵挡对方的弱者。这是虞卿的斗马术。

原文

　　西戎用羊卜，谓之"跋焦"，卜师谓之"厮乩"必定反。以艾灼羊髀骨，视其兆，谓之"死跋焦"。其法：兆之上为神明；近脊处为坐位，坐位者，主位也；近傍处为客位。盖西戎之俗，所居正寝，常留中一间，以奉鬼神，不敢居之，谓之神明，主人乃坐其傍，以此占主客胜负。又有先咒粟以食羊，羊食其粟，则自摇其首，乃杀羊视其五脏，谓之"生跋焦"。其言极有验，委细之事，皆能言之。"生跋焦"土人尤神之。

西戎人用羊骨占卜，称为"跋焦"，占卜师称其为"厮乩"（必定反）。用艾烧灼羊大腿骨，观察其纹路，称为"死跋焦"。方法是：纹路的上部象征神明；靠近中心的位置象征座位，所谓座位就是指主位的人；靠近边侧的象征客位。这是因为在西戎的习俗里，人们居住的主卧房，常在中间留一间，用来侍奉鬼神，不敢居住在里面，这叫作神明，主人坐在旁边，以此占卜主客的胜负。还有先对粟米念咒再喂羊，羊吃了这些粟米，便自发地摇头，于是杀了羊看它的五脏，称为"生跋焦"。这些占卜结果非常灵验，事情的细节，都能说出来。"生跋焦"尤其受到土著人的信服。

钱氏据两浙时，于杭州梵天寺建一木塔，方两三级，钱帅登之，患其塔动。匠师云："未布瓦，上轻，故如此。"乃以瓦布之，而动如初。无可奈何，密使其妻见喻皓之妻，赂以金钗，问塔动之因。皓笑曰："此易耳。但逐层布板讫，便实钉之，则不动矣。"匠师如其言，塔遂定。盖钉板上下弥束[1]，六幕相联如胠箧[2]。人履其板，六幕相持，自不能动。人皆伏其精练。

①弥：互补。束：束缚。②胠箧：即指箱子。胠，为从旁边开箱盗物的意思。

钱氏占据两浙时，在杭州梵天寺修建了一座木塔，才建了两三级，钱帅登上去，担心塔在晃动。工匠说："没布上瓦，上面太轻，所以会这样。"于是把瓦布上，但晃动如初。无可奈何，私下派自己的妻子去见喻皓的妻子，用金钗贿赂，问塔晃动的原因。喻皓笑着说："这个简单。只要每层搭上木板时，都用钉子钉牢，就不动了。"工匠依照他说的去做，塔便稳固了。这是因为钉板上下支撑约束，六面相连像是箱子。人走在木板上，六面互相支撑，自然就不晃动了。人们都佩服喻皓的办法精简干练。

医者所论人须发眉，虽皆毛类，而所主五脏各异，故有老而须白眉发不白者，或发白而须眉不白者，脏气有所偏故也。大率发属于心，禀火气，故上生；须属肾，禀水气，故下生；眉属肝，故侧生。男子肾气外行，上为须，下为势[1]。故女子、宦人无势，则亦无须，而眉发无异于男子，则知不属肾也。

①势：男性生殖器，即阴茎。

医生说人的胡须、头发、眉毛等，虽然都是毛，但所主的五脏各不相同，所以有人年老了胡须变白但眉毛头发不变白，或者有人头发变白但胡须眉毛不变白，是因为五脏之气

有偏倚。总的来说头发属心，具有火气，所以向上生长；胡须属肾，具有水气，所以向下生长；眉毛属肝，所以相旁侧生长。男人的肾气外行，在上为胡须，在下为阴茎。所以女人、受阉割的人没有阴茎，也就没有胡须，但眉毛头发与男人没有区别，便知道它们不属肾。

原文

医之为术，苟非得之于心，而恃书以为用者，未见能臻其妙。如术能动钟乳，按《乳石论》曰："服钟乳，当终身忌术[zhú]①。"五石诸散用钟乳为主②，复用术，理极相反，不知何谓。予以问老医，皆莫能言其义。按《乳石论》云："石性虽温，而体本沉重，必待其相蒸薄然后发。"如此，则服石多者，势自能相蒸，若更以药触之，其发必甚。五石散杂以众药，用石殊少，势不能蒸，须藉外物激之令发耳。如火少，必因风气所鼓而后发；火盛，则鼓之反为害，此自然之理也。故孙思邈云："五石散大猛毒。宁食野葛③，不服五石。遇此方即须焚之，勿为含生之害④。"又曰："人不服石，庶事不佳；石在身中，万事休泰。唯不可服五石散。"盖以五石散聚其所恶，激而用之，其发暴故也。古人处方，大体如此，非此书所能尽也。况方书仍多伪杂，如《神农本草》最为旧书，其间差误尤多，医不可以不知也。

注释

①**术**：白术，中药名。②**五石诸散**：五石散，使用钟乳、石英等石粉制成的药剂，使人有短期内身体发热、红润的效果，令人以为能够强身健体、延长寿命，魏晋时期服用成风，实际长期服用毒性很大。③**野葛**：草名，有剧毒。④**含生**：一切有生命者，多指人类。

译文

医生的医术，如果不是用心理解的，而是倚仗书本上的来运用，不能达到极致精妙的地步。比如说白术能动钟乳，按照《乳石论》里的说法："服用钟乳，应当终身忌白术。"五石等散药以钟乳为主要用药，又用白术，药理极其相反，不知是什么原因。我拿这个问老中医，都不能说出其道理。按照《乳石论》里的说法："钟乳石虽然是温性的，但本身沉重，必要等它缓慢地互相影响然后发挥效用。"如果像这样，那么服食石类药物多的人，必然会自相作用，如果再用药刺激它，药效的发挥必然更猛烈。五石散掺杂许多其他药物，用石很少，必然不能互相作用，需要借助外物激发使其生效。就像火势小，必要由风气鼓动才能发大；火势盛，则鼓风反而有害，这是自然界的道理。所以孙思邈说："五石散毒性猛烈。宁可食用野葛，也不能服五石散。见到这个药方必须立即焚烧，不让它祸害苍生。"他又说："人不服食石类药物，各事都不佳；服食了石类药物，万事都平定安泰。唯独不可以服食五石散。"这就是因为五石散汇集了相恶的药材，激发着服用，药效发挥过猛。古人的处方，大多是这样，不是书中能说尽的。况且药方书籍中还有许多虚假杂乱的，比如《神农本草》是最古老的书，其中的差异错误尤其多，医生不可以不知道。

原 文

予一族子，旧服芎䓖^{xiōng}①。医郑叔熊见之云："芎䓖不可久服，多令人暴死。"后族子果无疾而卒。又予姻家朝士张子通之妻，因病脑风②，服芎䓖甚久，亦一旦暴亡。皆予目见者。又予尝苦腰重，久坐，则旅距十余步然后能行。有一将佐见予曰："得无用苦参洁齿否？"予时以病齿，用苦参数年矣。曰："此病由也。苦参入齿，其气伤肾，能使人腰重。"后有太常少卿舒昭亮用苦参揩齿，岁久亦病腰。自后悉不用苦参，腰疾皆愈。此皆方书旧不载者。

注 释

①芎䓖：即川芎。②脑风：头疼病。

译 文

我的一名侄子，以前服用芎䓖。医生郑叔熊见了说："芎䓖不可以长期服用，常会令人突然死亡。"后来这名侄子果然无疾而亡。又有我姻亲家的朝廷官员张子通的妻子，因患上脑风，服用芎䓖很久，也是一天突然死亡。这都是我亲眼所见的。另外，我曾受腰重之苦，坐的时间久了，就要抵住走十余步然后才能正常走动。有一名将佐见我这样就说："你是不是用苦参清洁牙齿？"我当时因为牙病，用苦参多年了。他说："这就是病因。苦参进入牙齿，它的气伤害肾脏，能使人腰重。"后来有一名太常少卿舒昭亮用苦参擦拭牙齿，年岁久了也患有腰病。从此以后完全不用苦参，腰病都痊愈了。这都是以往的药方书籍没有记载的。

原 文

世之摹字者，多为笔势牵制，失其旧迹，须当横摹之①，泛然不问其点画，唯旧迹是循，然后尽其妙也。

注 释

①横摹：横向临摹，古文以纵向书写，横向临摹可以打破原有的笔势牵制。

译 文

世上描摹书法的人，大多被原作的笔势所牵制，而失去原作的样子，应当横向临摹，全然不关注其笔画，只遵循原作的样子，才能完全描摹出原作的精妙。

原 文

古人以散笔作隶书，谓之散隶。近岁蔡君谟又以散笔作草书，谓之散草，或曰飞草。其法皆生于飞白①，亦自成一家。

注 释

①飞白：书法中一种笔画内部露白、近似枯笔的书法。

译 文

古人用散笔写隶书，称为散隶。近年蔡襄（字君谟）又用散笔写草书，称为散草，或

称飞草。这些笔法都是从飞白衍生出来的，也自成一种流派。

　　四明僧奉真[1]，良医也。天章阁待制许元为江淮发运使奏课于京师。方欲入对，而其子疾亟，瞑而不食[2]，惙惙欲死[3]，逾宿矣。使奉真视之，曰："脾已绝，不可治，死在明日。"元曰："观其疾势，固知其不可救，今方有事须陛对，能延数日之期否？"奉真曰："如此似可，诸脏皆已衰，唯肝脏独过。脾为肝所胜，其气先绝，一脏绝则死。若急泻肝气，令肝气衰，则脾少缓，可延三日。过此无术也。"乃投药，至晚乃能张目，稍稍复啜粥，明日渐苏而能食。元甚喜。奉真笑曰："此不足喜，肝气暂舒耳，无能为也。"后三日果卒。

注释

　　①四明：四明山，在今浙江宁波西南。②瞑：闭眼。③惙惙：衰疲的样子。

译文

　　四明山僧人奉真，是一位好医生。天章阁待制许元任职江淮发运使时，去京城上奏税赋情况。刚要入朝禀奏，他的儿子忽然病危，闭着眼而不进食，衰弱得快要死去，整宿都是这样。让奉真去探视，他说："脾已经坏死，不可医治，明天就会死了。"许元说："看这病情，已经知道不可救治，只是现在有事必须禀奏皇上，能否将死期延缓几天？"奉真说："这样似乎可以，各个内脏都已经衰弱，唯独肝脏过于旺盛。脾被肝所凌胜，脾气就会先断绝，一脏断绝就会死。如果能紧急泻出肝气，使肝气稍微衰弱，脾就会稍微缓解，可以延长三天生命。过了这三天就没有办法了。"于是下药，到晚上病人就可以睁开眼睛，稍稍又能喝粥了，第二天慢慢复苏并且能吃东西了。许元非常高兴。奉真笑着说："这不足以高兴，只是因为肝气暂时舒缓了而已，没有实际作用。"三天后果然死亡。

卷十九　器用

　　礼书所载黄彝[1]，乃画人目为饰，谓之"黄目"。予游关中，得古铜黄彝，殊不然。其刻画甚繁，大体似缪篆[2]，又如栏盾间所画回波曲水之文。中间有二目，如大弹丸，突起煌煌然，所谓黄目也。视其文，仿佛有牙角口吻之象。或谓黄目乃自是一物。又予昔年在姑熟王敦城下土中得一铜钲[3]，刻其底曰"诸葛士全茖鸣钲"。"茖"即古"落"字也，此部落之落。"士全"，部将名。其钲中间铸一物，有角，羊头，其身亦如篆文，如今时术士所画符。旁有两字，乃大篆"飞廉[4]"字，篆文亦古怪，则钲间所图，盖飞廉也。飞廉，神兽之名。

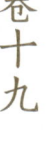

淮南转运使韩持正亦有一钲，所图飞廉及篆字，与此亦同。以此验之，则"黄目"疑亦是一物。飞廉之类，其形状如字非字，如画非画，恐古人别有深理。大抵先王之器，皆不苟为。昔夏后铸鼎以知神奸⑤，殆亦此类。恨未能深究其理，必有所谓。或曰："《礼图》樽彝，皆以木为之，未闻用铜者。"此亦未可质，如今人得古铜樽者极多，安得言无？如《礼图》"瓮以瓦为之"，《左传》却有瑶瓮，律以竹为之，晋时舜祠下乃发得玉律。此亦无常法。如蒲谷璧，《礼图》悉作草稼之象，今世人发古冢得蒲璧，乃刻文蓬蓬如蒲花敷时⑥；谷璧如粟粒耳。则《礼图》亦未可为据。

注释

①彝：一种祭祀用器。②缪篆：六体书之一，用于摹刻印章，也称摹印篆。③钲：一种铜制乐器，在行军时敲打。④飞廉：一种传说中的有翼神兽，能够招来大风。⑤夏后：夏后氏，即夏朝。⑥敷：铺满。

译文

礼书上记载黄彝由于在上面画人眼做装饰，所以称作"黄目"。我在关中地区游历时，得到一尊古铜黄彝，完全不是这样。上面刻画的花纹非常繁复，大致类似缪篆体，又像栏杆之间画的回波曲水状的花纹。中间有两个眼柱，像是大弹珠，光亮地突起着，这就是黄目。看上面的花纹，像是有牙、角、嘴等形象。可能黄目本身就是一种动物。另外我以前在姑熟王敦城下面的土地里找到一个铜钲，底下刻着"诸葛士全苕鸣钲"，"苕"就是古代的"落"字，就是部落的落。"士全"是部将的名字。这个钲中间铸一样东西，有角，长着羊头，身体的样子也像篆文，就像现今的术士画的咒符。旁边有两个字，是大篆的"飞廉"二字，篆文字体也很奇怪，那么钲中间的图案，应该是飞廉了。飞廉是神兽的名称。淮南转运使韩持正也有一个钲，上面画的飞廉和所写的篆字，与这个也相同。由此可以推断，"黄目"可能也是一种生物。飞廉这类生物，样子像字又不是字，像画又不是画，恐怕古人另有深意。大多数先王使用的器物，都不是随意制造的。当时夏代铸造鼎来辨别神圣与奸邪，大多也是这样。我很遗憾没能深究其中的道理，这一定是有其意义的。有人说："《礼图》里记载的樽彝，都是用木头做的，没听说过用铜制造的。"这也未必可信，现今人们见到的古铜樽非常多，怎么能说没有呢？像是《礼图》里说"瓮以瓦为之"，《左传》里却有用瑶做的瓮，又说律管是竹做的，晋代舜祠下却挖掘出玉律。这也表明并没有常规的制造方法。比如蒲璧、谷璧，《礼图》里记载的都做成草稼的样子，如今人们发掘古墓里的蒲璧，却刻满蓬勃如蒲花盛开的图案；谷璧上刻的是像粟粒的图案。这么说来《礼图》也未必可以作为依据。

原文

《礼书》言罍画云雷之象，然莫知雷作何状。今祭器中画雷，有作鬼神伐

鼓之象，此甚不经。予尝得一古铜罍，环其腹皆有画，正如人间屋梁所画曲水。细观之，乃是云、雷相间为饰，如乁者，古云字也，象云气之形；如◎者，雷字也，古文◎为雷，象回旋之声。其铜罍之饰，皆一乁一◎相间，乃所谓云、雷之象也。今《汉书》罍字作靁，盖古人以此饰罍，后世自失传耳。

①罍：古代盛酒的容器，小口而深腹，圆形有盖。

译文

《礼书》说罍上面刻画云雷的形象，但是不知雷是什么形状。如今使用的祭器中刻画的雷，有的画成鬼神击鼓的形象，这非常不合理。我曾得到一尊古代铜罍，围绕其腹部的一圈都有图案，就像世间的屋梁上画的曲水花纹。仔细观看，就是云、雷相间的装饰图案，像乁这样的，是古代的云字，象征云气的形象；像◎这样的，是古代的雷字，古文中的雷就是◎，象征回旋的声音。这尊铜罍上的装饰花纹，都是一乁一◎相间隔的，就是所谓的云、雷的形象。今天的《汉书》里罍字作靁，是因为古人用这种花纹装饰罍，后世自然地失传了。

原文

唐人诗多有言吴钩者。吴钩，刀名也，刃弯。今南蛮用之，谓之葛党刀。

译文

唐代人的诗中有许多提到吴钩的。吴钩是一种刀的名称，刀刃是弯的。今天的南蛮人还使用它，称为葛党刀。

原文

古法以牛革为矢服①，卧则以为枕。取其中虚，附地枕之，数里内有人马声，则皆闻之。盖虚能纳声也。

注释

①矢服：装箭矢的皮服，即箭袋。

译文

古法用牛皮制作箭袋，横放就可以当作枕头。利用其中空的原理，贴在地上枕着，数里内有人马的声音，就都能听得到。这是因为中空能笼纳声音。

原文

郓州发地得一铜弩机，甚大，制作极工。其侧有刻文曰："臂师虞士，牙师张柔①。"史传无此色目人②，不知何代物也。

注释

①臂师虞士，牙师张柔：制作弩臂的工匠是虞士，制作弩牙的工匠是张柔。②色目人：即少数民族，眼睛颜色不同于中原人的人种。

郓州地区挖掘出一座铜弩机，非常大，做工非常精细。侧面刻有文字说："臂师虞士，牙师张柔。"史书和传记里没有这样的外族人，不知是什么年代的器物。

原文

熙宁中，李定献偏架弩，似弓而施干镫①。以镫距地而张之，射三百步，能洞重札②，谓之"神臂弓"，最为利器，李定本党项羌酋，自投归朝廷，官至防团而死，诸子皆以骁勇雄于西边。

注释

①干镫：脚凳，用于拉开弓弩。②札：甲叶。

译文

熙宁年间，李定进献了一座偏架弩，像弓但用干镫发力。将镫抵着地面而张弩，可以射三百步远，能洞穿多层甲叶，称为"神臂弓"，是最厉害的武器，李定原本是党项羌族的首领，自愿归附朝廷，死前官至防御使、团练使，他的儿子们都因骁勇善战而在西方边境上称雄。

原文

古剑有"沈卢""鱼肠"之名。"沈卢"谓其湛湛然黑色也。古人以剂钢为刃，柔铁为茎干；不尔则多断折。剑之钢者，刃多毁缺，"巨阙"是也。故不可纯用剂钢①。"鱼肠"即今蟠钢剑也，又谓之松文。取诸鱼燔熟，褫去胁②，视见其肠，正如今之蟠钢剑文也。

注释

①剂钢：一种质地坚硬的铁。②褫：剥夺、脱去。

译文

古代的剑有"沈卢""鱼肠"这样的名称。"沈卢"是指它浓厚的黑色。古代人用坚硬的钢材做刃，用柔软的铁材做剑身；不这样就容易折断。坚硬的剑，剑刃大多会毁坏缺损，"巨阙"就是这样。所以不可以完全使用硬钢。"鱼肠"剑就是今天的蟠钢剑，又称为松文。把鱼烤熟，脱去胁部，看鱼肠，正像是现今蟠钢剑的纹路。

原文

济州金乡县发一古冢，乃汉大司徒朱鲔墓，石壁皆刻人物、祭器、乐架之类。人之衣冠多品，有如今之幞头者，巾额皆方，悉如今制，但无脚耳。妇人亦有如今之垂肩冠者，如近年所服角冠，两翼抱面，下垂及肩，略无小异。人情不相远，千余年前冠服已尝如此。其祭器亦有类今之食器者。

[译 文]

济州金乡县发掘出一个古墓，是汉代大司徒朱鲔的墓，石壁上都刻画着人物、祭器、乐架等物品。人的衣冠种类很多，有的像现今的幞头，巾额都是方形的，都和现今的制式一样，只是没有脚带。妇女也有像现今佩戴垂肩冠的，像近年常穿的角冠一样，两翼环抱脸颊，向下垂至肩部，基本没什么区别。人们生活的情状差不多，千余年前的头冠服饰已经是这样了。里面的祭器也有类似现今食器的。

[原 文]

古人铸鉴，鉴大则平，鉴小则凸。凡鉴洼则照人面大，凸则照人面小。小鉴不能全观人面，故令微凸，收人面令小，则鉴虽小而能全纳人面，仍覆量鉴之小大，增损高下，常令人面与鉴大小相若。此工之巧智，后人不能造。比得古鉴，皆刮磨令平，此师旷所以伤知音也①。

[注 释]

①**师旷**：春秋时期著名乐师，天生目盲而对音乐的辨识能力极强，称"师旷之聪"。

[译 文]

古人铸造铜镜，大的镜面就制成平的，小的镜面就制成凸的。凡是镜面凹陷的照出的人脸就放大，镜面凸起的照出的人脸就缩小。小镜子不能照全人脸，所以使其微微凸起，得以收纳缩小的人脸，这样就算是小镜子也能照全人脸，再度量镜面的大小，增减凸起的高低，总能让人脸的大小与镜面的大小相仿。这是工匠的巧妙智慧，后人无法复制。等到获得古镜的时候，又都打磨成平的，这就像师旷伤感难觅知音一样。

[原 文]

长安故宫阙前，有唐肺石尚在。其制如佛寺所击响石而甚大，可长八九尺，形如垂肺，亦有款志①，但漫剥不可读。按《秋官·大司寇》"以肺石达穷民"，原其义，乃伸冤者击之，立其下，然后士听其辞，如今之挝登闻鼓也②。所以肺形者，便于垂。又肺主声，声所以达其冤也。

[注 释]

①**款志**：同"款识"，在钟鼎彝器上铸刻的文字。②**登闻鼓**：古代帝王为听取臣民的谏议或冤情，在朝堂外悬挂登闻鼓，让臣民击鼓上奏。

[译 文]

长安的旧宫殿前面，尚存有唐代的肺石。形制如佛寺里敲击的响石，但更大，长达八九尺，样子像垂下的肺，上面也有款识，但模糊剥落无法阅读。依照《秋官·大司寇》里说的"以肺石达穷民"，它原本的意义是让申冤的人敲击，站在石头下面，然后官员聆听其辩词，就像如今敲击登闻鼓一样。之所以做成肺的形状，是方便垂挂。又因为肺主声，声音可以用来表达冤情。

熙宁中，尝发地得大钱三十余千文①，皆"顺天""得壹"。当时在庭皆疑古无"得壹"年号，莫知何代物。予按《唐书》，史思明僭号铸"顺天""得壹"钱②。"顺天"乃其伪年号，"得壹"特以名铸钱耳，非年号也。

注释

①大钱：大面值的钱币。②僭号：僭越称帝的年号。唐代史思明叛乱称帝，国号大燕、年号顺天。

译文

熙宁年间，曾挖地挖出三万多文铜钱，都写着"顺天""得壹"。当时朝廷官员都疑惑古代没有"得壹"这个年号，不知是什么年代的东西。我参考《新唐书》中所写，史思明僭越君王之名铸造过"顺天""得壹"钱。"顺天"是他伪政权的年号，"得壹"是特别用来给这种钱命名的，不是年号。

原文

世有透光鉴，鉴背有铭文，凡二十字，字极古，莫能读。以鉴承日光，则背文及二十字，皆透在屋壁上，了了分明。人有原其理，以谓铸时薄处先冷，唯背文上差厚，后冷而铜缩多。文虽在背，而鉴面隐然有迹，所以于光中现。予观之，理诚如是。然予家有三鉴，又见他家所藏，皆是一样，文画铭字无纤异者，形制甚古。唯此一样光透，其他鉴虽至薄者皆莫能透。意古人别自有术。

译文

世上有一面透光的镜子，镜子背面有铭文，共二十字，文字非常古老，无法阅读。用这面镜子照射日光，背后的花纹和二十个字，都透在墙上，清晰分明。有人探寻它的原理，说是铸造时薄的部位先冷却，只有背面的花纹较厚，冷却得慢所以铜收缩得多。花纹虽然在背后，但镜面上隐隐有痕迹，所以在光里能显现出来。我观察它，的确是这样的道理。但我家有三面这样的镜子，又见过其他人家收藏的，都是一样的，花纹铭文没有一点儿差异，形制非常古朴。只有这一件透光，其他镜子虽然薄但都不能透光。估计古人另有其他技术。

●古镜

古时，但凡镜子都用青铜制作，完成后，把镜面反复刮削、研磨、抛光、开光，然后再进行一番装饰，即光可鉴人。而文中所提到的透光铜镜，汉代时已经出现，如"见日之光"铜镜。

原文

予顷年在海州，人家穿地得一弩机，其望山甚长①，望山之侧为小矩②，如尺之有分寸。原其意，以目注镞端，以望山之度拟之，准其高下，正用算

家勾股法也。《太甲》曰："往省括于度则释。"疑此乃度也。汉陈王宠善弩射[3]，十发十中，中皆同处，其法以"天覆地载，参连为奇[4]，三微三小。三微为经，三小为纬，要在机牙"。其言隐晦难晓。大意天覆地载，前后手势耳；参连为奇，谓以度视镞，以镞视的，参连如衡，此正是勾股度高深之术也；三经、三纬，则设之于堋[5]，以志其高下左右耳。予尝设三经、三纬，以镞注之发矢，亦十得七八。设度于机，定加密矣。

注 释

①望山：弓弩上用于瞄准的装置。②矩：标尺。③汉陈王宠：东汉陈王刘宠，擅长使用弓弩。④参：即"三"。⑤三经、三纬：贴在土墙上用于瞄准的横竖各三条线。堋：用于射击瞄准的土墙。

译 文

我以前在海州的时候，有人家挖地挖出一座弩机，上面的瞄准器非常长，旁边是短小的标尺，像尺子一样标有分寸。探寻它的用意，是用眼睛注视箭镞的前端，用瞄准器上的刻度比照，校准高低位置，正是使用算术家的勾股算法。《尚书·太甲》里说："看到（箭镞）被涵括在刻度内便释放。"怀疑就是指这个刻度。东汉陈王刘宠擅长射弩，百发百中，且都中在同一处，他的方法是"天覆地载，参连为奇，三微三小。三微为经，三小为纬，要在机牙"。这个说法晦涩难以理解。大概天覆地载是指前后手臂的姿势；参连为奇的意思是用刻度看准箭镞，用箭镞看准靶心，三点相连像秤杆一样，这正是勾股法计算高度的方法；三经、三纬，则是设在射击瞄准用的土墙之上，用来标志高低左右的。我曾设置三经、三纬，用箭镞注视着放箭，也能射中七八成。将三经、三纬设置在弩机上，一定会更加精密。

原 文

予在关中得一铜匜[1]，其背有刻文二十字，曰："律人衡兰注水匜，容一升。始建国元年一月癸卯造。"皆小篆。律人当是官名。《王莽传》中不载。

注 释

①匜：一种盛水的器具。

译 文

我在关中地区得到一个铜匜，它的背后刻有二十个字："律人衡兰注水匜，容一升。始建国元年一月癸卯造。"都是小篆字体。律人应当是官名。《王莽传》里没有记载。

原 文

青堂羌善锻甲[1]，铁色青黑，莹彻可鉴毛发，以麝皮为綯旅之，柔薄而韧。镇戎军有一铁甲，椟藏之，相传以为宝器。韩魏公帅泾原，曾取试之。去之五十步，强弩射之，不能入。尝有一矢贯札，乃是中其钻空；为钻空所刮，铁皆反卷，其坚如此。凡锻甲之法，其始甚厚，不用火，冷锻之，比元厚三分减二乃成。其末留箸头许不锻，隐然如瘊子②，欲以验未锻时厚薄，如浚河留土笋也，谓之"瘊子甲"。今人多于甲札之背隐起，伪为瘊子，虽置瘊子，但元非精钢，或以火锻为之，皆无补于用，徒为外饰而已。

①青堂羌：古代少数民族，原是吐蕃的一支。②瘊子：皮肤上长的小瘤子。

译 文

青堂羌人擅长锻造铠甲，铁甲是青黑色的，明亮得能够照见毛发，用麝皮连缀，柔软轻薄但强韧。镇戎军中有一副铁甲，用木盒收藏，作为宝器传承。韩琦统率泾原的时候，曾经拿来尝试。距离五十步，用强弩射击，射不进去。曾有一支箭贯穿铠甲，是因为射中了中间的孔洞；箭矢被孔洞刮到，铁都反卷了起来，这副铠甲就是如此坚固。通常锻造铠甲的方法，一开始铁甲很厚，不用火烧，冷着锻炼它，比原本的厚度减去三分减二的时候就成了。末尾留下筷子头大小的地方不锻，隐隐地像是瘊子，用来检验未锻时的厚度，像挖掘河道时留下的土桩一样，称为"瘊子甲"。现今的人大多在铠甲背后稍微翘起，伪造成瘊子的样子，尽管有瘊子，但本身不是精钢，或者是用火锻造的，都没有实际用处，徒增外观装饰而已。

原 文

朝士黄秉少居长安，游骊山，值道士理故宫石渠，石下得折玉钗，刻为凤首，已皆破缺，然制作精巧，后人不能为也。郑嵎《津阳门》诗曰："破簪碎钿不足拾，金沟浅溜和缨緌①。"非虚语也。予又尝过金陵，人有发六朝陵寝，得古物甚多。予曾见一玉臂钗，两头施转关，可以屈伸，合之令圆，仅于无缝，为九龙绕之，功侔鬼神。世多谓前古民醇，工作率多卤拙，是大不然。古物至巧，正由民醇故也。民醇则百工不苟。后世风俗虽侈，而工之致力不及古人，故物多不精。

①缨緌：亦作"缨绥"，指冠带与冠饰，亦借指官位高或有声望的士大夫。

译 文

朝臣黄秉年轻时居住在长安，游玩骊山，正值有道士清理旧宫殿的石渠，在石头下面拾得一支折损的玉钗，刻成凤头的样子，都已残损，但制作精巧，后世的人无法复制。郑嵎的《津阳门》诗中说："破簪碎钿不足拾，金沟浅溜和缨緌。"不是假话。我又曾路过金陵，有人挖掘六朝陵寝，获得许多古物。我曾见到一支玉臂钗，两头设置旋转关节，可以伸缩，合上就成为一个圆，几乎没有缝隙，刻着九条龙缠绕着它，鬼斧神工。世人总说先代人淳朴，制造工艺大多笨拙，这很不对。古物非常精巧，正是因为先人淳朴。民风淳朴所以各种工艺都不是随意而为的。后世的民风虽然繁盛，但工匠专注于工艺不如古人，所以器物大都不精。

屋上覆橑^①，古人谓之"绮井"，亦曰"藻井"，又谓之"覆海"。今令文^{liǎo}中谓之"斗八"，吴人谓之"罳顶"。唯宫室祠观为之。

注释

①橑：屋椽。

译文

房屋顶部搭建的橑，古人称其作"绮井"，也叫"藻井"，又叫"覆海"。现今令文中称为"斗八"，吴地人称为"罳顶"。只有宫殿、祠堂、观庭有这样的设计。

原文

今人地中得古印章，多是军中官。古之佩章，罢免迁死皆上印绶^①；得以印绶葬者极稀。土中所得，多是没于行阵者。

注释

①印绶：印章及印章上的绶带。

译文

今人在地下发掘出的古印章，大多是军队中的将官。古人携带印章，罢免、贬官、死亡时都要上交印绶；能够将印绶带进墓葬的罕见。地下出土的，大多是在行军过程中死亡的。

原文

大驾玉辂^①，唐高宗时造，至今进御。自唐至今，凡三至泰山登封^②。其他巡幸，莫记其数。至今完壮，乘之安若山岳，以措杯水其上而不摇^③。庆历中，尝别造玉辂，极天下良工为之，乘之摇不安，竟废不用。元丰中，复造一辂，尤极工巧，未经进御，方陈于大庭，车屋适坏，遂压而碎，只用唐辂。其稳利坚久，历世不能窥其法。世传有神物护之，若行诸辂之后，则隐然有声。

注释

①玉辂：古代天子乘坐车辇中规格最高者，以玉作为装饰。②泰山登封：古代认为泰山是第一高山，所以皇帝开国时到泰山封禅，祭祀天地，才算领受天命。③措：放置。

译文

皇帝的玉辂，是唐高宗时制造的，至今于御前使用。从唐代到现在，共有三次到泰山登封。其他的出巡，不计其数。至今完好坚固，乘坐在上面像山岳一样安稳，放置水杯在上面也不会摇动。庆历年间，曾另外制造玉辂，极尽天下的能工巧匠制造，乘坐上去仍摇动不稳，最后废弃不用。元丰年间，又制造一架玉辂，尤为精巧，还没有进到御前，只是陈列在大庭里，正逢车厢损坏，也就被压碎了，只能使用唐代的那架玉辂。其稳固经久，几代人都不能窥见其门道。世人传言它有神物庇护，如果行走在其他辂的后面，就会隐隐发出声音。

卷二十 神奇

原文

世人有得雷斧、雷楔者[1]，云："雷神所坠，多于震雷之下得之。"而未尝亲见。元丰中，予居随州，夏月大雷震一木折，其下乃得一楔，信如所传。凡雷斧多以铜铁为之；楔乃石耳，似斧而无孔。世传雷州多雷，有雷祠在焉，其间多雷斧、雷楔。按《图经》，雷州境内有雷、擎二水，雷水贯城下，遂以名州。如此，则"雷"自是水名，言"多雷"乃妄也。然高州有电白县，乃是邻境，又何谓也？

注释

①雷斧、雷楔：传说中雷神发霹雳所用的工具，样子像斧和楔。

释文

世间有得到雷斧、雷楔的人，号称："雷神所坠，多于震雷之下得之。"但我没有亲眼见过。元丰年间，我居住在随州，夏天有大雷劈折了一棵树，树下发现有一雷楔，果然与传闻中的一样。通常雷斧多是铜铁造得；雷楔则是石头造的，像斧但没有孔。世人传闻雷州多雷，而且建有雷祠，里面多有雷斧、雷楔。参照《图经》，雷州境内有雷水、擎水两条河流，雷水穿城而下，于是作为州的名字。既然如此，"雷"就是河流的名称，说这里"多雷"是虚妄的。但高州有电白县，与雷州相邻，这又是为什么？

原文

越州应天寺有鳗井，在一大磐石上，其高数丈，井才方数寸，乃一石窍也，其深不可知，唐徐浩诗云："深泉鳗井开。"即此也，其来亦远矣。鳗将出游，人取之置怀袖间，了无惊猜。如鳗而有鳞，两耳甚大，尾有刃迹。相传云，"黄巢曾以剑刺之[1]"。凡鳗出游，越中必有水旱疫疠之灾，乡人常以此候之。

注释

①刺：砍。

释文

越州的应天寺里有一口鳗井，在一块巨石上面，有数丈高，井口只有数寸大小，就是一个石孔，深度不可探知，唐人徐浩的诗中说："深泉鳗井开。"就是指这个，来源也很久远了。鳗刚游出井口的时候，人拿起来放在怀中袖间，完全不会受惊。这东西像鳗鱼但有鳞，两耳非常大，尾部有刀痕。相传说，"黄巢曾以剑刺之"。只要有鳗游出来，越中地区

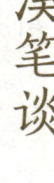

梦溪笔谈

必有水灾旱灾或疫病，当地人常常以此为征兆。

　　治平元年，常州日禺时①，天有大声如雷，乃一大星，几如月，见于东南。少时而又震一声，移着西南。又一震而坠在宜兴县民许氏园中。远近皆见，火光赫然照天，许氏藩篱皆为所焚②。是时火息，视地中只有一窍如杯大，极深，下视之，星在其中，荧荧然。良久渐暗，尚热不可近。又久之，发其窍，深三尺余，乃得一圆石，犹热，其大如拳，一头微锐，色如铁，重亦如之。州守郑伸得之，送润州金山寺，至今匣藏，游人到则发视。王无咎为之传甚详。

　　①日禺：日落。②藩篱：竹木制的篱笆或栅栏。

　　治平元年的常州，在日落时，天上有像雷声般的巨大响声，是一颗大星，几乎像月亮，出现于东南。不久又有一声震响，移动到了西南。又一声震响，坠落在宜兴县百姓许氏的园子里。远近的人都能看见，火光赫然照亮天空，许氏园子里的篱笆都被其燃烧。当时火熄灭，看地下只有一个像杯子大小的孔洞，非常深，向下看去，那颗大星在里面，闪着光亮。很久才渐渐变暗，仍然灼热无法接近。又过了很久，挖掘这个孔洞，深三尺有余，才得到一块圆石，仍然很热，像拳头大小，一头稍微尖锐，颜色像铁，也像铁一样重。州守郑伸得到了它，送去润州的金山寺，至今收藏在匣中，游人到寺中便打开看。王无咎非常详细地记录了这件事。

　　山阳有一女巫，其神极灵。予伯氏尝召问之，凡人间物，虽在千里之外，问之皆能言。乃至人中心萌一意，已能知之。坐客方弈棋，试数白黑棋握手中，问其数，莫不符合。更漫取一把棋，不数而问之，是亦不能知数。盖人心所知者，彼亦知之；心所无，则莫能知。如季咸之见壶子①，大耳三藏观忠国师也②。又问以巾箧中物，皆能悉数。时伯氏有《金刚经》百册，盛大箧中，指以问之："其中何物？"则曰："空箧也。"伯氏乃发以示之，曰："此有百册佛经，安得曰空箧？"鬼良久又曰："空箧耳，安能欺我！"此所谓文字相空，因真心以显非相，宜其鬼神所不能窥也。

　　①季咸之见壶子：相传郑国的神巫季咸能给凡人看相，知其祸福寿夭，见到壶子，壶子知道他是通过探知别人心中所想来看相，于是以心无凡念的清净本相示他，他便仓皇逃走。②大耳三藏观忠国师：相传印度高僧大耳三藏有他心通的神力，前来见慧忠国师，慧

忠国师接连问他自己心中所想的地方，一答在四川，一答在天津桥上，之后便答不出来，受到斥责。

　　山阳有一名女巫，神力极为灵通。我的兄长曾召她来询问，世间的人和事，即使在千里之外，问她也能说出来。甚至人心中萌生的一个念头，她也能知晓。在座的客人正在下棋，试着在手中握几枚黑白棋子，问她个数，没有答错的。又随意取了一把棋子，不数就问她，她就不能知道有多少个。这是因为人心所知的东西，她才能知晓；人心中没有的，便不能知晓。就像季咸见壶子、大耳三藏观慧忠国师一样。又问她巾箱中藏着的物件，也都能说出来。当时我的兄长有《金刚经》百册，盛在大箱子中，指着问她："这里面是什么？"却答道："是空箱。"于是兄长打开给她看，说："这里有百册佛经，怎能说是空箱呢？"女巫过了很久说："是空箱子啊，怎能骗我！"这就是所谓的文字无相，因其表达的内容被人心理解而显相，也难怪鬼神不能窥探到了。

原文

　　神仙之说，传闻固多，予之目睹二事。供奉官陈允任衢州监酒务日，允已老，发秃齿脱。有客候之，称孙希龄，衣服甚褴褛，赠允药一刀圭①，令揩齿。允不甚信之。暇日，因取揩上齿，数揩而良，及归家，家人见之，皆笑曰："何为以墨染须？"允惊，以鉴照之，上髭黑如漆矣。急去巾视，童首之发，已长数寸；脱齿亦隐然有生者。予见允时年七十余，上髭及发尽黑，而下髭如雪。又正郎萧渤罢白波辇运，至京师，有黥（qíng）卒姓石②，能以瓦石沙土手挼（ruó）之悉成银③，渤厚礼之，问其法，石曰："此真气所化，未可遽传。若服丹药，可呵而变也。"遂授渤丹数粒。渤饵之，取瓦石呵之，亦皆成银。渤乃丞相荆公姻家，是时丞相当国，予为宰士，目睹此事，都下士人求见石者如市，遂逃去，不知所在。石才去，渤之术遂无验。石，齐人也。时曾子固守齐，闻之，亦使人访其家，了不知石所在。渤既服其丹，亦宜有补年寿，然不数年间，渤乃病卒。疑其所化特幻耳。

注释

　　①刀圭：中药的量器名，形似小勺。②黥卒：即士兵，宋代士兵在脸上刺字以防逃跑。黥，即刺字。③挼：揉搓。

释文

　　有关神仙的传说，固然大多是传闻，我亲眼看见的有两件事。供奉官陈允出任衢州监酒务的时候，已经年迈，头发光秃牙齿脱落。有客人等候他，自称孙希龄，衣服十分破烂，送给陈允一刀圭的药，让他擦拭牙齿。陈允不太信任他。一天有闲暇的时候，便拿来涂在牙齿上，擦拭几次感觉良好，等到回家，家人看了，都笑问："为什么用墨染黑胡须？"陈允惊讶地用镜子一照，自己的胡须变得漆黑。急忙解开头巾看，光秃的头发已经长了几寸；脱落的牙齿也隐隐生出了。我见到陈允的时候他七十多岁了，胡须头发全是黑的，但下巴上的胡子白得像雪。另有一事，正郎萧渤被罢免了白波辇运的官职，来到京城，有一个姓石的士兵，能用手将瓦石沙土全搓成银，萧渤隆重地礼遇他，问他方法，他说："这是真气所化，不可轻易传授。如果服用丹药，可以呵气而变出银子。"于是给了萧渤几粒丹药。萧渤吃下，拿来瓦石呵气，都变成了银。萧渤是丞相王安石的姻亲，当时王安石掌权，我作为宰相的属官，亲眼看见了这件事，京城里的很多士人都想求见石姓士兵，他便逃走，不知去了哪里。石姓士兵刚走，萧渤的法术就失灵了。石姓士兵是齐地人。当时曾巩（字子固）管理齐地，听说了这件事，也派人访问他家，完全不知道他在哪儿。萧渤既然服用了丹药，也应当有延年益寿的效果，但没几年就病死了。我怀疑变化之术只是幻觉罢了。

原文

熙宁中，予察访过咸平，是时刘定子先知县事，同过一佛寺。子先谓予曰："此有一佛牙①，甚异。"予乃斋洁取视之。其牙忽生舍利②，如人身之汗，飒然涌也，莫知其数，或飞空中，或坠地。人以手承之，即透过；著床榻，摘然有声，复透下。光明莹彻，烂然满目。予到京师，盛传于公卿间。后有人迎至京师，执政官取入东府，以次流布士大夫之家。神异之迹，不可悉数。有诏留大相国寺，创造木浮图以藏之③。今相国寺西塔是也。

注释

①佛牙：高僧圆寂后留下的完好牙齿。②舍利：也叫"身骨"，是高僧圆寂后火化留下的颗粒状硬物。③浮图：即"浮屠"，梵语中的佛塔。

译文

熙宁年间，我察访路过咸平，当时刘定子先任知县，一起经过一座佛寺。刘子先和我说："这里有一颗佛牙，非常怪异。"我便斋戒清洁后拿出来观看。牙上忽然生出舍利，像人身上的汗，飞快涌出，不知有多少，有的飞向空中，有的掉到地上。人用手接，便穿透过去；掉在床榻上，发出声响，然后穿透下去。光亮晶莹，灿烂满目。我到京城，在公卿中大为传播。后来有人把佛牙迎到京城，执政官拿进相府，依次流转于士大夫家中。神异的事迹，不计其数。皇帝下诏将其留在大相国寺，制造木塔珍藏。就是现今相国寺的西塔。

原文

菜品中芜菁、菘、芥之类①，遇旱其标多结成花，如莲花，或作龙蛇之形。此常性，无足怪者。熙宁中，李宾客及之知润州，园中菜花悉成荷花，仍各有一佛坐于花中，形如雕刻，莫知其数。曝干之，其相依然。或云："李君之

家奉佛甚笃，因有此异。"

注释

①芜菁、菘、芥：三种常见的食用蔬菜，芜菁即大头菜，菘即白菜，芥即芥菜，三种均为十字花科芸薹属植物。

译文

蔬菜中的芜菁、菘、芥等，遇到干旱时顶部常结出花，像是莲花，有些像是龙蛇的形状。这是自然属性，不足以奇怪。熙宁年间，太子宾客李及之任润州知州，园中的菜花全长成荷花的样子，并且各有一尊佛像坐在花中，像是雕刻的一样，不计其数。晒干后，还是原样不变。有人说："李君家里笃信佛教，所以有这样的异事。"

原文

彭蠡小龙①，显异至多，人人能道之，一事最著。熙宁中，王师南征，有军仗数十船②，泛江而南。自离真州，即有一小蛇登船。船师识之，曰："此彭蠡小龙也，当是来护军仗耳。"主典者以洁器荐之，蛇伏其中。船乘便风，日棹数百里③，未尝有波涛之恐。不日至洞庭，蛇乃附一商人船回南康。世传其封域止于洞庭，未尝逾洞庭而南也。有司以状闻，诏封神为顺济王，遣礼官林希致诏。子中至祠下，焚香毕，空中忽有一蛇坠祝肩上④，祝曰："龙君至矣。"其重一臂不能胜。徐下至几案间，首如龟，不类蛇首也。子中致诏意曰："使人至此，斋三日然后致祭。王受天子命，不可以不斋戒。"蛇受命，径入银香奁中⑤，蟠三日不动。祭之日，既酌酒，蛇乃自奁中引首吸之。俄出，循案行，色如湿胭脂，烂然有光。穿一剪彩花过，其尾尚赤，其前已变为黄矣，正如雌黄色⑥。又过一花，复变为绿，如嫩草之色。少顷，行上屋梁。乘纸旛脚以行⑦，轻若鸿毛。倏忽入帐中，遂不见。明日，子中还，蛇在船后送之，逾彭蠡而回。此龙常游舟楫间，与常蛇无辨。但蛇行必蜿蜒，而此乃直行，江人常以此辨之。

注释

①彭蠡：鄱阳湖的古称。②军仗：军用器械。③棹：类似桨的划船工具，也是划船的意思。④祝：庙祝，在神庙里看管香火、祭祀时主持祝告的人。⑤香奁：盛放香的盒子。⑥雌黄：半透明矿物，呈柠檬黄色。⑦旛：同"幡"，用竹竿挑起的长条旗子，祭祀用的纸扎道具。

译文

鄱阳湖常有小龙显现异象，许多人都能讲述，其中一件事最为著名。熙宁年间，朝廷派军队南征，有数十艘船运载军械，渡到长江以南。从离开真州开始，便有一条小蛇登船。掌船的师傅认识这个，说："这是鄱阳湖的小龙，应该是来护送军队的。"掌管典礼的

人用清洁的容器盛放它，小蛇伏在里面。船顺风而行，每天划行数百里，没遇到过波涛的危险。不出几日就到了洞庭湖，小蛇便附在一个商人的船上回了南康。世人传说它的领地只到洞庭湖，从没越过洞庭到达更南边。有关部门拟奏章上奏，皇帝下诏封小蛇为顺济王，派遣礼官林希（字子中）去下诏。林希到祠堂下，焚香完毕，忽然有一条蛇从空中降到庙祝的肩上，庙祝说："龙君到了。"这条蛇的重量人一手不能承受。蛇慢慢下行到案台之间，头像龟，不像蛇头。林希传达旨意说："使者到这里，斋戒三日后祭祀。您受天子封王，不可以不斋戒。"蛇受命，径直进入银香奁里，盘卷三天不动。祭祀那天，已经倒好酒，蛇便从奁中探出头来吸酒。一会儿出来，沿着案台爬行，身体颜色像是湿胭脂，灿烂有光。穿过一道剪彩花，尾巴还是红色的，前段已经变成黄色，正像雌黄色。又穿过一朵花，又变成绿色，像嫩草的绿色。不久，爬上房梁。借助纸幡落脚爬行，轻巧得像鸿雁的羽毛。忽然进入帐中，便不见了。第二天，林希回去，蛇在船后送行，送过鄱阳湖后回去。这条龙常在舟楫间游动，与普通的蛇无法分辨。但蛇的爬行必定是蜿蜒的，这条龙是直行的，江上的人常用这一点来区分。

原　文

天圣中，近辅献龙卵，云："得自大河中。"诏遣中人送润州金山寺。是岁大水，金山庐舍为水所漂者数十间，人皆以为龙卵所致。至今椟藏，予屡见之，形类色理，都如鸡卵，大若五升囊；举之至轻，唯空壳耳。

译　文

天圣年间，皇帝身边的近臣献上龙蛋，说："是从黄河里得到的。"皇帝下诏派遣宫人送去润州的金山寺。当年发洪水，金山寺里被水冲去的屋舍有数十间，人们都说是收藏龙蛋导致的。至今还放在木盒里，我多次见到，形状、类别、色泽、纹理，都像鸡蛋一样，像五升的袋囊那样大；举起来却非常轻，只有空壳而已。

原　文

内侍李舜举家曾为暴雷所震。其堂之西屋①，雷火自窗间出，赫然出檐，人以为堂屋已焚，皆出避之。及雷止，其舍宛然，墙壁窗纸皆黔。有一木格，其中杂贮诸器，其漆器银釦者，银悉熔流在地，漆器曾不焦灼。有一宝刀，极坚钢，就刀室中熔为汁，而室亦俨然。人必谓火当先焚草木，然后流金石，今乃金石皆铄，而草木无一毁者，非人情所测也。佛书言"龙火得水而炽，人火得水而灭"，此理信然。人但知人境中事耳，人境之外，事有何限？欲以区区世智情识，穷测至理，不其难哉！

注　释

①堂：堂屋，正房。

内侍李舜举家中曾被暴雷击中。堂屋的西屋，雷火从窗户间冒出，火旺得烧出屋檐，人们以为堂屋已经焚毁，都出去避难。等到暴雷停止的时候，屋舍还在，墙壁窗纸都黑了。有一个木格，里面存贮各类器物，漆器上镶银的，银都熔化了流在地上，漆器却没有烧焦。有一把宝刀，是非常坚硬的钢材，在刀室中熔化成了钢水，但房屋还是原来的样子。人们总说火应该先焚烧草木，然后熔化金属，如今却是金属都熔化了，草木却无一损毁，不是人的认知所能理解的。佛书上说"龙火得水而炽，人火得水而灭"，确实是这个道理。人只知道人间的事，人间之外，事理还有什么限制呢？想要用区区人世间的智慧、情理，穷尽至高的理，不是很难吗！

知道者苟未至脱然，随其所得浅深，皆有效验。尹师鲁自直龙图阁谪官，过梁下，与一佛者谈。师鲁自言以静退为乐。其人曰："此犹有所系，不若进退两忘。"师鲁顿若有所得，自为文以记其说。后移邓州，是时范文正公守南阳。少日，师鲁忽手书与文正别，仍嘱以后事，文正极讶之。时方馈客，掌书记朱炎在坐，炎老人，好佛学，文正以师鲁书示炎曰："师鲁迁谪失意，遂至乖理①，殊可怪也。宜往见之，为致意开譬之②，无使成疾。"炎即诣尹，而师鲁已沐浴衣冠而坐，见炎来道文正意，乃笑曰："何希文犹以生人见待？洙死矣。"与炎谈论顷时，遂隐几而卒③。炎急使人驰报文正，文正至，哭之甚哀。师鲁忽举头曰："早已与公别，安用复来？"文正惊问所以，师鲁笑曰："死生常理也，希文岂不达此。"又问其后事，尹曰："此在公耳。"乃揖希文，复逝。俄顷，又举头顾希文曰："亦无鬼神，亦无恐怖。"言讫，遂长往。师鲁所养至此，可谓有力矣，尚未能脱有无之见，何也？得非进退两忘犹存于胸中欤？

①**乖理**：违背常理。乖，即不顺从的意思。②**致意**：使人变得明理通达。**开譬**：开导劝说。③**隐几**：伏在几案上。

修道的人如果还没有达到超凡脱俗的境界，随其得道的深浅，各有不同的应验。尹洙（通称尹师鲁）从直龙图阁的官位上被贬谪，路过梁下，与一位僧人交谈。尹师鲁自称以退官清静为快乐。僧人说："这还是心有所系，不如把进退都忘记。"尹师鲁顿时如有所得，自己写文章记录了他的话。后来到邓州做官，当时范仲淹（谥号文正）是南阳太守。不过几天，尹师鲁忽然手写书信与范仲淹诀别，并将后事嘱托给他，范仲淹极其惊讶。当时正设宴招待客人，掌书记朱炎在座席中，朱炎年老，爱好佛学，范仲淹将尹师鲁的书信给他看说:"尹师鲁被贬谪失意,才写这样违背常理的东西,非常奇怪。最好去看看他,以便劝导开解他,避免他失意成病。"朱炎便去见尹师鲁,而尹师鲁已经沐浴更衣坐好,见到朱炎来传达范仲淹的意思,便笑说:"怎么范仲淹(字希文)还以对待活人的方式待我?我已经死了。"与朱炎谈论了一会儿,便伏案而逝。朱炎急忙派人快马报告范仲淹,范仲淹来到,痛哭哀伤。尹师鲁忽然抬起头说:"早已与你诀别了,还用得着再来吗?"范仲淹惊奇地问他怎么回事,尹师鲁笑道:"死生是常理,你怎么不明白这个。"范仲淹又问他后事如何操办,尹师鲁:"这在昨了。"于是向范仲淹揖礼,又逝去了。不一会儿,又抬头看向范仲淹说:"既没有鬼神,也没有恐怖。"说完,就长逝了。尹师鲁的修道到这个程度,可以说是有功力了,尚不能超脱有无之见,这是为什么?难道不是还把进退两忘存于心中吗?

　　吴人郑夷甫,少年登科[1],有美才。嘉祐中,监高邮军税务。尝遇一术士,能推人死期,无不验者。令推其命,不过三十五岁。忧伤感叹,殆不可堪。人有劝其读《老》《庄》以自广[2]。久之,润州金山有一僧,端坐与人谈笑间遂化去。夷甫闻之,喟然叹息曰:"既不得寿,得如此僧,复何憾哉!"乃从佛者授《首楞严经》,往迁吴中。岁余,忽有所见,曰:"生死之理,我知之矣。"遂释然放怀,无复蒂芥。后调封州判官,预知死日,先期旬日,作书与交游亲戚叙诀,及次叙家事备尽。至期,沐浴更衣。公舍外有小园,面溪一亭洁饰,夷甫至其间,亲督人洒扫及焚香。挥手指画之间,屹然立化。家人奔出呼之,已立僵矣,亭亭如植木,一手犹作指画之状。郡守而下,少时皆至,士民观者如墙。明日,乃就敛。高邮崔伯易为墓志,略叙其事。予与夷甫远亲,知之甚详。士人中盖未曾有此事。

　　①登科:科举及第。②自广:自宽,自我安慰。

　　吴地人郑夷甫,很年轻就考取了功名,才华很高。嘉祐年间,监管高邮军税务。曾遇到一个术士,能够推断人的死期,没有不应验的。郑夷甫让他为自己推断寿命,只有不到三十五岁。于是忧伤感叹,几乎不

●僧侣

佛教中有涅槃之说,所谓涅槃者,非死也,乃重生也。但凡得道高僧,于死于生皆两无所求,了无芥蒂,超度自身,常在打坐诵经之时便随即化去,升入西天极乐世界,这也是佛学修行达到了较高境界。

能承受。有人劝他读《老子》《庄子》来自我疏导。过了很久，润州金山寺有一僧人，端坐着与人谈笑着死去。郑夷甫听说了，喟然叹息说："既然不能长寿，如果像这名僧人一样死去，还有什么遗憾呢！"于是跟从佛门学习《首楞严经》，往返于吴中地区。几年后，忽然有所参悟，说："生死的道理，我已经知晓了。"于是释怀了，不再有蒂芥。后来调到封州任判官，预知了自己的死期，提前十天，写信与亲朋好友诀别，以及安排好家中各种事宜。死期到时，沐浴更衣。他的官宅外有个小园子，面朝溪水的地方有一个干净整洁的亭子，郑夷甫到里面去，亲自监督下人打扫和焚香。抬手指挥的时候，稳稳站着死去了。家人奔出来呼喊他，他的身体已僵硬，直直的像树木，一只手还作比画的样子。从郡守以下，人们很快都来了，百姓前来观看的人多得围成墙。第二天，就收殓入棺。高邮人崔伯易给他写了墓志，大略讲述了这件事。我和郑夷甫是远亲，知道得十分详细。士人中可能从没发生过这种事。

原文

人有前知者，数十百千年事皆能言之，梦寐亦或有之，以此知万事无不前定。予以谓不然，事非前定。方其知时，即是今日，中间年岁，亦与此同时，元非先后。此理宛然，熟观之可谕。或曰："苟能前知，事有不利者，可迁避之①。"亦不然也。苟可迁避，则前知之时，已见所避之事；若不见所避之事，即非前知。

注释

①迁避：迁移以躲避祸事。

译文

有先知的人，能说出数十数百数千年后的事，有些是做梦时知道的，由此可知万事都是早就定好的。我不这样认为，万事不是早就定好的。预知这件事就是当下发生的，预知内容的年代与现今之间相隔的时间再长，也还是此时此刻，原本就没有先后之分。这个道理很清晰，多思考就能明白。有人说："如果能够预知，有不好的事情，就可以回避。"这也不对。如果可以回避，那么在预知的时候，就应该已经见到回避的情况；如果看不到回避的情况，就不是预知。

原文

吴僧文捷，戒律精苦①，奇迹甚多。能知宿命，然罕与人言。予群从文通为知制诰②，知杭州，礼为上客。文通尝学诵《揭帝咒》，都未有人知，捷一日相见曰："舍人诵咒，何故阙一句？"既而思其所诵，果少一句。浙人多言文通不寿，一日斋心，往问捷，捷曰："公更三年为翰林学士，寿四十岁。后当为地下职仕，事权不减生时，与杨乐道待制联曹。然公此时当衣衰经视事③。"文通闻之，大骇曰："数十日前，曾梦杨乐道相过云：'受命与公同职事，

梦溪笔谈

所居甚乐，慎勿辞也。'"后数年，果为学士，而丁母表，年三十九岁。明年秋，捷忽使人与文通诀别，时文通在姑苏，急往钱塘见之。捷惊曰："公大期在此月，何用更来？宜即速还。"屈指计之，曰："急行，尚可到家。"文通如其言，驰还，遍别骨肉，是夜无疾而终。捷与人言多如此，不能悉记，此吾家事耳。捷尝持如意轮咒④，灵变尤多，瓶中水咒之则涌立。畜一舍利，昼夜转于琉璃瓶中。捷行道绕之，捷行速，则舍利亦速；行缓，则舍利亦缓。士人郎忠厚事之至谨，就捷乞一舍利，捷遂与之，封护甚严。一日忽失所在，但空瓶耳。忠厚斋戒，延捷加持⑤，少顷，见观音像衣上一物，蠢蠢而动⑥，疑其虫也，试取，乃所亡舍利。如此者非一。忠厚以予爱之，持以见归，予家至今严奉，盖神物也。

注释

①精苦：精勤刻苦。②群从：一般指堂兄弟及诸子侄。沈遘是沈括的堂房侄子。③袁绖：丧服。④如意轮咒：佛教咒语名。⑤加持：源于梵语，意思是施加佛力以保护扶持。⑥蠢蠢：蠕动的样子。

译文

吴地僧人文捷，苦守戒律，身上有许多奇事发生。他能知道人的宿命，但很少与别人说。我的侄子沈遘（字文通）任职知制诰时，出任杭州，礼待他为上宾。沈遘曾学习诵读《揭帝咒》，完全没有人懂得，一天文捷见到说："您诵读咒文，为何缺了一句？"沈遘于是回忆自己诵读的，果然少了一句。浙地人常说沈遘不能长寿，一天沈遘凝神修心，去问文捷关于寿命的事，文捷说："您再过三年会成为翰林学士，寿命是四十岁。以后会成为地下的官员，权力不比活着的时候小，与待制杨乐道共事。但那时您就是穿着丧服办事了。"沈遘听了，大惊道："数十日前，我曾梦见杨乐道来找我说：'我受命与您共事，在这里非常快乐，请一定不要推辞。'"几年后，沈遘果真成了学士，但为母守丧，这年三十九岁。第二年秋天，文捷忽然派人与沈遘诀别，当时沈遘在姑苏，急忙前往钱塘见他。文捷惊道："您的大期在这个月，为何还要来？应该赶快回去。"屈指计算日期，说："快些走，还能够到家。"沈遘按他说的做，快马返回，与子女全都告别，当夜无疾而终。文捷对人说话大多是这样，不能全部记下来，能记下这件事只因是我的家事。文捷曾持诵如意轮咒，变幻尤其众多，向瓶里的水施咒，水便会涌起。文捷收藏有一枚舍利，日夜在玻璃瓶中转动。文捷绕着瓶子行走，走得越快，舍利的转速就越快；走得越慢，舍利的转速就越慢。士人郎忠厚恭谨地侍奉他，请求文捷把舍利给他，文捷便送给了他，保存得非常严密。一天忽然失踪，只剩下空瓶了。郎忠厚斋戒，又请文捷加持，不久，看见观音像的衣服上有一个物件，慢慢运动，像是虫子，试着取下来，就是丢失的舍利。类似事情不止一桩。郎忠厚因为我喜欢这个舍利，便拿来给我，我家至今严谨侍奉，因为这是神物。

郢州渔人掷网于汉水，至一潭底，举之觉重。得一石，长尺余，圆直如断椽，细视之，乃群小蛤，鳞次相比①，绸缪巩固②。以物试抉其一端，得一书卷，乃唐天宝年所造《金刚经》，题志甚详，字法奇古，其末云："医博士摄比阳县令朱均施。"比阳乃唐州属邑。不知何年坠水中，首尾略无沾渍。为土豪李孝源所得③，孝源素奉佛，宝藏其书，蛤筒复养之水中。客至欲见，则出以视之。孝源因感经像之胜异，施家财万余缗，写佛经一藏于郢州兴阳寺，特为严丽。

①**鳞次相比**：像鱼鳞一样次第排列。②**绸缪**：紧密缠缚的样子。③**土豪**：地方上有钱有势的家族或个人。

郢州的渔人在汉江撒网，捞到一个水潭的底部，拉网感觉很沉。得到一块石头，长一尺多，圆柱形像截断的屋椽，仔细观察，是一群小贝类，像鱼鳞似的一个个紧挨着，紧密坚固。用工具剔出一头，是一卷书，原来是唐代天宝年间写造的《金刚经》，题志非常详细，字体非常古朴，末尾道："医博士摄比阳县令朱均施。"比阳是唐州下属的县城。不知是哪年掉入水中的，从头到尾都没有被水沾湿。被土豪李孝源得到，李孝源素来礼佛，珍藏了这卷书，又把贝筒放进水中养起来。客人想参观，就拿出来给人看。李孝源有感于这卷佛经的奇异，将万贯家财布施出去，并抄写了一套佛经藏在郢州兴阳寺里，非常庄严壮丽。

张忠定少时，谒华山陈图南，遂欲隐居华山。图南曰："他人即不可知。如公者，吾当分半以相奉。然公方有官职，未可议此。其势如失火家待君救火，岂可不赴也？"乃赠以一诗曰："自吴入蜀是寻常，歌舞筵中救火忙。乞得金陵养闲散，亦须多谢鬓边疮。"始皆不谕其言。后忠定更镇杭、益，晚年有疮发于项后，治不瘥，遂自请得金陵，皆如此诗言。忠定在蜀日，与一僧善。及归，谓僧曰："君当送我至鹿头，有事奉托。"僧依其言至鹿头关，忠定出一书，封角付僧曰①："谨收此，后至乙卯年七月二十六日，当请于官司，对众发之。慎不可私发，若不待其日及私发者，必有大祸。"僧得其书，至大中祥符七年，岁乙卯，时凌侍郎策帅蜀，僧乃持其书诣府，具陈忠定之言。其僧亦有道者，凌信其言，集从官共开之，乃忠定真容也。其上有手题曰："咏当血食于此②。"后数日，得京师报，忠定以其年七月二十六日捐馆。凌乃为之筑庙于成都。蜀人自唐以来，严祀韦南康③，自此乃改祠忠定至今。

译文

张咏（谥号忠定）年轻时，去华山拜谒陈抟（字图南），更想要隐居华山。陈抟说："我不知道其他人怎样。像您这样的人，我应当将我所拥有的一半分给您。但您还有官职在身，还不能考虑隐居。如今国家如失火的房屋等您救火，怎能不去救呢？"于是送他一首诗道："自吴入蜀是寻常，歌舞筵中救火忙。乞得金陵养闲散，亦须多谢鬓边疮。"一开始没人明白他话中的意思。后来张咏转去杭、益做官，晚年后颈发疮，治不好，于是主动请命去金陵，都和诗中所说一样。张咏在四川的时候，与一名僧人关系好。待回去的时候，和僧人说："您送我到鹿头关，我有事拜托您。"僧人依照他说的送到鹿头关，张咏拿出一封信，封好角交给僧人说："好好收着这封信，以后到乙卯年七月二十六日时，交给官府，当众打开。千万不可以私自打开，如果没等到那天就私自打开了，一定会大祸临头。"僧人拿着这封信，到大中祥符七年，是乙卯年，当时侍郎凌策管理四川，僧人便拿这封信拜谒官府，将张咏的话如实说了。这位僧人也是得道之人，凌策信任他的话，召集了从官一起打开看，是张咏的画像。上面有亲手题字道："我将在这天死亡受祭。"几天后，收到京城来报，张咏在这年的七月二十六日死亡。凌策于是为他在成都建庙。四川人自唐代以来都严格信奉韦皋（封南康郡王，世称韦南康），从此改奉张咏到如今。

原文

熙宁七年，嘉兴僧道亲，号通照大师，为秀州副僧正①。因游温州雁荡山，自大龙湫回，欲至瑞鹿院。见一人衣布襦，行涧边，身轻若飞，履木叶而过，叶皆不动。心疑其异人，乃下涧中揖之，遂相与坐于石上，问其氏族、闾里、年齿，皆不答。须发皓白，面色如少年。谓道亲曰："今宋朝第六帝也。更后九年，当有疾。汝可持吾药献天子。此药人臣不可服，服之有大责，宜善保守。"乃探囊出一丸，指端大，紫色，重如金锡，以授道亲曰："龙寿丹也。"欲去，又谓道亲曰："明年岁当大疫，吴、越尤甚，汝名已在死籍。今食吾药，勉修善业，当免此患。"探囊中取一柏叶与之，道亲即时食之。老人曰："定免矣。慎守吾药，至癸亥岁，自诣阙献之。"言讫遂去。南方大疫，两浙无贫富皆病，死者十有五六，道亲殊无恙。至元丰六年夏，梦老人趣之曰②："时至矣，何不速诣阙献药？"梦中为雷电驱逐，惶惧而起，径诣秀州，具述本末，谒假入京，诣尚书省献之。执政亲问，以为狂人，不受其献。明日因对奏知，上急使人追寻，付内侍省问状，以所遇对。未数日，先帝果不豫③。乃使勾当御药院梁从政持御香，赐装钱百千，同道亲乘驿诣雁荡山，求访老人，不复见，乃于初遇处焚香而还。先帝寻康复，谓辅臣曰："此但预示服药兆耳。"闻其药至今在彰善阁，当时不曾进御。

译文

熙宁七年，嘉兴僧人道亲，道号通照大师，任职秀州副僧正。在游历温州雁荡山的时候，从大龙湫返回，正要到瑞鹿院去。看见一个穿布褛的人，在山涧边行走，身形轻巧得像飞一样，踩着树叶经过，树叶都不会晃动。他因这人异于常人的行动而疑心，下到山涧旁拜会他，于是一起坐在石上，问他的家族、家乡、年纪，都不回答。胡须头发都是皓白的，面色却像少年一般。他对道亲说："现今是宋朝的第六个皇帝。往后九年，会有疾病。你可以拿着我这药献给天子。这种药臣子不能服用，服用了就会有严重的惩罚，要妥善保管。"于是从口袋里拿出一个药丸，指尖大小，紫色，像金锡那样重，递给道亲说："这是龙寿丹。"正要离去，又对道亲说："明年将会有一场大瘟疫，吴、越地区尤其严重，你的名字已经在死籍上。如今吃了我的药，勤奋地积累善业，应当可以避免这次祸患。"在口袋里取出一片柏叶给他，道亲立即服食。那位老人说："必定可以避免了。谨慎保管好我给你的药，等到癸亥年，便去谒见皇帝献上此药吧。"说完便离去。南方大瘟疫，两浙地区不论贫富的人都患上疫病，死者有五六成，道亲却完全没事。等到元丰六年夏天，他梦见老人催促他说："时候到了，为何不赶快进宫献药？"他梦见自己被雷电追赶，惶恐起身，直接去秀州，详细陈述了这件事，请假去京城，到尚书省请求献药。执政官亲自询问，以为是疯子，不接受他的献药。第二天入宫禀奏此事，皇帝急忙派人去找，让内侍省询问情状，道亲把遇见的事都说了。没过几天，皇帝果然生病。于是让主管御药院的梁从政手持御香，御赐盘缠百千，和道亲一起驱车到雁荡山，求访那位老人，没能再见到，于是在第一次相遇的那个地方焚香后回去。皇帝很快康复了，对辅臣说："这只是预示服药的先兆罢了。"听说这粒药至今还在彰善阁，当时没有让皇帝服用。

原文

庐山太平观，乃九天采访使者祠①，自唐开元中创建。元丰二年，道士陶智仙营一舍，令门人陈若拙董作。发地忽得一瓶，封镵甚固，破之，其中皆五色土；唯有一铜钱，文有"应元保运"四字。若拙得之，以归其师，不甚为异。至元丰四年，忽有诏进号九天采访使者为应元保运真君，遣内侍廖维持御书殿额赐之，乃与钱文符同。时知制诰熊本提举太平观②，具闻其事，召本观主

首，推诘其详，审其无伪，乃以其钱付廖维表献之。

译文

庐山太平观，是供奉九天采访使者的祠堂，唐代开元年间创建。元丰二年，有一名叫陶智仙的道士欲建一座屋舍，让门人陈若拙主持修建。掘地的时候忽然发现一个瓶子，封得非常坚固，打开它，里面都是五色土，只有一枚铜钱，写着文字"应元保运"。陈若拙得到它，就交还给了陶智仙，没觉得奇怪。到了元丰四年，忽然皇帝下诏进封九天采访使者为应元保运真君，派遣内侍廖维拿着皇帝亲书的殿额赏赐下来，与铜钱上的文字符号相同。当时任知制诰的熊本掌管太平观，都听说了这件事，召太平观的主人来，询问详情，判断这不是伪造的，便把钱交给了廖维，上书将其献给皇帝。

原文

祥符中，方士王捷①，本黥卒，尝以罪配沙门岛，能作黄金。有老锻工毕升，曾在禁中为捷锻金。升云："其法为炉灶，使人隔墙鼓鞴，盖不欲人觇其启闭也②。其金，铁为之，初自冶中出，色尚黑。凡百余两为一饼。每饼辐解，凿为八片，谓之'鸦觜金'者是也③。"今人尚有藏者。上令尚方铸为金龟、金牌各数百，龟以赐近臣，人一枚。时受赐者，除戚里外，在庭者十有七人，余悉埋玉清昭应宫宝符阁及殿基之下，以为宝镇；牌赐天下州、府、军、监各一，今谓之"金宝牌"者是也。洪州李简夫家有一龟，乃其伯祖虚己所得者，盖十七人之数也。其龟夜中往往出游，烂然有光，奄之则无所得。其家至今椟藏。

译文

大中祥符年间，方士王捷，原本是士兵，曾获罪被发配到沙门岛，能制造黄金。老锻工毕升曾在宫中帮王捷锻造金子。毕升说："他的办法是建一个炉灶，让人隔墙鼓风，因为不想让人看见他施法。那些金子是铁造的，最初从炉子里出来，还是黑色的。百余两做成一个金饼。每个饼从中心向边缘切开，锻打成八片，就是'鸦觜金'。"现今还有人收藏着。皇帝让尚方用这些金子制造金龟、金牌各数百件，金龟赐给近臣，每人一枚。当时受到赏赐的人，除了外戚以外，朝中有十七个人，剩下的都埋在玉清昭应宫宝符阁以及殿基下面，作为镇殿之宝；金牌赐给天下州、府、军、监每人一件，就是今天的"金宝牌"。洪州李简夫家有一件金龟，是他的伯祖李虚己所得的，是十七人中的一个。那只金龟夜里常常出游，灿烂发光，扣住它也捉不到。他家至今收在匣中珍藏。

卷二十一 异事（异疾附）

世传虹能入溪涧饮水，信然。熙宁中，予使契丹，至其极北黑水境永安山下卓帐。是时新雨霁，见虹下帐前涧中。予与同职扣涧观之，虹两头皆垂涧中。使人过涧，隔虹对立，相去数丈，中间如隔绡縠①。自西望东则见；盖夕虹也。立涧之东西望，则为日所铄，都无所睹。久之稍稍正东，逾山而去。次日行一程，又复见之。孙彦先云："虹，乃雨中日影也，日照雨则有之。"

①绡縠：泛指轻纱之类的丝织品。

世人传说彩虹会到溪涧里饮水，的确如此。熙宁年间，我出使契丹，到了极北的黑水境永安山下安营扎寨。当时雨过天晴，看见彩虹落在营帐前的溪涧中。我和同事到溪涧旁观看，彩虹的两头都垂在溪涧中。派人过去溪涧的另一边，隔着彩虹相对而立，相隔数丈，中间像是隔着绡纱。从西往东则能看得清楚;（因为是夕虹。）站在溪涧的东边向西望，就被日光所消融，完全看不见。过了很久稍稍偏向了正东，越过山去了。第二天走了一段路，又看见了。[孙思恭（字彦先）说："虹是雨中的日影，太阳照射雨水就会出现彩虹。"]

皇祐中，苏州民家一夜有人以白垩书其墙壁①，悉似"在"字，字稍异。一夕之间，数万家无一遗者；至于卧内深隐之处，户牖间无不到者②。莫知其然，后亦无他异。

①白垩：白色石灰，用作刷墙的涂料。②户牖：门和窗。

皇祐年间，苏州居民家中墙壁一夜之间被人用白垩写了字，都像是"在"字，但稍有不同。一夜之间，数万户人家无一遗漏；甚至有在卧室内私密处、门窗间。没人知道是怎么回事，后来也没有其他异状。

延州天山之巅，有奉国佛寺，寺庭中有一墓，世传尸毗王之墓也①。尸毗王出于佛书《大智论》，言尝割身肉以饲饿鹰，至割肉尽。今天山之下有濯筋河，其县为肤施县。详"肤施"之义，亦与尸毗王说相符。按《汉书》，肤施县乃秦县名，此时尚未有佛书，疑后人傅会县名为说。虽有唐人一碑，已漫灭断

折不可读。庆历中，施昌言镇鄜延，乃坏奉国寺为仓，发尸毗墓，得千余秤炭，其棺椁皆朽，有枯骸尚完，胫骨长二尺余，颅骨大如斗。并得玉环玦七十余件②，玉冲牙长仅盈尺③，皆为在位者所取；金银之物，即入于役夫。争取珍宝，遗骸多为拉碎，但贮一小函中埋之。东上阁门使夏元象，时为兵马都监，亲董是役，为予言之甚详。至今天山仓侧，昏后独行者往往与鬼神遇，郡人甚畏之。

①**尸毗王**：相传是古印度阎浮提洲的国王，莫高窟有记录其本生故事的壁画。②**玉环玦**：玉环和玉玦，玦为有缺口的环，均为佩玉。③**玉冲牙**：玉佩下端悬挂的部件。

译 文

延州天山山顶上，有一座奉国佛寺，寺院庭中有一座坟墓，相传是尸毗王的墓。尸毗王出自佛经《大智论》，说他曾割自己身上的肉以饲喂饿鹰，直到把肉割尽。如今天山山下有一条濯筋河，所属肤施县。细究"肤施"的意思，也与尸毗王的传说相符。参考《汉书》，肤施县是秦代置的县名，当时还没有佛书，怀疑是后人附会的。虽然唐代有人立了一座碑，文字漫灭石碑断折已不可读。庆历年间，施昌言镇守鄜延，于是破坏奉国寺作为仓库，挖掘尸毗墓，得到千余秤的炭，里面的棺椁都腐朽了，只有枯骨还完好，胫骨有二尺多长，颅骨大得像斗。同时获得玉环玉玦七十余件，玉冲牙的长度只有一尺，都被当时地位高的人获得了；金银等物，便被雇来的民夫拿走。由于争夺珍宝，遗骸大多被拉碎了，只能放在一个小盒中埋葬。东上阁门使夏元象，当时是兵马都监，亲自主持这次挖掘，给我讲得很纤细。至今天山仓库的旁边，日落后单独行动的人常常遇见鬼神，当地人都非常害怕。

原 文

予于谯亳得一古镜，以手循之，当其中心，则摘然如灼龟之声①。人或曰："此夹镜也。"然夹不可铸，须两重合之。此镜甚薄，略无焊迹，恐非可合也。就使焊之，则其声当铣塞②；今扣之，其声泠然纤远。既因抑按而响，刚铜当破，柔铜不能如此澄莹洞彻。历访镜工，皆罔然不测。

qiáo bó

dì

注 释

①**灼龟**：古代用火烧灼龟甲以观测其裂纹的占卜方法。

● 元绛

元绛，字厚之，北宋人。年幼即聪慧，天圣间考中进士，累迁翰林学士，旋拜参知政事，后罢知颍州，以太子太保致仕。卒，谥章简。

②铣塞：冷涩沉滞。

　　我在谯毫得到一面古镜，用手抚摸，到镜面中心，就会有烧裂龟甲发出的声音。有人说："这是夹镜。"但夹镜不能直接铸造，需要两层镜子合在一起。这镜子非常薄，完全没有焊接的痕迹，恐怕不是拼合的。就算是焊接的，声音也会冷涩沉滞；如今叩响，声音却是清冽悠远的。能够应按压而响的，硬铜就会破裂，软铜则不会这么清晰光滑。寻访了许多镜工，都茫然不知是什么原因。

原 文

　　世传湖、湘间因震雷，有鬼神书"谢仙火"三字于木柱上，其字入木如刻，倒书之。此说甚著。近岁秀州华亭县，亦因雷震，有字在天王寺屋柱上，亦倒书，云"高洞杨鸦一十六人火令章"凡十一字，内"令章"两字特奇劲，似唐人书体，至今尚在，颇与"谢仙火"事同。所谓"火"者，疑若队伍若干人为"一火"耳①。予在汉东时，清明日雷震死二人于州守园中，胁上各有两字，如墨笔画，扶疏类柏叶②，不知何字。

　　①一火：古代有兵制十人为一火，若干人组成的一群也为一火，同"一伙"。②扶疏：枝叶繁茂分披的样子。

　　世间传闻湖、湘地区由于雷击，有鬼神在木柱上书写"谢仙火"三个字，字深得像刻在上面一样，而且是倒写的。这个说法非常有名。近年在秀州华亭县，也因雷击而在天王寺的屋柱上刻了字，也是倒写的，是"高洞杨鸦一十六人火令章"共十一个字，其中的"令章"两字特别奇异刚劲，像是唐代人的书法字体，至今还在，与"谢仙火"事很像。所谓"火"，疑为一支队伍若干人为"一火"的意思。我在汉东的时候，清明那天州守的园中有雷击死两人，胁部各有两字，像是墨笔画成，（纹理）疏密有致像是柏树的枝叶，不知是什么字。

原 文

　　元厚之少时，曾梦人告之："异日当为翰林学士，须兄弟数人同在禁林①。"厚之自思素无兄弟，疑此梦为不然。熙宁中，厚之除学士，同时相先后入学士院：一人韩持国维，一陈和叔绎，一邓文约绾，一杨元素绘，并厚之名绛。五人名皆从"系"，始悟兄弟之说。

　　①禁林：翰林院的别称。

元绛（字厚之）年少的时候，曾有人在梦中告诉他："他日你将成为翰林学士，会有兄弟几人一同在翰林院共事。"元绛想自己并无兄弟，怀疑这个梦不是真的。熙宁年间，元绛成为学士，同时有几人先后进入学士院：一人是韩维（字持国），一人是陈绎（字和叔），一人是邓绾（字文约），一人是杨绘（字元素），与元绛之名并称。五个人的名字都从"系"（"纟"的繁体）字旁，元绛这才明白兄弟之说的意思。

原文

　　木中有文，多是栢木。治平初，杭州南新县民家析柿木，中有"上天大国"四字。予亲见之，书法类颜真卿，极有笔力。"国"字中间"或"字，仍起挑作尖口①，全是颜笔，知其非伪者。其横画即是横理，斜画即是斜理。其木直剖，偶当"天"字中分，而"天"字不破。上下两画并一，脚皆横挺出半指许，如木中之节。以两木合之，如合契焉。

注释

①起挑作尖口：指颜本的"或"中间的"口"写作"厶'的样子。

译文

　　树中有文字的，大多是柿木。治平初年，杭州南新县的一户人家砍伐柿木，里面有"上天大国"四个字。我亲眼所见，书法类似颜真卿的，极有笔力。"国"字（繁体"國"）中间的"或"字，也是把口字起挑写作尖的，完全是颜真卿的字体，可知不是伪造的。字的横画就是树的横理，斜画就是斜理。将树木垂直剖开，正好从"天"字中间分开，而"天"字没有被破坏，上下两画和一脚都横挺出截面半指左右，像是树木中的结节。两段木头合在一起，像合契一样。

原文

　　卢中甫家吴中。尝未明而起，墙柱之下，有光熠然①。就视之，似水而动。急以油纸扇挹之②，其物在扇中滉样③，正如水银，而光艳烂然；以火烛之，则了无一物。又魏国大主家亦尝见此物。李团练评尝与予言，与中甫所见无少异，不知何异也。予昔年在海州，曾夜煮盐鸭卵，其间一卵，烂然通明如玉，荧荧然屋中尽明。置之器中十余日，臭腐几尽，愈明不已。苏州钱僧孺家煮一鸭卵，亦如是。物有相似者，必自是一类。

注释

①熠然：闪烁的样子。②挹：舀，把液体盛出来。③滉样：即滉漾，水深晃动的样子。

译文

　　卢秉（字仲甫，此处作中甫）住在吴中。曾在天不亮时起身，墙柱下面有光亮在闪烁。

靠近看，像是水波一样动。急忙用油纸扇扇起来，这东西在扇子上晃荡，像水银一样，但光亮灿烂；用烛火照它，却了无一物。另有魏国大主家里也曾见过这个。团练使李评曾对我说过，和卢秉见到的没有一点差异，不知是什么奇异事物。我以前在海州时，曾夜里煮盐鸭蛋，其中的一枚鸭蛋，光亮通透像玉一样，发出的光把屋里都照亮了。放在容器里十几天，臭腐殆尽，愈发明亮。苏州钱僧孺家煮的一枚鸭蛋，也是这样。这些有相似现象的事物，一定是同一类的。

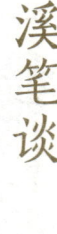

【原文】

予在中书检正时，阅雷州奏牍，有人为乡民诅死，问其状，乡民能以熟食咒之，俄顷脍炙之类悉复为完肉[1]；又咒之，则熟肉复为生肉；又咒之，则生肉能动，复使之能活，牛者复为牛，羊者复为羊，但小耳；更咒之，则渐大；既而复咒之，则还为熟食。人有食其肉，觉腹中淫淫而动[2]，必以金帛求解；金帛不至，则腹裂而死，所食牛羊，自裂中出。狱具案上，观其咒语，但曰"东方王母桃，西方王母桃"两句而已。其他但道其所欲，更无他术。

【注释】

①脍炙：切细、烤熟的肉。②淫淫：流动的样子。

【译文】

我担任中书检正的时候，批阅雷州的奏文，有人被当地乡民诅咒而死，问其详情，当地人能对熟的食物下咒，很短时间切细烤熟的肉就变回完整的肉；再下咒，熟肉就变回生肉；再下咒，生肉就能动了，再使其变活，牛肉就变回了牛，羊肉就变回了羊，但比较小；再下咒，就渐渐变大；之后再下咒，就变回熟食了。有人吃了这种肉，觉得肚里晃动，必要给施咒者金帛求他解咒；没有给金帛的，肚子裂开而死，吃进去的牛羊，从裂缝中出来。狱卒将详细案情呈上，看他所用的咒语，只是"东方王母桃，西方王母桃"两句而已。其余只是说出他想要办到的事，没有其他法术。

【原文】

寿州八公山侧土中及溪涧之间，往往得小金饼，上有篆文"刘主"字，世传"淮南王药金"也。得之者至多，天下谓之"印子金"是也。然止于一印，重者不过半两而已，鲜有大者。予尝于寿春渔人处得一饼，言得于淮水中，凡重七两余，面有二十余印，背有五指及掌痕，纹理分明。传者以谓垄之所化[1]，手痕正如握垄之迹。襄、随之间，故舂陵、白水地，发土多得金麟趾褭蹄[2]。麟趾中空，四傍皆有文，刻极工巧。褭蹄作团饼，四边无模范迹[3]，似于平物上滴成，如今干柿，土人谓之"柿子金"。《赵飞燕外传》："帝窥赵昭仪浴，多袖金饼，以赐侍儿私婢。"殆此类也。一枚重四两余，乃古之一斤也。

色有紫艳，非他金可比。以刀切之，柔甚于铅；虽大块，亦可刀切，其中皆虚软。以石磨之，则霏霏成屑④。小说谓麟趾、褭蹄，乃娄敬所为药金，方家谓之"娄金"，和药最良。《汉书》注亦云："异于他金。"予在汉东一岁，凡数家得之。有一窖数十饼者，予亦买得一饼。

注 释

①塗：同"泥"。②麟趾褭蹄：即麟趾金、褭蹄金，均为汉代金块的形制，作为给臣子的赏赐。③模范：制造器物的模具，内灌入金水等液体，定型后打开。④霏霏：细密飘洒的样子。

译 文

寿州八公山旁边的土地与溪涧一带，常能发现小金饼，上面有篆文的"刘主"字样，传说是"淮南王药金"。得到这种金子的人很多，市面上通称为"印子金"的就是这种。但只有一块印章那么大，重的也只有半两而已，很少有大的。我曾在寿春的渔民那里找到一块，说是在淮水中打捞到的，重七两多，正面有二十余印那么大，背面有五指和掌心的痕迹，纹理分明。据说是泥化成的，手印正像是握泥的样子。襄州、随州一带，是以前的春陵、白水一带，挖土多能找到麟趾金、褭蹄金。麟趾金是中空的，四周都有花纹，雕刻十分精巧。褭蹄金是团饼样子的，四周没有模范的痕迹，似乎是在平面上滴金水而成，像是现在的柿饼一样，当地人称为"柿子金"。《赵飞燕外传》记载："帝窥赵昭仪浴，多袖金饼，以赐侍儿私婢。"大概就是这类。一枚重四两多，是古时候的一斤。有颜色发紫的，不是寻常金子可以相比的。用刀切割，比铅还软；就算是大块的，也可以用刀切得动，中间都是虚软的。用磨刀石打磨，就变成细密的粉末。小说里说的麟趾、褭蹄，是娄敬制造的药金，方术家称之为"娄金"，用于调和药物是最好的。《汉书》注里也说："异于他金。"我在汉东待了一年，就有许多家掘得。有一家藏了数十饼，我也向他购买了一饼。

原 文

旧俗正月望夜迎厕神，谓之紫姑。亦不必正月，常时皆可召。予少时见小儿辈等闲则召之，以为嬉笑。亲戚间曾有召之而不肯去者，两见有此，自后遂不敢召。景祐中，太常博士王纶家因迎紫姑，有神降其闺女①，自称上帝后宫诸女，能文章，颇清丽，今谓之《女仙集》，行于世。其书有数体，甚有笔力，然皆非世间篆隶。其名有藻笺篆、茁金篆十余名。纶与先君有旧，予与其子弟游，亲见其笔迹。其家亦时见其形，但自腰以上见之，乃好女子；其下常为云气所拥。善鼓筝，音调凄婉，听者忘倦。尝谓其女曰："能乘云与我游乎？"女子许之。乃自其庭中涌白云如蒸，女子践之，云不能载。神曰："汝履下有秽土，可去履而登。"女子乃袜而登，如履缯絮②，冉冉至屋复下。曰："汝未可往，更期异日。"后女子嫁，其神乃不至，其家了无祸福。为之记传者甚详。此予目见者，粗志于此。近岁迎紫姑者极多，大率多能文章歌诗，有极工者。予屡见之，多自称蓬莱谪仙③。医卜无所不能，棋与国手为敌。然其灵异显著，无如王纶家者。

译文

旧时习俗有在正月望日的夜晚迎厕神，称为"紫姑"。也不必须是正月，平时都可以招来。我小时候见过孩子们闲来无事就召来的，作为娱乐。亲戚里有曾招来紫姑而不肯离去的，两次都是这样，从此便不敢再招了。景祐年间，太常博士王纶家里由于迎紫姑，有神灵降临在他未出嫁的女儿身上，自称是上帝后宫的女子，能写文章，颇为清丽，如今称为《女仙集》，在世上传播。书中有多个字体，笔力很深，但都不是世间已有的篆隶字体。有藻笺篆、茚金篆等十余种名字。王纶和先父有旧交，我和他的子弟同游，亲眼见过她的笔迹。他的家中也常能见到紫姑的形态，只有腰以上能看得见，是美好女子的样子；下半部分常被云气笼罩。擅长弹筝，音调凄婉，人听了就忘记疲倦。紫姑曾对他的女儿说："能否与我乘云同游？"女儿答应了。于是从庭院中涌出像蒸汽般的白云，女儿踏上去，白云载不动她。紫姑说："你的鞋下面沾着脏土，可以脱了鞋登上来。"女儿便穿着袜子登上去，像踩着缯帛丝绵一样，慢慢升到屋顶又下来。紫姑说："你还不能去，改日吧。"后来女儿出嫁，神灵就离开了，没有给家里带来祸福。记录这件事的人写得非常详细。这是我亲眼所见，大略记在这里。近年招来紫姑的人非常多，大多能写文章、擅长诗歌，其中有非常工整的。我多次见到，大多自称是蓬莱谪仙。医术占卜无所不能，棋艺能与国手匹敌。但论灵异显著，没有像王纶家这样的。

原文

世有奇疾者。吕缙叔以知制诰知颍州，忽得疾，但缩小，临终仅如小儿。古人不曾有此疾，终无人识。有松滋令姜愚，无他疾，忽不识字。数年方稍稍复旧。又有一人家妾，视直物皆曲，弓弦界尺之类，视之皆如钩，医僧奉真亲见之。江南逆旅中一老妇①，噉物不知饱。徐德占过逆旅，老妇诉以饥，其子耻之，对德占以蒸饼噉之，尽一竹簧，约百饼，犹称饥不已；日食饭一石米，随即痢之，饥复如故。京兆醴泉主簿蔡绳，予友人也，亦得饥疾，每饥立须噉物，稍迟则顿仆闷绝。怀中常置饼饵，虽对贵官，遇饥亦便龁（hé）噉。绳有美行，博学有文，为时闻人，终以此不幸。无人识其疾，每为之哀伤。

二三〇

①逆旅：旅店。

译文

世上有一些怪病。吕夏卿（字缙叔）任职知制诰的时候守颍州，忽然生病，身体只是缩小，临死前像小孩一样。古代没有过这种病，完全没有人知道。松滋县令姜愚，没有别的疾病，忽然不认得字了。几年后才稍稍好转。还有一个人的家妾，看直的东西都是弯曲的，比如弓弦、界尺这类东西，看上去都像是钩状，行医的僧人奉真亲眼见过。江南旅店中的一名老妇人，吃东西不知道饱。徐禧（字德占）路过旅店，老妇人向他诉苦饥饿，她的儿子以之为耻，当着徐禧的面用蒸饼喂她，吃光了一竹篓，大约百张饼，仍自称非常饥饿；每天吃一石米，随即腹泻而出，又饥饿如故。陕西醴泉主簿蔡绳，是我的朋友，也得了饥疾，饥饿时必须立刻吃东西，稍微迟了就顿时昏倒气绝。怀中常备着饼饵，就算是正面对高官，遇到饿了的时候也会立即咀嚼。蔡绳品行高尚，博学有才，是当时的名人，始终有此不幸。没有人知道这是什么病，常为他感到哀伤。

原文

嘉祐中，扬州有一珠，甚大，天晦多见。初出于天长县陂泽中，后转入甓社湖，又后乃在新开湖中，凡十余年，居民行人常常见之。予友人书斋在湖上，一夜忽见其珠，甚近。初微开其房，光自吻中出，如横一金线，俄顷忽张壳，其大如半席，壳中白光如银，珠大如拳，烂然不可正视。十余里间林木皆有影，如初日所照，远处但见天赤如野火。倏然远去，其行如飞，浮于波中，杳杳如日。古有明月之珠，此珠色不类月，荧荧有芒焰，殆类日光。崔伯易尝为《明珠赋》。伯易，高邮人，盖常见之。近岁不复出，不知所往。樊良镇正当珠往来处，行人至此，往往维船数宵以待现①，名其亭为"玩珠"。

注释

①维：系住，停船时将船系在岸边。

译文

嘉祐年间，扬州有一颗珍珠，非常大，天阴的时候常见。最早出现在天长县的陂泽里，后来转移到甓社湖，再后来到了新开湖里，共经历了十余年，当地的居民行人常常能见到它。我朋友的书斋在湖上，一天夜晚忽然见到这颗珍珠，非常近。开始的时候微微张开贝壳，光从缝隙中射出，如横贯的一条金线，一会儿忽然张壳，有半张席子大，壳中白光像银子一般，珍珠大如拳头，光亮得无法直视。十余里间的树林都被照出影子，像是初升的太阳所照，在远处只见天空赤红如野火燃烧。贝壳突然远去，行动如飞，浮在波涛中，依稀如太阳。古有明月珠，这颗珠的色泽不像月光，像火光闪烁，更像是日光。崔伯易曾写《明珠赋》。他是高邮人，应该是常见的。大珠近年不再出现，不知去了哪里。樊良镇恰好在大珠往来的地方，路人到这里，常常停船数日等待它出现，将这里的亭子命名为"玩珠"。

原文

登州巨嵎山，下临大海。其山有时震动，山之大石皆颓入海中[1]。如此已五十余年，土人皆以为常，莫知所谓。

注释

①颓：崩坏，倒塌。

译文

登州的巨嵎山，下面临着大海。这座山有时会震动，山上的大石都掉入海中。像这样已经有五十余年了，当地人都习以为常，不知是什么原因。

原文

士人宋述家有一珠，大如鸡卵，微绀色[1]（gàn），莹彻如水。手持之映空而观，则末底一点凝翠，其上色渐浅；若回转，则翠处常在下，不知何物，或谓之"滴翠珠"。佛书："西域有'琉璃珠'，投之水中，虽深皆可见，如人仰望虚空月影。"疑此近之。

注释

①绀：红青，微带红的黑色。

译文

士人宋述的家中有一颗珍珠，大得像鸡蛋，颜色微微深红，晶莹透彻如水。用手拿着对着天空看，底下有一点凝翠的颜色，往上颜色越来越浅；如果倒转看，翠色总是在下面，不知道是什么东西，有人称它为"滴翠珠"。佛经上说："西域有'琉璃珠'，投之水中，虽深皆可见，如人仰望虚空月影。"可能和这颗类似。

原文

登州海中，时有云气，如宫室、台观、城堞（dié）、人物、车马、冠盖，历历可见，谓之"海市"。或曰"蛟蜃之气所为"[1]，疑不然也。欧阳文忠曾出使河朔，过高唐县，驿舍中夜有鬼神自空中过，车马人畜之声一一可辨。其说甚详，此不具纪。问本处父老，云："二十年前尝昼过县，亦历历见人物。"土人亦谓之"海市"，与登州所见大略相类也。

注释

①蛟蜃：蛟指蛟龙，蜃指大蛤蜊，泛指神奇的水族。古人认为海市蜃楼现象是蛟蜃吐气幻化而成的。

译 文

　　登州的海里，时常有云气，像是宫室、台观、城堞、人物、车马、冠盖的样子，清晰可见，称为"海市"。有人说是"蛟、蜃之气造成的"，可能不是这样。欧阳修（谥号文忠）曾出使河朔地区，路过高唐县，在驿站旅舍半夜里有鬼神从空中经过，车马人畜的声音可以一一分辨。他说得非常详细，在这里不具体记录。问当地乡民，答说："二十年前曾在白天路过县城，也是清晰可见人物。"当地人也称为"海市"，与登州出现的大致类似。

原 文

　　近岁延州永宁关大河岸崩，入地数十尺，土下得竹笋一林，凡数百茎，根干相连，悉化为石。适有中人过，亦取数茎去，云欲进呈。延郡素无竹，此入在数十尺土下，不知其何代物。无乃旷古以前，地卑气湿而宜竹邪[1]？婺州金华山有松石，又如桃核、芦根、鱼蟹之类，皆有成石者；然皆其地本有之物，不足深怪。此深地中所无，又非本土所有之物，特可异耳。

注 释

　　[1]**卑**：低下。

译 文

　　近年延州永宁关一带的黄河溃堤，陷入地下数十尺深，在土下发现一林竹笋，共有数百根，根干相连，都变成了化石。正好有官人经过，也拿了几支走，说是要进呈皇帝。延州一带从来没有竹子，这些竹笋埋在地下数十尺，不知是什么年代的东西。难道在没有记载的古代，地势低洼、气候湿润适合竹子生长？婺州的金华山上有松树化石，又有如桃核、芦根、鱼蟹之类的都成为化石；但都是其地本来就有物种，不是太奇怪的事情。这些竹笋本不是地底深处的东西，又不是当地所产的，所以特别奇怪。

原 文

　　治平中，泽州人家穿井，土中见一物，蜿蜒如龙蛇状。畏之，不敢触，久之，见其不动，试扑之，乃石也。村民无知，遂碎之，时程伯纯为晋城令，求得一段，鳞甲皆如生物。盖蛇蜃所化，如石蟹之类[1]。

注 释

　　[1]**石蟹**：螃蟹的化石。

译 文

　　治平年间，泽州有一户人家打井，在土中发现一样东西，蜿蜒像龙蛇的样子。由于害怕，不敢碰触，时间久了，见它不动，尝试拍击它，原来是石头。村民无知，于是敲碎了它，当时程伯纯是晋城县令，求得了一段，鳞甲像是活物。应该是蛇蜃一类动物所化，像石蟹一样。

随州医蔡士宁尝宝一息石①，云："数十年前得于一道人。"其色紫光，如辰州丹砂；极光莹如映。人搜和药剂，有缠纽之纹，重如金锡。其上有两三窍，以细篾剔之，出赤屑如丹砂。病心狂热者，服麻子许即定。其斤两岁息。士宁不能名，乃以归予。或云"昔人所炼丹药也"。形色既异，又能滋息，必非凡物，当求识者辨之。

①息石：能够自行生长的石头。息，滋生。

随州医生蔡士宁曾珍藏一枚息石，说："数十年前得于一道人。"颜色泛着紫光，与辰州丹砂类似；非常莹润光辉；人们用它调和药剂，上面有缠纽的纹路；像金、锡般重。上面有两三个小孔，用细竹签剔孔，能剔出如丹砂一样的红屑。患有心病、高热的人，服用芝麻大小的量就可以平定。它的重量会年年增加。蔡士宁不知道这是什么，于是送给了我。有人说是"古人炼制的丹药"。形状颜色奇特，又能自行生长，一定不是凡物，应当求得认识的人来辨识。

随州大洪山人李遥，杀人亡命。逾年，至秭归，因出市见鬻柱杖者①，等闲以数十钱买之②。是时秭归适又有邑民为人所杀，求贼甚急。民之子见遥所操杖，识之，曰："此吾父杖也。"遂以告官司。执遥验之，果邑民之杖也，榜掠备至③。遥实买杖，而鬻者已不见，卒未有以自明者。有司诘其行止来历，势不可隐，乃递随州，大洪杀人之罪遂败。卒不知鬻杖者何人。市人千万，而遥适值之，因缘及其隐匿，此亦事之可怪者。

①鬻：卖。②等闲：随意，平白无缘由的。③榜掠：拷打。

随州大洪的一名山民李遥，因为杀人而逃命。过了一年，到达秭归，有事去集市上，见到卖手杖的人，随意花了数十钱买下。当时秭归正好有乡民被杀，急于找到贼人。乡民的儿子见到李遥拿的手杖，认出了它，说："这是我父亲的杖。"于是告了官。抓住李遥来检查，果然是乡民的杖，便严刑拷打。李遥的确是买来的杖，但卖的人已经不见了，最终无法给自己作证。官府质问他的行动来历，无法隐瞒，于是递交给随州，大洪的杀人案于是告破。最终也不知道卖杖的人是谁。集市上的人有千万之多，而李遥正好碰上他，由此触及他藏匿的身份，这件事也是令人奇怪。

原文

　　至和中，交趾献麟①，如牛而大，通身皆大鳞，首有一角。考之记传，与麟不类，当时有谓之山犀者。然犀不言有鳞，莫知其的。回诏欲谓之麟，则虑夷獠见欺②；不谓之麟，则未有以质之；止谓之"异兽"，最为慎重有体。今以予观之，殆天禄也。按《汉书》："灵帝中平三年，铸天禄③、虾蟆于平门外。"注云："天禄，兽名。今邓州南阳县北'宗资碑'旁两兽，镌其膊，一曰天禄，一曰辟邪。"元丰中，予过邓境，闻此石兽尚在，使人墨其所刻天禄、辟邪字观之，似篆似隶。其兽有角鬣④，大鳞如手掌。南丰曾阜为南阳令，题宗资碑阴云："二兽膊之所刻独在，制作精巧，高七八尺，尾鬣皆鳞甲，莫知何象而名此也。"今详其形，甚类交趾所献异兽，知其必天禄也。

注释

　　①**交趾**：今岭南至越南中北部，古称为交趾、交州，是南蛮地区。②**夷獠**：古称西南少数民族。**见欺**：被欺骗。③**天禄**：古代传说中的神兽，汉代开始与辟邪一同镇守墓前，或与虾蟆（即蛤蟆）一同镇守宫门，作为禄位的象征。④**鬣**：动物脖颈处的一圈硬长鬃毛。

译文

　　至和年间，交趾献上麒麟，像牛但是更大，全身都是大片的鳞，头上长有一角。考据关于它的记录，与麒麟不像，当时有人称它为山犀。但犀牛没听说过有鳞，不知究竟是什么。答复交趾的诏书想要称其为麒麟，又担心被蛮夷人欺骗；不称为麒麟，又没有理由来质疑；只好称为"异兽"，最为慎重得体。如今我看它，基本上是天禄。按《汉书》中所说："灵帝中平三年，在平门外铸天禄、虾蟆。"注说："天禄，兽名。今邓州南阳县北'宗资碑'旁有两兽，在其胳膊上有刻字，一个叫天禄，一个叫辟邪。"元丰年间，我经过邓州境内，听说这个石兽还在，便派人拓写下所刻的天禄、辟邪的字来看，像篆书又像隶书。石兽有角和鬃毛，大鳞像手掌大小。南丰人曾阜任南阳令，在宗资碑的碑阴题字道："两兽胳膊上的刻字还在，制作精巧，高七八尺，尾巴和鬃部都是鳞甲，不知是因为什么而命名的。"如今细看其样貌，和交趾所献的异兽非常类似，可知那必是天禄。

原文

　　钱塘有闻人绍者，尝宝一剑。以十大钉陷柱中，挥剑一削，十钉皆截，隐如秤衡，而剑锋无纤迹。用力屈之如钩，纵之铿然有声，复直如弦。关中种谔亦畜一剑，可以屈置盒中，纵之复直。张景阳《七命》论剑曰①："若其灵宝，则舒屈无方。"盖自古有此一类，非常铁能为也。

注释

　　①**《七命》**：晋人张协（字景阳）的著作，写徇华大夫以音乐、豪宅、览胜、宝剑、良驹、

美食等世间六种繁华事物邀请冲漠公子，公子毫无兴趣，第七次说到如今国运昌盛，公子兴奋而起，答应入世游历。

释文

钱塘有一人叫闻人绍，曾收藏着一把宝剑。把十根大钉钉在柱子上，挥剑一削，十根钉子全都截断，柱子平得像秤杆，而剑刃上没有一点划痕。用力将剑身弯曲呈钩状，放开，有铿然的声音，又恢复成笔直如弦的样子。关中有一人叫种谔，也收藏一把剑，可以弯曲着放在盒中，释放开便恢复平直。张协（字景阳）在《七命》里论剑说："如果是有灵的宝剑，则不拘于舒展或弯曲。"原来自古就有这一类剑，不是寻常的铁能够打造出来的。

原文

嘉祐中，伯兄为卫尉丞，吴僧持一宝鉴来云^①："斋戒照之，当见前途吉凶。"伯兄如其言，乃以水濡其鉴，鉴不甚明，仿佛见如人衣绯衣而坐。是时伯兄为京寺丞，衣绿，无缘遽有绯衣。不数月，英宗即位，覃^{tán}恩赐绯^②。后数年，僧至京师，蔡景繁时为御史，尝照之，见己著貂蝉^③，甚自喜。不数日，摄官奉祀，遂假蝉冕。景繁终于承议郎，乃知鉴之所卜，唯知近事耳。

注释

①鉴：镜子。②覃恩赐绯：广施恩泽，赐给红色官服。③貂蝉：即貂蝉冠，用貂尾和附蝉装饰的冠冕，宋代也叫貂蝉笼巾。

释文

嘉祐年间，我的堂兄任职卫尉丞，吴地僧人带来一面宝镜说："斋戒照之，当见前途吉凶。"堂兄如他所说的做了，用水濡湿镜面，镜面不很清晰，仿佛见到有人穿着红衣坐着。当时堂兄是京寺丞，官服是绿色的，没道理突然穿上红衣。不到几个月，英宗即位，赏赐了红色的官服。再后几年，僧人来到京城，当时蔡承禧（字景繁）任御史，曾照过这面镜子，见到自己戴着貂蝉冠，心里非常欣喜。不出几日，任命为奉祀，于是授予了貂蝉冠。蔡承禧最后做到承议郎的官位，可知镜子所预示的，只是较近的事。

原文

三司使宅，本印经院^①，熙宁中，更造三司宅。自薛师政始，宅成，日官周琮曰："此宅前河，后直太社^②，不利居者。"始自元厚之，自拜日入居之。不久，厚之谪去，而曾子宣继之。子宣亦谪去，子厚居之。子厚又逐，而予为三司使，亦以罪去。李奉世继为之，而奉世又谪。皆不缘三司职事，悉以他坐褫^{chǐ}削^③。奉世去，安厚卿主计，而三司官废，宅毁为官寺，厚卿亦不终任。

注释

①印经院：印造佛经的机构。②太社：古代天子祭祀土地神、谷神，祈福的场所。③褫削：革除官职。

梦溪笔谈

【译文】

　　三司使的宅邸，以前是印经院，熙宁年间，改造为三司宅。从薛向（字师正，此处作师政）开始营建，宅邸落成，掌管天文历法的官员周琮说："这座宅邸前面是河，后面直面太社，不利于居住在这的人。"从元绛开始，从拜官之日进入居住。不久，元绛被贬离开，曾布（字子宣）继任。曾布也被贬离开，章惇（字子厚）住进去。章惇又被罢免，而我任三司使，也获罪离开。李承之（字奉世）继任做官，又被贬谪。都无关乎三司本身的职务，都是因其他罪名被罢官的。李承之离开后，安焘（字厚卿）主管，而三司的官职废除，宅邸改为官寺，安焘也没能担任此官到最后。

【原文】

　　《岭表异物志》记鳄鱼甚详。予少时到闽中，时王举直知潮州，钓得一鳄，其大如船，画以为图，而自序其下。大体其形如鼍①，但喙长等其身，牙如锯齿。有黄、苍二色，或时有白者。尾有三钩，极铦利，遇鹿豕即以尾戟之以食。生卵甚多，或为鱼，或为鼍、鼋②，其为鳄者不过一二。土人设钩于大豕之身，筏而流之水中，鳄尾而食之，则为所毙。

【注释】

　　①鼍：扬子鳄的古称，也是鳄鱼的一种。　②鼋：大鳖。

【译文】

　　《岭表异物志》中非常详细地记录了鳄鱼。我年轻时候到闽中一带，当时王举直任潮州知州，钓到一条鳄鱼，像船一样大，画成了图，并在下面写了序。大体像是鼍的形状，但嘴喙和身体等长，牙齿像锯齿。有黄、黑两种颜色，有时还有白色。尾巴上有三条钩，非常锋利，遇到鹿、猪等就用尾钩住来吃。下蛋很多，有的孵出鱼，有的孵出鼍、鼋，变成鳄鱼的不过一两条。当地人把钩子藏在大猪身上，放在竹筏上推到河里，鳄鱼尾随吃食，就被人杀死。

【原文】

　　嘉祐中，海州渔人获一物，鱼身而首如虎，亦作虎文；有两短足在肩，指爪皆虎也；长八九尺。视人辄泪下。舁至郡中①，数日方死。有父老云："昔年曾见之，谓之'海蛮师'②。"然书传小说未尝载。

【注释】

　　①舁：抬。　②海蛮师：师，同"狮"，依照古代对海蛮师的记载推测，可能是海豹。海豹离开海水后的"流泪"是起保护作用的生理反应。

【译文】

　　嘉祐年间，海州的渔人捕获一只动物，鱼身但头像虎，身上也有虎的花纹；肩上有两只短足，指爪也很像虎；身长八九尺。看到人便流下眼泪。抬到郡中，几日后才死。有当地父老说:"以前也见过,称作'海蛮师'。"但史书、传记及小说里都没有记载过。

邕州交寇之后①,城垒方完,有定水精舍泥佛,辄自动摇,昼夜不息,如此逾月。时新经兵乱,人情甚惧。有司不敢隐,具以上闻,遂有诏令,置道场禳谢②,动亦不已。时刘初知邕州,恶其惑众,乃舁像投江中。至今亦无他异。

①交寇:与敌寇交战。②道场:做法事的场地。禳谢:向神祭祷、谢罪消灾的仪式。

邕州与敌军交战之后,城堡壁垒刚刚修缮完工,定水精舍有一尊泥佛像,自己摇动,昼夜不停,这样长达月余。当时刚刚经历过战乱,人情惊危。官府不敢隐瞒,详细地上奏,于是皇帝下诏令,设置道场祭祷消灾,佛像还是晃动不停。当时刘初任邕州知州,厌恶这尊佛像惶惑百姓,便抬到江中扔掉。至今没有其他异状。

洛中地内多宿藏①,凡置第宅未经掘者,例出掘钱。张文孝左丞始以数千缗买洛大第,价已定,又求掘钱甚多,文孝必欲得之。累增至千余缗方售,人皆以为妄费。及营建庐舍,土中得一石匣,不甚大,而刻镂精妙,皆为花鸟异形,顶有篆字二十余,书法古怪,无人能读。发匣,得黄金数百两。鬻之,金价正如置第之直,剧掘钱亦在其数,不差一钱。观其款识文画,皆非近古所有。数已前定,则虽欲无妄费,安可得也?

①宿藏:以前的埋藏。宿,长年的意思。

洛中的地下有许多年代久远的宝藏,每有购买宅邸,地下是未经挖掘过的,照例要出掘地钱。左丞张观(谥号文孝)最初以数千缗钱买了一座洛阳的大宅邸,价格已经商定,又要求付很高额的掘地钱,张观一定要买下这座宅邸。最后多花了千余缗钱才买下来,人们都认为他花了冤枉钱。等到营建房屋的时候,在地下挖得一个石匣,不太大,但刻镂精妙,都是花鸟等奇异的形状,顶上有二十多个篆字,字体很古怪,没有人能解读。打开匣子,里面有黄金数百两。变卖后,金价正好是购买宅邸的价值,掘地钱也包含在内,一分不差。看上面的款识和字画,年代都不近。命数是早已定好的,如果不想花冤枉钱,又怎么能得到呢?

熙宁九年,恩州武城县有旋风自东南来,望之插天如羊角,大木尽拔。

俄顷旋风卷入云霄中。既而渐近，乃经县城，官舍民居略尽，悉卷入云中。县令儿女奴婢，卷去复坠地，死伤者数人。民间死伤亡失者，不可胜计。县城悉为丘墟，遂移今县。

　　熙宁九年，恩州武城县有旋风从东南边刮来，看上去像是插入天空的羊角，粗大的树木都被连根拔起。不久旋风卷入云霄。接着逐渐逼近，经过县城，官舍民居都被卷入云中。县令的儿女奴婢，被卷走又摔在地上，死伤者众多。民间死伤失踪的人，不计其数。县城都成了废墟，于是迁移到现今的县城。

　　宋次道《春明退朝录》言："天圣中，青州盛冬浓霜，屋瓦皆成百花之状。"此事五代时已尝有之，予亦自两见如此。庆历中，京师集禧观渠中，冰纹皆成花果林木。元丰末，予到秀州，人家屋瓦上冰亦成花。每瓦一枝，正如画家所为折枝①，有大花如牡丹、芍药者。细花如海棠、萱草辈者，皆有枝叶，无毫发不具，气象生动，虽巧笔不能为之。以纸拓之，无异石刻。

　　①折枝：花卉画法的一种，不画整株，只画连枝折下来的部分，故有此名。

　　宋敏求（字次道）在《春明退朝录》中说："天圣年间，青州的隆冬有浓霜，屋上瓦片都结成百花的样子。"这件事在五代时期就曾有过，我也亲眼见过两次。庆历年间，京城集禧观的水渠中，结冰的纹路都是花果林木的样子。元丰末年，我到秀州，居民屋瓦上的冰也结成花。每片瓦是一枝，就像是画家所画出的折枝，还有像牡丹、芍药这样的大花。细碎的小花有海棠、萱草之类的，都有枝叶，没有分毫省略，气象生动，就算是巧笔的画匠也画不出来。用纸拓印下来，与拓印石刻没什么不同。

　　熙宁中，河州雨雹，大者如鸡卵，小者如莲芡，悉如人头，耳目口鼻皆具，无异镌刻。次年，王师平河州，蕃戎授首者甚众。岂克胜之符预告邪？

●宋敏求

宋敏求，字次道，宋代著名学者，以文章见称于世，累仕知制诰、右谏议大夫、龙图阁直学士兼修国史等职。曾参与修撰《新唐书》。

熙宁年间，河州地区下冰雹雨，大的像鸡蛋，小的像莲子或芡实，都像人头一样，耳目口鼻俱全，无异于镂刻出来的。第二年，国家军队平定河州，番邦被杀头的人很多，这难道不是预告着胜利吗？

卷二十二　谬误（谲诈附）

原文

东南之美，有会稽之竹箭^①（kuài jī）。竹为竹，箭为箭，盖二物也。今采箭以为矢，而通谓矢为箭者，因其材名之也。至于用木为笴^②（gǎn），而谓之箭，则谬矣。

注释

①箭：箭为细竹，即篠。②笴：箭杆。

释文

东南地区出产的美物，有会稽的竹箭。竹是竹，箭是箭，本来是两种东西。如今采箭用来做矢，而将矢通称为箭，是因为其材料的名字。至于用木料制成的笴，却叫作箭，是谬误。

原文

丁晋公之逐，士大夫远嫌，莫敢与之通声问。一日，忽有一书与执政。执政得之，不敢发，立具上闻。洎发之，乃表也，深自叙致，词颇哀切。其间两句曰："虽迁陵之罪大^①（jī），念立主之功多。"遂有北还之命。谓多智变，以流人无因达章奏，遂托为执政书。度以上闻，因蒙宽宥。

注释

①迁陵：丁谓主持宋真宗陵墓修建，曾擅自改换地点。一说迁陵指司马迁、李陵。

释文

丁谓（封晋国公，故称丁晋公）被放逐后，士大夫远离他来避嫌，不敢与他说话问候。一天，他忽然将一封信交给执政官。执政官拿到，不敢打开，立即呈上给皇帝看。等到打开时，发现是表文，深挚地自述事理，言辞非常哀切。其中两句说："虽迁陵之罪大，念立主之功多。"于是皇帝下令让他回到京城。丁谓足智多谋，由于流放之人无法上表奏章，于是托执政官上书。想着让皇帝听闻自己的处境，于是得到宽恕。

原文

尝有人自负才名，后为进士状首，扬历贵近^①。曾谪官知海州，有笔工善画水^②，召使画便厅掩障^③，自为之记，自书于壁间。后人以其时名，至今严护之。其间叙画水之因曰："设于厅事，以代反坫（diàn）。"人莫不怪之。予窃意其心，

以谓"邦君屏塞门，管氏亦屏塞门；邦君为两君之好，有反坫，管氏亦有反坫④"。其文相属，故谬以屏为反坫耳。

注释

①**扬历**：显扬做官的经历。**贵近**：显贵的近臣。②**笔工**：书画工匠。③**掩障**：影壁。④**"邦君"句**：出自《论语·八佾》。屏塞门，原作"树塞门"，因避宋英宗赵曙讳而做"屏塞门"。反坫，土筑的平台，国君之间酬对时置爵用，国君以下不可使用。

译文

曾有人自负才名，后来考中状元，官至显贵。曾被贬谪到海州做知州，有笔工擅长画水，便召他来画便厅的影壁，自己写文记述，并题在墙壁上。后人因他当时出名，至今谨慎地保护着。其中记述画水的原因说："设在厅里，以代替反坫。"人们没有不觉得奇怪的。我揣测他的意思，是因为《论语·八佾》里说"国君有屏风挡门，管仲也有屏风挡门；国君因两国交好，设有反坫，管仲也有反坫"。两句话是联属关系，所以误将屏风当作反坫了。

原文

段成式《酉阳杂俎》记事多诞。其间叙草木异物，尤多谬妄，率记异国所出，欲无根柢。如云："一木五香，根旃檀①，节沉香，花鸡舌，叶藿，胶薰陆②。"此尤谬。旃檀与沉香，两木元异。鸡舌即今丁香耳，今药品中所用者亦非。藿香自是草叶，南方至多。薰陆，小木而大叶，海南亦有薰陆，乃其胶也，今谓之乳头香。五物迥殊，元非同类。

注释

①**旃檀**：即檀香。②**薰陆**：即乳胶。

译文

段成式《酉阳杂俎》中记录的事情多有荒诞。其间记述的草木异物，谬误尤其多，记为异国出产的那些大多没有根据。比如说："一种树木上出产五种香料，根是旃檀，节是沉香，花是鸡舌，叶是藿香，胶是薰陆。"这尤其荒谬。旃檀和沉香，本就是两种不同的树木。鸡舌就是现在说的丁香，现在药品中使用的也不是真的鸡舌香。藿香是草本植物的叶子，南方很多。薰陆是树枝小而叶子大的植物，海南也有薰陆，是出产乳胶的，今称为乳头香。五种东西完全不同，本就不是同类。

原文

丁晋公从车驾巡幸，礼成，有诏赐辅臣玉带。时辅臣八人，行在祗候库止有七带①。尚衣有带②，谓之比玉，价直数百万，上欲以赐辅臣，以足其数。晋公心欲之，而位在七人之下，度必不及己。乃谕有司，不须发尚衣带，自有小私带，且可服之以谢，候还京别赐可也。有司具以此闻。既各受赐，而晋公一带仅如指阔。上顾谓近侍曰："丁谓带与同列大殊，速求一带易之。"有司奏"唯有尚衣御带"，遂以赐之。其带熙宁中复归内府。

译文

丁谓随皇帝车驾出行，行完礼仪，皇帝下诏赐给辅臣玉带。当时有八名辅臣，随行的祗候库中只有七条玉带。皇帝服饰中还有一条尚衣带，叫作比玉，价值数百万，皇帝想把它赐给辅臣，以满足八人之数。丁谓心里想要，但他的地位在另外七人之下，心想一定不会赐给自己。于是告诉有关官员，不用发尚衣带，我自己有小玉带，可以先穿戴着进行谢礼，等回京的时候另外赏赐就行了。有关官员据实禀报给皇帝。各自受赏之后，而丁谓的玉带只有一根手指宽。皇帝看了对近侍说："丁谓的玉带比同列其他人的相差太多，赶快找一条来替换。"有关官员上奏"只有尚衣御带了"，便赐给了他。这条玉带在熙宁年间重新归还内府。

原文

黄宗旦晚年病目。每奏事，先具奏目①，成诵于口。至上前，展奏目诵之，其实不见也。同列害之，密以他书易其奏目，宗旦不知也。至上前，所诵与奏目不同，归乃觉之。遂乞致仕。

译文

黄宗旦晚年时患上了眼病。每次禀奏事务，先准备好奏事的条目，背诵下来。到了皇帝面前，展开奏目诵读，其实是看不见的。有同僚想要加害他，偷偷将他的奏目换成其他书，黄宗旦不知情。到了御前，背诵的与奏目上的内容不同，回去才发觉。于是请求辞官。

原文

京师卖卜者①，唯利举场时举人占得失。取之各有术：有求目下之利者，凡有人问，皆曰"必得"。士人乐得所欲，竞往问之。有邀以后之利者，凡有人问，悉曰"不得"。下第者常过十分之七，皆以为术精而言直，后举倍获。有因此著名，终身饷利者。

梦溪笔谈

京城以占卜为生的人，在科举时为举人占卜得失最为获利。有不同的方法取利：有的人追求眼前利益，凡有人来问，都说"必得"。士子们得到心理期待的答案很高兴，竞相前去卜问。有的人期待日后的利益，凡有人来问，都说"不得"。没考中的人一般有七成，都会认为这个人占卜准确且言直，今后能加倍获利。有的人因此出名，终身获利。

原 文

包孝肃尹京，号为明察。有编民犯法①，当杖脊②。吏受赇，与之约曰："今见尹，必付我责状③。汝第呼号自辩，我与汝分此罪。汝决杖，我亦决杖。"既而包引囚问毕，果付吏责状。囚如吏言，分辩不已。吏大声诃之曰："但受脊杖出去，何用多言！"包谓其市权④，撺吏于庭，杖之十七。特宽囚罪，止从杖坐⑤，以抑吏势。不知乃为所卖，卒如素约。小人为奸，固难防也。孝肃天性峭严，未尝有笑容，人谓："包希仁笑比黄河清。"

注 释

①编民：户籍在册的平民。②杖脊：杖笞脊背的刑罚，是杖刑中最重的一种。③责状：下达施行刑罚命令的书状。④市权：卖弄职权。⑤杖坐：杖笞臀部的刑罚，较杖脊为轻。

译 文

包拯（谥号孝肃）管理京城，以明察秋毫著称。有户籍内的平民犯法，应当受杖脊刑。官吏受贿，与他相约："如今见到府尹，定会把责状交给我。你大声呼喊自辩，我与你分担此罪。你受杖刑，我也受杖刑。"不久包拯带着囚犯来审问完毕，果真把责状交给官吏。囚犯像官吏所说的一样，不停自辩。官吏大声呵斥道："只管受脊杖刑出去，何需多言！"包拯认为官吏弄权，捉到庭中杖责十七下。特别宽恕了囚犯的罪罚，只杖坐，以抑制官吏的气势。不知道其实是被官吏出卖的，最终使官吏与囚犯的约定达成。小人作奸，本来就是难以防范的。包拯天性严肃，从没有笑容，人们说："让包拯（字希仁）笑比让黄河清还难。"

原 文

李溥为江淮发运使①，每岁奏计，则以大船载东南美货，结纳当途②，莫知纪极。章献太后垂帘时，溥因奏事，盛称浙茶之美，云："自来进御，唯建州饼茶，而浙茶未尝修贡。本司以羡余钱买到数千斤，乞进入内。"自国门挽船而入③，称进奉茶纲④，有司不敢问。所贡余者，悉入私室。溥晚年以贿败，窜谪海州。然自此遂为发运司岁例，每发运使入奏，舳舻蔽川⑤，自泗州七日至京。予出使淮南时，见有重载入汴者，求得其籍，言两浙笺纸三暖船，他物称是。

①**发运使**：官名，掌管地方运输、兼盐茶等事。②**结纳**：结交。**当途**：当政、执掌大权的人。③**国门**：国都的城门。④**纲**：我国从唐代起转运大宗货物所行的办法，将运送货物的车辆船只计数编号，分批运输。⑤**舳舻**：船头、船尾。意指船只多得首尾相连。

译 文

李溥任江淮发运使时，每年上奏的时候，就用大船载着东南地区的好东西，结交掌权之人，非常不顾及规矩。章献太后垂帘听政时期，李溥借着奏事的机会，大赞浙茶的好，说："一直以来进贡御前的都是建州的饼茶，而没有进贡过浙茶。我司用结余购买了数千斤，请进贡给宫内。"从都城门拉船进来，号称是进贡大宗茶叶，官府不敢质问。进贡剩余的，全部归为私藏。李溥晚年由于受贿败露，被贬到海州。但从此进贡礼品成了发运司每年的定例，每到发运使入朝奏事时，河上大船多得遮蔽河面，从泗州要走七天才能到京城。我出使淮南的时候，见过有载重物进入汴河的，要来他们的货物清单，说是两浙出产的笺纸有三暖船，其他货物也与此相当。

原 文

崔融为《瓦松赋》云："谓之木也，访山客而未详；谓之草也，验农皇而罕记①。"段成式难之曰："崔公博学，无不该悉，岂不知瓦松已有著说②？"引梁简文诗："依檐映昔邪。"成式以昔邪为瓦松，殊不知昔邪乃是垣衣③，瓦松自名昨叶，何成式亦自不识？

注 释

①**农皇**：神农氏。②**瓦松**：生于瓦缝里的草，叶细像松，又名昨叶何草。③**昔邪**：即乌韭，长在墙上的苔类。**垣衣**：墙衣，长在墙上的苔藓。

译 文

崔融作《瓦松赋》道："说它是树，问山民都不知道；说它是草，查农书罕有记载。"段成式责难道："崔公博学，没有不知道的，难道不知已有瓦松的著作？"引用梁简文帝的诗："依檐映昔邪。"段成式把昔邪当作瓦松，却不知昔邪是苔类，而瓦松叫作昨叶，为何段成式自己也不认识？

原 文

江南陈彭年，博学书史，于礼文尤所详练。归朝，列于侍从，朝廷郊庙礼仪，多委彭年裁定，援引故事，颇为该洽①。尝摄太常卿，导驾，误行黄道上。有司止之，彭年正色回顾曰："自有典故。"礼曹素畏其该洽，不复敢诘问。

注 释

①**该洽**：广博，完备。

译 文

　　江南的陈彭年，博学书籍史料，在礼乐仪制方面所知尤其详细。在朝廷中做侍从，朝廷上的郊庙礼仪，大多委托陈彭年订立，援引以往典例，非常广博。曾任职太常卿，引导圣驾，误走到了黄道上。宣员制止他，他正色回头道："自有典故。"礼官向来畏惧他博学，不再敢诘问。

原 文

　　海物有车渠，蛤属也，大者如箕，背有渠垄，如蚶壳，故以为器，致如白玉，生南海。《尚书大传》曰："文王囚于羑里，散宜生得大贝，如车渠，以献纣①。"郑康成乃解之曰："渠，车罔也。"盖康成不识车渠，谬解之耳。

注 释

　　①"文王"句：周文王被商纣囚禁在羑里，大臣散宜生进谏周武王广搜天下奇珍异宝送给纣王，赎出周文王。

译 文

　　海洋生物中有车渠，是蛤类，像竹筐般大，背后有垄起和沟渠，像蚶壳，所以用来做器物，细致如白玉，产于南海。《尚书大传》里记录："文王囚于羑里，散宜生得大贝，如车渠，以献纣。"郑玄（字康成）解释道："渠是车轮周围的框子。"大概是郑玄不认识车渠，错误地解读了。

原 文

　　李献臣好为雅言。曾知郑州，时孙次公为陕漕，罢赴阙①，先遣一使臣入京。所遣乃献臣故吏，到郑庭参，献臣甚喜，欲令左右延饭，乃问之曰："餐来未？"使臣误意"餐"者谓次公也，遽对曰："离长安日，都运待制已治装。"献臣曰："不问孙待制，官人餐来未？"其人惭沮而言曰："不敢仰昧，为三司军将日，曾吃却十三。"盖鄙语谓遭仗为餐。献臣掩口曰："官人误也。问曾与未曾餐饭，欲奉留一食耳。"

注 释

　　①赴阙：前往国都，朝见。

译 文

　　李淑（字献臣）喜欢使用典雅的言辞。他曾任郑州知州，当时孙长卿（字次公）卸任陕西漕运待制入朝觐见，先派遣一使臣进京。派来的是李淑的旧属官，到郑州府衙参见，李淑非常高兴，要命令下人准备餐饭，于是问他："餐来没有？"这名使臣误以为"餐"指次公，于是答道："我离开长安的时候，他已经在整理行装。"李淑说："我不是问孙待制，您餐来没有？"那人惭愧地说："不瞒您说，我做三司军将的时候，曾吃了十三军棍。"原来俗语里把遭杖责叫作餐。李淑掩嘴笑道："您误会了。我是问您有没有吃饭，想留您吃顿饭而已。"

卷二十三　讥谑（谬误附）

　　石曼卿为集贤校理，微行倡馆①，为不逞者所窘②。曼卿醉与之校③，为街司④所录。曼卿诡怪不羁，谓主者曰："只乞就本厢科决⑤，欲诘旦归馆供职⑥。"厢帅不喻其谑，曰："此必三馆吏人也。"杖而遣之。

　　①微行：私下走动。倡馆：妓院。②不逞者：为非作歹的人。③校：比较，即较量。④街司：巡街的士兵。宋代招募大量劳役兵从事杂役，称为厢兵，故有后文"本厢""厢帅"。⑤科决：审理处决。⑥诘旦：清晨。

　　石延年（字曼卿）任职集贤馆校理时，私下去娼馆，被歹人为难。石延年喝醉了与他较量，被巡逻员捉住。石延年性格怪诞不羁，对主管官员说："只求在这里审理判决，希望明早就能回馆上班。"厢兵统领不理解他的戏谑，说："这一定是三馆的下人。"杖责后遣回。

　　司马相如叙上林诸水曰："丹水、紫渊，灞、浐、泾、渭，八川分流，相背而异态，灏溔潢漾，东注太湖。"李善注："太湖，所谓震泽。"按八水皆入大河，如何得东注震泽？又白乐天《长恨歌》云："峨嵋山下少人行，旌旗无光日色薄。"峨嵋在嘉州，与幸蜀路全无交涉①。杜甫《武侯庙柏》诗云："霜皮溜雨四十围，黛色参天二千尺。"四十围乃是径七尺，无乃太细长乎？防风氏身广九亩，长三丈，姬室亩广六尺②，九亩乃五丈四尺，如此防风之身，乃一饼馊耳。此亦文章之病也。

　　①幸蜀：唐代安史之乱时，唐玄宗西逃入蜀。②姬室：周王朝时期。周王姓姬，故称。

　　司马相如描述上林苑的诸多水系道："丹水、紫渊，灞、浐、泾、渭，八川分流，相背而异态，灏溔潢漾，东注太湖。"李善注释："太湖，指的是震泽。"按说八川都汇入黄河，如何能向东汇入震泽呢？还有白居易《长恨歌》里说："峨嵋山下少人行，旌旗无光日色薄。"峨嵋山在嘉州，与唐玄宗入蜀的路径毫无交集。杜甫《武侯庙柏》诗中说："霜皮溜雨四十围，黛色参天二千尺。"四十围等于直径七尺，是不是太细长了？防风氏身宽九亩，高三丈，周代的一亩宽六尺，九亩是五丈四尺，这么说来防风的身躯，是一个饼状的。这些也都是写文章犯的错误。

原文

　　库藏中物，物数足而名差互者①，帐籍中谓之"色缴"音叫。尝有一从官，知审官西院②，引见一武人，于格合迁官，其人自陈年六十，无材力，乞致仕，叙致谦厚，甚有可观。主判攘手曰③："某年七十二，尚能拳欧数人④。此辕门也，方六十岁，岂得遽自引退！"京师人谓之"色缴"。

注释

　　①差互：差错。②审官西院：宋代选拔在京朝官的机构，分东、西二院，东院主文选，西院主武选。③攘手：挽起袖子，表现出激奋的样子。④欧：通"殴"，殴打。

译文

　　仓库中的物品，物品数量充足但名目有误的，在账册里叫作"色缴"（读音叫）。曾有一名从官，管理审官西院，引见一名武人，资格适合任职，但那人自称六十岁了，没有能力，请求辞官，言语谦和温厚，非常优美。主判官激动地挽起袖子道："我七十二岁了，还能拳殴好几个人。这里是军营，才六十岁，哪能自己急着引退！"京城人称之为"色缴"。

原文

　　旧日官为中允者极少①，唯老于幕官者，累资方至，故为之者多潦倒之人②。近岁州县官进用者，多除中允。遂有"冷中允""热中允"。又集贤殿修撰③，旧多以馆阁久次者为之。近岁有自常官超授要任，未至从官者多除修撰④。亦有"冷撰""热撰"。时人谓"热中允不博冷修撰"。

注释

　　①中允：太子中允，为太子属官，掌管侍从礼仪、驳正启奏监管用药等事。②潦倒：衰老。③集贤殿修撰：史馆中掌修国史的官职，宋代作为一种馆职，是文官的荣誉职衔。④从官：侍从官，从四品以上。

译文

　　以往任命中允的人极少，只有当幕僚多年的人，资历才能达到要求，所以任职的大多是年老的人。近年从州县官上选拔出来的人，有许多被任命为中允。于是有"冷中允""热中允"的说法。另外，集贤殿修撰一职，以往大多授予馆阁里任职年资很久的人。近年有普通官员越级任命要职，又还没达到从官等级的人多授予修撰职衔。也有"冷撰""热撰"的说法。当时人说"热中允不博冷修撰"。

原文

　　梅询为翰林学士，一日，书诏颇多，属思甚苦，操觚^{gū}循阶而行①，忽见一老卒，卧于日中，欠伸舒适②。梅忽叹曰："畅哉！"徐问之曰："汝识字乎？"曰：

"不识字。"梅曰:"更快活也!"

注 释

①觚:古称用于书写的竹简,这里指文章。②欠伸:亦作"欠申",打哈欠、伸懒腰。

释 文

梅询任翰林学士时,一天,诏书非常多,冥思苦想,拿着文稿沿着台阶行走,忽然见到一个老兵,躺在太阳地里,伸着懒腰非常舒服。梅询忽然感叹道:"真舒服啊!"安闲地问他:"你识字吗?"答道:"不识字。"梅询说:"那更快活了!"

原 文

有一南方禅僧到京师,衣间绯袈裟①。主事僧素不识南宗体式,以为妖服,执归有司,尹正见之,亦迟疑未能断。良久,喝出禅僧,以袈裟送报慈寺泥迦叶披之②。人以为此僧未有见处,却是知府具一只眼③。

注 释

①间绯袈裟:绯色的袈裟。绯色属于间色,袈裟通常使用若青、若黑、若木兰色三种坏色(即在正色中掺杂其他颜色来染"坏"),称为如法色,正色与间色为不如法色,故有后文误作妖服。②迦叶:释迦弟子摩诃迦叶波,也叫大迦叶,被认为是中国禅宗初祖而供奉。③具一只眼:指有独到的眼光和见解。

释 文

有一位南方僧人来到京城,穿着绯色的袈裟。主管僧人素来不认识南宗的样式,以为是妖服,捉起来带去官府,知府见了,也迟疑着不能决断。过了很久,呼喝僧人出来,让他把袈裟送去报慈寺给泥迦叶塑像披上。人们认为这名主管僧人没有见识,却是知府独具慧眼。

原 文

士人应敌文章①,多用他人议论,而非心得。时人为之语曰:"问即不会,用则不错。"

注 释

①应敌:应付对手,即辩驳文论。

释 文

士人撰写辩论文章的时候,多使用他人的议论,而不是自己的心得。当时人因此说:"问即不会,用则不错。"

原 文

张唐卿景祐元年进士第一人及第,期集于兴国寺①,题壁云:"一举首登龙虎榜,十年身到凤凰池。"有人续其下云:"君看姚晔并梁固,不得朝官未可知。"后果终于京官。盖姚晔大中祥符元年、梁固二年皆状元,而终于京官。

①**期集**：唐宋时进士及第后依照惯例举行聚会宴游。

张唐卿在景祐元年的科举中状元及第，在兴国寺举行聚会宴游，题壁写道："一举首登龙虎榜，十年身到凤凰池。"有人在下面接续道："君看姚晔并梁固，不得朝官未可知。"后来果真只做到京官。姚晔在大中祥符元年、梁固在二年均为状元，他们都是死于京官的官职。

信安、沧、景之间，多蚊虻①。夏月，牛马皆以泥涂之，不尔多为蚊虻所毙。郊行不敢乘马，马为蚊虻所毒，则狂逸不可制。行人以独轮小车，马鞍蒙之以乘，谓之"木马"。挽车者皆衣韦裤②。冬月作小坐床，冰上拽之，谓之"凌床"。予尝按察河朔，见挽床者相属，问其所用，曰："此运使凌床"，"此提刑凌床"也。闻者莫不掩口。

①**蚊虻**：一种危害牲畜的吸血昆虫，容易携带传染疾病，致牲畜病死。②**韦裤**：柔软皮革制成的裤子。

信安、沧州、景州一带，蚊虫很多。夏天，牛马都要用泥涂身，不然很容易被蚊虫叮咬致死。在外行走不敢骑马，马被蚊虫叮咬中毒，便狂奔不可控制。行人用独轮小车，上面放上马鞍乘坐，称为"木马"。拉车的人都穿皮裤。冬天制作小坐床，在冰上拖拽，称为"凌床"。我曾经访问河朔地区，见拉床的人接连不断，问是做什么用的，答道："这是运使凌床"，"这是提刑凌床"。听了的人无不掩口而笑。

庐山简寂观道士王告，好学有文，与星子令相善。有邑豪修醮①，告当为都工。都工薄有施利，一客道士自言衣紫②，当为都工，讼于星子云："职位颠倒，称号不便。"星子令封牒与告，告乃判牒曰："客僧作寺主，俗谚有云；散众夺都工，教门无例。虽紫衣与黄衣稍异，奈本观与别观不同。非为称呼，盖利乎其中有物；妄自尊显，岂所谓大道无名③。宜自退藏，无抵刑宪。"告后归本贯登科，为健吏，至祠部员外郎、江南西路提点刑狱而卒。

①**醮**：道士设坛做法事。②**衣紫**：传说老子骑牛出函谷关时有紫气东来，因此道教崇尚紫色，唐宋皇帝多赏赐紫色道袍，典礼时地位最高的法师穿着紫色法衣。后文的黄衣为

道教戒衣，受戒者便穿用此衣。③**大道无名**：根据《道德经》所说，大道先于天地而生，不可名状，只能强称为"道"；大道养育万物，不显示自己的大德与玄机，这是真正的道，而不是后天能够名状的道。

译文

　　庐山简寂观道士王告，喜好学习而有文才，与星子县的县令交好。县里有富豪做法事，王告作为都工。当都工能稍有获利，一名外来的道士自称穿紫色，应当为都工，向星子县状诉道："职位颠倒，称号不便。"县令封好文牒给王告，王告就在纸上写判决："外来僧人做寺主，这是俗话所说；闲散人等当都工，教门没有先例。尽管紫衣和黄衣稍有不同，奈何本观与别观也有不同。不为称号，只是为了其中有利；妄自尊大，怎么能说大道无名。最好自行退避，不要触犯刑罚。"王告后来回到原籍贯考中科举，成为精干的官吏，官至祠部员外郎、江南西路提点刑狱而死。

原文

　　旧制，三班奉职月俸钱七百①，驿羊肉半斤。祥符中，有人为诗，题所在驿舍间曰："三班奉职实堪悲，卑贱孤寒即可知。七百料钱何日富，半斤羊肉几时肥。"朝廷闻之曰："如此何以责廉隅②？"遂增今俸。

注释

　　①**三班奉职**：宋代武官分为东西横三班，入仕者先为三班借职，转三班奉职，最高可至节度使。②**廉隅**：比喻品行端方。廉，为边。隅，为角。

译文

　　依照旧制，三班奉职的每月俸禄是七百钱，驿站供给羊肉半斤。大中祥符年间，有人写诗，题在所住的驿站旅舍："三班奉职实堪悲，卑贱孤寒即可知。七百料钱何日富，半斤羊肉几时肥。"朝廷听闻后说："这么差的待遇，如何能苛求官员的品行端方？"于是增加到现今的俸禄。

原文

　　尝有一名公，初任县尉，有举人投书索米①，戏为一诗答之曰："五贯九百五十俸，省钱请作足钱用。妻儿尚未厌糟糠，僮仆岂免遭饥冻？赎典赎解不曾休，吃酒吃肉何曾梦？为报江南痴秀才，更来谒索觅甚瓮。"熙宁中，例增选人俸钱，不复有五贯九百俸者，此实养廉隅之本也。

注释

　　①**索米**：比喻谋生，求职。

译文

　　曾有一位名人，刚任县尉的时候，有一名举人写信求职，便戏做了一首诗回答道："五贯九百五十俸，省钱请作足钱用。妻儿尚未厌糟糠，童仆岂免遭饥冻？赎典赎解不曾休，

吃酒吃肉何曾梦？为报江南痴秀才，更来谒索觅甚瓮。"熙宁年间，按例增加了选人的俸禄，不再有拿五贯九百钱奉禄的人，这才是养廉的根本办法。

原文

石曼卿初登科，有人讼科场，覆考落数人，曼卿是其数。时方期集于兴国寺，符至，追所赐敕牒靴服。数人皆嗫泣而起，曼卿独解靴袍还使人，露体戴幞头，复坐语笑，终席而去。次日，被黜者皆受三班借职。曼卿为一绝句曰："无才且作三班借，请俸争如录事参。从此罢称乡贡进，且须走马东西南[1]。"

注释

[1] **"无才"两句**：这是一首缩脚诗，第一句"三班借职"少"职"字，第二句"录事参军"少"军"字，第三句"乡贡进士"少"士"字，第四句"东西南北"少"北"字，省略的字才是诗人所要表达的意思，"职军士北"倒过来就是"北士军职"，意为落榜的进士授予军职。三班借职，即武官的一种低阶官职。

译文

石延年（字曼卿）刚考中进士的时候，有人申诉考场舞弊行为，复考落榜了好几人，石延年是其中之一。当时正在兴国寺聚会，令符来到，追回了所赐的文牒和靴子服饰。多人哭泣着起身，只有石延年解开靴袍还给使者，光着身体戴着幞头，重新坐下谈笑，直到宴席结束离去。第二天，被罢黜的人都授予了三班借职官职。石延年写了一首绝句称："无才且作三班借，请俸争如录事参。从此罢称乡贡过，且须走马东西南。"

原文

蔡景繁为河南军巡判官日，缘事至留司御史台阅案牍，得乾德中回南郊仪仗使司牒检云："准来文取索本京大驾卤簿[1]，勘会本京卤簿仪仗，先于清泰年中，末帝将带逃走[2]，不知所在。"

注释

[1] **卤簿**：皇帝出行时扈从的仪仗队。仪仗即队伍前后所举的旗帜、标志物等。[2] **末帝**：后唐末帝李从珂，清泰三年石敬瑭起兵洛京，李从珂自杀，后唐灭亡。**将带**：携带。

译文

蔡承禧（字景繁）任职河南军巡判官的时候，因事到留司御史台查阅文书，找到乾德年间回复南郊仪仗使司的文书称："依照来文查找本京的皇帝仪仗，查明本京的仪仗，早在清泰年间，由后唐末帝带着逃走，不知在哪里。"

原文

江南宋齐丘[1]，智谋之士也。自以谓江南有精兵三十万：士卒十万，大江当十万，而己当十万。江南初主，本徐温养子[2]，及僭号，迁徐氏于海陵。中

● 老子

老子，姓李名耳，春秋时期人，道家思想的创始人，主张"无为"而治，著有《道德经》。在道教里，老子被奉为太上老君，也被尊称为混元皇帝。

主继统，用齐丘谋，徐氏无男女少长，皆杀之。其后，齐丘尝有一小儿病，闭阁谢客，中主置燕召之，亦不出。有老乐工，且双瞽，作一诗书纸鸢上③，放入齐丘第中，诗曰："化家为国实良图，总是先生画计谟。一个小儿抛不得，上皇当日合何如？"海陵州宅之东，至今有小儿坟数十，皆当时所杀徐氏之族也。

注释

①江南：即南唐。②徐温：五代十国时期吴国大将，南唐初主李昇是其养子，原名徐知诰。③纸鸢：风筝。

译文

南唐人宋齐丘，是有智谋的人。自称南唐有三十万精兵：普通士兵十万，长江可当十万，而自己可当十万。南唐初主李昇，原本是徐温的养子，到僭越称帝的时候，将徐氏迁至海陵。南唐中主李璟继位后，采用宋齐丘的计谋，徐氏不论男女老少，全都杀死。后来，宋齐丘曾有一个幼子生病，闭门谢客，李璟设宴召他前来，也不肯出门。有老乐工，双目失明，作了一首诗并写在风筝上，放进宋齐丘的府邸，诗中说："化家为国实良图，总是先生画计谟。一个小儿抛不得，上皇当日合何如？"在海陵州府所在地的东边，至今有数十座小儿坟，都是当时杀死的徐氏族人。

原文

有一故相远派在姑苏①，有嬉游，书其壁曰："大丞相再从侄某尝游②。"有士人李璋，素好讪谑，题其旁曰："混元皇帝三十七代孙李璋继至③。"

注释

①远派：血缘关系远的亲戚。②再从侄：古代称次于至亲而同祖的关系叫从，再次一层，同曾祖的关系就叫再从，再从侄即同一曾祖下的远房侄子。③混元皇帝：即太上老君，因老子姓李名耳，故成李姓祖先。

译文

有一名旧时丞相的远亲在姑苏，游玩的时候，题壁写道："大丞相再从侄某尝游。"有一名叫李璋的士人，向来喜好戏谑，在旁边题道："混元皇帝三十七代孙李璋继至。"

原文

吴中一士人，曾为转运司别试解头①，以此自负，好附托显位。是时侍御史李制知常州，丞相庄敏庞公知湖州。士人游毗陵，挈其徒饮倡家，顾谓一

梦溪笔谈

驺卒曰："汝往白李二，我在此饮，速遣有司持酒肴来。"李二，谓李御史也。

俄顷，郡厨以饮食至，甚为丰腆。有一蓐医，适在其家，见其事，后至御史

之家，因语及之。李君极怪，使人捕得驺卒，乃兵马都监所假，受士人教戒，

就使庖买饮食，以绐坐客耳。李乃杖驺卒，使街司白士人出城。郡僚有相善

者，出与之别，唁之曰③："仓卒遽行，当何所诣？"士人应之曰："且往湖州，

依庞九耳。"闻者莫不大笑。

【注释】

①**转运司别试**：唐宋科举制度中，因应试者与考官或本州官员有亲故关系等原因，为避嫌而在距本州较远的地方令转运司另设考试，称为别试。**解头**：即解元，乡试第一名。

②**蓐医**：即接生医生。蓐为草席，古时产妇坐在草蓐上分娩。③**唁**：对他人遭遇表示慰问。

【译文】

吴中地区有一士人，曾担任转运司别试解头，因此而自负，喜欢借此攀附显贵。当时侍御史李制任常州知州，丞相庞籍（谥号庄敏，故称庄敏庞公）任湖州知州。这名士人游览毗陵，带着一众人在娼馆饮酒，见到一个车夫便说："你去告诉李二，我在这里饮酒，快派人拿着酒菜前来。"李二指的是御史李制。一会儿，众厨子带着食物前来，非常丰盛。有一名接生医生，正好在他家，目睹了这件事，后来到御史家时，提到此事。李制非常奇怪，派人捉来那名车夫，原来是兵马都监的人，受到士人教唆，让厨子去买吃喝，以迷惑客人。于是李制杖责了车夫，派街司通知士人出城。郡中有与他关系好的官员，出城与他告别，慰问道："这么匆忙离开，该去何处？"士人回答："就去湖州，投靠庞九。"听了的人没有不大笑的。

【原文】

馆阁每夜轮校官一人直宿，如有故不宿，则虚其夜，谓之"豁宿"①。故事，豁宿不得过四，至第五日即须入宿。遇豁宿，例于宿历名位下书："腹肚不安，免宿。"故馆阁宿历，相传谓之"害肚历"。

【注释】

①**豁宿**：豁免夜宿。

【译文】

馆阁每天夜里由一名校官轮值守夜，如果有原因不能夜宿，就空过去，称为"豁宿"。按照旧例，豁宿不得超过四天，到第五天就必须有人夜宿。遇到豁宿的情况，照例于值班表的名字下面写："腹肚不安，免宿。"所以馆阁夜宿的值班表，相传叫作"害肚历"。

【原文】

吴人多谓梅子为"曹公"①，以其尝望梅止渴也。又谓鹅为"右军"②，

以其好养鹅也。有一士人遗人醋梅与焞鹅^③，作书云："醋浸曹公一甏，汤焞右军两只，聊备一馔。"

注释

①**曹公**：即曹操。据记载曹操行军，士兵口渴，曹操说前面有大片梅林，士兵听了口中生津，一鼓作气前行到了有水源的地方。②**右军**：即王羲之，曾任右军将军，故称王右军。③**焞**：用火烧熟。

译文

吴地人多将梅子称为"曹公"，是用曹操曾望梅止渴的典故。又把鹅称为"右军"，是因为王羲之爱养鹅。有一名士人送人醋梅和烧鹅，写信道："醋浸曹公一甏，汤焞右军两只，聊备一馔。"

卷二十四　杂志一

原文

延州今有五城，说者以谓旧有东西二城，夹河对立；高万兴典郡，始展南北东三关城。予因读杜甫诗云："五城何迢迢^①，迢迢隔河水。""延州秦北户，关防犹可倚。"乃知天宝中已有五城矣。

注释

①**迢迢**：遥远的样子。

译文

延州现在有五座城，传说以前只有东西两座，在河的两岸对立；高万兴管理延州的时候，开始扩展出南、北、东三个关城。我因读到杜甫的诗里说："五城何迢迢，迢迢隔河水。""延州秦北户，关防犹可倚。"便知道天宝年间已经有五座城了。

原文

鄜延境内有石油，旧说"高奴县出脂水"，即此也。生于水际沙石，与泉水相杂，惘惘而出，土人以雉尾裛之^①，乃采入缶中^②。颇似淳漆，燃之如麻，但烟甚浓，所沾幄幕皆黑。予疑其烟可用，试扫其煤以为墨，黑光如漆，松墨不及也，遂大为之，其识文为"延川石液"者是也。此物后必大行于世，自予始为之。盖石油至多，生于地中无穷，不若松木有时而竭。今齐、鲁间松林尽矣，渐至太行、京西、江南，松山太半皆童矣^③。造煤人盖未知石烟之利也。石炭烟亦大，墨人衣。予戏为《延州诗》云："二郎山下雪纷纷，旋卓穹庐学塞人^④。化尽素衣冬未老，石烟多似洛阳尘。"

梦溪笔谈

注　释

①袤：同"浥"，沾湿。②缶：口小腹大的盛酒瓦器。③童：指山的光秃。④穹庐：古代游牧民族居住的毡帐。塞人：边塞少数民族。

译　文

　　鄜延境内有石油，以前人说的"高奴县出脂水"，说的就是这个。石油生于水边的沙石中，与泉水混杂在一起，缓缓流出，当地人用山鸡尾羽沾了，放进罐子里。石油的样子很像浓醇的漆，燃烧起来像麻秆，且烟很浓，沾到帷幕上都是黑的。我猜测这些烟灰可以利用，尝试扫起来当作墨，光亮乌黑像漆一样，松墨远不如它，于是大量制造，在上面标明文字"延川石液"。这种东西今后一定会大肆流行于世，我是创始者。因为石油很多，在地下产量无尽，不像松树木材有枯竭的时候。现今齐、鲁一带的松林已经砍伐殆尽，逐渐往太行、京西、江南方向，生长松林的山也有大半荒秃了。造煤的人应该还不知道煤烟有这样的好处。石炭的烟也很大，染黑人的衣脉。我戏作了一首《延州诗》道："二郎山下雪纷纷，旋卓穹庐学塞人。化尽素衣冬未老，石烟多似洛阳尘。"

原　文

　　解州盐泽之南，秋夏间多大风，谓之"盐南风"，其势发屋拔木，几欲动地，然东与南皆不过中条，西不过席张铺，北不过鸣条，纵广止于数十里之间。解盐不得此风不冰①，盖大卤之气相感，莫知其然也。又汝南亦多大风，虽不及盐南之厉，然亦甚于他处，不知缘何如此？或云："自城北风穴山中出。"今所谓风穴者已夷矣，而汝南自若，了知非有穴也。方谚云："汝州风，许州葱。"其来素矣。

注　释

①冰：结出冰晶样的结晶盐。可能是大风帮助水汽蒸发的缘故。

译　文

　　解州盐泽的南面，夏秋天多有大风，称为"盐南风"，风势大到能拔起房屋树木，几乎吹得大地颤动，但往东、南都吹不过中条山，往西吹不过席张铺，往北吹不过鸣条，纵横只在数十里间。解盐没有这样的大风就无法结晶，大概是因为含盐量高的气体与之感应，不知是什么原理。此外，汝南地区也多有大风，虽然不如盐南风这么凌厉，但也比其他地方大多了，不知是为什么？有人说："是从城北的风穴山里吹出来的。"现在所谓的风穴已经夷平了，但汝南的风还是这样，可知并不是风穴的缘故。地方谚语说："汝州风，许州葱。"素来都是这样的。

原　文

　　昔人文章用北狄事①，多言黑山。黑山在大漠之北，今谓之姚家族，有城在其西南，谓之庆州。予奉使，尝帐宿其下。山长数十里，土石皆紫黑，似今之磁石。有水出其下，所谓黑水也。胡人言黑水原下委高，水曾逆流。予临视之，无此理，亦常流耳。山在水之东。大抵北方水多黑色，故有卢龙郡。北人谓水为龙，卢龙即黑水也[2]。黑水之西有连山，谓之夜来山，极高峻。契丹坟墓皆在山之东南麓，近西有远祖射龙庙[3]，在山之上，有龙舌藏于庙中，其形如剑。山西别是一族，尤为劲悍，唯啖生肉血，不火食，胡人谓之"山西族"，北与"黑水胡"、南与"达靼"接境。

释 文

以前人文章中写到北狄的事，常常说到黑山。黑山在大漠北边，现今叫作姚家族，西南有一座城，叫作庆州。我奉命出使，曾在山下安营扎寨。黑山长数十里，山石都是紫黑色的，像是现今说的磁石。有河流从下面流出，称为黑水。胡人说黑水的水源地势低下而下游的汇聚处地势高，河水曾经逆流。我去考察过它，没有这种事，也只是像平常那样流水而已。黑山在黑水以东。可能是因为北方的河水多是黑色，所以有卢龙郡之称。北方人把水叫作龙，卢龙就是黑水。黑水西面有连绵的山，叫作夜来山，非常高峻。契丹族人的坟墓都在山的东南山麓，靠近的西面有远祖射龙庙，在山上，庙中藏有龙舌，形状像剑一样。山的西面是独有的一个部族，非常剽悍，只吃生肉，不吃熟食，胡人称他们为"山西族"，山的北面与"黑水胡"、南面与"达靼"接壤。

原 文

予姻家朝散郎王九龄常言：其祖赠永侍中，有女子嫁诸司使夏偕，因病危甚，服医朱严药，遂差。貂蝉喜甚[1]，置酒庆之。女子于坐间求为朱严奏官，貂蝉难之，曰："今岁恩例已许门医刘公才[2]，当候明年。"女子乃哭而起，径归不可留。貂蝉追谢之，遂召公才，谕以女子之意，辍是岁恩命以授朱严。制下之日而严死。公才乃嘱王公曰："朱严未受命而死，法容再奏。"公然之，再为公才请。及制下，公才之尉氏县，使人召之。公才方饮酒，闻得官，大喜，遂暴卒。一四门助教[3]，而死二医。一官不可妄得，况其大者乎。

译文

　　我的姻亲朝散郎王九龄常说：他的祖父王贻永侍中，有女儿嫁给了诸司使夏偕，由于病情危急，服用了医生朱严的药，于是好了。侍中非常高兴，布置酒宴庆祝。女儿在席间请求给朱严一个官职，侍中很为难，说："今年的恩例已经许给自家的医生刘公才，可以等候明年。"女儿便哭着起身，径自离去无法挽留。侍中追出去道歉，于是召来刘公才，说明了女儿的意思，改将岁恩授予朱严。任命下达的那天朱严却死了。刘公才便嘱咐王贻永说："朱严没有领受官命就死了，依照法律容许再次奏请一官。"王贻永同意了，再去为刘公才请官。等到任命下达，刘公才去了尉氏县，派人召他回来。刘公才刚喝完酒，听说得到官职，过于高兴，于是暴毙。一个四门助教的小官，却死了两个医生。一个小小的官职也不能轻易取得，何况更大的官呢。

原文

　　赵韩王治第，麻捣钱一千二百余贯，其他可知。盖屋皆以板为笪^(dá)①，上以方砖甃之②，然后布瓦，至今完壮。涂壁以麻捣土，世俗遂谓涂壁麻为麻捣。

注释

　　①笪：一般指用粗竹篾编成的象席的东西，用于晾晒粮食。此处指铺垫砖瓦的竹席。
　　②甃：砌，垒。

译文

　　赵普（累封韩王，故称赵韩王、赵韩公）修建宅邸，光刷墙钱就花了一千二百多贯，其他的花销可想而知。所有房屋都用木板代替竹席做铺垫，上面用方砖砌垒，然后铺瓦，至今还完好。（刷墙用麻捣碎掺土，所以民间一般称涂壁麻为麻捣。）

原文

　　契丹北境有跳兔①，形皆兔也，但前足才寸许，后足几一尺。行则用后足跳，一跃数尺，止则蹶然仆地。生于契丹庆州之地大漠中。予使虏日，捕得数兔持归。盖《尔雅》所谓蟨^(jué)兔也，亦曰"蛩蛩巨驉^(xū)②"也。

注释

　　①跳兔：即跳鼠。②蛩蛩巨驉：又称蛩蛩、钜虚，是传说中类似马、骡的生物。

译文

　　契丹北境有一种跳兔，模样和兔子一样，只是前脚只有一寸多长，后脚几乎有一尺长。行走时用后脚跳，一跃可达数尺远，要停下时就会扑在地上。生长在契丹庆州一带的沙漠中。我出使外族的时候，捕获了几只带回来。大概就是《尔雅》里说的蟨兔，也叫"蛩蛩巨驉"。

原文

　　蟭蟟之小而绿色者①，北人谓之蟪^(qín)，即《诗》所谓"蟪首蛾眉"者也②，取其顶深且方也。又闽人谓大蝇为胡蝶，亦蝶之类也。

注　释

①蟪蛄：蝉的一种。②螓首蛾眉：额头如螓，眉毛似蛾，形容女子美貌。

译　文

体型小且是绿色的蟪蛄，北方人叫作螓，也就是《诗经》里所谓"螓首蛾眉"的螓，取它头顶宽且方的意思。闽地人也将大蝇叫作胡蝶，也是蝶一类的昆虫。

原　文

北方有白雁，似雁而小，色白，秋深则来。白雁至则霜降，河北人谓之"霜信"。杜甫诗云"故国霜前白雁来"，即此也。

译　文

北方有种白色的大雁，与大雁类似但更小，白色，深秋时节便飞来。白雁来了，霜就会降了，河北人称它作"霜信"。杜甫诗说的"故国霜前白雁来"，就是它。

原　文

熙宁中，初行淤田法。论者以谓《史记》所载"泾水一斛，其泥数斗，且粪且溉①，长我禾黍"，所谓"粪"，即"淤"也。予出使至宿州，得一石碑，乃唐人凿六陡门，发汴水以淤下泽，民获其利，刻石以颂刺史之功。则淤田之法，其来盖久矣。**注　释**

①粪：施肥。淤田法将河中淤泥引入农田，也是起到肥沃土壤的作用。

译　文

熙宁年间，开始推行淤田法。评论者依照《史记》所载"泾水一斛，其泥数斗，且粪且溉，长我禾黍"，所谓的"粪"，其实就是"淤"。我出使宿州，得到一块石碑，说的是唐代人凿六陡门，打开汴水来淤积下游湖泊，百姓获利，刻石碑来为刺史歌功颂德。这么说来淤田法早已有之。

原　文

予奉使河北，遵太行而北，山崖之间，往往衔螺蚌壳及石子如鸟卵者，横亘石壁如带。此乃昔之海滨，今东距海已近千里。所谓大陆者，皆浊泥所湮耳①。尧殛鲧于羽山②，旧说在东海中，今乃在平陆。凡大河、漳水、滹沱、zhuō涿水、桑干之类，悉是浊流。今关陕以西，水行地中，不减百余尺，其泥岁东流，皆为大陆之土，此理必然。

注　释

①湮：淤塞。②殛：杀死。

译文

我奉命出使河北，沿着太行山北行，在山崖之间，常常嵌着螺蚌壳和像鸟蛋一样的石子，带状横亘在石壁上。这是曾经的海滨，如今向东距海已有近千里地。所谓大陆，都是泥沙淤积成的。尧在羽山杀死鲧，以前说是在东海中，现在这里成了陆地。黄河、漳水、滹沱、涿水、桑干等河流，都是浊水。现今关、陕地区往西，河流在地下流动，不下百余尺深，携带的泥沙每年向东流淌，都是构成陆地的土壤，这是必然的道理。

原文

唐李翱为《来南录》云："自淮沿流，至于高邮，乃溯至于江。"《孟子》所谓："决汝、汉，排淮、泗而注之江。"则淮、泗固尝入江矣。此乃禹之旧迹也[1]。熙宁中，曾遣使按图求之，故道宛然。但江、淮已深，其流无复能至高邮耳。

注释

①**禹之旧迹**：相传禹疏通九河引入江海，这里引《孟子·滕文公上》中对大禹治水的记录。

译文

唐人李翱作《来南录》说："从淮河顺流，到高邮，再溯回到长江。"《孟子》所说："决口汝水、汉水，排走淮水、泗水而注入长江。"那么淮水、泗水原本是流入长江的。这是大禹治水的旧迹。熙宁年间，曾派遣使者按地图探求，旧的河道还在。但长江水、淮水已经很深，水流无法再到达高邮了。

原文

予中表兄李善胜，曾与数年辈炼朱砂为丹。经岁余，因沐砂再入鼎，误遗下一块，其徒丸服之，遂发懵冒[1]，一夕而毙。朱砂至良药，初生婴子可服，因火力所变，遂能杀人。以变化相对言之，既能变而为大毒，岂不能变而为大善？既能变而杀人，则宜有能生人之理，但未得其术耳。以此知神仙羽化之方[2]，不可谓之无，然亦不可不戒也。

注释

①**懵冒**：昏迷不醒。②**神仙羽化**：指飞升成仙。

译文

我的中表兄李善胜，曾与多名年长者用朱砂炼丹。过了一年多，为了洗净朱砂再次放入鼎中，误剩下了一块，他的徒弟当作药丸服用了，立即昏迷，一天就死了。朱砂是非常好的药，初生的婴儿都可以服用，由于炼丹的火力起了变化，所以能杀死人。从变化相对的方面说，既然能变成大毒，难道不能变成大善？既然能变成杀人毒药，也应该有能救人的方法，只是人们不知道变化的办法罢了。由此可知神仙羽化的药方，不能说是没有，但也不能不谨慎使用。

温州雁荡山，天下奇秀，然自古图牒，未尝有言者。祥符中，因造玉清宫，伐山取材，方有人见之，此时尚未有名。按西域书，阿罗汉诺矩罗居震旦东南大海际雁荡山芙蓉峰龙湫[1]。唐僧贯休为《诺矩罗赞》，有"雁荡经行云漠漠，龙湫宴坐雨濛濛"之句。此山南有芙蓉峰，峰下芙蓉驿，前瞰大海，然未知雁荡、龙湫所在。后因伐木，始见此山，山顶有大池。相传以为雁荡。下有二潭水，以为龙湫。又以经行峡、宴坐峰，皆后人以贯休诗名之也。谢灵运为永嘉守，凡永嘉山水，游历殆遍，独不言此山，盖当时未有雁荡之名。予观雁荡诸峰，皆峭拔险怪，上耸千尺，穹崖巨谷，不类他山，皆包在诸谷中，自岭外望之，都无所见；至谷中，则森然干霄。原其理，当是为谷中大水冲激，沙土尽去，唯巨石岿然挺立耳。如大小龙湫、水帘、初月谷之类，皆是水凿音漕，去声之穴。自下望之，则高岩峭壁；从上观之，适与地平，以至诸峰之顶，亦低于山顶之地面。世间沟壑中水凿之处，皆有植土龛岩[2]，亦此类耳。今成皋、陕西大涧中，立土动及百尺，迥然耸立，亦雁荡具体而微者，但此土彼石耳。既非挺出地上，则为深谷林莽所蔽，故古人未见，灵运所不至，理不足怪也。

①**阿罗汉诺矩罗**：阿罗汉即罗汉，为梵语得道者的意思，在佛教中意为超脱生死，受天人尊敬供养的果位。诺矩罗为十六罗汉之一。**震旦**：古代印度人对中国的称呼。②**植**：树立。

温州雁荡山，是天下最为奇特秀美的山之一，但自古的地图表册，从没有言及它的。大中祥符年间，为了兴建玉清宫，砍伐山林取木材，才有人发现它，这时它还没有名气。查阅西域的典籍，阿罗汉诺矩罗住在震旦东南大海边的雁荡山芙蓉峰上的龙湫。唐代僧人贯休写作《诺矩罗赞》，有"雁荡经行云漠漠，龙湫宴坐雨濛濛"这句话。这座山以南有芙蓉峰，山峰下是芙蓉驿，向前俯瞰大海，但不知雁荡山、龙湫在哪里。后来因为砍伐树木，才发现这座山，山顶有大池。相传雁荡山下有两个潭水，就是龙湫。另有经行峡、宴坐峰，都是后人以贯休的诗来命名的。谢灵运任永嘉太守的时候，把永嘉的山水都游历了一遍，唯独没提到这座山，应当是当时还没有雁荡山之名。我看雁荡山上的诸峰，都陡峭险峻，向上高耸数千尺，悬崖深谷，不像其他的山，都被包围在众多山谷之中，从岭外望向这里，完全看不见；到了谷中，则能看见山峰森然屹立直上云霄。其中原理，应当是被山谷里的大河流冲激的，沙土都被冲走，只剩下巨石岿然挺立了。像是大小龙湫、水帘、

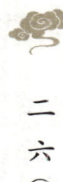

初月谷之类的地方，都是被水凿〔凿字读音漕，去声〕出的洞穴，从下往上望，就是高岩峭壁；从上往下看，就与地面平齐，至于各个山峰的峰顶，也低于山顶的地面。世上所有被水凿出的沟壑，都有直立的土石和凹进如石龛的岩窟，也是类似的情形。今天成皋、陕西的大山涧中，直立的土柱动辄有百尺之高，突兀地耸立着，也像是缩微的雁荡山，只不过这是土柱而雁荡山是石柱。既然不是从地面上耸起的，而是被深谷山林所遮蔽的，所以古人未曾发现，谢灵运也没有到过，按理说也不奇怪了。

内诸司舍屋，唯秘阁最宏壮①。阁下穹隆高敞，相传谓之"木天"。

①秘阁：古代宫中收藏珍贵图书的地方。

宫内各个机构的屋舍，唯有秘阁最为宏伟。阁顶下的穹隆高挑且宽敞，相传称为"木天"。

嘉祐中，苏州昆山县海上，有一船桅折，风飘抵岸。船中有三十余人，衣冠如唐人，系红鞓角带①，短皂布衫②。见人皆恸哭，语言不可晓。试令书字，字亦不可读，行则相缀如雁行③。久之，自出一书示人，乃唐天祐中告授毛罗岛首领陪戎副尉制；又有一书，乃是上高丽表，亦称毛罗岛，皆用汉字。盖东夷之臣属高丽者。船中有诸谷，唯麻子大如莲的④，苏人种之，初岁亦如莲的，次年渐小。数年后只如中国麻子。时赞善大夫韩正彦知昆山县事，召其人，犒以酒食。食罢，以手捧首而𪙧⑤，意若欢感。正彦使人为其治桅，桅旧植船木上，不可动，工人为之造转轴，教其起倒之法。其人又喜，复捧首而𪙧。

①鞓：皮制腰带，官员服饰的一种。角带：以角为装饰的腰带，是宋代下级官吏及庶民的服饰。②皂：黑色。③雁行：大雁飞行时排成的雁阵，通常个个相连如"一"字或"人"字。④莲的：即莲菂，莲实。⑤𪙧：笑的样子。

嘉祐年间，苏州昆山县的海面上，有一艘船折断了桅杆，靠风吹漂到了岸边。船上有三十多人，服饰像唐代人，系着红色带角的皮带，穿着黑色的短布衫。见到人都痛哭起来，所说的语言听不懂。尝试让他们写字，字也认不出。走路的时候彼此相接像是雁行。过了很久，自行拿出一封书信给人看，是唐代天祐年间授封毛罗岛首领为陪戎副尉的诏书；还有一封书信，是上奏高丽国的奏表，也自称毛罗岛，使用的都是汉字。大概是东夷

中附属于高丽的小国。船里有各种粮食，唯有芝麻大得像莲子，苏地的人种植后，第一年结出的也像莲子般大，但后来逐年变小，多年后就和国内的芝麻一样大了。当时赞善大夫韩正彦任昆山县知县，召这些人来，犒赏了酒食。吃完后，他们用手捧着头笑，看上去很高兴。韩正彦派人帮他们制造桅杆，桅杆原本是竖在船木上的，不能移动，工人为此造了转轴，教他们起帆倒帆的方法。那些人又很高兴，再次捧着头笑。

原 文

熙宁中，珠辇国使人入贡①，乞依本国俗撒殿，诏从之。使人以金盘贮珠，跪捧于殿槛之间，以金莲花酌珠，向御座撒之，谓之"撒殿"，乃其国至敬之礼也。朝退，有司扫彻得珠十余两，分赐是日侍殿阁门使副内臣。

注 释

①珠辇国：或称注辇国、朱罗王朝，疆域在印度半岛、马来群岛一带，统治时间长达一千五百年，是南印度历史上统治时间最长的王朝。

译 文

熙宁年间，珠辇国的使臣前来朝贡，祈求依照本国礼俗进行撒殿礼，皇帝允许了。使臣用金盘装着珍珠，跪着捧在大殿的门槛之间，用金莲花样式的勺子舀起珍珠，撒向皇帝的御座，称为"撒殿"，是他们国家至高尊敬的礼仪。退朝后，有关官员清扫珍珠共得十余两，分赐给了当天守备殿阁门的各位内臣。

原 文

方家以磁石磨针锋，则能指南，然常微偏东，不全南也，水浮多荡摇。指爪及碗唇上皆可为之，运转尤速，但坚滑易坠，不若缕悬为最善。其法取新纩中独茧缕①，以芥子许蜡②，缀于针腰，无风处悬之，则针常指南。其中有磨而指北者。予家指南、北者皆有之。磁石之指南，犹柏之指西，莫可原其理。

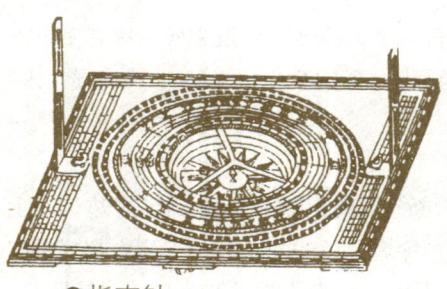

● 指南针

关于磁石，早在先秦时期，我国劳动人民就已经看出了它的特性。后来，慢慢地运用于日常生活之中，并用来指示方位。

注 释

①茧缕：蚕茧中的一根蚕丝。②芥子：芥菜籽。

译 文

方术家用磁石摩擦针锋，针就可以指南，但常略微偏东，不完全是南方，浮在水上多会摇晃。放在指甲或碗沿上都可以指南，转动得尤为迅速，但指甲和碗沿坚硬光滑，针容易掉落，不如用丝缕悬挂着最好。方法是从新丝线中抽出单独的一根，用芥子大小的一点蜡，缀在针的中间，悬挂在无风处，针就会一直指南。其中也有用磁

石摩擦使其指北的。指南针、指北针我家都有。磁石指南，就像松柏指西一样，是没法寻求出道理的。

岁首画钟馗于门^①，不知起自何时。皇祐中，金陵发一冢，有石志，乃宋宗悫母郑夫人^②。宗悫有妹名钟馗，则知钟馗之设亦远。

注释

①钟馗：传说中捉鬼驱邪的鬼神。②宗悫：南朝宋武将，有"愿乘长风破万里浪"之志，后为成语"乘风破浪"。

译文

新年的时候在门上画钟馗，不知起源于什么时候。皇祐年间，金陵发掘出一座坟墓，有石头的墓志，是南朝宋人宗悫的母亲郑夫人的墓。宗悫有一个妹妹名叫钟馗，可知钟馗的来历也是很长了。

原文

信州杉溪驿舍中，有妇人题壁数百言。自叙世家本士族，父母以嫁三班奉职鹿生之子鹿忘其名。娩娠方三日，鹿生利月俸，逼令上道，遂死于杉溪。将死，乃书此壁，具逼迫苦楚之状，恨父母远，无地赴诉。言极哀切，颇有词藻，读者无不感伤。既死，藁葬之驿后山下^①。行人过此，多为之愤激，为诗以吊之者百余篇。人集之，谓之《鹿奴诗》，其间甚有佳句。鹿生，夏文庄家奴，人恶其贪忍，故斥为"鹿奴"。

注释

①藁葬：草草埋葬。

译文

信州杉溪的驿站里，有位妇人在墙壁上题写了几百字。叙述自己的家世原本是士族，父母将她嫁给三班奉职鹿生的儿子（忘记叫鹿什么了）。分娩才三天，鹿生为了月俸，逼她立即上路，于是死在杉溪。临死前，写了这题壁，详述被逼痛苦的情状，恨父母遥远，无处可诉。言辞极为哀切，辞藻很好，读了的人无不感伤。死后，草草葬在驿站后面的山下。行人路过这里，大多为这件事愤激，写诗凭吊她的逾百篇。有人收集起来，称为《鹿奴诗》，其中很有一些佳句。鹿生，是夏竦（谥号文庄）的家奴，人们恨他贪婪，所以贬低为"鹿奴"。

原文

士人以氏族相高，虽从古有人，然未尝著盛。自魏氏铨总人物，以氏族相高，亦未专任门地。唯四夷则全以氏族为贵贱。如天竺以刹利^①、婆罗门二姓为贵种，自余皆为庶姓，如毗舍、首陀是也。其下又有贫四姓，如工、巧、纯、陋是也。其他诸国亦如是。国主大臣，各有种姓，苟非贵种，国人莫肯归之；庶姓虽有劳能，亦自甘居大姓之下。至今如此。自后魏据中原，此俗遂盛行于中国，故有八氏、十姓、三十六族、九十二姓。凡三世公者曰"膏粱"，有令仆者曰"华腴"。尚书、领、护而上者为"甲姓"，九卿、方伯者为"乙姓"，散骑常侍、太中大夫者为"丙姓"，吏部正员郎为"丁姓"。得人者谓之"四姓"。其后迁易纷争，莫能坚定，遂取前世仕籍，定以博陵崔、范阳卢、陇西李、荥阳郑为甲族。唐高宗时又增太原王、清河崔、赵郡李，通谓"七姓"。然地势相倾，互相排诋，各自著书，盈编连简，殆数十家，至于朝廷为之置官撰定。而流习所徇，扇以成俗，虽国势不能排夺。大率高下五等，通有百家，皆谓之士族，此外悉为庶姓，婚宦皆不敢与百家齿，陇西李氏乃皇族^②，亦自列在第三，其重族望如此。一等之内，又如冈头卢、泽底李、土门崔、靖恭杨之类，自为鼎族。其俗至唐末方渐衰息。

注 释

①**天竺**：即印度。**刹利**：即刹帝利。印度种姓制度将人严格分为四个等级：婆罗门主要是贵族僧侣；刹帝利是行政及军事官员贵族，服务前者；下文的毗舍即吠舍，是普通雅利安人，供养前二者；首陀即首陀罗，是非雅利安人的当地土著，从事低端劳动，社会地位最低。②**陇西李氏**：秦汉时期以陇西为郡望的李氏，出现过李信、李广等著名将军，十六国时期李暠建立西凉，陇西李氏成为皇族，后有李渊建立唐朝。

译 文

士人以家族出身来区分高低，虽然是古已有之，但并未盛行。自从曹魏开始选拔人才，就用家族来区分高低，但也没有专以门第为标准。而四方外族才全是以家族来区分贵贱。比如天竺以刹利、婆罗门两姓为贵族，其余的都是庶民种姓，比如毗舍、首陀。其下又有更贫贱的四姓，如工、巧、纯、陋。其他各国也是这样。国君和大臣，各有其种姓，如果不是贵族，百姓便不愿归附；庶民种姓虽然有劳动能力，也自愿甘于贵族种姓之下。至今还是这样。后来曹魏占据中原，这种习俗便盛行于国内，于是有了八氏、十姓、三十六族、九十二姓。凡是三代担任过三公的称为"膏粱"，担任过尚书令、仆射的称为"华腴"。担任过尚书、领军将军、护军将军以上的称为"甲姓"，担任过九卿、地方长官的称为"乙姓"，担任过散骑常侍、太中大夫的称为"丙姓"，担任过吏部正员郎的称为"丁姓"。以上的人称为"四姓"。后来经过战乱迁移，不能再确定下来，便取家族的籍贯，将博陵崔、范阳卢、陇西李、荥阳郑算作甲族。唐高宗时期又增加太原王、清河崔、赵郡李，通称为"七姓"。但地方势力互相倾轧，互相排挤诋毁，各自撰写家谱，连篇累牍，几乎出现了数十家，以至于朝廷需要设置专门的官员来修撰家谱。但这种风气沿袭下来，变成了风俗，就算是国家也无法干预。大概共分有三个等级，共有百家，都称为士族，此外都是庶民姓氏，婚姻做官都不敢与百家混同，陇西李氏是皇族，也只将自己列为第三，可见当时重视族望到这种程度。同一等之内，又有诸如冈头卢、泽底李、土门崔、靖恭杨等，自称为豪门鼎族。这种风俗到了唐末才慢慢衰退。

原文

茶芽，古人谓之雀舌、麦颗，言其至嫩也。今茶之美者，其质素良，而所植之土又美，则新芽一发，便长寸余，其细如针。唯芽长为上品，以其质干、土力皆有余故也。如雀舌、麦颗者，极下材耳，乃北人不识，误为品题①。予山居有《茶论》，《尝茶》诗云："谁把嫩香名雀舌？定知北客未曾尝。不知灵草天然异，一夜风吹一寸长。"

注释

①品题：品评。

译文

茶芽，古称雀舌、麦颗，是形容叶芽极嫩。如今茶中的精品，品质好，种植的土壤又肥美，于是新芽一萌发，就有一寸多长，细得像针。只有长芽是上品，因为它的品质、土壤的质量都有余。长得像雀舌、麦颗的，是非常低下的，是因为北方人不识茶，做出错误的评价。我隐居时写有《茶论》，《尝茶》这首诗中说："谁把嫩香名雀舌？定知北客未曾尝。不知灵草天然异，一夜风吹一寸长。"

原文

闽中荔枝，核有小如丁香者，多肉而甘。土人亦能为之，取荔枝木去其宗根，仍火燔令焦，复种之，以大石抵其根，但令傍根得生，其核乃小，种之不复牙。正如六畜去势，则多肉而不复有子耳。

译文

闽中出产的荔枝，有一种核小如丁香，肉多而甘甜。当地人也能种植出这种荔枝，取荔枝树去掉主根，用火烤焦，再种植，用大石头抵住根部，只让旁根生长，荔枝的核就会小，但再种就结不出了。就像牲畜阉割之后，就会多长肉但不能再次繁殖。

原文

元丰中，庆州界生子方虫①，方为秋田之害。忽有一虫生，如土中狗蝎，其喙有钳，千万蔽地。遇子方虫，则以钳搏之，悉为两段。旬日，子方皆尽，岁以大穰。其虫旧曾有之，土人谓之傍不肯②。

①**子方虫**：古人对黏虫、麦蚕的称呼。②**傍不肯**：意为容不下旁的虫子，是古人对灭害类甲虫的称呼，在现今分类中属于鞘翅目步甲科。

元丰年间，庆州地界上出现了子方虫，是秋收田地的虫害。忽然出现一种虫，像是土中的狗蝎，嘴上有钳，成千上万遮蔽土地。遇到子方虫，就用钳捉住，全部夹成两段。十天后，子方虫就杀尽了，当年大丰收。这种虫子以前也有过，当地人称为傍不肯。

养鹰鹯者^{zhān}①，其类相语，谓之咮漱咮音，以麦反。三馆书有《咮漱》三卷，皆养鹰鹯法度，具其医疗之术。

①**鹰鹯**：鹰与鹯，猛禽。

饲养鹰、鹯的人，与之相关的记录，叫作咮漱（咮的读音是以麦反）。三馆中有藏书《咮漱》三卷，都是养鹰、鹯的方法，以及详细的医治方法。

处士刘易，隐居王屋山。尝于斋中见一大蜂，罥于蛛网^{juàn}①，蛛搏之，为蜂所螫坠地。俄顷，蛛鼓腹欲裂，徐行入草。蛛啮芋梗微破②，以疮就啮处磨之，良久腹渐消，轻躁如故。自后人有为蜂螫者^{ruó}，按芋梗傅之则愈。

①**罥**：悬挂。②**芋梗**：芋的叶柄。

隐居人士刘易，住在王屋山。曾在屋内见到一只大蜂，被蛛网捕获，蜘蛛与之搏斗，被蜂针螫伤掉在地上。不一会儿，蜘蛛的腹部鼓胀欲裂，慢慢爬进草中。蜘蛛将芋梗微微啮破，将螫伤处在啮破的地方摩擦，很久后腹部消肿，轻松灵活如故。从此之后有人被蜂螫了，捻芋梗敷在患处就能痊愈。

宋明帝好食蜜渍鳋鲗^{zhú yí}①，一食数升。鳋鲗乃今之乌贼肠也，如何以蜜渍食之？大业中，吴郡贡蜜蟹二千头、蜜拥剑四瓮。又何胤嗜糖蟹。大抵南人嗜咸，北人嗜甘。鱼蟹加糖蜜，盖便于北俗也。如今之北方人，喜用麻油煎物，不问何物，皆用油煎。庆历中，群学士会于玉堂，使人置得生蛤蜊一篑，令饔人烹之。久且不至，客讶之，使人检视，则曰："煎之已焦黑，而尚未烂。"

坐客莫不大笑。予尝过亲家设馔，有油煎法鱼，鳞鬣虬然②，无下箸处。主人则捧而横啮，终不能咀嚼而罢。

注 释

　　①鲑鲏：鱼肠酱。　②鳞鬣：鱼鳞鱼鳍，也泛指鱼。虬然：弯曲的样子。

译 文

　　宋明帝爱吃蜜渍鲑鲏，每次吃数升。鲑鲏是现今说的乌贼的肠，如何能用蜜渍了吃呢？大业年间，吴郡进贡了蜜蟹二千头、蜜拥剑四瓮。另有何胤爱吃糖蟹。可能南方人爱吃咸，北方人爱吃甜。鱼蟹加蜜糖，可能就是北方的习俗。现今的北方人，喜欢用麻油煎食物，不管是什么食物，都用油煎来吃。庆历年间，众学士在玉堂聚会，派人购置了一筐生蛤蜊，让厨师烹饪。时间很久还没有上桌，宾客奇怪，派人去看，厨师说："已经煎得焦黑了，还没有烂。"在座宾客无不大笑。我曾去亲家吃宴席，有油煎的鱼干，鱼鳞鱼鳍弯翘交错，无处下筷子。主人却捧着横啮，到最后没法嚼了才作罢。

原 文

　　漳州界有一水，号乌脚溪，涉者足皆如黑。数十里间，水皆不可饮，饮皆病瘴①，行人皆载水自随。梅龙图公仪宦州县时，沿牒至漳州②，素多病，预忧瘴疠为害，至乌脚溪，使数人肩荷之，以物蒙身，恐为毒水所沾。兢惕过甚③，睢盱矍铄④，忽坠水中，至于没顶。乃出之，举体黑如昆仑⑤，自谓必死。然自此宿病尽除，顿觉康健，无复昔之羸瘵⑥。又不知何也？

注 释

　　①瘴：瘴疠，热带山林中的湿热致病的气。②沿牒：随选官文牒而调迁。③兢惕：戒惧。④睢盱：瞪眼仰视的样子。矍铄：目光炯炯的样子，现常形容老年人精神旺盛。⑤昆仑：古称南洋诸国乃至非洲的皮肤黝黑的人种，唐代长安的黑人及黑皮肤的南洋人种常作为仆役，被称为昆仑奴。⑥羸瘵：体弱病困。

译 文

　　漳州界内有一条河，号称乌脚溪，涉水的人脚都会变黑。数十里长的地区，水都不可饮用，喝了的人会得瘴疠，路人都自己背水。龙图阁学士梅挚（字公仪）任州县官时，调任的路上到了漳州，他素来多病，事前担忧染上这里的瘴疠，到了乌脚溪，让多人肩扛他，用东西蒙住身体，唯恐被毒水沾到。因过于警惕，张眼仰头，忽然落入水中，淹没到头顶。出水后，浑身黑得像昆仑人，自己觉得必死无疑。然而从此宿病全消，顿觉身体健康，不再有以往的羸病。又不知是什么原因？

原 文

　　北岳恒山，今谓之大茂山者是也。半属契丹，以大茂山分脊为界。岳祠旧在山下①，石晋之后②，稍迁近里。今其地谓之神棚，今祠乃在曲阳。祠北有望岳亭，新晴气清，则望见大茂。祠中多唐人故碑，殿前一亭，中有李克用题名云："太原河东节度使李克用，亲领步骑五十万，问罪幽陵，回师自飞狐路即归雁门。"今飞狐路在大茂之西，自银冶寨北出倒马关，度虏界，却自石门子、冷水铺入瓶形、梅回两寨之间，至代州。今此路已不通，唯北寨西出承天阁路，可至河东，然路极峭狭。太平兴国中，车驾自太原移幸恒山，乃由土门路，至今有行宫在。

注 释

①岳祠：岳神祠庙。②石晋：五代十国时期的后晋，由石敬瑭开国，故称石晋。

译 文

北岳恒山，就是现在称为大茂山的那座。一半属于契丹，以大茂山脊为分界。岳祠原本在山下，后晋之后，稍微迁移更近。这个地方现在被称为神棚，而岳祠现在位于曲阳。祠北有望岳亭，雨过天晴的时候，就能望见大茂山。祠中有许多唐代的旧碑，殿前有一亭子，里面有李克用的题名："太原河东节度使李克用，亲领步骑五十万，问罪幽陵，回师自飞狐路即归雁门。"现今飞狐路在大茂山西边，从银冶寨北边出倒马关，经过外族地界，再从石门子、冷水铺进入瓶形、梅回两寨之间，到代州。如今这条路已经不通，只有从北寨西边出承天阁的道路，可以到达河东，但路非常陡峭狭窄。太平兴国年间，皇帝从太原移驾恒山，就是经由土门路，至今还有行宫在那里。

原 文

镇阳池苑之盛①，冠于诸镇，乃王镕时海子园也②。镕尝馆李正威于此③。亭馆尚是旧物，皆甚壮丽。镇人喜大言，矜大其池，谓之"潭园"，盖不知昔尝谓之"海子"矣。中山人常好与镇人相雌雄，中山城北园中亦有大池，遂谓之海子，以压镇之潭园。予熙宁中奉使镇定，时薛师政为定帅，乃与之同议，展海子直抵西城中山王冢，悉为稻田。引新河水注之，清波弥漫数里，颇类江乡矣。

注 释

①池苑：有池水的园林。②王镕：五代十国初期赵国的君主。③李正威：即李匡威，唐代末年军阀，后被王镕杀死。

译 文

镇阳池水园林之盛，是各镇之首，这里本是王镕的海子园。王镕曾在这里留宿李正威。亭馆还是当时的建筑，非常壮丽。镇阳人喜好说大话，吹嘘这里的水塘，称为"潭园"，却不知以前这里叫作"海子"。中山人喜欢与真阳人争辩，中山城北的园林里也有大水塘，便称为海子，用来压制潭园。熙宁年间我奉命出使镇定，当时薛向（字师政）任镇

定帅，便与我商议，将海子扩展直达西城的中山王墓，都改造成稻田。引来新河水注入其中，清波长达数里，很像是江南水乡了。

卷二十五　杂志二

宣州宁国县多枳首蛇①**，其长盈尺，黑鳞白章，两首文彩同，但一首逆鳞耳。人家庭槛间，动有数十同穴，略如蚯蚓。**

①枳：通"枝"，取分歧的意思。

宣州宁国县多生两头蛇，长度大约一尺，黑色的鳞上有白色的花纹，两头的花纹相同，但一个头上的鳞是逆向的。在人居住的庭院中，动辄有数十只在同一巢穴里，有点像蚯蚓。

太子中允关杞曾提举广南西路常平仓①**，行部邕管，一吏人为虫所毒，举身溃烂。有一医言能治。呼使视之，曰："此为天蛇所螫，疾已深，不可为也。"乃以药傅其创，有肿起处，以钳拔之。有物如蛇，凡取十余条而疾不起。又予家祖茔在钱塘西溪，尝有一田家，忽病癞，通身溃烂，号呼欲绝。西溪寺僧识之，曰："此天蛇毒耳，非癞也。"取木皮煮汁，饮一斗许，令其恣饮。初日疾减半，两三日顿愈。验其木，乃今之秦皮也**②**。然不知天蛇何物。或云："草间黄花蜘蛛是也。人遭其螫，仍为露水所濡，乃成此疾。"露涉者亦当戒也。**

①常平仓：古代为调节米价而设置的一种仓廪，谷贱时用较高价籴入，谷贵时减价粜出，用以平衡米价。②秦皮：小叶白蜡树的树皮，可入药，有解热镇痛等作用。

太子中允关杞曾主管广南西路的常平仓，考察邕州府辖下，有一官吏中了虫毒，浑身溃烂。有一名医生号称能治。召来查看，医生说："这是被天蛇螫的，病情已深，不能治了。"于是用药敷在创口，有肿起的地方，就用钳子拔起。有像蛇的东西，一共取出了十余条，但病情没有好转。此外，我家祖坟在钱塘西溪，曾有一户农家，忽然得了癞病，浑身溃烂，哀号欲绝。西溪寺的僧人认出了，说：'这是天蛇的毒，不是癞。"用木皮煮汁，饮用一斗左右，（每次）不限量。第一天病就减退了一半，两三天便痊愈了。看那种木皮，就是现在说的秦皮。但不知天蛇是什么物种。有人说："是草丛中的黄花蜘蛛。人被螫了后，又被露水沾湿，就成了这种病。"涉露行走的人也应当予以防范。

原·文

天圣中，侍御史知杂事章频使辽，死于虏中。虏中无棺椁，舆至范阳方就殓，自后辽人常造数漆棺，以银饰之，每有使人入境，则载以随行，至今为例。

注 释

①棺椁：棺材。

译 文

天圣年间，侍御史知杂事章频出使辽国，死于异乡。外族没有棺椁，运至范阳才入殓，后来辽人曾制造多具漆棺，用银装饰，每有使臣入境，便载着随行，至今都是这样。

原 文

景祐中，党项首领赵德明卒，其子元昊嗣立。朝廷遣郎官杨告入蕃吊祭。告至其国中，元昊迁延遥立①，屡促之，然后至前受诏。及拜起，顾其左右曰："先皇大错！有国如此，而乃臣属于人。"既而缯告于厅，其东屋后若千百人锻声。告阴知其有异志，还朝，秘不敢言。未几，元昊果叛。其徒遇乞，先创造蕃书②，独居一楼上，累年方成，至是献之。元昊乃改元，制衣冠、礼乐，下令国中悉用蕃书、胡礼，自称大夏。朝廷兴师问罪，弥岁，虏之战士益少，而旧臣宿将如刚浪唛遇、野利辈，多以事诛，元昊力孤，复奉表称蕃。朝廷因赦之，许其自新。元昊乃更称兀卒曩宵。庆历中，契丹举兵讨元昊，元昊与之战，屡胜，而契丹至者日益加众。元昊望之，大骇曰："何如此之众也？"乃使人行成，退数十里以避之。契丹不许，引兵压西师阵。元昊又为之退舍，如是者三。凡退百余里，每退必尽焚其草莱③。契丹之马无所食，因其退，乃许平。元昊迁延数日，以老北师。契丹马益病，亟发军攻之，大败契丹于金肃城，获其伪乘舆、器服、子婿、近臣数十人而还。先是，元昊后房生一子，曰宁令受。"宁令"者，华言大王也。其后又纳没臧讹庞之妹，生谅祚而爱之。宁令受之母患忌④，欲除没臧氏，授戈于宁令受，使图之。宁令受间入元昊之室，卒与元昊遇，遂刺之，不殊而走。诸大佐没臧讹庞辈仆宁令，枭之。明日，元昊死，立谅祚，而舅讹庞相之。有梁氏者，其先中国人，为讹庞子妇。谅祚私焉，日视事于国，夜则从诸没臧氏。讹庞怒甚，谋伏甲梁氏之宫，须其入以杀之。梁氏私以告谅祚，乃使召讹庞，执于内室。没臧，强宗也，子弟族人在外者八十余人，悉诛之，夷其宗。以梁氏为妻，又命其弟乞埋为家相，许其世袭。谅祚凶忍，好为乱。治平中，遂举兵犯庆州大顺城。谅祚乘骝马⑤，张黄屋，自出督战。陴者广弩射之中，乃解围去。创甚，驰入一佛祠。有牧牛儿不得出，惧伏佛座下，见其脱靴，血涴于踝⑥，使人裹创舁载而去。至其国，死。子秉常立，而梁氏自主国事。梁乞埋死，其子移逋继之，谓之没宁令。"没宁令"者，华言天大王也。秉常之世，执国政者有鬼名浪遇，元昊之弟也，最老于军事，以不附诸梁，迁下治而死。存者三人，移逋以世袭居长契，次曰都罗马尾，又次曰关萌讹，略知书，私侍梁氏。移逋、萌讹皆以昵幸进，唯马尾粗有战功，然皆庸才。秉常荒屑，梁氏自主兵，不以属其子。秉常不得志，素慕中国。有李青者，本秦人，亡虏中。秉常昵之，因说秉常以河南归朝廷。其谋泄，青为梁氏所诛，而秉常废。

注释

①迁延：退却，徘徊不前。②蕃书：西夏文，大庆元年制成，历时三年，共五千余字，形体方整，结构仿照汉字。在西夏统治区域使用了约五个世纪，现已失传。③莱：杂生的草，莱即藜。④恚忌：愤恨妒忌。⑤骝马：白身黑鬣的马。⑥涴：沾污，弄脏。

译文

　　景祐年间，党项族首领赵德明死亡，他的儿子元昊继立。朝廷派遣郎官杨告去外邦凭吊。杨告到了党项国中，元昊后退站得很远，多次催促，才上前接受诏书。等到拜受起身，与身边人说："先皇大错！我们有这样的国家，却要臣服于别人。"然后在大厅宴请杨告，在东屋后有数千人锻造铁器的声音。杨告心下知道他有二志，回来后，保守秘密不敢说。不久，元昊果然叛变。他的属下遇乞，先创制了异族文字，独居一座楼上，经历多年才做成，这时献上。于是元昊改元纪年，颁布衣冠、礼乐的制度，下令全国都使用自己的文字、礼节，自称为大夏。朝廷派军队来问罪，经历一年，外族士兵越来越少，而西夏的旧臣宿将如刚浪唛遇、野利等人，大多因事由被杀，元昊势单力孤，重新奉表称臣。朝廷于是赦免了他，容许他改过自新。元昊便改名为兀卒曩宵。庆历年间，契丹起兵讨伐元昊，元昊应战，打了多次胜仗，但契丹来的军队越来越多。元昊望着军阵，大惊道："为何有这么多人？"便派使者前去（求和），自己的军队后退数十里躲避。契丹不答应，又引兵压向西夏的军阵。元昊又退避，总共三次。共退了百余里地，每次撤退必把当地的牧草全部烧掉。契丹的战马没有吃食，于是撤退，才答应和解。元昊推延了好几天，用以消耗契丹北来的军队。等到契丹战马越发病弱，便突然发起进攻，大败契丹于金肃城，缴获了契丹皇帝的车驾、器用服饰，捉住驸马及近臣数十人而归。在此之前，元昊的姬妾生了一个儿子，叫作宁令受。"宁令"在汉语里是大王的意思。之后又纳了没臧讹哤的妹妹为妾，生了谅祚并非常喜爱他。宁令受的母亲怨妒，想要除掉没臧氏，唆使宁令受去做。宁令受偷偷潜入元昊房间，突然与元昊遭遇，便行刺元昊，没能杀死便逃走了。没臧讹庞等各大臣捉住了宁令受，斩首。第二天，元昊死了，立谅祚为王，由舅舅讹庞辅佐。有一名姓梁的女子，原是中国人，是讹庞儿子的妻妾。谅祚与她私通，白天管理国事，夜间就与这名没臧氏在一起。讹庞非常生气，设计在梁氏的宫室处埋伏士兵，等谅祚来了就刺杀他。梁氏偷偷告诉了谅祚，谅祚便派人召来讹庞，在内室逮捕他。没臧是大宗族，子弟族人在外的有八十余人，全部诛杀，灭了一门。谅祚娶了梁氏为妻，又命梁氏的弟弟乞埋任相，许诺他世袭官位。谅祚性格凶残，喜好作乱。治平年间，便发兵侵犯庆州大顺城。谅祚乘着骆马，铺张起黄屋，亲自督战。城墙上的弓兵用弩射中了他，才放弃围城而逃走。伤得很重，骑马飞驰进一座佛祠。有牧牛小孩不敢出去，恐惧地趴在佛座下面，见他脱去靴子，血沾满脚踝，让人包扎伤口抬走了。回到国家，便死了。他的儿子秉常立为国君，而梁氏主持国事。梁乞埋死后，他的儿子移遇继任相，称为没宁令。"没宁令"在汉语里是天大王的意思。秉常这一朝，执国政的人有一名叫嵬名浪遇的，是元昊的弟弟，最擅长军事，因不服从梁氏的统治，被贬到荒凉的地方后死亡。剩下的三个人，移遇是因世袭而居住在长契的，另一个叫都罗马尾，还有一个叫关萌讹，略微读书识字，私下伺候梁氏。移遇、萌讹都是以佞幸加官晋爵的，只有马尾稍有战功，但都是庸才罢了。秉常荒唐软弱，梁氏自己主掌兵权，不交给儿子。秉常不得志，向来崇拜中国。有一名李青的，原本是秦地人，流亡在异族。秉常很亲近他，于是李青说服他带着河南之地归附朝廷。谋划败露，李青被梁氏诛杀，并废了秉常的王位。

原 文

　　古人论茶，唯言阳羡、顾渚、天柱、蒙顶之类，都未言建溪。然唐人重串茶粘黑者[1]，则已近乎"建饼"矣。建茶皆乔木，吴、蜀、淮南唯丛茭而已[2]，品自居下。建茶胜处曰郝源、曾坑，其间又岔根、山顶二品尤胜。李氏时号为北苑，置使领之。

注 释

　　①**串茶**：唐代茶名，近似于现今的砖茶。②**茭**：交错的草。

译 文

　　古人品评茶叶，只说阳羡、顾渚、天柱、蒙顶等，完全没有提及建溪茶。但唐人喜欢粘黑的串茶，就很近似于"建饼"了。建茶都是乔木，而吴、蜀、淮南的茶都是灌木，品质已然居于下等。建茶最好的地方是郝源、曾坑，其中又以岔根、山顶两种最好。南唐时号称北苑，设置官员管理。

原 文

　　信州铅山县有苦泉，流以为涧。挹其水熬之[1]，则成胆矾[2]。烹胆矾则成铜；熬胆矾铁釜，久之亦化为铜。水能为铜，物之变化，固不可测。按《黄帝素问》有"天五行，地五行，土之气在天为湿，土能生金石，湿亦能生金石"，此其验也。又石穴中水，所滴皆为钟乳、殷孽③。春秋分时，汲井泉则结石花④；大卤之下，则生阴精石⑤，皆湿之所化也。如木之气在天为风，木能生火，风亦能生火。盖五行之性也。

注　释

①挹：舀。②胆矾：即现在说的五水合硫酸铜，古代以比炼铜。③殷孽：又作"殷蘗"，即石笋。溶洞中由上而下悬挂的称钟乳，自地而上生长的称石笋。④石花：钟乳水的花状凝结物，即碳酸钙。⑤阴精石：即石膏，也就是水合硫酸钙，由碳酸钙与硫反应生成。

译　文

信州铅山县有一眼苦泉，流成溪涧。舀水来熬煮，就会形成胆矾。再烹煮胆矾就会形成铜；熬胆矾的铁锅，时间久了也会变成铜。水能变成铜，是事物变化，本就难以推测。根据《黄帝素问》里说的"天五行，地五行，土之气在天为湿，土能生金石，湿亦能生金石"，这就是验证。另外，石洞中的水，滴下来都会变为钟乳、殷孽。春分秋分的时候，打起井水会结出石花；放在高盐的水中，就会生成阴精石，这些都是湿气化成的。就像木气在天上是风，木能生火，风也能生火。这都是五行的属性。

原文

古之节如今之虎符①，其用则有圭璋龙虎之别②，皆椟，辅之英荡是也③。汉人所持节，乃古之旄也④。予在汉东，得一玉琥⑤，美玉而微红，酣酣如醉肌⑥，温润明洁，或云即玫瑰也⑦。古人有以为币者，《春官》"以白琥礼西方"是也。有以为货者，《左传》"赐以玉琥二"是也。有以为瑞节者，"山国用虎节"是也。

注　释

①节：符节，古代作为使者或官员的凭信，现今说的"使节"即由此生出。②圭璋龙虎：形制上的区别，圭是形状上尖下方的玉，璋为半圭，龙节、虎节为不同形象，后也泛指符节或持符节的官员。③英荡：竹制的符节，主要由使者持有。④旄：牦牛尾装饰的旗子，用于出使外域。⑤玉琥：刻成虎形的玉器。⑥酣酣：形容酒酣的样子。⑦玫瑰：珠状的美玉。

译　文

古代的符节就像今天的虎符。功用上则有圭璋龙虎的区别，都存放在木盒里，也叫辅之英荡。汉代人所持的节，则是古代的旄。我在汉东地区找到一块玉琥，玉质美而颜色微红，酡红色如醉酒后的肌肤，温润洁净，有人说这就是玫瑰。古代有用这个作为货币的，《春官》里记载的"以白琥礼西方"便是。有用来交易的，《左传》说的"赐以玉琥二"便是。也有用来作为信物的，"山国用虎节"便是。

　　国朝汴渠，发京畿辅郡三十余县夫岁一浚[1]。祥符中，阁门祗候使臣谢德权领治京畿沟洫[2]，权借浚汴夫，自尔后三岁一浚，始令京畿邑官皆兼沟洫河道，以为常职。久之，治沟洫之工渐弛，邑官徒带空名，而汴渠有二十年不浚，岁岁堙淀。异时京师沟渠之水皆入汴，旧尚书省都堂壁记云[3]，"疏治八渠，南入汴水"是也。自汴流堙淀，京城东水门下至雍丘、襄邑，河底皆高出堤外平地一丈二尺余。自汴堤下瞰，民居如在深谷。熙宁中，议改疏洛水入汴。予尝因出使，按行汴渠，自京师上善门量至泗州淮岸，凡八百四十里一百三十步。地势，京师之地比泗州凡高十九丈四尺八寸六分。于京城东数里渠心穿井，至三丈方见旧底。验量地势，用水平、望尺、干尺量之，亦不能无小差。汴渠堤外，皆是出土故沟[4]，予因决沟水令相通，时为一堰节其水，候水平，其上渐浅涸，则又为一堰，相齿如阶陛。乃量堰之上下水面，相高下之数，会之，乃得地势高下之实。

　　[1]京畿：国都及其行政官署所辖地区。辅郡：即畿辅，如汉代的三辅，汉代以京兆尹、左冯翊、右扶风三位官员治理长安京畿地区。[2]沟洫：农田水利。[3]都堂：唐代尚书省中东有吏、户、礼三部，西有兵、刑、工三部，尚书仆射总辖各部门，办公地点叫作都堂。[4]出土故沟：为了修建岸堤而从旁边土地取土，所形成的沟渠。

　　本朝的汴渠，需要召集京畿三十多个郡县的人力，每年疏通一次。大中祥符年间，阁门祗候使臣谢德权管理京畿地区水利事宜，暂时借调了疏通汴渠的人力，从此开始三年疏通一次，开始令京畿的官员兼管沟渠河道的事宜，成为日常事务之一。时间久了，治理沟渠的工程逐渐懈怠，这些官员徒有虚名，而汴渠有二十年都没疏通，年年淤塞。以往京城沟渠的水都流入汴河，旧尚书省官署中的墙壁上写着，"疏治八渠，南入汴水"。自从汴渠淤塞，从京城城东的水门向下直到雍丘、襄邑，河床都比堤外的平地高出一丈二尺多。从汴堤向下看，民房像是在深谷中。熙宁年间，朝议改将洛水疏通到汴渠中。我曾因此出使，察看汴渠，从京城上善门测量到泗州的淮河口岸，共八百四十里一百三十步。测量地势，京城比泗州地势共高出十九丈四尺八寸六分。在离京城城东数里的汴渠河心穿井，向下三丈才能见到旧河床。测量地势，用水平、望尺、干尺等工具测量，也不能避免有误差。汴渠堤外，都是挖堤土留下的旧沟，于是我挖开沟使水连通，同时修建一道堰截流河水，等到水面流平，上游渐渐干涸，便再修一道堰，像阶梯一样一阶阶排布。再量堰上下的水位差，相加起来，就是地势实际的高低差。

原文

唐风俗，人在远或闺门间①，则使人传拜以为敬。本朝两浙仍有此俗。客至，欲致敬于闺阃②，则立使人而拜之。使人入见所礼，乃再拜致命。若有中外，则答拜。使人出，复拜客，客与之为礼如宾主。

注释

①闺门：妇女居住之处。②闺阃：闺阁的门户。

译文

唐代风俗，人在远方或在闺门内的情况下，会派使者向人传达拜见之意以致敬。本朝两浙地区仍有这个风俗。客人来了，想要对闺阁内的人致敬，就派使者去拜见；使者进去见到要拜的人，就再行礼致敬。如果闺阁内的人与使者不是家庭成员关系，就答拜回礼；使者出来，再拜客人，客人与他之间行宾主之礼。

原文

庆历中，王君贶使契丹。宴君贶于混融江，观钓鱼。临归，戎主置酒谓君贶曰："南北修好岁久①，恨不得亲见南朝皇帝兄。托卿为传一杯酒到南朝。"乃自起酌酒，容甚恭，亲授君贶举杯，又自鼓琵琶，上南朝皇帝千万岁寿。先是，戎主之弟宗元为燕王，有全燕之众，久畜异谋。戎主恐其阴附朝廷，故特效恭顺。宗元后卒以称乱诛。

注释

①南北：南即指北宋，北即指契丹。

译文

庆历年间，王拱辰（字君贶）出使契丹。契丹在混融江设宴招待王拱辰，并观看钓鱼。临走时，契丹国君设酒宴对王拱辰说："两国修好多年，恨不能亲自见到宋朝的皇帝兄。请您代我传递一杯酒到宋朝。"于是亲自酌酒，容貌非常恭敬，亲自举杯交给王拱辰，又亲自弹琵琶，祝福宋朝皇帝万岁。之前，契丹国君的弟弟宗元是燕王，拥有全燕地的人民，有反心已久。契丹国君怕他暗中归附宋朝，所以表现得特别恭顺。宗元后来因作乱被诛杀。

原文

潘阆字逍遥，咸平间有诗名，与钱易、许洞为友，狂放不羁。尝为诗曰："散拽禅师来蹴踘，乱拖游女上秋千。"此其自序之实也。后坐卢多逊党亡命①，捕迹甚急，阆乃变姓名，僧服入中条山。许洞密赠之诗曰："潘逍遥，平生才气如天高。仰天大笑无所惧，天公嗔尔口呶呶②。罚教临老投补衲，归中条。我愿中条山神镇长在，驱雷叱电依前赶出这老怪。"后会赦，以四门助教召之，

阆乃自归，送信州安置。仍不惩艾③，复为《扫市舞》词曰："出砒霜，价钱可。赢得拨灰兼弄火。畋杀我。"以此为士人不齿，放弃终身。

注 释

①**卢多逊**：宋太宗时任兵部尚书，因与秦王赵廷美勾结谋反，事发后获罪流放。潘阆参与预谋，受到株连。②**呶呶**：喋喋不休，多言之意。③**惩艾**：即惩义，惩戒。

译 文

潘阆，字逍遥，咸平年间因写诗闻名，与钱易、许洞是朋友，性格狂放不羁。曾写诗道："散拽禅师来蹴踘，乱拖游女上秋千。"这是他自述的真实情况。后来因受卢多逊牵连而逃亡，朝廷追捕得很急，潘阆便改变姓名，穿着僧服进入中条山。许洞私下赠他一首诗道："潘逍遥，平生才气如天高。仰天大笑无所惧，天公嗔尔口呶呶。罚教临老投补衲，归中条。我愿中条山神镇长在，驱雷叱电依前赶出这老怪。"后来遇到大赦，以四门助教的官职召他，他便自行回来，被送到信州安置。依然不吸取教训，又写了《扫市舞》词："出砒霜，价钱可。赢得拨灰兼弄火。畋杀我。"因此被士人不齿，放逐终生。

原 文

江湖间唯畏大风①。冬月风作有渐，船行可以为备；唯盛夏风起于顾盼间②，往往罹难。曾闻江国贾人有一术，可免此患。大凡夏月风景，须作于午后。欲行船者，五鼓初起③，视星月明洁，四际至地，皆无云气，便可行；至于巳时即止④。如此，无复与暴风遇矣。国子博士李元规云："平生游江湖，未尝遇风，用此术。"

注 释

①**江湖**：江河湖泊，泛指内陆水域。②**顾盼间**：意为转眼间。顾盼，即眼睛左右来回看。③**五鼓**：五更。④**巳时**：上午九至十一时。

译 文

在江湖上行船最怕大风。冬天的风吹起来是渐渐的，船只航行可以防备；唯有盛夏的风起得突然，常常会使船只遭难。曾听闻江上的商人有一个办法，可以免除这种祸患。凡是夏天的风，一定是午后兴起。要行船的人，从五鼓开始的时候，观测星月明朗，天际的四边清晰地连接到地，完全没有云气阻隔，就可以行船；到巳时就停止。这样，就不会再遭遇暴风。国子博士李元规说："我平生在江湖上行船，从没遇过暴风，就是用这个办法。"

原 文

予使虏，至古契丹界，大蓟茇如车盖①。中国无此大者。其地名蓟，恐其因此也，如杨州宜杨、荆州宜荆之类②。荆或为楚，楚亦荆木之别名也。

①**大蓟茋**：即大蓟，菊科草本植物。②**杨州**：即扬州。

我出使契丹，到古契丹的地界上，大蓟茋长得像车盖那么大。国内没有这么大的。当地的地名蓟，可能是因为这个，就像杨州的杨、荆州的荆长得好等。荆有时称楚，楚也是荆木的别名。

●大蓟

大蓟，多年生草本植物，多生于山野之中，叶子和茎既可以食用，也可当作饲料，根部有毒，可作药用。

原 文

刁约使契丹，戏为四句诗曰："押燕移离毕，看房贺跋支。饯行三匹裂，密赐十貔狸。"皆纪实也。移离毕，官名，如中国执政官。贺跋支，如执衣防阁①。匹裂，似小木罂，以色绫木为之，加黄漆。貔狸，形如鼠而大，穴居，食果谷，嗜肉，狄人为珍膳，味如㹠（tún）子而脆。

注 释

①**执衣防阁**：即执衣、防阁，指衙役、随从。

译 文

刁约出使契丹，戏作了四句诗曰："押燕移离毕，看房贺跋支。饯行三匹裂，密赐十貔狸。"都是实写。移离毕是官名，如同中原执政官这样的大官。贺跋支，如同中原执衣防阁这样的小官。匹裂，类似小木罂，用色绫木制成，涂上黄色的漆。貔狸，样子像鼠但更大，穴居，吃果实谷物，尤爱吃肉，契丹人将其视为佳肴，味道像㹠子但更脆。

原 文

世传江西人好讼，有一书名《邓思贤》，皆讼牒法也。其始则教以侮文①；侮文不可得，则欺诬以取之②；欺诬不可得，则求其罪以劫之③。盖思贤，人名也，人传其术，遂以之名书。村校中往往以授生徒。

注 释

①**侮文**：欺侮条文，曲解其意。②**欺诬**：欺罔诬蔑。③**劫**：威逼，要挟。

译 文

世上传言江西人爱打官司，有一本书名为《邓思贤》，全是写诉状的办法。一开始就教人曲解法条来达到目的；曲解不成，就用诬陷来达到目的；诬陷还不成，就找对方的罪名来要挟他。思贤应该是人名，这个人传授的办法，所以就以此给书命名。村校里常常用这本书来教学生。

蔡君谟尝书小吴笺云："李及知杭州，市《白集》一部，乃为终身之恨，此君殊清节，可为世戒。张乖崖镇蜀，当遨游时，士女环左右，终三年未尝回顾。此君殊重厚，可以为薄夫之检押①。"此帖今在张乖崖之孙尧夫家。予以谓买书而为终身之恨，近于过激。苟其性如此，亦可尚也。

①检押：亦作"检柙"，规矩、法度。

蔡襄（字君谟）曾写一张小吴笺道："李及任杭州知州时，买了一部《白集》，终身悔恨，这个人非常清廉，可以让世人自诫。张乖崖镇守蜀地，游玩时，士女环绕左右，长达三年而不理会。这个人非常稳重，可以为轻薄之人的榜样。"这张帖现今在张乖崖孙子张尧夫家中。我认为因买书而悔恨终身，有些夸张了。如果性格如此，倒也说得通。

陈文忠为枢密，一日，日欲没时，忽有中人宣召。既入右掖①，已昏黑，遂引入禁中。屈曲行甚久，时见有帘帏、灯烛，皆莫知何处。已而到一小殿，殿前有两花槛，已有数人先至，皆立廷中。殿上垂帘，蜡烛十余炬而已。相继而至者凡七人，中使乃奏班齐。唯记文忠、丁谓、杜镐三人，其四人忘之。杜镐时尚为馆职。良久，乘舆自宫中出，灯烛亦不过数十而已。宴具甚盛。卷帘，令不拜，升殿就坐。御座设于席东，设文忠之坐于席西，如常人宾主之位。尧叟等皆惶恐不敢就位，上宣喻不已，尧叟恳陈"自古未有君臣齐列之礼"，至于再三。上作色曰："本为天下太平，朝廷无事，思与卿等共乐之。若如此，何如就外朝开宴？今日只是宫中供办，未尝命有司，亦不召中书辅臣。以卿等机密及文馆职任侍臣无嫌，且欲促坐语笑，不须多辞。"尧叟等皆趋下称谢，上急止之曰："此等礼数，且皆置之。"尧叟悚栗危坐，上语笑极欢。酒五六行，膳具中各出两绛囊，置群臣之前，皆大珠也。上曰："时和岁丰，中外康富，恨不得与卿等日夕相会。太平难遇，此物助卿等燕集之费。"群臣欲起谢，上云："且坐，更有。"如是酒三行，皆有所赐，悉良金重宝。酒罢，已四鼓，时人谓之"天子请客"。文惠之子述古得于文忠，颇能道其详，此略记其一二耳。

①右掖：右侧宫门，一般有中书省等部门。掖，即宫殿的旁门。

陈尧叟（谥号文忠）任枢密使时，一天，太阳快要落山的时候，忽然有宫人宣他觐见。进入右掖后，天色已昏黑，之后被引入禁宫中。曲折行走了很久，时而见到有帘幕、灯烛，完全不知道到了哪里。后来到了一座小殿，殿前有两条栏杆，已有几个人先到了，都站在庭院里。殿上垂着帘幕，只有十几根蜡烛。陆陆续续共到了七人，宫人禀奏人齐了。只记得有陈尧叟、丁谓、杜镐三人，其余四人忘记了。杜镐当时任馆职。过了很久，皇帝的车驾从宫中出来，也只点了数十盏蜡烛而已。准备的宴席非常丰盛。皇帝卷帘而出，让他们不必拜见，到殿上就座。御座设在席东，陈尧叟的座位设在席西，像平常人家的宾主之位一样。陈尧叟等人都很惶恐不敢坐下，皇帝要求了多次，陈尧叟恳切地表达："自古没有君臣齐列之礼"，说了多次。皇帝生气道："本来因为天下太平，朝廷无事，想着和你们一起欢乐。如果还是这样，不如去外朝开宴算了？今天只在宫中置办，没有找专门的官员，也不叫中书辅臣来。只因你们这些在机密及文馆任职的臣子没有忌讳，只想坐下来聊天说笑，不必再推辞。"陈尧叟等人到座下谢恩。皇帝急忙制止道："这些礼数，也先放下吧。"陈尧叟战战兢兢地正襟危坐，皇帝说笑得很高兴。酒过五六巡，餐具中各上了两个红色锦囊，摆放在群臣面前，都是大珍珠。皇帝说："如今太平富足，内外安定，恨不得天天与你们相会。太平难遇，这件东西给你们做聚会设宴的资金。"群臣要起身谢恩，皇帝说："先坐下，还有呢。"这样又喝了三巡酒，每次都有赏赐，都是贵重的金银珠宝。喝完酒，已经四更天了，当时这件事被叫作"天子请客"。陈尧叟的儿子陈述古从陈文忠那里听来，能复述得很详细，在此略微记录。

关中无螃蟹。元丰中，予在陕西，闻秦州人家收得一干蟹。土人怖其形状，以为怪物。每人家有病疟者，则借去挂门户上，往往遂差。不但人不识，鬼亦不识也。

关中不出产螃蟹。元丰年间，我在陕西，听说秦州一户人家收得一只干蟹。当地人害怕它的形状，认为是怪物。每逢谁家有人生病，就借去挂在门上，常常就能痊愈。看来不但当地人不认识，当地的鬼也不认识。

丞相陈秀公治第于润州，极为闳壮，池馆绵亘数百步。宅成，公已疾甚，唯肩舆一登西楼而已①。人谓之"三不得"：居不得，修不得，卖不得。

①**肩舆**：靠人力肩挑的轿子。

丞相陈升之（封秀国公）在润州修建宅邸，非常恢宏壮阔，池苑馆舍绵延数百步。宅邸建成，陈升之已经病重，只能靠乘轿上一次西楼。人们所谓"三不得"：居不得，修不得，卖不得。

福建剧贼廖恩，聚徒千余人，剽掠市邑，杀害将吏，江浙为之骚然。后经赦宥^①，乃率其徒首降，朝廷补恩右班殿直^②，赴三班院候差遣。时坐恩黜免者数十人。一时在铨班叙录其脚色^③，皆理私罪或公罪，独恩脚色称："出身以来，并无公私过犯。"

注 释

①赦宥：宽恕，赦免。②右班殿直：皇帝侍从，分左右两班，属寄禄官，仅有官衔而无职事。③铨班：古代负责量才授官、选拔官员的部门。脚色：履历，包括籍贯户头、三代名衔、家人等，若注授转官，又要记明有无过犯。

释 文

福建大盗廖恩，聚集了千余歹徒，抢掠城市，杀害官吏，江浙一带因此恐慌。后来被赦免，就率领群徒投降，朝廷补封他为右班殿直，到三班院听候差遣。当时一起被赦免的有数十人。一时在铨班处登记履历，都有或公或理的罪行，唯独廖恩的履历称："出身以来，并无公私过犯。"

原 文

曹翰围江州三年^①，城将陷，太宗嘉其尽节于所事，遣使喻翰："城下日，拒命之人尽赦之。"使人至独木渡，大风数日，不可济。及风定而济，则翰已屠江州无遗类，适一日矣。唐吏部尚书张嘉福奉使河北，逆韦之乱^②，有敕处斩，寻遣使人赦之。使人马上昏睡，迟行一驿，比至，已斩讫。与此相类，得非有命欤？

注 释

①曹翰围江州：开宝二年（969）宋攻伐南唐，曹翰带兵围攻江州，《宋史》记载实为五个月，非三年。江州将领胡德、宋明德据城拒命，破城后为曹翰所屠。②逆韦之乱：景龙四年（710）唐中宗李显的皇后韦氏夺权，拥立李重茂为少帝，后来李隆基等攻入宫城，平定叛乱。

释 文

曹翰围攻江州多时，即将破城，宋太宗嘉赏江州军民向他们的君主尽忠，派使者对曹翰说："破城之日，抗命的人全部赦免。"使者到达独木渡，由于多日大风，无法过河。等到风定过河，曹翰已经将江州屠城，只差了一日而已。唐代吏部尚书张嘉福奉命出使河北，韦后作乱，敕令斩首，随后又派人赦免。使者在马上昏睡，耽搁了一驿的时间，等到达时，已经斩首。这类事情，难道不是生死有命？

原文

庆历中，河北大水，仁宗忧形于色。有走马承受公事使臣到阙①，即时召对，问："河北水灾何如？"使臣对曰："怀山襄陵②。"又问："百姓如何？"对曰："如丧考妣③。"上默然。既退，即诏阁门："今后武臣上殿奏事，并须直说，不得过为文饰④。"至今阁门有此条，遇有合奏事人，即预先告示。

注释

①**走马承**：靠驰马传递军情或文书的人。②**怀山襄陵**：洪水环绕山陵、奔涌上溢的样子。襄，冲上。③**如丧考妣**：像是失去了父母。考，父亲；妣，母亲。此两字多指已死去的父母。④**文饰**：彩纹装饰，引申为遮掩之意。

译文

庆历年间，河北发洪水，宋仁宗神色忧愁。有一名因公事驰马前来的使臣入京，宋仁宗立即召他来，询问："河北水灾何如？"使臣回答说："怀山襄陵。"又问："百姓如何？"回答说："如丧考妣。"皇帝沉默。等使臣退下，皇帝立即下令阁门："今后武臣上殿奏事，并须直说，不得过为文饰。"至今阁门还有这条规矩，遇到有要上奏的人，就先提示告知。

原文

予奉使按边，始为木图，写其山川道路。其初遍履山川，旋以面糊木屑写其形势于木案上。未几寒冻，木屑不可为，又熔蜡为之。皆欲其轻，易赍故也①。至官所，则以木刻上之。上召辅臣同观，乃诏边州皆为木图，藏于内府。

注释

①**赍**：携带。

译文

我奉命出使边塞，创制了木图，描绘当地的山川道路。第一次走遍山川时，用木屑蘸上面糊将山形山势摆在木案上。不久由于寒冷冻住，木屑不能用，又用蜡熔成形状来做。都是为了轻便，容易携带。到了官署，就用木头雕刻呈上。皇帝召集辅臣一同观看。于是下令边境诸州都制作木图，收藏在内府。

原文

蜀中剧贼李顺陷剑南、两川，关右震动，朝廷以为忧。后王师破贼，枭李顺①，收复两川，书功行赏，了无间言。至景祐中，有人告李顺尚在广州，巡检使臣陈文琏捕得之，乃真李顺也，年已七十余。推验明白，因赴阙，覆按皆实。朝廷以平蜀将士功赏已行，不欲暴其事。但斩顺，赏文琏二官，仍阁门祗候②。文琏，泉州人，康定中老归泉州，予尚识之。文琏家有《李顺案款》，本末甚详。顺本味江王小博之妻弟，始王小博反于蜀中，不能抚其徒众，乃共推顺为主。顺初起，悉召乡里富人大姓，令具其家所有财粟，据其生齿足用之外，一切调发，大赈贫乏，录用材能，存抚良善，号令严明，所至一无所犯。时两蜀大饥，旬日之间，归之者数万人，所向州县，开门延纳^③，传檄所至^④，无复完垒。及败，人尚怀之。故顺得脱去三十余年，乃始就戮。

注释

①枭：枭首，古代刑法，把头割下来悬在木上。②阁门祗候：官职名，宋代分东西上阁门祗候，与阁门宣赞舍人并称阁职。③延纳：接纳。④传檄：传布檄文，传递古代征讨的文书。

释文

　　蜀中地区大逆贼李顺，攻陷剑南、两川地区，潼关以西地区为之惊动。朝廷忧虑。后来军队攻破贼巢，斩首李顺，收复两川，论功行赏，没有什么问题。到了景祐年间，有人告发李顺还活在广州，巡检使臣陈文琏逮捕到了他，是真正的李顺，已经七十多岁。查验清楚，囚运他到京城，复核情况都属实。朝廷由于平定蜀地的将士论功行赏已经完成，不想暴露这件事。只斩首了李顺，赏赐了陈文琏两官，仍担任阁门祗候。陈文琏是泉州人，康定年间告老回到泉州，我还认识他。陈文琏家中有《李顺案款》，详细记录了事情始末。李顺原本是味江王小博妻子的弟弟，一开始王小博在蜀中造反，不能安抚众寇，便一同推举李顺为头领。李顺刚起兵的时候，召集了乡里所有富贵有名望的人家，要求收缴家里所有钱粮，除了人口够吃的粮食以外，所有的都重新赈发给穷人；录用贤能人才，抚恤良民善人；纪律严明，所到之处秋毫无犯。当时两蜀地区闹大饥荒，十日之内，数万人归附他，到达的州县都开门接纳，号令所至的地方，没有攻不破的。兵败后，人们尚且怀念他。因此李顺得以逃脱法网三十余年，才被处决。

原文

　　交趾乃汉、唐交州故地。五代离乱，吴文昌始据安南，稍侵交、广之地。其后文昌为丁琏所杀，复有其地。国朝开宝六年，琏初归附，授静海军节度使。八年，封交趾郡王。景德元年，土人黎桓杀琏自立。三年，桓死，安南大乱，久无酋长^①，其后国人共立闽人李公蕴为主。天圣七年，公蕴死，子德政立。嘉祐六年，德政死，子日尊立。自公蕴据安南，始为边患，屡将兵入寇。至日尊，乃僭称"法天应运崇仁至道庆成龙祥英武睿文尊德圣神皇帝"，尊公蕴为"太祖神武皇帝"，国号大越。熙宁元年，伪改元宝象，次年又改神武。日尊死，子乾德立，以宦人李尚吉与其母黎氏号燕鸾太妃，同主国事。熙宁八年，举兵陷邕、钦、廉三州。九年，遣宣徽使郭仲通、天章阁待制赵公才讨之，拔广源州，擒酋领刘纪，焚甲峒，破机郎、决里，至富良江。尚吉遣王子洪真率众来拒，大败之，斩洪真，众歼于江上，乾德乃降。是时，乾德方十岁，事皆制于尚吉。广源州者，本邕州羁縻^②。天圣七年，首领侬存福归附，补存福邕州卫职，转运使章频罢遣之^③，不受其地，存福乃与其子智高东掠笼州，有之七源。存福因其乱，杀其兄，率土人刘川，以七源州归存福。庆历八年，智高自领广源州，渐吞灭右江、田州一路蛮峒^④。皇祐元年，邕州人殿中丞昌协奏乞招收智高，不报。广源州孤立，无所归。交趾觇其隙，袭取存福以归。智高据州不肯下，反欲图交趾，不克，为交人所攻，智高出奔右江文村，具金函表投邕州，乞归朝廷，邕州陈拱拒不纳。明年，智高与其匹卢豹、黎貌、黄仲卿、廖通等拔横山寨入寇，陷邕州，入二广。及智高败走，卢豹等收其余众，归刘纪，下广河。至熙宁二年，豹等归顺。未几，复叛从纪。至大军南征，郭帅遣别将燕达下广源，乃始得纪，以广源为顺州。甲峒者，交趾大聚落，主者甲承贵，娶李公蕴之女，改姓甲氏。承贵之子绍泰，又娶德政之女。其子景隆，娶日尊之女。世为婚姻，最为边患。自天圣五年，承贵破太平寨，杀寨主李绪。嘉祐五年，绍泰又杀永平寨主李德用，屡侵边境。至熙宁大举，乃讨平之，收隶机郎县。

注释
①酋长：地方少数民族首领。②羁縻：羁縻州，古代在少数民族地区所置的州，主要以当地民俗为治，区别于其他一般州县。③罢遣：遣散，放遣。④蛮峒：古称南方少数民族聚集的地区，或此类地区的住民。

译文

交趾是汉、唐时期交州的故地。五代十国时期分崩动乱，吴文昌才开始占据安南，略微侵占了交、广一带的土地。后来吴文昌被丁琏杀死，丁琏又获得了这片土地。本朝开宝六年，丁琏刚归附时，授封了静海军节度使。开宝八年，封为交趾郡王。景德元年，当地人黎桓杀丁琏而自立。景德三年，黎桓死，安南大乱，很长一段时间没有首领，后来当地人共同拥立闽人李公蕴作为首领。天圣七年，李公蕴死，他的儿子李德政立为新主。嘉祐六年，李德政死，他的儿子李日尊立为新主。从李公蕴占据安南开始，成了边患，多次带兵入侵。到李日尊时期，僭越称帝号"法天应运崇仁至道庆成龙祥英武睿文尊德圣神皇帝"，尊李公蕴为"太祖神武皇帝"，国号为大越。熙宁元年，伪政权改年号为宝象，第二年又改为神武。李日尊死后，他的儿子李乾德立为新主，与宦官李尚吉和母亲母黎氏燕鸾太妃一同主掌国事。熙宁八年，大越举兵攻陷邕、钦、廉三州。熙宁九年，本朝派遣宣徽使郭仲通、天章阁待制赵公才讨伐，收复广源州，生擒首领刘纪，焚烧甲峒，破敌于机郎、决里，直到富良江。李尚吉派王子李洪真率兵前来抵抗，我军大败敌军，斩首李洪真，集中歼灭于富良江上，李乾德才投降。当时，李乾德只有十岁，国事全受制于李尚吉。广源州，原本是邕州的羁縻州。天圣七年，首领侬存福归附本朝，受封邕州卫的官职，转运使章频罢遣他，不接受他的土地，侬存福便与侬智高向东掠夺笼州，又到七源。侬存福以叛乱为由杀了其兄，率领当地人刘川，将七源州收归。庆历八年，侬智高亲自统领广源州，逐渐吞并右江、田州一路的少数民族地区。皇祐元年，邕州出身的殿中丞昌协上奏请求招安侬智高，没获得同意。广源州被孤立，无所凭依。交趾趁这个间隙，袭击并捉回侬存福。侬智高占据广源州不肯投降，反而图谋交趾，没能打赢，被交趾人攻克，侬智高出逃到右江文村，准备了金钱与奏表投奔邕州，请求归附朝廷，邕州首领陈拱拒不接受。第二年，侬智高与同党卢豹、黎貌、黄仲卿、廖通等人打下横山寨开始入侵，攻陷邕州，进入两广。等到侬智高战败逃亡时，卢豹等人收编剩余部队，归附刘纪，攻下了广河。到了熙宁二年，卢豹等人归顺本朝。不久，又叛变了重新跟随刘纪。等到本朝大军南征，郭帅派遣别将燕达攻下广源，才捉到刘纪，改广源为顺州。甲峒是交趾的一个大聚落，首领叫甲承贵，娶了李公蕴的女儿，改姓甲。甲承贵的儿子甲绍泰，又娶了李德政的女儿。甲绍泰的儿子甲景隆，娶了李日尊的女儿。世代结为姻亲，是最大的边患。自天圣五年起，甲承贵攻破太平寨，杀了寨主李绪。嘉祐五年，甲绍泰又杀了永平寨的寨主李德用，多次侵犯边境。到熙宁九年本朝大举讨伐，才平定了甲峒，收归机郎县管辖。

原文

太祖朝，常戒禁兵之衣，长不得过膝，买鱼肉及酒入营门者，皆有罪。又制更戍之法①，欲其习山川劳苦，远妻孥怀土之恋②。兼外戍之日多，在营之日少，人人少子而衣食易足。又京师卫兵请粮者，营在城东者，即令赴城西仓；在城西者，令赴城东仓；仍不许佣僦车脚，皆须自负，尝亲登右掖门观之。盖使之劳力，制其骄惰，故士卒衣食无外慕，安辛苦而易使。

注释

①更戍：轮番戍守边关。②孥：子女。

译文

宋太祖时期，曾规定禁兵的上衣，最长不得过膝，买鱼肉及酒带进军营门的人，都要治罪。还制定了更戍法，要求士兵习惯山川中的劳苦，减少对妻儿故土的留恋。再加上在外戍守的时间多，在本地军营的时间少，人们少生育，衣食需求容易满足。此外，京城卫兵领取粮食的时候，军营在城东的，要求去城西粮仓取粮；军营在城西的，要求去城东的粮仓取粮；并且不允许雇用车或劳力，都必须自己背，宋太祖曾登上右掖门去视察。这是为了让他们做苦力，减少骄纵怠惰的情绪，因而士兵除衣食以外没有更多需求，安于辛苦而便于驱使。

原文

青堂羌本吐蕃别族，唐末，蕃将尚恐热作乱，率众归中国，境内离散。

国初，有胡僧立遵者，乘乱挟其主籛逋之子唃厮啰，东据宗哥邈川城。唃厮啰，人号"瑕萨籛逋"者。胡言"赞普"也[1]。唃厮，华言"佛"也；啰，华言"男"也。自称佛男，犹中国之称天子也，立遵姓李氏，唃厮啰立，立遵与邈川首领温殕、温逋相之，有汉陇西、南安、金城三郡之地，东西二千余里。宗哥邈川，即所谓"三河间"也。祥符九年，立遵与唃厮啰引众十万寇边，入古渭州，知秦州曹玮攻败之，立遵归乃死。唃厮啰妻李氏，立遵之女也，生二子，曰瞎毡、磨毡角。立遵死，唃厮啰更取乔氏，生子董毡，取契丹之女为妇。李氏失宠，去为尼；二子亦去其父，瞎毡居河州，磨毡角居邈川。唃厮啰往来居青唐城。赵元昊叛命，以兵遮厮啰，遂与中国绝。屯田员外郎刘涣献议通唃厮啰，乃使涣出古渭州，循末邦山，至河州国门寺，绝河逾廓州，至青唐，见唃厮啰，授以爵命，自此复通。磨毡角死，唃厮啰复取邈川城，收磨毡角妻子，质于结罗城。唃厮啰死，子董毡立，朝廷复授以爵命。瞎毡有子木征，木征者，华言"龙头"也。以其唃厮啰嫡孙，昆弟行最长，故谓之"龙头"。羌人语倒，谓之"头龙"。瞎毡死，青唐首领瞎药鸡罗及胡僧鹿尊共立之，移居湟山。董毡之甥瞎征伏，羌蕃部李铖星之子也，与木征不协，其舅李笃毡挟瞎征居结古野反河，瞎征数与笃毡及沈千族首领常尹丹波合兵攻木征，木征去，居安乡城。有巴欺温者，唃氏族子，先居结罗城，其后稍强。董毡河南之城遂三分：巴欺温、木征居洮河间，瞎征居结河，董毡独有河北之地。熙宁五年秋，王子醇引兵，始出路骨山，拔香子城，平河州。又出马蔺州，擒木征母弟结吴叱，破洮州，木征之弟已毡角降。尽得河南熙、河、洮、岷、叠、宕六州之地，自临江寨至安乡城，东西一千余里，降蕃户三十余万帐。明年，瞎木征降，置熙河路。

注释

①赞普：吐蕃君主的称号。

译文

　　青唐羌原本是吐蕃族的一个分支，唐末，吐蕃将领尚恐热叛乱，率领民众归附中原，吐蕃境内分裂。宋初，有一名叫立遵的胡僧，乘乱挟持了吐蕃国君籛逋的儿子唃厮啰，占据了东部的宗哥邈川城。唃厮啰，人称"瑕萨籛逋"，是吐蕃语里"赞普"音译。唃厮是汉语里"佛"的意思；啰是汉语里"男"的意思。他自称佛男，就像在中原自称天子一样，立遵姓李，唃厮啰继位后，立遵和邈川首领温殕、温逋辅佐他，拥有汉陇西、南安、金城三郡的土地，东西长二千余里。宗哥邈川就是我们所说的"三河间"。大中祥符九年，立遵和唃厮啰率领十万敌寇入侵边境，进入古渭州，秦州知州曹玮打败了他们，立遵回国后便死了。唃厮啰的妻子李氏，是立遵的女儿，生了两个儿子，叫作瞎毡、磨毡角。立遵死后，唃厮啰又娶了乔氏，生了儿子董毡，又娶了契丹女子做妻子。李氏失宠，出家当了尼姑；两个儿子也离开了父亲，瞎毡占据河州，磨毡角占据邈川。唃厮啰来往于青堂城。赵元昊叛变，用军队阻截了厮啰，于是他与朝廷的交往断绝。屯田员外郎刘涣上奏皇帝提出希望与唃厮啰交往，于是派刘涣为使者去古渭州，沿着末邦山，到河州国门寺，渡河穿过廓州，到达青堂，见到了唃厮啰，授予他爵位的任命，从此才恢复交往。磨毡角死后，唃厮啰取回了邈川城，把磨毡角的妻儿抓来结罗城为人质。唃厮啰死后，儿子董毡继位，朝廷再次授予他爵位。瞎毡有一个儿子木征，木征是汉语里"龙头"的意思。这是因为他是唃厮啰的嫡孙，兄弟排行中最长，所以叫作"龙头"。羌语是反着说的，称为"头龙"。瞎毡死后，青堂首领瞎药鸡罗和胡僧鹿尊共同拥立他，移居到滔山。董毡的外甥瞎征伏，是羌蕃部族李铽星的儿子，与木征不和，他的舅舅李笃毡挟持瞎征占据结（古野反）河，瞎征多次与笃毡及沈千族首领常尹丹波联合出兵攻打木征，木征退败，到了安乡城。有一个叫巴欺温的人，是唃氏的族人，之前占据结罗城，后来逐渐变强。董毡在黄河以南的城池于是被三分：巴欺温、木征占据洮河间，瞎征占据结河，董毡独自拥有黄河以北的土地。熙宁五年的秋天，王韶（字子醇）带兵，开始从路骨山出发，打下香子城，平定河州。又出兵蔺州，生擒了木征的母弟结吴叱，打下洮州，木征的弟弟已毡角投降。黄河以南的熙、河、洮、岷、叠、宕六州土地全部拿下，从临江寨到安乡城，东西长一千余里，投降的蕃户有三十余万帐。第二年，瞎木征投降，在此设置了熙河路来管理。

原文

范文正常言：史称诸葛亮能用度外人①。用人者莫不欲尽天下之才，常患近己之好恶而不自知也，能用度外人，然后能周大事。

注释

①度外：法度之外。不按常法、不遵常礼的。

译文

范仲淹经常说：史书上称诸葛亮能任用关系疏远的人。用人无不揽尽天下贤能之士，常常担心自己不能判别出亲近之人的好与坏，能这样用人，才能成大事。

原文

元丰中，夏戎之母梁氏遣将引兵卒至保安军顺宁寨，围之数重。时寨兵至少，人心危惧。有倡姥李氏，得梁氏阴事甚详，乃掀衣登陴^{pí}①，抗声骂之，尽发其私，虏人皆掩耳，并力射之，莫能中。李氏言愈丑，虏人度李终不可得，恐且得罪，遂托以他事，中夜解去。鸡鸣狗盗皆有所用②，信有之。

注 释

①陴：城墙上的矮墙，或俗称"城垛子"。②鸡鸣狗盗：学鸡打鸣，装狗偷盗，形容身份低下而有卑微技能的人。

译 文

元丰年间，西夏国母梁氏派兵遣将到保安军顺宁寨，将其重重围困。当时的寨兵非常少，人人惊恐。有一名姓李的老年娼妇，知道很多梁氏的秘闻，于是掀开衣裳登上城墙，大声辱骂她，说尽了她的私事。敌军都捂住耳朵，合力射她，没能射中。李氏骂的话越来越粗俗，敌人考虑到始终没法捉住李氏，怕得罪梁氏，便借口有其他情况，趁半夜离开。鸡鸣狗盗之徒都有用处，的确是这样。

原 文

宋宣献博学，喜藏异书，皆手自校雠①。常谓："校书如扫尘，一面扫，一面生。故有一书每三四校，犹有脱谬。"

注 释

①校雠：校对。一人独校为校，二人对校为雠。

译 文

宋绶（谥号宣献）博学，喜欢收藏奇书，都是亲手校雠的。他常说："校书就像清扫尘土，一面扫，一面生。所以有时一本书经过三四个校次，仍然有错漏之处。"

卷二十六　药议

原 文

古方言"云母粗服①，则著人肝肺不可去"。如杷杷、狗脊毛不可食，皆云"射入肝肺"。世俗似此之论甚多，皆谬说也。又言"人有水喉、食喉、气喉"者，亦谬说也。世传《欧希范真五脏图》，亦画三喉，盖当时验之不审耳。水与食同咽，岂能就口中遂分入二喉？人但有咽，有喉二者而已。咽则纳饮食，喉则通气。咽则下入胃脘②，次入胃中，又次入广肠，又次入大小肠；喉则下通五脏，为出入息。五脏之含气呼吸，正如冶家之鼓鞴③。人之饮食药饵，但自咽入肠胃，何尝能至五脏？凡人之肌骨、五脏、肠胃虽各别，其入肠之物，英精之气味，皆能洞达，但滓秽即入二肠。凡人饮食及服药既入肠，为真气所蒸，英精之气味，以至金石之精者，如细研硫黄、朱砂、乳石之类，凡能飞走融结者④，皆随真气洞达肌骨，犹如天地之气，贯穿金石土木，曾无留碍。自余顽石草木⑤，则但气味洞达耳。及其势尽，则滓秽传入

大肠，润湿渗入小肠，此皆败物，不复能变化，唯当退泄耳。凡所谓某物入肝，某物入肾之类，但气味到彼耳，凡质岂能至彼哉？此医不可不知也。

①**云母**：中药上的云母是硅酸盐类矿物白云母，洗净捣碎可入药。②**胃脘**：胃腔，胃的上口叫作上脘，此处应指上脘。③**鼓鞲**：古代的鼓风器械。④**飞走融结**：能够蒸腾游走、融化凝聚的，即容易产生物态变化的。⑤**顽石草木**：指食物及药物中精华的气味被元气蒸发之后剩余的粗劣部分。

古代医书上说"云母不加工就服用，就会粘在人的肝肺上去不掉"。像枇杷、狗脊毛这些不能直接吃，都说是会"射入肝肺"。民间类似这样的论断很多，都是错误的。又有说"人有水喉、食喉、气喉"，也是错误的。世传的《欧希范真五脏图》，也画着三个喉，是当时人检讨不仔细的缘故。水和食物一起咽下去，怎么可能从口中就分别进入两个喉？人只有咽、喉两种而已。咽是收纳食物的，喉是呼吸通气的。经过咽的食物接下来到胃脘，然后进入胃中，再进入广肠，再进入大小肠；经过喉的气则向下通向五脏，变成出入气息。五脏含气呼吸的道理，正像是炼铁人用的鼓风皮。人吃的食物和药，只通过咽进入肠胃，怎么能到五脏呢？凡是人的肌肤骨骼、五脏、肠胃尽管各有区别，但进入肠胃的东西，精华的气味，都能通达这些地方，只有渣子进入大小肠。凡是人吃的食物和药进入肠胃，被真气所蒸，精华的气味乃至于金石的精华，比如研磨成细粉末的硫黄、朱砂、乳石等，凡是能运动融化的，都随着真气通达肌骨，就像天地之气，贯穿金石土木一样，没有滞留或障碍。其余的顽石草木，则只有气味能够通达。待这些精华用尽，剩下的渣子就进入大肠，水分渗入小肠，这些都是腐败之物，不能再次变化，只能当作排泄物。所有说某物入肝、某物入肾的，都只是气味到达这里，实质怎么可能到达这些地方呢？这是医者必须知道的事情。

●丁香

丁香，常绿乔木。叶对生，革质，卵状长椭圆形。夏季开花，花淡紫色，果实呈倒卵形至长椭圆形，称"母丁香"；干燥花蕾入药，称"公丁香"，性温，味辛，功能为温胃降逆，主治呃逆、胸腹胀闷等。

予集《灵苑方》，论鸡舌香以为丁香母，盖出陈氏《拾遗》①。今细考之，尚未然。按《齐民要术》云："鸡舌香，世以其似丁子，故一名丁子香。"即今丁香是也。《日华子》云："鸡舌香，治口气。"所以三省故事，郎官口含鸡舌香，欲其奏事对答，其气芬芳。此正谓丁香治口气，至今方书为然。又古方五香连翘汤用鸡舌香，《千金》五香连翘汤无鸡舌香，却有丁香，此最为明验。《新补本草》又出丁香一条，盖不曾深考也。今世所用鸡舌香，乳香中得之，大如山茱萸，锉开，中如柿核，略无气味。以治疾，殊极乖谬。

译文

我整理《灵苑方》，说到鸡舌香就是丁香母，这是出自陈氏的《拾遗》。现今仔细考证，实际不是这样。按照《齐氏要术》中的说法："鸡舌香，世人因它像丁子，所以又叫丁子香。"也就是现在说的丁香。《日华子》中记载："鸡舌香，治口气。"因此三省有旧例，郎官要口含鸡舌香，是为了与皇帝奏事对答的时候，口气清新。这正是所谓的丁香治口气，至今医书上还是这样写。另有古药方五香连翘汤用鸡舌香，《千金》里记载的五香连翘汤没有鸡舌香，却有丁香，这是最直观的证据。《新补本草》另有丁香一条，是没有深入考究过的。现在世上所用的鸡舌香，是从乳香树上取得的，大的像山茱萸，锉开后，里面像柿子核，没有什么气味。用来治病，非常荒谬。

原文

旧说用药有"一君、二臣、三佐、五使"之说。其意以为药虽众，主病者专在一物，其他则节级相为用，大略相统制，如此为宜，不必尽然也。所谓君者，主此一方者，固无定物也。《药性论》乃以众药之和厚者定以为君，其次为臣、为佐，有毒者多为使，此谬说也。设若欲攻坚积①，如巴豆辈，岂得不为君哉？

注释

①坚积：顽固的积食结便。

译文

旧称用药有"一君、二臣、三佐、五使"的说法。意思是用来入药的药材虽然很多，主要治病的专在一种，其他的则是层级递减地辅助使用，大体上是互相制约的，这样使用会较好，但也不必完全遵照。所谓的君，是指这一药方中的主体，本来是没有规定某物一定是君。《药性论》便将药材中温和淳厚的定为君，其次是臣、佐，有毒的药材多为使，这个说法是错误的。假如要治疗顽固的积症，用像巴豆这样的药，难道不该作为君吗？

原文

金罂子止遗泄①，取其温且涩也②。世之用金罂者，待其红熟时，取汁熬膏用之，大误也。红则味甘，熬膏则全断涩味，都失本性。今当取半黄时采，干，捣末用之。

注释

　①金罂子：即金樱子的果实。遗泄：遗精遗便等症状。②温、涩：中药认为药物都有一定的性味，有四气五味之说，四气为寒、热、温、凉以及其他一些相对和缓的平性药，五味为辛、甘、酸、苦、咸以及其他一些具有淡味、涩味的药。

译文

　　金罂的果实止遗止泄，是取其温、涩的药性。世人用金罂，等到红熟的时候，挤出汁来熬成膏使用，这非常错误。红熟的时候味道甘甜，熬成膏就完全断绝了其涩味，失去了本性。现在应当在半黄的时候采集，晒干，捣成末使用。

原文

　　汤、散、丸①，各有所宜。古方用汤最多，用丸、散者殊少。煮散古方无用者，唯近世人为之。大体欲达五脏四肢者莫如汤，欲留膈胃中者莫如散②，久而后散者莫如丸。又无毒者宜汤，小毒者宜散，大毒者须用丸。又欲速者用汤，稍缓者用散，甚缓者用丸。此其大概也。近世用汤者全少，应汤者皆用煮散。大率汤剂气势完壮，力与丸、散倍蓰③。煮散者一啜不过三五钱极矣，比功较力，岂敌汤势？然汤既力大，则不宜有失消息。用之全在良工，难可以定论拘也。

注释

　　①汤、散、丸：中药的三种形式，汤剂是把药材直接加水煎成汁服用，煮散是将药物制成粉末，服用时加水或引药煎煮，丸剂由药材细粉或提取物加适宜的黏合辅料（如蜜、糊）制成。②膈：分隔胸腹两腔的膜状肌肉，横膈膜。③倍蓰：倍为一倍，蓰为五倍，合在一起表示数倍的意思。

译文

　　汤、散、丸形式的中药，各有适合使用的场合。古方中用汤最多，用丸、散的特别少。古方中没有煮散的，只有近世人这样做。大致来说，想要药效到达五脏四肢的话汤最好，想要留在膈胃中的话散最好，想要时间久慢慢发散的话就用丸。另外，无毒的药物适合汤，小毒的药物适合散，大毒的药物必须用丸。再有，想要迅速起效的就用汤，稍缓的就用散，最缓的就用丸。大致的规则是这样。近世以来用汤的人很少了，本应用汤的都用煮散。基本上汤剂的药力最为完整强力，比丸、散的药力大数倍。煮散每次不过喝下三五钱就是极限了，功力相较，哪能比得上汤的药力？但汤既然力大，配药时就不应有差错。用汤全看医者的技术好坏，很难定论。

　　古法采草药多用二月、八月，此殊未当。但二月草已芽，八月苗未枯，采掇者易辨识耳，在药则未为良时。大率用根者，若有宿根①，须取无茎叶时采，则津泽皆归其根。欲验之，但取芦葴、地黄辈观，无苗时采，则实而沉；有苗时采，则虚而浮。其无宿根者，即候苗成而未有花时采，则根生已足而又未衰。如今之紫草，未花时采，则根色鲜泽；花过而采，则根色黯恶，此其效也。用叶者取叶初长足时，用芽者自从本说，用花者取花初敷时②，用实者成实时采。皆不可限以时月。缘土气有早晚，天时有愆伏③。如平地三月花者，深山中则四月花。白乐天《游大林寺》诗云："人间四月芳菲尽，山寺桃花始盛开。"盖常理也，此地势高下之不同也。如笙竹笋，有二月生者，有三四月生者，有五月方生者，谓之晚笙；稻有七月熟者，有八九月熟者，有十月熟者，谓之晚稻。一物同一畦之间，自有早晚，此物性之不同也。岭、峤微草④，凌冬不凋，并、汾乔木，望秋先陨；诸越则桃李冬实，朔漠则桃李夏荣，此地气之不同也。一亩之稼，则粪溉者先芽；一丘之禾，则后种者晚实，此人力之不同也。岂可一切拘以定月哉。

　　①宿根：指多年生植物长成的根，无须等待重新长根即可采集入药。②敷：张开，花的盛开。③愆伏：气候失常，阴阳失调，出自《左传》"冬无愆阳，夏无伏阴"。④峤：山道。

　　古法采草药多在二月、八月，这实在是不得当的。只因为二月草已发芽，八月茎叶还没枯黄，采药人容易辨识罢了，对于药材来说则不是好时机。基本上使用根入药的，如果有宿根，应该在无茎叶的时候采集，这时植物的营养精华都回归根。想要检验这个观点，只需取芦葴、地黄等观察，没有茎叶时采集，根饱和沉重；有茎叶时采集，则空虚轻浮。没有宿根的药材，应等候茎叶长出但未开花时采集，这时候根已经长得足够好，而又还没衰退。比如现今的紫草，没有花的时候采集，根的颜色是鲜艳有光泽的；开过花再采集，则根的颜色暗淡恶劣，这就是证明。用叶的药材要取其叶子刚刚长成的时候，用芽的药材依从之前的方法采集就好，用花的药材要取其花刚展开的时候，用果实的药材则在果实结成的时候采集。都不可以局限于固定的时节月份。因为地域、气温变化有早晚，天时气候也有失常的时候。比如平地上三月开花，深山中则四月才开花。白居易《游大林寺》诗说："人间四月芳菲尽，山寺桃花始盛开。"这是常理，是由于地势高低导致的不同。比如笙竹的笋，有的在二月生出，有的在三四月生出，有的五月才生出，称为晚笙；稻有的七月成熟，有的八九月成熟，有的十月成熟，称为晚稻。同一物种在同一畦里耕种，也有各自的早晚，这是物性的不同。岭、峤地区的小草，在寒冷的冬天也不凋零，并、汾地区的乔木，刚到秋天就先落叶了；诸越地区桃李在冬天结果，北方荒漠地区桃李则在夏天茂盛，这是地域气温导致的不同。一亩地里的庄稼，用粪灌溉的先发芽；一个山坡上的禾苗，后种的晚结果，这是人力导致的不同。怎能以月份一概而论呢？

原文

《本草注》："橘皮味苦，柚皮味甘。"此误也。柚皮极苦，不可向口，皮甘者乃柑耳。

译文

《本草注》中写道："橘皮味苦，柚皮味甘。"这是不对的。柚子皮非常苦，无法入口，皮甘的应该是柑。

原文

按《月令》："冬至麋角解[1]，夏至鹿角解。"阴阳相反如此。今人用麋、鹿茸作一种，殆疏也。又有刺麋、鹿血以代茸，云"茸亦血耳"，此大误也。窃详古人之意，凡含血之物，肉差易长，其次筋难长，最后骨难长。故人自胚胎至成人，二十年骨髓方坚。唯麋角自生至坚，无两月之久，大者乃重二十余斤，其坚如石。计一昼夜须生数两。凡骨之顿成生长，神速无甚于此。虽草木至易生者，亦无能及之。此骨之至强者，所以能补骨血，坚阳道，强精髓也。岂可与凡血为比哉。麋茸利补阳，鹿茸利补阴。凡用茸，无乐太嫩，世谓之"茄子茸"[2]，但珍其难得耳，其实少力。坚者又太老。唯长数寸，破之肌如朽木，茸端如玛瑙、红玉者，最善。又北方戎狄中有麋、麈、麈。驼鹿极大而色苍，尻黄而无斑，亦鹿之类。角大而有文，坚莹如玉，其茸亦可用。

注释

①解：脱落。②茄子茸：可能是鹿角长出较嫩，未分权而形似茄子的茸角。

译文

按照《月令》里的记载："冬至麋角解，夏至鹿角解。"阴阳差异有这么大。今人把麋、鹿的茸角当作一种，完全是疏忽考证了。另外有抽取麋、鹿的血代替茸角的，说"茸亦血耳"，这是很大的错误。我私下推测古人的意思，在所有含血的组织里，肉最容易长，其次是筋比较难长，骨是最难长的。所以人从胚胎到成人，经过二十年骨骼才坚固。唯有麋鹿的角从生下来就是坚固的，不到两个月，大的就能长成二十余斤重，坚硬如石。算起来平均一天要长几两重。骨骼快速生长的，都没有比这更神速的。就算是草木这样容易生长的，也不能及。这是骨血最强的动物骨骼，所以能补骨血，坚固阳气，强健精髓。岂是普通血液能比的。麋的茸角能补阳，鹿的茸角能补阴。一般用茸角入药，不喜太嫩。世人说的所谓"茄子茸"，只是珍贵难得罢了，其实药力很小。坚硬的角又太老。只有长数寸，切开来质地像朽木，茸角顶端像玛瑙、红玉的，是最好的。另外，北方少数民族中有麋、麂、麈。驼鹿体形极大，毛色苍灰，臀部黄而没有斑纹，已很像鹿。角大而有花纹，坚硬剔透如玉，它的茸角也可以入药。

原文

枸杞，陕西极边生者，高丈余，大可作柱，叶长数寸，无刺，根皮如厚朴，甘美异于他处者。《千金翼》云[①]："甘州者为真，叶厚大者是。"大体出河西诸郡。其次江池间圩埂上者[②]。实圆如樱桃，全少核。暴干如饼，极膏润有味。

注释

①《**千金翼**》：唐代医学家孙思邈撰写的《千金翼方》，约成书于永淳二年（683），是补足在《千金要方》成书之后三十年间作者所得的医学成果，故称"翼"。②**圩埂**：围水的堤堰。

译文

枸杞是陕西路很靠近边境的地方生长的，树高一丈多，大的可以作屋柱，叶子有几寸长，没有刺，树根树皮像厚朴，比其他地方生长得更甜美。《千金翼》里说："甘州者为真，叶厚大者是。"大致产自河西诸郡。其次是生长在水域旁堤堰上的。枸杞果实圆如樱桃，基本很少有核。晒干后像饼，非常润泽有滋味。

原文

"淡竹"对"苦竹"为文。除苦竹外，悉谓之淡竹，不应别有一品谓之淡竹。后人不晓，于《本草》内别疏淡竹为一物。今南人食笋有苦笋、淡笋两色，淡笋即淡竹也。

译文

"淡竹"是呼应"苦竹"来说的。除了苦竹之外的竹子，都称为淡竹，不应该专门有一个品种称为淡竹。后人不知道，在《本草》里单独列淡竹为一种物产。现在的南方人吃笋有苦笋、淡笋两种，淡笋就是淡竹了。

原文

东方、南方所用细辛，皆杜衡也，又谓之马蹄香。色黄白，拳局而脆[①]，干则作团，非细辛也。细辛出华山，极细而直，深紫色，味极辛，嚼之习习如生椒，其辛更甚于椒。故《本草》云："细辛，水渍令直。"是以杜衡伪为之也。襄、汉间又有一种细辛，极细而直，色黄白，乃是鬼督邮，亦非细辛也。

注释

①**拳局**：又作"拳踡"，弯曲不得舒展的样子。

东方、南方所用的细辛这味药，都是杜衡，又叫马蹄香。颜色黄白，卷曲而脆，晒干后缩成团，并不是细辛。细辛产自华山，非常细并且直，颜色是深紫色，味道非常辛辣，咀嚼起来辣得像生辣椒，而且比辣椒更辣。所以《本草》里说："细辛，用水泡使其变直。"是用杜衡来充当细辛。襄、汉一带还有一种细辛，很细很直，颜色是黄白色，这是鬼督邮，也不是细辛。

原 文

《本草注》引《尔雅》云："蘦，大苦。"注："甘草也。蔓延生，叶似荷，茎青赤。"此乃黄药也①，其味极苦，故谓之大苦，非甘草也。甘草枝叶悉如槐，高五六尺，但叶端微尖而糙涩，似有白毛，实作角生，如相思角，四五角作一本生，熟则角坼②。子如小扁豆，极坚，齿啮不破。

注 释

①黄药：即黄药子，味苦，性凉，有小毒。②坼：裂开。

译 文

《本草注》引述《尔雅》道："蘦，大苦。"注："甘草也。蔓延生，叶似荷，茎青赤。"这说的是黄药，味道非常苦，所以说"大苦"，并不是甘草。甘草的枝叶都很像槐树，树高五六尺，但是叶端微尖并且粗糙，看上去像长了白毛，果实是豆荚，像相思角一样，四五角生成一丛，熟了之后豆荚就裂开。豆子像小扁豆，非常坚硬，牙齿啮不破。

原 文

胡麻直是今油麻，更无他说，予已于《灵苑方》论之。其角有六棱者，有八棱者。中国之麻，今谓之大麻是也。有实为苴麻①，无实为枲麻②，又曰牡麻。张骞始自大宛得油麻之种③，亦谓之麻，故以"胡麻"别之，谓汉麻为"大麻"也。

注 释

①苴麻：大麻的雌株。②枲麻：大麻的雄株，后文的"牡麻"之牡也是雄性的意思。③张骞：汉武帝时期官员、外交家，曾为联合大月氏夹击匈奴而出使西域各国，开辟了中国通往西方的丝绸之路。

译 文

胡麻就是现在说的油麻，没有其他说法，我已经在《灵苑方》里谈论过。胡麻的荚有的是六棱，有的是八棱。国内的麻，现在称为大麻。结果实的是苴麻；不结果实的是枲麻，又叫牡麻。从张骞出使西域开始从大宛带回油麻种子，也称为麻，所以用"胡麻"来区别，称汉麻为"大麻"。

梦溪笔谈

二九四

赤箭，即今之天麻也。后人既误出天麻一条，遂指赤箭别为一物。既无此物，不得已又取天麻苗为之，滋为不然。《本草》明称"采根暴干"，安得以苗为之？草药上品，除五芝之外^①，赤箭为第一。此神仙补理、养生上药。世人惑于天麻之说，遂止用之治风^②，良可惜哉。或以谓其茎如箭，既言赤箭，疑当用茎，此尤不然。至如鸢尾、牛膝之类，皆谓茎叶有所似，用则用根耳，何足疑哉！

注释

①五芝：《神农本草经》称五芝为赤、黄、白、黑、紫，后人常引用此说法或以青替换紫，《抱朴子》中将灵芝分为石芝、木芝、草芝、肉芝、菌芝。②风：中风等疾病。

释文

赤箭就是今天说的天麻。后人已经错误地单列出天麻一条，于是将赤箭作为另外一种东西。既然没有这种东西，不得已又取天麻苗作为赤箭，这非常不正确。《本草》清楚地说了"采根暴干"，怎么可能使用苗呢？草药中的上品，除了五种灵芝之外，就数赤箭为第一。这是仙家用来补理、养生的上乘药材。世人迷惑于天麻之说，于是只用于治中风，实在可惜。有人说因为赤箭的茎长得像箭，既然叫赤箭，似乎应当使用茎入药，这尤其错误。比如鸢尾、牛膝之类的药材，都说叶子的样子近似，入药则是用根，这有什么好奇怪的呢！

原文

地菘即天名精也。世人既不识天名精，又妄认地菘为火蔹^{liǎn}，《本草》又出鹤虱一条，都成纷乱。今按，地菘即天名精，盖其叶似菘，又似蔓菁^{蔓菁即蔓精也}，故有二名。鹤虱即其实也。世间有单服火蔹法，乃是服地菘耳，不当用火蔹。火蔹，《本草》名豨莶^{méi}^①，即是猪膏莓。后人不识，亦重复出之。

注释

①豨莶：《本草纲目》引韵书中记载，楚人将猪称为豨，将辛毒气味的草称为莶，豨莶因气臭如猪而得名。

释文

地菘就是天名精。世人既不认识天名精，又自大地把地菘当成火蔹，《本草》中又多列了鹤虱一条，造成纷乱的情形。现今考证，地菘就是天名精，大概是因为叶子像菘，又像蔓菁（蔓菁也就是蔓精），所以有两种名称。鹤虱是指它的果实。世上有单服火蔹的方法，就是服地菘而已，不应用火蔹。（火蔹，《本草》中叫豨莶，也就是猪膏莓。后人不认识，所以重复列出。）

原文

南烛草木，记传、《本草》所说多端，今少有识者。为其作青精饭色黑①，乃误用乌柏为之，全非也。此木类也，又似草类，故谓之南烛草木，今人谓之南天烛者是也。南人多植于庭槛之间，茎如朔藋，有节；高三四尺，庐山有盈丈者。叶微似楝而小。至秋则实赤如丹。南方至多。

注释

①青精饭：即乌米饭，是中国民间传统的节日食品，在农历四月初八这一天食用，有延年益颜的功效。

译文

南烛草木，记传、《本草》中有很多种说法，现今很少有人认识。由于用它做青精饭颜色是黑色的，所以人们错用乌柏来做，这完全不对。南烛草木是木本植物，样子像草本，所以叫南烛草木，今人说的南天烛就是它。南方人大多将其种植在庭院里，它的茎像朔藋，有节；高三四尺，在庐山有生长超过一丈的。叶子有些像楝但较小。到了秋天，果实红得像丹砂。南方特别多。

原文

太阴玄精，生解州盐泽大卤中，沟渠土内得之。大者如杏叶，小者如鱼鳞，悉皆六角，端正似刻，正如龟甲。其裙襕小撱①，其前则下刻，其后则上刻，正如穿山甲相掩之处全是龟甲，更无异也。色绿而莹彻；叩之则直理而折，莹明如鉴；折处亦六角，如柳叶。火烧过则悉解折，薄如柳叶，片片相离，白如霜雪，平洁可爱。此乃禀积阴之气凝结，故皆六角。今天下所用玄精，乃绛州山中所出绛石耳，非玄精也。楚州盐城古盐仓下土中，又有一物，六棱，如马牙硝②，清莹如水晶，润泽可爱，彼方亦名太阴玄精，然喜暴润，如盐碱之类。唯解州所出者为正。

注释

①裙襕：像古代车辆四周帷幕垂下的部分，也如龟甲边缘肉质的部分。②马牙硝：药材芒硝（硫酸盐）的一种，结晶较大，故称马牙。

译文

太阴玄精产生于解州盐泽的高浓度盐水中，在沟渠的土壤里能够找到。大的像杏树叶，小的像鱼鳞，都是六角形的，端正得像人刻出来的一样，正像是龟甲。周围裙边的部分呈椭圆状，前边向下斜切，后边向上斜切，正像是穿山甲那样每一片似龟甲互相遮掩，没有什么差异。颜色绿而晶莹剔透；敲击它就会沿着纹理裂开折断，莹亮得像镜子；断裂处也是六角形，像柳叶。用火烧过就会完全拆解，薄如柳叶，片片分开，白如霜雪，洁净美丽。这是积累阴气所凝结出的，所以都是六角形。如今世上使用的玄精，是绛州山里出产的绛石，而不是玄精。楚州盐城的古盐仓下的土壤中，另有一种东西，是六棱形，像马牙硝，清澈晶莹得像水晶，润泽美丽，那个也叫作太阴玄精，但容易水解，像盐碱之类一样。只有解州出产的是真正的太阴玄精。

原 文

稷乃今之穄也。齐、晋之人谓即、积皆曰"祭"，乃其土音，无他义也。《本草注》云："又名縻子。"縻子乃黍属。《大雅》："维秬维秠，维穈维芑。"秬、秠、穈、芑皆黍属，以色为别，丹黍谓之穈穈音门。今河西人用縻字而音穈。

译 文

稷也就是现今说的穄。齐、晋地区的人把即、积都读成"祭"，是方言土音，没有别的意思。《本草注》说它：'又叫縻子。"縻子是黍属。《大雅》里有："维秬维秠，维穈维芑。"秬、秠、穈、芑都是黍属，靠颜色区别，丹黍叫作穈（穈的读音是门）。现今的河西人用縻字但读音还是穈。

原 文

苦𧆑即《本草》酸浆也[1]。《新集本草》又重出苦𧆑一条。河西番界中[2]，酸浆有盈丈者。

注 释

①酸浆：多年生草本植物，结浆果，根、茎、花、果都可入药，有清热化痰的功效。
②番界：外族地区，河西番界主要指西夏地区。

译 文

苦𧆑就是《本草》里记载的酸浆。《新集本草》又单独列出了苦𧆑一条。河西的外族地界上，有的酸浆长得有一丈高的。

原 文

今之苏合香，如坚木，赤色。又有苏合油，如糫胶[1]，今多用此为苏合香。按刘梦得《传信方》用苏合香云："皮薄，子如金色，按之即小，放之即起，良久不定如虫动，气烈者佳也。"如此则全非今所用者，更当精考之。

注 释

①糫：黏。

译 文

今天说的苏合香，样子像是坚硬的木材，红色。另有苏合油，像糫胶，现今大多以此为苏合香。据考证，刘禹锡（字梦得）《传信方》中对苏合香的说法是："皮薄，子如金色，按之即小，放之即起，良久不定如虫动，气烈者佳也。"这么说来完全不是今天用的这样，应当更仔细地考证。

薰陆即乳香也，本名薰陆，以其滴下如乳头者，谓之乳头香；镕塌在地上者①，谓之塌香。如腊茶之有滴乳、白乳之品②，岂可各是一物？

注释

①镕：熔化。②腊茶：早春之茶，也有因其颜色似蜡，而叫蜡茶。

译文

薰陆就是乳香，本名薰陆，由于滴下像是乳头的样子，叫作乳头香；熔化后塌在地上的，叫作塌香。就像腊茶中有滴乳、白乳的品名区别，怎么能说是两种东西呢？

原文

山豆根味极苦，《本草》言味甘者，大误也。

译文

山豆根的味道非常苦，《本草》说味道甘，是大错。

原文

蒿之类至多，如青蒿一类，自有两种：有黄色者，有青色者。《本草》谓之青蒿，亦恐有别也。陕西绥、银之间有青蒿，在蒿丛之间，时有一两株，迥然青色，土人谓之香蒿，茎叶与常蒿悉同，但常蒿色绿，而此蒿色青翠，一如松桧之色①。至深秋，余蒿并黄，此蒿独青，气稍芬芳。恐古人所用，以此为胜。

注释

①桧：侧柏。

译文

蒿的种类非常多，比如青蒿一类，就有两种：有黄色的，有青色的。《本草》里说的青蒿，恐怕也有差别。陕西绥、银一带有青蒿，在蒿丛中间，时而有一两株，是完全不同的青色，当地人称之为香蒿，它的茎叶与寻常的蒿都相同，但寻常的蒿是绿色的，而这种蒿的颜色青翠，就像是松柏的颜色。到了深秋，其他蒿都变黄了，只有这种蒿是青色的，微微有些香气。可能古人用来入药的，以这种为佳。

原文

按，文蛤即吴人所食花蛤也，魁蛤即车螯也。海蛤今不识，其生时但海岸泥沙中得之，大者如棋子，细者如油麻粒，黄、白或赤相杂，盖非一类。乃诸蛤之房，为海水砻砺光莹①，都非旧质。蛤之属其类至多，房之坚久莹洁者，皆可用，不适指一物，故通谓之海蛤耳。

〔注 释〕

〔译 文〕

据考证，文蛤就是吴地人吃的花蛤，魁蛤是车螯。海蛤如今人们不认识，海蛤活着的时候只能在海岸的泥沙中找到，大的像棋子，小的像芝麻粒，有黄色、白色或夹杂红色的，不是同一种类。这些蛤的贝壳，被海水打磨得光滑莹亮，都不是原本的样子了。蛤的种类非常多，贝壳坚固耐久并且光洁的，都可以入药，不是专指这一种，于是通称为海蛤罢了。

〔原 文〕

今方家所用漏芦，乃飞廉也①。飞廉一名漏芦，苗似苦芺（ǎo），根如牛蒡（bàng）、绵头者是也。采时用根。今闽中所用漏芦，茎如油麻，高六七寸，秋深枯黑如漆，采时用苗。《本草》自有一条，正谓之漏芦。

〔注 释〕

①飞廉：菊科多年生草本植物，有清凉散瘀的功效，茎部含飞廉碱，西医常取其制作降压药物。

〔译 文〕

现今方术家所用的漏芦，就是飞廉。飞廉也叫漏芦，苗像苦芺，根像牛蒡、绵头的就是了。采集的时候采其根部。现今闽中所用的漏芦，茎像是油麻的茎，高六七寸，深秋时枯萎成漆一样的黑色，采集的时候采其苗。《本草》中有这一条，正是称之为漏芦。

〔原 文〕

《本草》所论赭魁，皆未详审，今赭魁南中极多①，肤黑肌赤，似何首乌。切破，其中赤白理如槟榔。有汁赤如赭，南人以染皮制靴，闽、岭人谓之余粮②。《本草》禹余粮注中所引③，乃此物也。

〔注 释〕

①南中：古代指云贵川一带。②岭：古代泛指南方五岭（大庾岭、骑田岭、都庞岭、萌渚岭和越城岭）一带。③禹余粮：主要为氢氧化物类矿物褐铁矿，可用于治疗泻痢、便血、崩漏等症。

〔译 文〕

《本草》中论述赭魁，都没有仔细考证，如今赭魁在南中一带非常多，外皮是黑色，里面是红色，很像何首乌。切开，里面有红白相间的纹理，像槟榔。汁水红得像赭石，南方人用它来染皮制靴，闽地、五岭的人叫它余粮。《本草》中的禹余粮一条的注中所引的，就是这种东西。

石龙芮今有两种：水生者，叶光而末圆；陆生者，叶毛而末锐。入药用水生者。陆生亦谓之天灸，取少叶揉系臂上，一夜作大泡如火烧者是也。

译文

如今石龙芮分为两种：水生的叶片光滑、末端圆润；陆生的叶片带毛、末端尖锐。入药时使用水生的。陆生的也叫天灸，取少许叶片揉搓于手臂上，一夜过去就能生出燎泡。

原文

麻子，海东来者最胜，大如莲实，出毛罗岛。其次上郡、北地所出，大如大豆，亦善。其余皆下材。用时去壳，其法取麻子帛包之，沸汤中浸①，候汤冷，乃取悬井中一夜，勿令着水。明日，日中暴干，就新瓦上轻揉，其壳悉解。簸扬取肉，粒粒皆完。

注释

①沸汤：即沸水。

译文

麻子以东海外来的最佳，大如莲子，产自毛罗岛。其次是上郡、北地出产的，大如大豆，也很好。其余的都是下等材料。用的时候去壳，办法是用棉布包裹麻子，浸没在沸水中，等水凉后，取出在井上悬挂一夜，不能让它沾水。第二天，在正午太阳下曝晒干燥，在新瓦上轻轻揉搓，壳就都掉了。用簸箕筛出肉，粒粒都完整。

补笔谈

卷 一

故事

故事，不御前殿．则宰相一员押常参官再拜而出①。神宗初即位，宰相奏事，多至日晏。韩忠献当国，遇奏事退晚，即依旧例一面放班②，未有著令。王乐道为御史中丞，弹奏语过当③，坐谪陈州，自此令宰臣奏事至辰时未退，即一面放班，遂为定制。

注 释

①押：同"压"，押队之意。常参官：平常都需要参与朝拜的官员。②放班：官员退朝。③弹奏：弹劾奏闻。

译 文

按照旧例，皇帝不在正殿，则由一名宰相带领日常参朝的官员朝拜后离开。宋神宗刚即位的时候，宰相奏事，大多会说到太阳快落下。韩琦（谥号忠献）掌管国政的时候，遇到奏事到很晚才退朝，便依照旧例让其他官员先退朝，这并没有写成明令。王陶（字乐道）任御史中丞，弹劾上奏的语言不当，获罪被贬陈州，从此假如宰相奏事到辰时还未退朝，就先让其他官员退朝，于是成为定制。

原 文

故事，升朝官有父致仕①，遇大礼则推恩迁一官②，不增俸。熙宁中，张丞相杲卿以太子太师致仕，用子荫当迁仆射③。廷议以为执政官非可以子荫迁授，罢之。前两府致仕，不以荫迁官，自此始。

注 释

①升朝官：同常参官，即参与朝议的官员。②大礼：郊庙祭祀的重要典礼。推恩：皇帝对臣属推广封赠，以示恩典。③子荫：指子嗣受长辈的关联而得到恩赐。

译 文

按照旧例，升朝官中有父亲退休的，遇到重大典礼就可推恩升一级官，不增加俸禄。

熙宁年间，丞相张昪（字杲卿）在太子太师的任上退休，他的儿子受荫应当升职为仆射。朝廷议论认为执政官不符合子荫迁授的条件，便作罢。两府官员退休，不作为推恩的条件，从此开始。

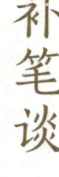

原文

故事，初授从官、给谏未衣紫者^①，告谢日面赐金紫^②。何圣从在陕西就任除待制，仍旧衣绯。后因朝阙，值大宴，殿上独圣从衣绯；仁宗问所以，中筵起，乃赐金紫，遂服以就坐。近岁许冲元除知制诰，犹着绿，告谢日面赐银绯，后数日别因对，方赐金紫。

注释

①**从官**：侍从官。**给谏**：给事中和谏议大夫的合称。**衣紫**：穿着紫衣。宋代规定京官、升朝官达到三品以上的穿紫色官服。后文的"衣绯"为穿着红衣，五品以上的官员穿大红色官服。"着绿"为穿着绿衣，六品以下官员穿绿色官服。②**金紫**：金鱼袋和紫衣，三品以上官员的官服和佩饰。后文的"银绯"指五品以上官员的大红色官服和银鱼袋佩饰。六品以下无鱼袋。

译文

按照旧例，首次授封为从官、给谏的官员如果还没有达到穿着紫色官服的品级，拜谢的那天皇帝当面赐予紫色官服及金鱼袋。何郯（字圣从）在陕西就任天章阁待制，仍然穿着红衣。后来因为入京朝拜，正值大宴，殿上唯独何郯穿红衣；宋仁宗问他原因，在筵席中起身，赐给他紫衣及佩饰，于是何郯穿上紫衣就座。近年许将（字冲元）任知制诰时，还穿着绿衣，拜谢之日当面赐予红色官服及银鱼袋；几天后由于另外参与奏对，才赐予了紫色官服和金鱼袋。

原文

自国初以来，未尝御正衙视朝^①。百官辞见^②，必先过正衙，正衙即不御，但望殿两拜而出，别日却赴内朝。熙宁中，草视朝仪，独不立见辞谢班。正御殿日，却谓之"无正衙"，须候次日依前望殿虚拜，谓之"过正衙"。盖阙文也。

注释

①**正衙**：正式朝会听政的处所，唐代为宣政殿，宋代为文德殿。②**辞见**：官员从京城出发去外地任职，须先向皇帝拜见辞行。

译文

从本朝建立以来，皇帝还没有到作为正衙的文德殿朝会听政。百官如果要辞行拜见，必要先去文德殿，皇帝不在文德殿，只是望着文德殿两拜便离开，另一天再去内朝辞见。熙宁年间，起草检视朝拜礼仪，唯独没有这项规定。真正面圣的那天，却叫作"无正衙"，必须等到第二天到文德殿前虚拜，才叫"过正衙"。这是条文的不足之处。

原文

熙宁三年，召对翰林学士承旨王禹玉于内东门小殿。夜深，赐银台烛双引归院。

译文

熙宁三年，皇帝在内东门小殿里召见了翰林学士承旨王珪（字禹玉）。夜深时，赐他由银台双烛引回翰林学士院。

原文

夏郑公为忠武军节度使，自河东中徙知蔡州，道经许昌，时李献臣为守，乃徙居他室，空使宅以待之，时以为知体。庆历中，张邓公还乡，过南阳，范文正公亦虚室以待之，盖以其国爵也①。遂守为故事。

注释

①国爵：国公的爵位。

译文

夏竦（封郑国公）任忠武军节度使，从河东迁至蔡州知州，路过许昌，当时李淑（字献臣）是太守，便迁居到其他地方，空出宅邸招待他，当时人们认为他知礼得体。庆历年间，张士逊（封邓国公）回乡，路过南阳，范仲淹（谥号文正）也空出宅邸招待他，大概是因为他有国公的爵位。于是成了惯例。

原文

国朝仪制，亲王玉带不佩鱼。元丰中，上特制玉鱼袋，赐扬王、荆王施于玉带之上。

译文

按照本国的礼仪制度，亲王的玉带上不佩鱼袋。元丰年间，皇帝特制了玉鱼袋，赐给扬王、荆王佩戴在玉带上。

原文

旧制，馆职自校勘以上①，非特除者，皆先试，唯检讨不试②。初置检讨官，只作差遣③，未比馆职故也。后来检讨给职钱，并同带职在校勘之上④，亦承例不试。

注释

①校勘：馆阁校勘，负责校订宫中藏书的官名。②检讨：史馆检讨，官名。③差遣：宋代官名，是有实际职务的官职，与其他仅表示品级、俸禄的馆职不同。④带职：兼任官职，

●王珪

王珪，字禹玉，北宋人，年幼即聪悟寻常，举进士甲科，出为翰林学士。神宗时，官至同中书门下平章事，集贤殿大学士，封岐国公，谥曰文。

称为带某某官。

释 文

按照旧例，馆职从校勘以上的官员，如果不是特例除外的，都要先考试，只有检讨官不用考试。这是由于最初设置检讨官只当作一个差遣官职，没有算作馆职的缘故。后来检讨官也有俸禄，而且带职在校勘的官职之上，也依照惯例不考试。

原 文

旧制，侍从官学士以上方腰金①。元丰初，授陈子雍以馆职，使高丽，还除集贤殿修撰，赐金带。馆职腰金出特恩，非故事也。

注 释

①**腰金**：在腰带上镶嵌或佩戴金饰，如金印、金鱼符、金鱼袋等。

释 文

按照旧例，侍从官学士以上的才佩金腰饰。元丰初年，陈子雍被授予馆职，出使高丽，回来被任命为集贤殿修撰，赐给了金腰饰。身为馆职而佩金腰饰是出自特别恩典，不是惯例。

原 文

今之门状称"牒件状如前，谨牒"①，此唐人都堂见宰相之礼。唐人都堂见宰相，或参辞谢□事□，皆先具事因，申取处分。有非一事，故称"件状如前"，宰相状后判"引"，方许见。后人渐施于执政私第。小说记施于私第，自李德裕始。近世谄敬者，无高下，一例用之，谓之"大状"。予曾见白乐天诗稿，乃是新除寿州刺史李忘其名门状，其前序住京因宜及改易差遣数十言，其末乃言"谨祗候辞，某官"。至如稽首之礼，唯施于人君。大夫家臣不稽首②，避人君也。今则虽交游皆稽首。此皆生于谄事上官者，始为流传，至今不可复革。

注 释

①**门状**：登门到访时递出的拜帖。②**稽首**：跪拜叩首的礼仪，拱手至地，头也至地，最为恭敬。

释 文

现今把拜帖写为"牒件状如前，谨牒"，这是唐代人在都堂见宰相的礼仪。唐代人在都堂见宰相，或者参拜、辞谢，都先写名来由，申请等候处理。有时不是一件事，所以称"件状如前"。宰相在状后批写"引"，才可以进来见面，后人渐渐用于执政官的私宅会见。小说里记录在私宅里使用这项礼仪，是从李德裕开始的。近世谄媚的人，不论对方地位高低，一概使用，称为"大状"。我曾见到白居易的诗稿，是新任寿州刺史李某（忘记了名字）的门状，前面数十字叙述了居住在京城的原因，以及改换差遣职务等，最后就说"谨祗候辞，某官"。至于稽首之礼，只对皇帝使月。士大夫及臣子不能使用稽首礼，是避免对皇帝不尊。如今却是月友之间都行稽首礼。这都是产生于谄媚上级官员的人，才开始流传，如今无法再取缔了。

辩证

原文

今人多谓廊屋为庑①。按《广韵》："堂下曰庑。"盖堂下屋檐所覆处，故曰"立于庑下"。凡屋基皆谓之堂，廊檐之下亦得谓之庑，但庑非廊耳。至如今人谓两廊为东西序，亦非也，序乃堂上东西壁，在室之外者。序之外谓之荣，荣，屋翼也，今之两徘徊②，又谓之两厦。四注屋则谓之东西霤③，今谓之"金厢道"者是也。

注释

①廊屋：主屋两侧延伸出来的廊，将院落围成封闭的廊院。庑：屋檐下面的走廊，包括廊屋屋檐下的走廊。②徘徊：回廊。③四注屋：四面的屋檐有承霤处的房屋样式。

译文

现今的人大多把廊屋称为庑。根据《广韵》所说："堂下曰庑。"大概是指堂下屋檐覆盖的地方，所以有"立于庑下"。大凡有地基的房屋都称为堂，廊檐下面也可以称为庑，但庑并不是廊。至于现今人们把两廊称为东西序，这也不对，序是房屋的东西墙，是在室外的。序的外面叫作荣，荣就是屋翼的意思，现今的两回廊，又叫两厦。如果是四注屋，则称为东西霤，就是今天所说的‘金厢道"。

原文

梓榆，南人谓之"朴"，齐鲁间人谓之"驳马"。驳马即梓榆也。南人谓之朴，朴亦言驳也，但声之讹耳。《诗》"隰有六驳"是也①。陆玑《毛诗疏》："檀木皮似系迷，又似驳马。人云'斫檀不谛得系迷，系迷尚可得驳马'。"盖三木相似也。今梓榆皮甚似檀，以其班驳似马之驳者。今解《诗》用《尔雅》之说，以为兽"锯牙，食虎豹"，恐非也。兽，动物，岂常止于隰者？又与苞栎、苞棣、树檖非类，直是当时梓榆耳。

注释

①隰：低湿的地方。

译文

梓榆，南方人称为"朴"，齐鲁地区的人称为"驳马"。驳马就是梓榆。南方人叫作朴，朴也是驳的意思，但读音错讹了。《诗经》里的"隰有六驳"就是指这个。陆玑的《毛诗疏》

里说:"檀木皮似系迷,又似驳马。人云'斫檀不谛得系迷,系迷尚可得驳马'。"是因为这三种树相似。现今的梓榆皮非常像檀木皮,取其花纹斑驳像马的杂色毛。现今对《诗经》的解读都跟从《尔雅》里的说法,认为驳是"锯牙,食虎豹"的走兽,恐怕不是这样的。走兽是动物,怎会经常停留在低洼湿地呢?又与苞栎、苞棣、树檖不是同类,只能是当时的梓榆了。

原文

自古言楚襄王梦与神女遇,以《楚辞》考之,似未然。《高唐赋》序云:"昔者先王尝游高唐,怠而昼寝,梦见一妇人,曰:'妾巫山之女也,为高唐之客。朝为行云,暮为行雨。'故立庙号为朝云。"其曰"先王尝游高唐",则梦神女者怀王也,非襄王也。又《神女赋》序曰:"楚襄王与宋玉游于云梦之浦,使玉赋高唐之事。其夜,王寝,梦与神女遇。王异之,明日以白玉。玉曰:'其梦若何?'对曰:'晡夕之后[1],精神恍惚,若有所熹[2],见一妇人,状甚奇异。'玉曰:'状如何也?'王曰:'茂矣,美矣,诸好备矣;盛矣,丽矣,难测究矣[3];瑰姿玮态,不可胜赞。'王曰:'若此盛矣,试为寡人赋之。'"以文考之,所云"茂矣"至"不可胜赞"云云,皆王之言也。宋玉称叹之可也,不当却云:"王曰:'若此盛矣,试为寡人赋之。'"又曰:"明日以白玉。"人君与其臣语,不当称白。又其赋曰:"他人莫睹,玉览其状,望余帷而延视兮,若流波之将澜。"若宋玉代王赋之若王之自言者,则不当自云"他人莫睹,玉览其状",既称"玉览其状",即是宋玉之言也,又不知称余者谁也。以此考之,则"其夜王寝,梦与神女遇"者,"王"字乃"玉"字耳。"明日以白玉"者,以白王也。"王"与"玉"字误书之耳。前日梦神女者,怀王也;其夜梦神女者,宋玉也。襄王无预焉,从来枉受其名耳。

注释

①晡:傍晚,一般指申时。②熹:光明。③**茂矣,美矣……盛矣,丽矣**:指容貌衣着繁盛华美的样子。

译文

自古传说楚襄王在梦中与神女相遇,用《楚辞》考证,似乎不是这样。《高唐赋》序中说:"以前先王曾游高唐,因困倦而在白天就寝,梦见一名妇人,她说:'我是巫山的神女,在高唐作客。早晨为行云,夜晚为行雨。'于是立了一座庙叫作朝云。"这里说"先王曾游高唐",所以梦见神女的是楚怀王,不是楚襄王。另外,《神女赋》序中说:"楚襄王与宋玉游于云梦之浦,使玉赋高唐之事。其夜,王寝,梦与神女遇。王异之,明日以白玉。玉曰:'其梦若何?'对曰:'晡夕之后,精神恍惚,若有所熹,见一妇人,状甚奇异。'玉曰:'状

补笔谈

如何也？'王曰：'茂矣，美矣，诸好备矣；盛矣，丽矣，难测究矣；瑰姿玮态，不可胜赞。'王曰：'若此盛矣，试为寡人赋之。'"查考文意，这里所说的从"茂矣"到"不可胜赞"等，都是楚襄王的话。宋玉可以表示称赞感叹，却不应当写成："楚襄王说：'像这样的盛景，请尝试为我写成赋吧。'"另外又说："明日以白玉。"君主对臣子说话，不应当称为白。还有，赋中说："他人莫睹，玉览其状，蛩余帷而延视兮，若流波之将澜。"如果是宋玉以楚襄王的视角代他写赋，也不该自己说'他人莫睹，玉览其状'，既然是"玉览其状"，也就是宋玉自己的视角，又不知"余"指的是谁了。这样考证，"其夜王寝，梦与神女遇"这句里的"王"字应该是"玉"字。"明日以白玉"应该是"以白王"。"王"与"玉"字误写颠倒了。前日梦见神女的，是楚怀王也；其夜梦见神女者，是宋玉也。楚襄王与此事没有关系，一直以来都枉受了这个名声。

原文

《唐书》载武宗宠王才人，尝欲以为皇后。帝寝疾，才人侍左右，熟视曰："吾气奄奄，顾与汝辞，奈何？"对曰："陛下万岁后，妾得一殉。"及大渐①，审帝已崩，即自经于幄下②。宣宗即位，嘉其节，赠贤妃。按李卫公《文武两朝献替记》云："自上临御，王妃有专房之宠，以骄妒忤旨，日夕而殒，群情无不惊惧，以谓上成功之后，喜怒不测。"与《唐书》所载全别。《献替记》乃德裕手自记录，不当差谬。其书王妃之死，固已不同。据《献替记》所言，则王氏为妃久矣，亦非宣宗即位乃始追赠。按张祜集有《孟才人叹》一篇，其序曰："武宗皇帝疾笃③，迁便殿。孟才人以歌笙获宠者，密侍其右。上目之曰：'吾当不讳，尔何为哉？'指笙囊泣曰：'请以此就缢。'上悯然。复曰：'妾尝艺歌，愿对上歌一曲以泄其愤。'上以其恳，许之。乃歌一声《何满子》，气亟立殒。上令医候之，曰：'脉尚温，而肠已绝。'"详此，则《唐书》所载者，又疑其孟才人也。

注释

①大渐：病危。②自经：自缢，上吊自杀。③疾笃：病情严重。

译文

《新唐书》中记载唐武宗宠幸王才人，曾想立她为皇后。唐武宗因病卧床的时候，王才人陪伴左右，唐武宗长久地看着她，说："我气息奄奄，就要与你永别，怎么办呢？"她回答说："陛下万岁后，妾就以身相殉。"唐武宗病危，等看到唐武宗驾崩，便在床帏下自缢。唐宣宗即位后，嘉奖她的节操，追赠为贤妃。按李德裕（封卫国公）《文武两朝献替记》中的说法："自从唐武宗登基，王妃就受到专宠，骄纵妒忌违逆圣旨，一天夜里就死了，人们都很惊恐，觉得皇帝掌权之后，变得喜怒无常。"与《新唐书》里记载的完全不同。《献替记》是李德裕亲手记录的，不应该有错误。写王妃之死，已经有不同了。又据《献替记》

所说，王氏当妃很久了，也不是唐宣宗即位后追赠的。查考张祜集里有《孟才人叹》一篇，其序写道："唐武宗病重，迁到便殿。孟才人是因擅长唱歌吹笙受到宠爱的，亲密地侍奉在侧。唐武宗看着她说：'我将死了，你怎么办？'孟才人指着笙囊哭着说：'让我用它自尽。'皇帝感到哀怜。她又说：'妾曾擅长唱歌，愿为您唱一曲以抒发情感。'皇帝看她恳切，允许了。于是唱了一声《何满子》，立即气绝身亡。皇帝派御医诊断，御医说：'血脉还温热，但肠已断绝。'"记载得这么详细，那么《新唐书》所记载的，也可能就是孟才人吧。

原文

　　建茶之美者号"北苑茶"。今建州凤凰山，土人相传，谓之北苑，言江南尝置官领之，谓之北苑使。予因读《李后主文集》有《北苑诗》及《北苑纪》①，知北苑乃江南禁苑，在金陵，非建安也。江南北苑使，正如今之内园使。李氏时有北苑使，善制茶，人竞贵之，谓之"北苑茶"。如今茶器中有"学士瓯"之类，皆因人得名，非地名也。丁晋公为《北苑茶录》云："北苑，地名也，今曰龙焙（bèi）。"又云："苑者，天子园囿之名②。此在列郡之东隅，缘何却名北苑？"丁亦自疑之。盖不知北苑茶本非地名，始因误传，自晋公实之于书，至今遂谓之北苑。

注释

　　①李后主：即南唐后主李煜。②天子园囿：皇家园林，有草木鸟兽可供游赏或狩猎。

释文

　　建茶中最好的叫作"北苑茶"。在今建州的凤凰山，当地人相传，把这里叫作北苑，据说南唐曾设置官员统领这里，称为北苑使。我读《李后主文集》时看到《北苑诗》及《北苑纪》，知道北苑是南唐国家禁苑，在金陵，不在建安。南唐的北苑使，正如现今的内园使。南唐时期有一名北苑使，善制茶，人们竞相称赞他的茶，称为"北苑茶"。如今茶器中有"学士瓯"这种，都是因人而得名，不是地名。丁谓（字公言，真宗时拜相，仁宗时位列三公。）写《北苑茶录》说："北苑，地名也，今曰龙焙。"又说："苑是皇家禁园的名称。这个地方在众郡的东边，为何却叫北苑？"丁谓自己也很疑惑这件事。他不知北苑茶的命名本就不是源自地名，而是误传，从丁谓开始落实在书籍上，至今就把这个地方叫作北苑了。

原文

　　唐以来，士人文章好用古人语，而不考其意。凡说武人，多云"衣短后衣"①，不知短后衣作何形制。短后衣出《庄子·说剑篇》，盖古之士人衣皆曳后，故时有衣短后之衣者。近世士庶人衣皆短后，岂复更有短后之衣！

注释

　　①短后衣：后襟短的衣服。

唐代以来，士人写文章喜欢使用古人用的词语，但不去考证原意。大凡说武人，多说"身穿短后衣"，却不知短后衣是什么形制的。短后衣出自《庄子·说剑篇》，是因为古代士人的衣服都拖在后面，所以当时相应地有穿短后之衣的说法。近代的士人和庶民穿的衣服后面都是短的，哪还有短后衣的说法！

原 文

班固论司马迁为《史记》，"是非颇谬于圣人①，论大道则先黄老而后六经②，序游侠则退处士而进奸雄③，述货殖则崇势利而羞贫贱④，此其蔽也"。予按后汉王允曰："武帝不杀司马迁，使作谤书流于后世。"班固所论，乃所谓谤也，此正是迁之微意。凡《史记》次序、说论，皆有所指，不徒为之。班固乃讥迁"是非颇谬于圣贤"，论甚不慊⑤。

注 释

①圣人：圣人之道，古代尊儒家学说为主流、正道。②黄老：指道家思想，黄帝被奉为道教始祖，老子为道家学派创始人。六经：指儒家思想，《诗》《书》《礼》《易》《乐》《春秋》为六部儒家经典。③处士：隐士。④货殖：用经商盈利。⑤不慊：不足。

释 文

班固评论司马迁写《史记》，"是非颇谬于圣人，讲道时把黄老放在前面而把六经放在后面，评游侠时推崇奸雄而贬低处士，论货殖时崇尚势利而耻于贫贱，这是他的弊端"。我依照东汉王允所说："汉武帝不杀司马迁，致使他的诽谤之书流传后世。"班固所说的就是这所谓的诽谤，这正是司马迁的意图。《史记》的次序、评论，都有所指，不是平白无故的。班固却讥讽司马迁"是非颇谬于圣贤"，这个说法很不合适。

原 文

人语言中有"不"字可否世间事，未尝离口也，而字书中须读作"否"音也①。若谓古今言音不同，如云"不可"，岂可谓之"否可"；"不然"岂可谓之"否然"；古人曰"否，不然也"，岂可曰"否，否然也"。古人言音，决非如此，止是字书谬误耳。若读《庄子》"不可乎不可"须云"否可"；读《诗》须云"曷否肃雍"、"胡否佽焉"②，如此全不近人情。

注 释

①字书：古代的字典，以字为单位，解说汉字的形体、读音、意义。②曷否肃雍：出自《诗经·召南·何彼襛矣》，原文为"曷不肃雍"，意为好不庄严雍容（非常庄严雍容）。胡否佽焉：出自《诗经·唐风·杕杜》，原文为"胡不佽焉"，意为何不帮助（他）。

释 文

人的语言里有"不"字可以用来否定世间所有事，不曾离口，但在字典中读作"否"

的音。如果说这是因为古今语音不同，比如"不可"，又怎能说成"否可"；"不然"怎能说成"否然"；古人说的"否，不然也"，怎能说成"否，否然也"呢？古人读音，绝不是这样的，只是字典上的谬误罢了。比如读《庄子》里的"不可乎不可"要读成"否可"；读《诗经》要读成"曷否肃雍""胡否侬焉"，这样完全不近人情。

原文

古人谓章句之学，谓分章摘句[1]，则今之疏义是也。昔人有鄙章句之学者，以其不主于义理耳。今人或谬以诗赋声律为章句之学，误矣。然章句不明，亦所以害义理。如《易》云"终日乾乾"，两乾字当为两句，上乾知至至之，下乾知终终之也[2]。"王臣蹇蹇[3]"，两蹇字为王与臣也。九五、六二，王与臣皆处蹇中。王任蹇者也，臣或为冥鸿可也。六二所以不去者，以应乎五故也。则六二之蹇，匪躬之故也。后人又改"蹇蹇"字为"謇"，以謇謇比谔谔[4]，尤为讹谬。"君子夬夬"，夬夬二义也，以义决其外，胜己之私于内也。凡卦名而重言之，皆兼上下卦，如"来之坎坎"是也[5]。先儒多以为连语，如虩虩、哑哑之类读之[6]，此误分其句也。又"履虎尾咥人凶"当为句。君子则夬夬矣，何咎之有，况于凶乎？"自天祐之吉"当为句，非吉而利，则非所当祐也。《书》曰："成汤既没[7]，太甲元年。"孔安国谓："汤没，至太甲方称元年。"按《孟子》，成汤之后，尚有外丙、仲壬，而《尚书疏》非之。又或谓古书缺落，文有不具。以予考之，《汤誓》《仲虺之诰》《汤诰》，皆成汤时诰命，汤没，至太甲元年，始复有《伊训》著于书。自是孔安国离其文于"太甲元年"下注之，遂若可疑。若通下文读之曰"成汤既没，太甲元年伊尹作《伊训》"，则文自足，亦非缺落。尧之终也，百姓如服考妣之丧三年。百姓，有命者也。为君斩衰，礼也。邦人无服，三年四海无作乐者，况畿内乎！《论语》曰："先行"当为句，"其言"自当后也。似此之类极多，皆义理所系，则章句亦不可不谨。

注释

①**分章摘句**：即将文章分出段落、断句，疏通整理文义。②**终日乾乾**：终日勤勉劳碌。**知至至之、知终终之**：认知到哪一步就做到哪一步、认知到结果就向着结果去做。③**王臣蹇蹇**：君主与臣子均处于困境。④**謇謇、谔谔**：均为直言的意思。⑤**来之坎坎**：进退都很艰难坎坷。坎是陷入的意思。⑥**虩虩、哑哑**："震来虩虩，恐致福也；笑言哑哑，后有则也。"虩虩是恐惧的样子，哑哑是笑声。⑦**成汤**：即商汤，商朝开国君主。

译文

古人所说的章句学，是指分章摘句地解析文章，也就是现今说的疏义。以前有人鄙视章句学，认为这不是主要着眼于文章的内涵。现今有些人把诗赋声律误当作章句学，这是不对的。但是章句意义不明，也有损于对内涵的理解。比如《周易》中说"终日乾乾"，两个乾字应当为两句，第一个乾意为"知至至之"，第二个乾意为"知终终之"。"王臣蹇蹇"的两个蹇字分别指王和臣。九五、六二爻辞中王和臣都陷于困境。王是承担困境的人，臣有时可以高飞。六二爻辞里说臣不离开君是以之应和九五的缘故。那么六二中说的蹇，就是匪躬之故的意思。后人又把"蹇"字改成"謇"字，用謇謇来表达谔谔直言的意思，尤为错误。"君子夬夬"的夬夬有两个意思，在外要用义来决断，在内要用义来克服一己之私。凡是卦名中的叠字，都是兼言上下卦的，比如"来之坎坎"也是。先代学者大多认为是连语，读成如虩虩、哑哑这样的，这是断句错误。还有"履虎尾咥人凶"应当是一整句。君子果断行事，有什么错，更何谈会带来不祥？"自天祐之吉"应当是一整句，不吉而得到利好，不是被上天庇佑的。《尚书》说："成汤既没，太甲元年。"孔安国解释道："汤没，至太甲方称元年。"依照《孟子》中的记载，成汤后面，还有外丙、仲壬，而《尚书疏》与之不同。又有人说可能是因为古书缺落，文章不全。依照我的考证，《汤誓》《仲虺之诰》《汤诰》，都是成汤时的诰命，成汤死后，到太甲元年，才重新将《伊训》记载在书中。自从孔安国将"太甲元年"注为断句，才看上去奇怪可疑。如果与下文连通读出来"成汤既没，太甲元年伊尹作《伊训》"，语句就圆满了，也不是缺漏。尧死后，百姓像纪念父母死亡一样服丧三年。百姓指的是有官命的人。为君主服丧，是礼仪。平民没有服丧的规定，三年里四海内没有玩乐的人，更何况朝中！《论语》说："先行"应当作为一句，"其言"是后面一句。类似的情况非常多，都是攸关内涵的，所以章句也不能不谨慎。

原文

古人引《诗》，多举《诗》之断章。断音段，读如断截之断，谓如一诗之中，只断取一章或一二句取义，不取全篇之义，故谓之断章。今之人多读为断章，断音锻，谓诗之断句，殊误也。诗之末句，古人只谓之"卒章"，近世方谓"断句"。

译文

古人引用《诗经》，多用《诗经》里的断章。断字的读音是段，读断截的断，指的是一首诗中，只取一章或一二句的字面意义，不取全篇的内涵意义，所以称为断章。今人多把断章的断读成锻的音，认为是诗句断开的意思，这错误非常大。诗的末句，古人只称为"卒章"，近世才有称为"断句"的。

原文

古人谓币言"玄纁五两"者①，一玄一纁为一两。玄，赤黑，象天之色。纁，黄赤，象地之色。故天子六服，皆玄衣纁裳，以朱渍丹秫染之②。《尔雅》曰"一染谓之縓"，縓，今之茜也，色小赤。"再染谓之赪"，赪，赪也。"三染谓之纁"，盖黄赤色也。玄、纁，二物也，今之用币，以皂帛为玄纁③，非也。古之言束帛者，以五匹屈而束之，今用十匹者，非也。《易》曰："束帛戋戋。"

戋戋者，寡也；谓之盛者非也。

注 释

①币：礼币，皇帝下赐的礼品。**玄纁**：指两种颜色的布帛。②**朱渍丹秫**：朱砂、赤粟，都是红色的染料。③**皂帛**：黑色的布帛。

释 文

古人称礼币有"玄纁五两"，一玄一纁合起来是一两。玄是赤黑色，象征天的颜色。纁是黄赤色，象征地的颜色。所以天子的六种冕服，都是玄色上衣和纁色下裳，用朱砂赤粟染色。《尔雅》里说："一染谓之纁"，纁是现在说的茜色，有些发红的颜色。"再染谓之䞓"，䞓是赪色。"三染谓之纁"，就是黄赤色。玄、纁，是两种东西，现今用的礼币，使用皂帛作为玄纁，这不对。古代说的束帛，是用五匹棉布弯折着束起来；现今用十匹，也不对。《周易》中说："束帛戋戋。"戋戋的意思是少，释为太多是不对的。

原 文

《经典释文》如熊安生辈①，本河朔人，反切多用北人音；陆德明，吴人，多从吴音；郑康成，齐人，多从东音。如"璧有肉好"，肉音揉者，北人音也。"金作赎刑"，赎音树者，亦北人音也。至今河朔人谓肉为揉、谓赎为树。如打字音丁梗反，罢字音部买反，皆吴音也。如《疡医》"祝药劀杀之齐"，祝音咒，郑康成改为注，此齐鲁人音也，至今齐谓注为咒。官名中尚书本秦官，尚音上，谓之尚书者，秦人音也，至今秦人谓尚为常。

注 释

①《经典释文》：解释儒家经典书籍中文字的字典。

释 文

《经典释文》中引用的文字注音，比如引用的是熊安生等人，原本是河朔地区的人，反切注音多用北方人的口音；陆德明是吴地人，多遵从吴地的口音；郑康成是齐地人，多遵从东边的口音。比如"璧有肉好"，肉读作揉，是北方口音。"金作赎刑"，赎读作树，也是北方口音。至今河朔地区的人还把肉读成揉、赎读成树。又如打字读作丁梗反，罢字读作部买反，都是吴音。又如《疡医》"祝药劀杀之齐"，祝字读作咒，郑康成改成注的音，这是齐鲁地区人的口音，至今齐地人还把注读成咒。官名中的尚书原本是秦地的官，尚读作上的音，读成尚书是秦地人的口音，至今秦地人还把尚读成常。

乐律

原 文

兴国中，琴待诏朱文济鼓琴为天下第一。京师僧慧日大师夷中尽得其法，以授越僧义海，海尽夷中之艺，乃入越州法华山习之，谢绝过从，积十年不下山，昼夜手不释弦，遂穷其妙。天下从海学琴者辐辏①，无有臻其奥。海今老矣，指法于此遂绝。海读书，能为文，士大夫多与之游，然独以能琴知名。海之艺不在于声，其意韵萧然，得于声外，此众人所不及也。

①辐辏：像车辐一样从四面八方向中心集中，形容许多人从四面八方前来聚集。

译 文

太平兴国年间，琴待诏朱文济的琴技是天下第一。京城僧人慧日大师夷中完全学到了他的技艺，又传授给越地僧人义海，义海完全学到了夷中的技艺，便进入越州的法华山练习，不与人往来，一连十年不下山，日夜不停地弹琴，于是通晓了其中奥妙。天下来追随义海学琴的人众多，没有人能达到这个境界。如今义海已经老了，这些弹琴的指法从此断绝。义海读过书，能写文章，很多士大夫与他交游，但唯独以琴技而闻名。义海的技艺不在于琴声，而在于其悠远的意蕴，在琴声之外，这是众人所不能及的。

原 文

十二律，每律名用各别，正宫、大石调、般涉调七声：宫、羽、商、角、徵、变宫、变徵也。今燕乐二十八调，用声各别。正宫、大石调、般涉调皆用九声：高五、高凡、高工、尺、上、高一、高四、六、合；大石角同此，加下五，共十声。中吕宫、双调、中吕调皆用九声：紧五、下凡、高工、尺、上、下一、下四、六、合；双角同此，加高一，共十声。高宫、高大石调、高般涉皆用九声：下五、下凡、工、尺、上、下一、下四、六、合；高大石角同此，加高四，共十声。道调宫、小石调、正平调皆用九声：高五、高凡、高工、尺、上、高一、高四、六、合；小石角加勾字，共十声。南吕宫、歇指调、南吕调皆用七声：下五、高凡、高工、尺、高一、高四、勾；歇指角加下工，共八声。仙吕宫、林钟商、仙吕调皆用九声：紧五、下凡、工、尺、上、下一、高四、六、合；林钟角加高工，共十声。黄钟宫、越调、黄钟羽皆用九声：高五、下凡、高工、尺、上、高一、高四、六、合；越角加高凡，共十声。外则为犯。燕乐七宫：正宫、高宫、中吕宫、道调宫、南吕宫、仙吕宫、黄钟宫。七商：越调、大石调、高大石调、双调、小石调、歇指调、林钟商。七角：越角、大石角、高大石角、双角、小石角、歇指角、林钟角。七羽：中吕调、南吕调又名高平调、仙吕调、黄钟羽又名大石调、般涉调、高般涉、正平调。

译 文

十二律在每一律调上的名称都有区别，正宫、大石调、般涉调所用的七声为：宫、羽、商、角、徵、变宫、变徵。现今燕乐里的二十八调，所用的声各不相同。正宫、大石调、般涉调都用这九声：高五、高凡、高工、尺、上、高一、高四、六、合；大石角调中的九声也与此相同，再加一个下五，一共十声。中吕宫、双调、中吕调都用这九声：紧五、下凡、高工、尺、上、下一、下四、六、合；双角调中的九声也与此相同，再加一个高一，一共十声。高宫、高大石调、高般涉都用这九声：下五、下凡、工、尺、上、下一、下四、六、合；高大石角中的九声也与此相同，再加一个高四，一共十声。道调宫、小石调、正平调都用这九声：高五、高凡、高工、尺、上、高一、高四、六、合；小石角调在此基础上再加一个勾字，一共十声。南吕宫、歇指调、南吕调都用这七声：下五、高凡、高工、尺、高一、高四、勾；歇指角调在此基础上再加一个下工，一共八声。仙吕宫、林钟商、仙吕调都用这九声：紧五、下凡、工、尺、上、下一、高四、六、合；林钟角调再加一个高工，一共十声。黄钟宫、越调、黄钟羽都用这九声：高五、下凡、高工、尺、上、高一、高四、六、合；越角调在此基础上再加一个高凡，一共十声。此外的音乐就是犯调了。燕乐里的七宫为：正宫、高宫、中吕宫、道调宫、南吕宫、仙吕宫、黄钟宫。七商为：越调、大石调、高大石调、双调、小石调、歇指调、林钟商。七角为：越角、大石角、高大石角、双角、小石角、歇指角、林钟角。七羽为：中吕调、南吕调（又名高平调）、仙吕调、黄钟羽（又名大石调）、般涉调、高般涉、正平调。

●梨园女弟子

隋唐之时，中原保留下来的清乐，融合了外族的胡乐，促成了燕乐的兴起，加之当时的帝王包括隋炀帝、唐玄宗等都酷爱音乐，经常组织大批梨园弟子，在宫廷中亲自教导演奏，从此燕乐盛极一时。但是到了宋代以后，流传下来的燕乐，就只有十五声了，而且很多音律务求新奇，造成了乐律不全。

原 文

十二律并清宫，当有十六声，今之燕乐止有十五声，盖今乐高于古乐二律以下故无正黄钟声。今燕乐只以合字配黄钟，下四字配大吕，高四字配太蔟，下一字配夹钟，高一字配姑洗，上字配中吕，勾字配蕤宾，尺字配林钟，下工字配夷则，高工字配南吕，下凡字配无射，高凡字配应钟，六字配黄钟清，下五字配大吕清，高五字配太蔟清，紧五字配夹钟清。虽如此，然诸调杀声①，亦不能尽归本律。故有祖调、正犯、偏犯、傍犯，又有寄杀、侧杀、递杀、顺杀②。凡此之类，皆后世声律渍乱，各务新奇，律法流散。然就其间亦自有伦理，善工皆能言之，此不备纪。

补笔谈

三一四

　　①**杀声**：音阶结束的音。②**寄杀、侧杀、递杀、顺杀**：均为变调的方式。由于乐曲最后的落音不能收束于本律，收束在本律以外的音上，产生出新的调性结构布局手法。

【译　文】

　　十二律再加上清宫，应当共有十六声，今天的燕乐里只有十五声，是因为今天的音乐比古乐高二律不到，所以没有了正黄钟声。今天的燕乐只用合字配黄钟，下四字配大吕，高四字配太蔟，下一字配夹钟，高一字配姑洗，上字配中吕，勾字配蕤宾，尺字配林钟，下工字配夷则，高工字配南吕，下凡字配无射，高凡字配应钟，六字配黄钟清，下五字配大吕清，高五字配太蔟清，紧五字配夹钟清。就算是这样，但各个调式的杀声，还是不能完全回归到本律的音高上。所以有祖调、正犯、偏犯、傍犯，又有寄杀、侧杀、递杀、顺杀。这些都是因为后世声律混乱，各自追求新奇，而规范都流失了。不过其间也有各自的条理，好的乐工都能说出来，这里不详细记录了。

【原　文】

　　乐有中声，有正声。所谓中声者，声之高至于无穷，声之下亦无穷，而各具十二律。作乐者必求其高下最中之声，不如是不足以致大和之音，应天地之节。所谓正声者，如弦之有十三泛韵[①]，此十二律自然之节也。盈丈之弦，其节亦十三；盈尺之弦，其节亦十三，故琴以为十三徽。不独弦如此，金石亦然。《考工》为磬之法："已上则磨其旁，已下则磨其端，磨之至于击而有韵处，即与徽应，过之则复无韵；又磨之至于有韵处，复应以一徽。石无大小，有韵处亦不过十三，犹弦之有十三泛声也。"此天地至理，人不能以毫厘损益其间。近世金石之工，盖未尝及此。不得正声，不足为器；不得中声，不得为乐。

【注　释】

　　①**泛韵**：即泛音，指乐器的一根弦分为几段振动而产生的、比整根振动更高的谐音。古琴上的徽就是用来分割琴弦泛音音位的。

【译　文】

　　音乐中有中声，有正声。所谓中声，是指音高是无穷的，音低也是无穷的，而不论高低都要满足十二律的规律。作曲者必须选择音高最适中的音，不这样就不足以成为和谐的音乐，不能顺应天地的规律。所谓正声，是指诸如古琴弦有十三个泛音音位，这是十二律产生的自然分节。一丈长的弦，有十三节；一尺长的弦，也有十三节，所以古琴上有十三个徽。不光弦是这样，金石也是这样。《考工记》里面记载造磬的方法："已上则磨其旁，已下则磨其端，磨之至于击而有韵处，即与徽应，过之则复无韵；又磨之至于有韵处，复应以一徽。石无大小，有韵处亦不过十三，犹弦之有十三泛声也。"这是天地自然的道理，人力无法动分毫。近世的金石工匠，没有认识到这一点。正声不对，就不足以称为乐器；

中声不对，就不足以称为音乐。

　　律有四清宫，合十二律为十六，故钟磬以十六为一堵①。清宫所以为止于四者，自黄钟而降，至林钟宫、商、角三律，皆用正律，不失尊卑之序。至夷则即以黄钟为角，南吕以大吕为角，则民声皆过于君声，须当折而用黄钟、大吕之清宫。无射以黄钟为商，太蔟为角。应钟以大吕为商，夹钟为角，不可不用清宫，此清宫所以有四也。其余徵、羽自是事物用变声，过于君声无嫌，自当用正律，此清宫所以止于四而不止于五也。君臣民用从声，事物用变声，非但义理次序如此，声必如此然后和，亦非人力所能强也。

注释

　　①一堵：一组。十六只钟或十六枚磬挂于一面乐架上为一套。

释文

　　乐律上有四个清宫音，加上十二律就是十六个音，所以钟磬以十六个为一堵。清宫之所以只有四个，是因为从黄钟向下，到林钟宫、商、角三律，都是正律，不违反尊卑秩序。到夷则就以黄钟为角，到南吕就以大吕为角，都是民声僭越了君声，应当改用黄钟、大吕的清宫音。无射以黄钟为商，太蔟为角。应钟以大吕为商，夹钟为角，不能不用清宫音，这就是清宫音有四个的原因。其余的徵羽，是代表事物的变声，逾越君声也没有关系，所以自当使用正律，这就是为何清宫只有四个而不是五个。象征君臣民的用从声，象征事物的用变声，不仅道理次序是这样，音乐也必须遵循这种规律才会和谐，也不是人力可以勉强的。

原文

　　本朝燕部乐经五代离乱①，声律差舛，传闻国初比唐乐高五律，近世乐声渐下，尚高两律。予尝以问教坊老乐工，云："乐声岁久，势当渐下。一事验之可见：教坊管色，岁月浸深，则声渐差，辄复一易。祖父所用管色，今多不可用。唯方响皆是古器②。铁性易缩，时加磨莹，铁愈薄而声愈下。乐器须以金石为准③，若准方响，则声自当渐变。"古人制器，用石与铜，取其不为风雨燥湿所移，未尝用铁者，盖有深意焉。律法既亡，金石又不足恃，则声不得不流，亦自然之理也。

注释

　　①燕部乐：即燕乐，古乐的一种。与"先王之乐"的雅乐相对，燕乐集合了年代较近的民间音乐、外来音乐及百戏，属于俗乐。②方响：古磬类打击乐器，由十六枚大小相同、厚薄不一的长方铁片组成，分两排悬于乐架上，用小铁槌击奏，声音清浊不等，是燕乐中

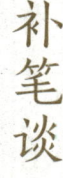

常用乐器。③**金石**：指用铜或石制成的钟磬等乐器。

译文

本朝的燕部音乐经过了五代的离乱，声律出现了很多差错，传闻国初比唐乐高五律。近年乐音逐渐下降，仍高两律。我曾以此问教坊的老乐工，回答说："乐音经过时间长了，势必是渐渐下降的。有一件事情可以验证：教坊管乐器的音色，经过岁月沉淀，声音就会渐渐出现偏差，经常要更换。祖辈父辈所用的管乐器，现今大多不能用了。只有方响都是有年头的古器。铁的性质容易生锈，经常打磨，铁越来越薄，声音就越来越下降。乐器必须用金石来校准，如果用方响来校准，音高自然会渐渐改变。"古人制造乐器，用石和铜，就是取其不受风雨燥湿所影响，不曾用铁，是有深意的。乐律标准已经散佚，金石又不足以校准，所以乐音没法不转变，这也是自然的。

原文

古乐钟皆扁，如合瓦。盖钟圆则声长，扁则声短。声短则节，声长则曲。节短处声皆相乱，不成音律。后人不知此意，悉为扁钟，急叩之多晃晃尔，清浊不复可辨。

译文

古代乐器中使用的钟都是扁圆形的，像是两片瓦合在一起。这是因为钟圆的话声音就长，钟扁的话声音就短。声音短就有节奏，声音长就不规整。节奏紧凑的地方声音互相干扰，不成音律。后人不知道这个原因，都造成扁钟，快速敲击的时候声音浮光掠影，清浊都不可分辨。

原文

琴瑟弦皆有应声①：宫弦则应少宫，商弦即应少商，其余皆隔四相应②。今曲中有声者，须依此用之。欲知其应者，先调诸弦令声和，乃剪纸人加弦上，鼓其应弦，则纸人跃。他弦即不动，声律高下苟同，虽在他琴鼓之，应弦亦震，此之谓正声。

注释

①**应声**：振动频率上能够产生共振、相隔一个八度（古乐中的一均）的两个音高，比如古乐里从宫弦到少宫，现代音乐里从 Do 到高音 Do。应声的规律是一个低音和一个高音的振动频率是倍频关系，比如 220 Hz 和 440 Hz，会使人感到这两个音有相似性，这也使得音高可以以八度为单位向上或向下无限延伸。②**隔四相应**：由于古乐是五声音阶关系，五根弦组成一均，第六根弦回到与第一根弦相同的音名，但高了一均，这中间隔了四根弦，所以称为隔四相应。

译文

琴瑟的弦都有应声：宫弦对应少宫弦，商弦对应少商弦，其余弦都是隔四律而相互应声。如今的乐曲中有应声的，都必须依照这个规律使用。想知道一根线应哪一根，先调各弦使音高合适，再剪纸人加在弦上，弹相应的弦，纸人就会跃动，其他弦都不动，如果音高相同，就算是在其他琴上弹弦，相应的弦也会震动，这就是所谓的正声。

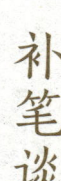

原文

乐中有敦、掣、住三声①。一敦一住，各当一字，一大字住当二字，一掣减一字，如此迟速方应节。琴瑟亦然。更有折声②，唯合字无。折一分、折二分至于折七八分者皆是。举指有浅深，用气有轻重。如笙箫则全在用气，弦声只在抑按。如中吕宫一字、仙吕宫工字，皆比他调低半格，方应本调。唯禁伶能知，外方常工多不喻也。

注释

①**敦、掣、住**：记谱符号，通常注在谱字的边上。当时的乐谱中以一个谱字作为一拍，敦、住相当于一个谱字的拍子，比如停顿一拍，大字住的意思是一个谱字延长占用两个谱字的节拍，掣的意思是减少一拍，如两个谱字加速共用原本一个谱字的节拍。②**折声**：似乎是表示倚音的记谱符号，也就是连接在主音后面，较轻较短促的装饰音，不占用额外的拍子。

译文

乐音中有敦、掣、住这三声。一敦和一住，各相当于占用一个谱字的拍子，一个大字住相当于占用两个谱字的拍子，一掣表示这里减一个谱字的拍子，像这样才能快慢合乎节奏。弹琴鼓瑟也是这样。另外还有折声，唯独合字没有折声。折一分、折二分乃至折七八分的都有。弹奏时手指下压有浅深之分，吹奏时使用的气有轻重之分。比如笙箫这样的管乐全靠用气来调节，弦乐只靠指按。比如中吕宫一字、仙吕宫工字，都比其他调式低半格，才能合乎本调。只有宫中乐工能知道，外面一般的乐工大多不理解。

原文

熙宁中，宫宴。教坊伶人徐衍奏嵇琴①，方进酒而一弦绝，衍更不易琴，只用一弦终其曲。自此始为"一弦嵇琴格"。

注释

①**嵇琴**：古乐器，又称胡琴、奚琴，是二胡的前身。

译文

熙宁年间，在宫中设宴。教坊的乐师徐衍演奏嵇琴，正在进酒的时候一根弦断了，徐衍没有换新琴，只用一根弦演奏完了全曲。从此有了"一弦嵇琴格"这种演奏方式。

原文

律吕宫、商、角声各相间一律，至徵声顿间二律，所谓变声也。琴中宫、商、角皆用缠弦，至徵则改用平弦①，隔一弦鼓之，皆与九徽应，独徵声与十徽应，此皆隔两律法也。古法唯有五音，琴虽增少宫、少商，然其用丝各半本律，乃律吕清倍法也。故鼓之六与一应，七与二应，皆不失本律之声。后世有变宫、变徵者，盖自羽声隔八相生再起宫[2]，而宫生徵，虽谓之宫、徵，而实非宫、徵声也。变宫在宫、羽之间，变徵在角、徵之间，皆非正声，故其声庞杂破碎，不入本均，流以为郑、卫[3]，但爱其清焦，而不复古人纯正之音。唯琴独为正声者，以其无间声以杂之也。世俗之乐，唯务清新，岂复有法度，乌足道哉。

译　文

　　律吕中的宫、商、角音高各间隔一律，到徵声却间隔二律，这就是所谓的变声。琴上的宫、商、角都用缠弦，到徵则改用平弦，隔一弦来弹奏，都与第九徽的声音应声，只有徵声与第十徽应声，这都是因为隔了两律的关系。古法中只有五音，琴上虽然增加了少宫、少商，但使用的琴弦都是本律的一半，这是依照律吕清倍的原则。所以弹奏时第六弦与第一弦应声，第七弦与第二弦应声，都不会违背本律的声音。后世的变宫、变徵，是从羽声起隔八相生再定义出来的一个新的宫声，再由这个宫声产生徵声，虽然叫作宫、徵，但实际上从音高来说并非宫声、徵声。变宫的音高在宫、羽之间，变徵的音高在角、徵之间，都不是正声，所以这两个声音庞杂破碎，不在正统的音阶中，流为郑卫之音，只注重它的清脆，而不复古人的纯正之音。唯独琴上只有正声，没有间声夹杂其间。世俗的音乐，只追求清新新奇，哪还有法度可言，不足以称道。

原　文

　　十二律配燕乐二十八调，除无徵音外，凡杀声黄钟宫，今为正宫，用六字；黄钟商，今为越调，用六字；黄钟角，今为林钟角，用尺字；黄钟羽，今为中吕调，用六字；大吕宫，今为高宫，用四字；大吕商、大吕角、大吕羽、太蔟宫，今燕乐皆无；太蔟商，今为大石调，用四字；太蔟角，今为越角，用工字；太蔟羽，今为正平调，用四字；夹钟宫，今为中吕宫，用一字；夹钟商，今为高大石调，用一字；夹钟角、夹钟羽、姑洗商，今燕乐皆无；姑洗角，今为大石角，用凡字；姑洗羽，今为高平调，用一字；中吕宫，今为道调宫，用上字；

中吕商，今为双调，用上字；中吕角，今为高大石角，用六字；中吕羽，今为仙吕调，用上字；蕤宾宫、商、羽、角，今燕乐皆无；林钟宫，今为南吕宫，用尺字；林钟商，今为小石调，用尺字；林钟角，今为双角，用四字；林钟羽，今为黄钟调，用尺字；夷则宫，今为仙吕宫，用工字；夷则商、角、羽、南吕宫，今燕乐皆无；南吕商，今为歇指调，用工字；南吕角，今为小石角，用一字；南吕羽，今为般涉调，用工字；无射宫，今为黄钟宫，用凡字；无射商，今为林钟商，用凡字；无射角，今燕乐无；无射羽，今为高般涉调，用凡字；应钟宫、应钟商，今燕乐皆无；应钟角，今为歇指角，用尺字；应钟羽，今燕乐无。

译 文

十二律配合燕乐二十八调，除了没有徵音外，凡是杀声以黄钟为宫，在现今的燕乐里为正宫，用六字标记；黄钟商，现为越调，用六字标记；黄钟角，现为林钟角，用尺字标记；黄钟羽，现为中吕调，用六字标记；大吕宫，现为高宫，用四字标记；大吕商、大吕角、大吕羽、太蔟宫，现今的燕乐里都没有；太蔟商，现为大石调，用四字标记；太蔟角，现为越角，用工字标记；太蔟羽，现为正平调，用四字标记；夹钟宫，现为中吕宫，用一字标记；夹钟商，现为高大石调，用一字标记；夹钟角、夹钟羽、姑洗商，现今的燕乐里都没有；姑洗角，现为大石角，用凡字标记；姑洗羽，现为高平调，用一字标记；中吕宫，现为道调宫，用上字标记；中吕商，现为双调，用上字标记；标记中吕角，现为高大石角，用六字标记；中吕羽，现为仙吕调，用上字标记；蕤宾宫、商、羽、角，现今的燕乐里都没有；林钟宫，现为南吕宫，用尺字标记；林钟商，现为小石调，用尺字标记；林钟角，现为双角，用四字标记；林钟羽，现为黄钟调，用尺字标记；夷则宫，现为仙吕宫，用工字标记；夷则商、角、羽、南吕宫，现今的燕乐里都没有；南吕商，现为歇指调，用工字标记；南吕角，现为小石角，用一字标记；南吕羽，现为般涉调，用工字标记；无射宫，现为黄钟宫，用凡字标记；无射商，现为林钟商，用凡字标记；无射角，现今的燕乐里没有；无射羽，现为高般涉调，用凡字标记；应钟宫、应钟商，现今的燕乐里都没有；应钟角，现为歇指角，用尺字标记；应钟羽，现今的燕乐里没有。

卷 二

象数

又一说[①]，**子午属庚**此纳甲之法。震初爻纳庚子、庚午也。**丑未属辛**，巽初爻纳辛丑、辛未也。**寅申属戊**坎初爻纳戊寅、戊申也。**卯酉属己**离初爻纳己卯、己酉也。**辰戌属丙**艮初爻纳丙辰、丙戌也。**巳亥属丁**兑初爻纳丁巳、丁亥也。**一言而得之者，宫与土也**假令庚子、庚午，一言便得庚。辛丑、辛未，一言便得辛。戊寅、戊申，一言便得戊。己卯、己酉，一言便得己。故皆属土，余皆仿此。**三言而得之者，徵与火也**假令戊子、戊午，皆三言而得庚。己丑、己未，皆三言而得辛。丙寅、丙申，皆三言而得戊。丁卯、丁酉，皆三言而得己。故皆属火。**五言而得之者，羽与水也**假令丙子、丙午，皆五言而得庚。丁丑、丁未，皆五言而得辛。甲寅、甲申，皆五言而得戊。乙卯、乙丑，皆五言而得己。故皆属水。**七言而得之者，商与金也**假令甲子、甲午，皆七言而得庚。乙丑、乙未，皆七言而得辛。壬申、壬寅，皆七言而得戊。癸丑、癸酉，皆七言而得己。故皆属金。**九言而得之者，角与木也**假令壬子、壬午，皆九言而得庚。癸丑、癸未，皆九言而得辛。庚寅、庚申，皆九言而得戊。辛卯、辛酉，皆九言而得己。故皆属木。此出于《**抱朴子**》[②]，云是《**河图**》《**玉版**》之文[③]。**然则一何以属土，三何以属火，五何以属水？**其说云："中央总天之

● 葛洪

葛洪，字稚川，自号抱朴子，东晋人，平生信奉老庄之说，精通医学，喜炼丹，好服食养生之道，著有《抱朴子》一书，分内、外二篇，文章与德行并重，对当时的清谈之风不满。

气一，南方丹天之气三，北方玄天之气五，西方素天之气七，东方苍天之气九。"皆奇数而无偶数，莫知何义，都不可推考。

注释

①又一说：《补笔谈》中的条目本应穿插补充在《梦溪笔谈》原书各章节的相应位置，按明人马元调整理版本时所说，原本《补笔谈》每篇首都标注了所补之卷数以及具体的位置，但由于沿袭日久、分卷混乱，许多条目无法依照标注的数目对应到前文的正确位置上，故在整理时将这些标注一并删去，只附于全书后。本条目虽划分在"象数"篇，但内容似乎接续于《梦溪笔谈·卷五·乐律一》"六十甲子有纳音"条目之后，继续阐述纳音与纳甲的关系。②《抱朴子》：东晋人葛洪所著道家经典。③《河图》《玉版》：胡道静校正版本点校为《河图》《玉版》两书，或为《河图玉版》，出现于《山海经》等典籍的引述中，河图出自上古时代黄河出龙马负图的传说，后成为易学典籍的名称，而玉版是古人记录重要信息的载体，此篇章名可能指河图典籍中的重要内容。

译文

另有一种说法，子午属庚（这是纳甲之法。震的初爻纳庚子、庚午）。丑未属辛，（巽的初爻纳辛丑、辛未）。寅申属戊（坎的初爻纳戊寅、戊申）。卯酉属己（离的初爻纳己卯、己酉）。辰戌属丙（艮的初爻纳丙辰、丙戌）。巳亥属丁（兑的初爻纳丁巳、丁亥）。在当下的对位就能得到的，是宫和土（比如庚子、庚午，当下对位就能得到庚。辛丑、辛未，当下对位就能得到辛。戊寅、戊申，当下对位就能得到戊。己卯、己酉，当下对位就能得到己。所以都属土，其余也遵循这个规律）。向后推移到第三个天干（含"一言"本身，所以实际上是向后推移两个）而得到的，是徵和火（比如戊子、戊午，向后推移到第三个天干就得到庚。己丑、己未，向后推移到第三个天干就得到辛。丙寅、丙申，向后推移到第三个天干就得到戊。丁卯、丁酉，向后推移到第三个天干就得到己。所以都属火）。向后推移到第五个天干（含"一言"本身，所以实际上是向后推移四个）而得到的，是羽和水（比如丙子、丙午，向后推移到第五个天干就得到庚。丁丑、丁未，向后推移到第五个天干就得到辛。甲寅、甲申，向后推移到第五个天干就得到戊。乙卯、乙丑，向后推移到第五个天干就得到己。所以都属水）。向后推移到第七个天干（含"一言"本身，所以实际上是向后推移六个）而得到的是商和金（比如甲子、甲午，向后推移到第七个天干就得到庚。乙丑、乙未，向后推移到第七个天干就得到辛。壬申、壬寅，向后推移到第七个天干就得到戊。癸丑、癸酉，向后推移到第七个天干就得到己。所以都属金）。向后推移到第九个天干（含"一言"本身，所以实际上是向后推移八个）而得到的，是角和木（比如壬子、壬午，向后推移到第九个天干就得到庚。癸丑、癸未，向后推移到第九个天干就得到辛。庚寅、庚申，向后推移到第九个天干就得到戊。辛卯、辛酉，向后推移到第九个天干就得到己。所以都属木）。这出于《抱朴子》，说是《河图》《玉版》上记载的文章。但为何一属土，三属火，五属水？《抱朴子》的说法是："中央总天之气为一，南方丹天之

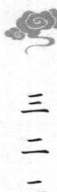

气为三，北方玄天之气为五，西方素天之气为七，东方苍天之气为九。"都是奇数而没有偶数，不知是什么意义，无法推究考证。

原 文

世俗十月遇壬日[①]，北人谓之"入易"，吴人谓之"倒布"。壬日气候如本月，癸日差温类九月。甲日类八月，如此倒布之，直至辛日[②]。如十一月遇春秋时节即温，夏即暑。冬即寒。辛日以后，自如时令。此不出阴阳书[③]，然每岁候之，亦时有准，莫知何谓。

注 释

①世俗：民俗。②直至辛日：胡道静版本此处断句，也有版本断到"直至辛日如十一月"，但倒推辛日应该如一月，此处疑有误。③阴阳书：即历书，后多用于择日、占卜等。

译 文

世俗里十月遇到壬日，北方人称作"入易"，吴地人称作"倒布"。壬日的气候和本月相同，癸日的气候稍微温暖像是九月，甲日的气候类似八月，如此倒序排布，直到辛日。就算到十一月，这些日子也还是遇到春秋的月份就温暖，夏天的月份就会暑热，冬天的月份就会寒冷。辛日以后的日子，就回归各自的时令。这在阴阳书里没有记录，但每年等到这个时候，也时不时会准，不知为什么。

原 文

卢肇论海潮[①]，以谓"日出没所激而成"，此极无理。若因日出没，当每日有常，安得复有早晚？予常考其行节，每至月正临子、午则潮生[②]，候之万万无差此以海上候之，得潮生之时。云海远，即须据地理增添时刻。月正午而生者为潮，则正子而生者为汐；正子而生者为潮，则正午而生者为汐。

注 释

①海潮：即潮汐，发生在白天的高潮叫作潮，发生在夜间的高潮叫作汐。潮汐是受太阳和月球引力作用产生的周期现象，一般每天涨落两次，有时每天一次。②月正临子、午：即月亮运行至上中天、下中天的时候。天体过子午圈叫"口天"，位置最高（在头顶）时叫上中天，位置最低（在地平线以下相反的地方）叫下中天。

译 文

卢肇探讨海上的潮汐，说是"日出日落在海面上激成的浪"，这非常没有道理。如果是因为日出日落，就应该每天有固定的时间，又怎么会有早晚的区别？我曾思考潮汐行动的规律，每到月亮正好运行到上中天或下中天的时候，就会涨潮，经检验每一次都没有差错（在海上检测的时候，就能得到涨潮的确切时间。在离海上较远的地方检测，就必须根据地理远近来增添时刻）。月上中天时产生的是潮，那么月下中天时产生的就是汐；如果月下中天时产生的是潮，那么月上中天时产生的就是汐。

历法见于经者，唯《尧典》言"以闰月定四时成岁"①。置闰之法，自尧时始有，太古以前，又未知如何。置闰之法，先圣王所遗，固不当议。然事固有古人所未至而俟后世者，如岁差之类，方出于近世，此固无古今之嫌也。凡日一出没谓之一日，月一盈亏谓之一月。以日月纪天，虽定名，然月行二十九日有奇，复与日会，岁十二会而尚有余日。积三十二月，复余一会，气与朔渐相远，中气不在本月②，名实相乖，加一月谓之"闰"。闰生于不得已，犹构舍之用碪楔也。自此气、朔交争，岁年错乱。四时失位，算数繁猥。凡积月以为时，四时以成岁，阴阳消长，万物生杀变化之节，皆主于气而已。但记月之盈亏，都不系岁事之舒惨③。今乃专以朔定十二月，而气反不得主本月之政。时已谓之春矣，而犹行肃杀之政，则朔在气前者是也。徒谓之乙岁之春，而实甲岁之冬也；时尚谓之冬也，而已行发生之令，则朔在气后者是也。徒谓之甲岁之冬，乃实乙岁之春也。是空名之正、二，三、四反为实，而生杀之实反为寓，而又生闰月之赘疣，此殆古人未之思也。今为术，莫若用十二气为一年，更不用十二月。直以立春之日为孟之春一日，惊蛰为仲春之一日，大尽三十一日，小尽三十日，岁岁齐尽，永无闰余。十二月常一大、一小相间，纵有两小相并，一岁不过一次。如此，则四时之气常正，岁政不相陵夺。日月五星，亦自从之，不须改旧法。唯月之盈亏，事虽有系之者，如海、胎育之类，不预岁时寒暑之节，寓之历间可也。借以元祐元年为法，当孟春小，一日壬寅，三日望，十九日朔；仲春大，一日壬申，三日望，十八日朔。如此历日，岂不简易端平，上符天运，无补缀之劳？予先验天百刻有余、有不足，人已疑其说。又谓十二次斗建当随岁差迁徙，人愈骇之。今此历论，尤当取怪怨攻骂。然异时必有用予之说者。

①《尧典》：是《尚书》中的一篇，记录了尧帝的功德与言行，其中提到尧帝确立的历法。②中气：参见《梦溪笔谈·卷五·乐律一》"《国史纂异》云"条。③舒惨：语出张衡《西京赋》"在阳时则舒，在阴时则惨"，后来表示好坏、阴阳、丰歉、寒暑等对立概念并举。

历法被收录进儒家经典的，只有《尧典》里说的以闰月定四时成岁。置闰的方法，从尧的时期开始，更早的时候不知道是怎么处理的。置闰的方法是先贤圣王遗留下来的，本不应当妄议。但有些事本来就是古人未能达到而等待后世人达到的，比如岁差这类，就是近世才发现的，这样的事并无古今先后的避嫌。凡是太阳一出一落称为一日，月亮一盈一亏称为一月。用日月来记录天数，虽然是确定的，但月亮运行一周是二十九天多一点，再与日交汇，每年有十二次交汇还余下几天。累积三十二个月，就会多出一次交汇，节气与月亮的朔望差得越来越远，中气不在本月的情况，命名与实际不相符，就加一个月叫作"闰"。闰是不得已而产生的，就像是盖房子时用的石楔一样。从此节气与朔望相互参差，年岁错乱。四时不在原本的位置上，算法非常繁复。凡是以月相积累成四时，四时积累成年岁，阴阳此消彼长，万物生死变化的关键，都在于气。只记月相盈亏，完全不管事物的消长规律。现今专门依照朔望定下十二个月，气反而不能主宰本月的事物。已经到了春天的时节，还由肃杀的气主掌，是因为朔望周期跑到气的前面了。只凭空叫它第二年的春天，其实是前一年的冬天；时节还在冬天，但已开始行生长之事，就是朔望周期落到气的后面了。只凭空叫它第一年的冬天，其实已经是第二年的春天了。凭空命名为正月、二月，实际已是三月、四月，而万物生长消亡的事实反而附属在了人为的朔望上，而且又生出了闰月的麻烦，这是古人没有思考周全。如今的办法，不如用十二气组成一年，不再用十二月。直接将立春日作为孟春的第一日，惊蛰作为仲春的第一日，大月三十一日，小月三十日，年年都是整齐而完，永远不会有闰余。十二月经常是一大月、一小月相间的，就算有两个小月相连，也只是一年一次。像这样，四时之气就会始终正确，岁时和农政不会互相角力。天体的运行，还是遵从原有的规律，不需要更改以前的规矩。只有月亮的盈亏，虽然与世事紧密相连，比如潮汐、孕育之类的事，但不影响年月农时及寒暑节气，附在历法中就可以了。用元祐元年举例，就应该孟春是小月，第一天是壬寅日，三日是望日，十九日是朔日；仲春是大月，第一天是壬申日，三日是望日，十八日是朔日。像这样记录日子，岂不是简单工整，符合自然规律，不需要费事修补吗？我之前检验过一天的一百刻有时有余、有时不足，人们已经质疑我的说法。又说十二月的斗建应该随着岁差而移动，人们愈发惊骇。现在这样的历法理论，一定更要招来怒骂攻击了。然而日后必会有人采用我的学说。

原　文

五行之时谓之五辰者，春夏秋冬，各主一时，以四时分属五行，则春夏秋冬虽属木火金水，而建辰、建未、建戌、建丑之月[①]**，各有十八日属土。故不可以时言，须当以月言。十二月谓之十二辰，则五行之时谓之五辰也。**

注　释

①建辰、建未、建戌、建丑之月：使用斗建（北斗斗柄在周天的指向）确立的月份划分，分别为夏历三月、六月、九月、十二月。

译　文

将五行与时节的对应称为五辰，是由于五行对应春夏秋冬时，每一种属性对应一个时节，四个时节分属五行，尽管春、夏、秋、冬分别属木、火、金、水，但建辰、建未、建戌、建丑这四个月，各有十八日是属土的。所以不能以时节来论，应当以月来论。十二月称为十二辰，所以五行与时节的对应称为五辰。

《黄帝素问》有五运六气[1]。所谓五运者，甲己为土运，乙庚为金运，丙辛为水运，丁壬为木运，戊癸为火运。如甲己所以为土，戊癸所以为火，多不知其因。予按，《素问·五运行大论》："黄帝问五运之所始于岐伯，引《太始天元册文》曰：'始于戊己之分。'所谓戊己分者，奎、壁、角、轸，则天地之门户也。"王砅注引《遁甲》："六戊为天门，六己为地户。"天门在戊、亥之间，奎、壁之分；地户在辰、巳之间，角、轸之分。凡阴阳皆始于辰，上篇所论十二月谓之十二辰，十二支亦谓之十二辰，十二时亦谓之十二辰，日月星谓之三辰，五行之时谓之五辰。五运起于角、轸者，亦始于辰也。甲己之岁，戊己黔天之气经于角、轸[2]，故为土运角属辰，轸属巳。甲己之岁，得戊辰、己巳。干皆土，故为土运。下皆同此。乙庚之岁，庚辛素天之气经于角、轸，故为金运，庚辰、辛巳也。丙辛之岁，壬癸玄天之气经于角、轸，故为水运，壬辰、癸巳也。丁壬之岁，甲乙苍天之气经于角、轸，故为木运，甲辰、乙巳也。戊癸之岁，丙丁丹天之气经于角、轸，故为火运，丙辰、丁巳也。《素问》曰："始于奎、壁、角、轸、则天地之门户也。"凡运临角、轸，则气在奎、壁以应之。气与运常同天地之门户。故曰"土位之下，风气承之"，甲己之岁，戊己土临角、轸，则甲乙木在奎、壁奎属戌，壁属亥。甲己之岁，得甲戌、乙亥。下皆同此。曰"金位之下，火气承之"者，乙庚之岁，庚辛金临角、轸，则丙丁火在奎、壁。曰"水位之下，土气承之"者，丙辛之岁，壬癸水临角、轸，则戊己土在奎、壁。曰"风位之下，金气承之"者，丁壬之岁，甲乙木临角、轸，则庚辛金在奎、壁。曰"相火之下，水气承之"者，戊癸之岁，丙丁火临角、轸，则壬癸水在奎、壁。古今言《素问》者，皆莫能喻，故具论如此。

①五运六气：即金、木、水、火、土五行和阴、阳、风、雨、晦、明六气，详见《梦溪笔谈·卷七·象数一》"医家有五运六气之术"条。②黔天之气：《素问》中记载的五天之一，后文的素天之气、玄天之气、苍天之气、丹天之气均是。

《黄帝素问》中记有五运、六气。所谓五运，是指甲己为土运，乙庚为金运，丙辛为

水运，丁壬为木运，戊癸为火运。诸如甲己为何是土，戊癸为何是火，人们大多不知原因。据我考查，《素问·五运行大论》里有："黄帝问五运之所始于岐伯，引《太始天元册文》曰：'始于戊己之分。'所谓戊己分者，奎宿、壁宿、角宿、轸宿，则天地之门户也。"王砅注引《遁甲》说："六戊为天门，六己为地户。"天门在戊、亥之间，是奎宿、壁宿的分界；地户在辰、巳之间，是角宿、轸宿的分界。凡是阴阳都从辰开始，上篇说过的十二月叫十二辰，十二支也叫十二辰，十二时也叫十二辰，日月星叫作三辰，五行之时叫作五辰。五运从角宿、轸宿开始，也是从辰开始。甲、己年，戊、己黅天之气在角宿、轸宿，所以是土运（角宿属辰，轸宿属巳。所以甲、己年，有戊辰、己巳。天干都属土，所以是土运。下面都是如此道理）。乙、庚年，庚、辛素天之气在角宿、轸宿，所以是金运，因为庚辰、辛巳的天干属火。丙、辛年，壬、癸玄天之气在角宿、轸宿，所以是水运，因为壬辰、癸巳的天干属水。丁、壬年，甲、乙苍天之气在角宿、轸宿，所以是木运，因为甲辰、乙巳的天干属木。戊、癸年，丙、丁丹天之气在角宿、轸宿，所以是火运，因为丙辰、丁巳的天干属火。《素问》里说："始于奎、壁、角、轸，则天地之门户也。"凡是运在角宿、轸宿的时候，气就在奎宿、壁宿与之呼应。气与运经常一同处于天地门户。所以说"土位之下，风气承之"，甲、己年，戊、己土在角宿、轸宿，甲、乙木就在奎宿、壁宿（奎宿属戊，壁宿属亥。甲、己年，就有甲戊、乙亥。下面都是如此道理）。《素问》说"金位之下，火气承之"，指的是乙、庚年，庚、辛金在角宿、轸宿，那么丙、丁火就在奎宿、壁宿。说"水位之下，土气承之"，指的是丙、辛年，壬、癸水在角宿、轸宿，那么戊、己土就在奎宿、壁宿。说"风位之下，金气承之"，指的是丁、壬年，甲、乙木在角宿、轸宿，那么庚、辛金在奎宿、壁宿。说"相火之下，水气承之"，指的是戊、癸年，丙、丁火在角宿、轸宿，那么壬、癸水在奎宿、壁宿。古往今来研究《素问》的人，都没能理解这些，所以我这样详细地记录下来。

原文

世之言阴阳者，以十干寄于十二支，各有五行相从。唯戊己则常与丙丁同行，五行家则以戊寄于巳，己寄于午，六壬家亦以戊寄于巳，而以己寄于未，唯《素问》以奎、壁为戊分，轸、角为己分。奎、壁在亥戊之间，谓之戊分，则戊当在戊也。轸、角在辰巳之间，谓之己分，则己当在辰也。《遁甲》以六戊为天门，天门在戊亥之间，则戊亦当在戊；六己为地户，地户在辰巳之间，则己亦当在辰。辰戊皆土位，故戊己寄焉。二说正相合。按字书：戊，从戊、从一。则戊寄于戊，盖有从来。辰文从厂音汉，从辰。辰音身。《左传》"亥有二首六身"亦用此辰字。辰从乙音隐。从己。则己寄于辰，与《素问》《遁甲》相符矣。五行，土常与水相随。戊，阳土也。一，水之生数也。水乃金之子，水寄于西方金之末者，生水也，而旺土包之。此戊之理如是。己，阴土也。六，水之成数也。水乃木之母，水寄于东方木之末者，老水也，而衰土相与隐于厂下者，水土之墓也。厂，山岩之可居者。乙，隐也。

　　世人谈论阴阳，是把十天干寄附于十二地支，各自有相应的五行属性。只是戊己和丙丁常在一起，五行家便把戊寄附于巳，把己寄附于午，六壬家也把戊寄附于巳，但把己寄附于未，唯独《素问》用戊分隔奎宿、壁宿，用己分隔轸宿、角宿。奎宿、壁宿在亥、戌之间，称为戊分，那么戊应当在戌。轸宿、角宿在辰、巳之间，称为己分，那么己应当在辰。《遁甲》以六戊为天门，天门在戌、亥之间，所以戊也应当在戌；以六己为地户，地户在辰、巳之间，所以己也应当在辰。辰、戌都是土位，所以让戊、己寄附其中。这两种说法正好吻合。考查字典：戊字从戈、从一。那么戊寄附于戌是有来源的。辰字文从厂（读音为汉），从厓（读音为身。《左传》里有"亥有二首六身"也是用这个厓字）。厓从乙（读音为隐），从己。所以己寄附于辰，与《素问》《遁甲》中的理论相符。五行中，土经常与水相随。戊是阳土。一是水的生数。水是金所生，寄附于西方的金之末的水，是新生的水，而有旺土包裹。这是戊的道理。己是阴土。六是水的成数。水生木，寄附于东方的木之末的水，是老水，而与衰土一起隐于厂下的，是水土之墓的意思。厂是山岩中可居住的地方。乙是隐藏的意思。

　　律有实积之数，有长短之数，有周径之数，有清浊之数。所谓实积之数者，黄钟管长九寸，围九分，以黍实其中，其积九九八十一，此实积之数也。太蔟长八寸，围九分，八九七十二《前汉书》称八八六十四，误也。解具下文。余律准此。所谓长短之数者，黄钟九寸，三分损一，下生林钟，长六寸；林钟三分益一，上生太蔟，长八寸，此长短之数也，余律准此。所谓周径之数者，黄钟长九寸，围九分古人言"黄钟围九分"，举盈数耳。细率之，当周九分七分之三。林钟长六寸，亦围九分十二律皆围九分。《前汉志》言"林钟围六分"者，误也。予于《乐论》辩之甚详。《史记》称"林钟五寸十分四"，此则六九五十四，足以验《前汉》误也。余律准此。所谓清浊之数者，黄钟长九寸为正声，一尺八寸为黄钟浊宫，四寸五分为黄钟清宫倍而长为浊宫，倍而短为清宫①。余律准此。

　　①倍而长为浊宫，倍而短为清宫：浊宫是比正声低八度的音，律管长度加倍；清宫是比正声高八度的音，律管长度减半。现代音乐中，相隔八度的两音在频率上也是二倍关系，这样的频率之间能产生共振，人们也倾向于将其听成同一音，因此命名为同一音名。

律管有实积、长短、周径、清浊这些数据。所谓实积之数，是指黄钟管长九寸，周长九分，用黍填满其中，体积是九九八十一，这就叫实积之数。太蔟长八寸，周长九分，八九七十二（《前汉书》说是八八六十四，是错误的。具体解释见下）。其余律管依次类推。所谓长短之数，是指黄钟管长九寸，三分损一得出林钟管的长度，长六寸；林钟管三分益一得出太蔟管的长度，长八寸，这就叫长短之数，其余律管依次类推。所谓周径之数，是指黄钟管长九寸，周长九分（古人说"黄钟围九分"，是取整数而已。细算的话应当是九又七分之三分）。林钟管长六寸，周长也是九分（十二律的周长都是九分。《前汉志》里说"林钟围六分"，是错误的。予在《乐论》里详细辩证过。《史记》称"林钟五又十分之四寸"，就是由六寸乘以九分得出的实积六九五十四，足以验证《前汉书》的错误）。其余律管依次类推。所谓清浊之数，是指黄钟管长九寸为正声，长一尺八寸为黄钟浊宫，长四寸五分为黄钟清宫（长度翻倍为浊宫，长度减半为清宫）。其余律管依次类推。

八卦有过揲之数，有归余之数，有阴阳老少之数，有河图之数①。所谓过揲之数者，亦谓之八卦之策：乾九揲而得之，揲必以四，四九三十六；坤六揲而得之，揲必以四，四六二十四。此乾坤之策过揲之数也。余卦准此前卷叙之已详。所谓归余之数者，乾一爻三少，初变之初五，再变、三变之初各四，并卦为十四爻，三合四十二，此乾卦归余之数也。坤一爻三少，初变之初九，再变、三变各八，并卦为二十六爻，三合之七十八，此坤卦归余之数也。余卦准此。阴阳老少之数：乾九揲而得之，故曰老阳之数九；坤六揲而得之，故曰老阴之数六。震、艮、坎皆七揲而得之，故曰少阳之数七；巽、离、兑皆八揲而得之，故曰少阴之数八。所谓河图之数者：河图北方一、南方九，东方三，西方七，东北八，西北六，东南四，西南二，中央五。乾得东、东南、西南、中、北，故其数十有五；坤得西、南、东北、西北，故其数三十；震得东南、西南、东、西、北，故其数十有七；巽得南、中、东北、西北，故其数二十有

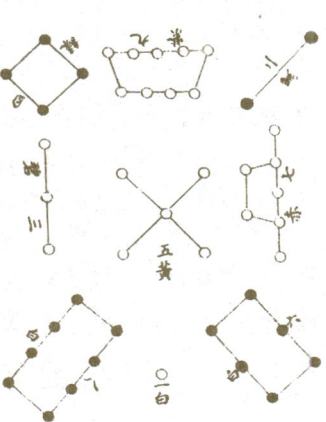

● 河图

关于河图之说，最早出自《山海经》："伏羲得河图，夏人因之，曰《连山》。"是古人对于天象的理解和认识，而《易经·系辞上》有"河出图，洛出书"之说，遂有《河图》与《洛书》之争，刘牧一派认为"戴九履一，左三右七，二四为肩，六八为足，五居中央"为《河图》，本文明显承袭这一学派观点。

八；坎得东南、西南、东北、西北、中，故其数二十有五；离得东、西、南、北，故其数二十；艮得南、东、西、东北、西北，故其数三十有三；兑得东南、西南、中、北，故其数十有二。具图如后图缺。

注 释

①过揲之数、归余之数、阴阳老少之数：详见《梦溪笔谈·卷七·象数一》"《易》象九为老阳"条。河图之数：据下文描述的数字排布，应为洛书图式而非河图。

译 文

八卦中有过揲之数、归余之数、阴阳老少之数、河图之数。所谓过揲之数，也称为八卦之策：乾经过九次揲取得出，每次揲取四根蓍草，四九三十六；坤经过六次揲取得出，每次揲取四根蓍草，四六二十四。这就是乾坤之策过揲之数。其余卦数依次类推（前卷已经记述得很详细）。所谓归余之数，就是乾每一爻的三变都为少，初变的归余是五，再变、三变的归余各是四，加起来是十四爻，乘以三得四十二，这是乾卦的归余之数。坤每一爻的三变都为少（应为多），初变的归余是九，再变、三变的归余各是八，加起来是二十六爻，乘以三得七十八，这是坤卦的归余之数。其余卦数依次类推。阴阳老少之数是这样的：乾卦经过九次揲取而得出，所以说老阳之数是九；坤卦经过六次揲取而得出，所以说老阴之数是六。震、艮、坎都是七次揲取得出的，所以说少阳之数是七；巽、离、兑都是八次揲取得出的，所以说少阴之数是八。所谓河图之数是：河图北方为一，南方为九，东方为三，西方为七，东北为八，西北为六，东南为四，西南为二，中央为五。乾卦得东、东南、西南、中、北，所以乾卦的河图之数是十五；坤卦得西、南、东北、西北，所以数目是三十；震卦得东南、西南、东、西、北，所以数目是十七；巽卦得南、中、东北、西北，所以数目是二十八；坎卦得东南、西南、东北、西北、中，所以数目是二十五；离卦得东、西、南、北，所以数目是二十；艮卦得南、东、西、东北、西北，所以数目是三十三；兑卦得东南、西南、中、北，所以数目是十二。后有附图（图缺）。

原 文

揲蓍之法，凡一爻含四卦凡一阳爻，乾为老阳，两多一少，非震即坎，非坎即艮。少在前，震也；少在中，坎也；少在后，艮也。三揲之中，含此四卦，方能成一爻。阴爻亦如此，三爻坤为老阴，两少一多，非巽即离，非离即兑。多在前，则巽也；多在中，离也；多在后，兑也。积三爻为内卦，凡含十二卦一爻含四卦，三爻共十二卦也。所以含十二卦，自相重为六卦爻，凡得六十四卦重卦之法：以下爻四卦乘中爻四卦，得十六卦；又以上爻四卦乘之，得六十四卦。外卦三爻，亦六十四卦。以内外六十四卦复自相乘，为四千九十六卦，方成《易》之卦此之卦法也。揲蓍凡十有八变，成《易》之一卦。一卦之中，含四千九十六卦在其间，细算之乃见。凡一卦可变为六十四卦此

补笔谈

三三〇

变卦法，《周易》是也。**六十四卦之为四千九十六卦**此之卦法也，如乾之坤、之屯、之蒙，尽六十四卦。每卦皆如此，共得四千九十六卦。今焦贡《易林》中所载是也。**四千九十六卦方得能却成一卦，终始相生，以首生尾，以尾生首，积至微之数，以成至大，积至大之数，却为至微；循环无端，莫知首尾。故《罔象成名图》曰："其大无外，其小无内，迎之不见其首，随之不见其尾。"**一卦变为六十四卦，六十四卦之为四千九十六卦；四千九十六卦却变为一卦。循环相生，莫知其端。**大小一也，积小以为大，积大复为小，岂非一乎？往来一也，首穷而成尾，尾穷而反成首，岂非一乎？故至诚可以前知，始末无异故也。以夜为往者，以昼为来；以昼为往者，以夜为来。来往常相代，而吾所以知之者一也。故藏往知来，不足怪也。圣人独得之于心，而不可言喻，故设象以示人。象安能藏往知来，成变化而行鬼神？学者当观象以求圣人所以自然得者，宛然可见，然后可以藏往知来，成变化而行鬼神矣。《易》之象皆如是，非独此数也。知言象为糟粕，然后可以求易。**

【译　文】

　　揲蓍占卜的方法，每一爻包含四卦（如果是一阳爻，三多的乾卦就是老阳，两多一少，不是震就是坎，不然就是艮。一少在前的，是震；一少在中间的，是坎；一少在后的，是艮。三次揲取之中，就含有这四种卦，才能成为一爻。阴爻也是这样，三爻的坤卦就是老阴，两少一多，不是巽就是离，不然就是兑。一多在前的，是巽；一多在中间的，是离；一多在后的，是兑）。积累三个爻就成为一个内卦，其中含有十二卦（一爻里包含四卦，三爻一共是十二卦）。用这里所含的十二卦，互相重叠成为六爻的卦，一共就有六十四卦（重叠卦象的方法是：把下爻的四种卦象乘以中爻的四种卦象，得到十六种卦；再用上爻的四种卦象与之相乘，得到六十四种卦）。外卦三爻，也能产生六十四卦。把内卦和外卦的六十四卦再相乘，就有四千零九十六种卦，才组成了《周易》中所有的卦（这是一种卦法。揲蓍一共要十八变，才能成为《周易》中的一卦。一卦之中，又包含了四千零九十六卦，仔细计算才看得出）。每一卦可以变为六十四卦（这是一种变卦法，也就是《周易》中的方法）。六十四卦产生四千零九十六卦（这是一种卦法，比如乾之坤、乾之屯、乾之蒙，总共六十四卦。每一卦都是这样，总共有四千零九十六卦。现今能看到的焦贡所撰《易林》中记载的方法便是）。经历四千零九十六卦才能成就一卦，首尾相生，以首生尾，以尾生首，从最小的数开始积累，成为最大的数，积累最大的数，却得到最小的数；循环往复，不知首尾。所以《罔象成名图》里说："其大无外，其小无内，迎之不见其首，随之不见其尾。"（一卦变为六十四卦，六十四卦变为四千零九十六卦；四千零九十六卦却又变为一卦。循环相生，不知哪里是开端。）大小相统一，积累小的数目而成为大的，积

累大的数目又成为小的，岂不是同一的吗？往复也相统一，首的末端是尾，尾的末端反成为首，岂不是同一的吗？所以心境至诚的人可以预知，就是因为始末并没有什么区别。黑夜过去，白昼来临；白昼过去，黑夜又来临。往来相互替代，而我们之所以知道未来是因为它们是同一的。所以了解过往而预知将来，不足为怪。圣人只在心中有所得，但不能用言语表达，所以用卦象让人知道。卦象怎么能了解过往预知将来，促成变化而驾驭鬼神呢？学者应当从观看卦象来求得圣人的心得，清晰可见，然后就可以了解过往而预知将来，促成变化而驾驭鬼神了。《周易》的卦象都是如此，不只是这些数字。只有了解到卦象本身只是空壳，才能探求易的精髓。

官政

有一朝士，与王沂公有旧，欲得齐州。沂公曰："齐州已差人。"乃与庐州。不就，曰："齐州地望卑于庐州①，但于私便尔耳。相公不使一物失所，改易前命，当亦不难。"公正色曰："不使一物失所，唯是均平。若夺一与一，此一物不失所，则彼一物必失所。"其人惭沮而退。

①**地望**：地理位置。

有一名朝官，与王曾（封沂国公）是故旧，想要去齐州做官。王曾说："齐州已经安排了官员。"于是让他去庐州。他不肯赴任，说："齐州的地望比庐州低下，只是于我私方便而已。您不会因此令其他人有损失，改变先前的任命，应当不难。"王曾正色道："想要令每个人都没有损失，那只有对双方公平。如果拿来一个人的东西给另一个人，一方没有损失，那另一方必会有损失。"这个人便惭愧地退下了。

孙伯纯史馆知海州日，发运司议置洛要、板浦、惠泽三盐场，孙以为非便，发运使亲行郡，决欲为之。孙抗论排沮甚坚①。百姓遮孙，自言置盐场为便。孙晓之曰："汝愚民，不知远计。官买盐虽有近利，官盐患在不售，不患盐不足。盐多而不售，遗患在三十年后。"至孙罢郡，卒置三场。近岁连、海间，刑狱、盗贼、差徭比旧浸繁，多缘三盐场所置积盐如山，运卖不行，亏失欠负，动辄破人产业，民始患之。朝廷调发军器，有弩桩箭干之类，海州素无此物，民甚苦之，请以鳔胶充折②。孙谓之曰："弩桩箭干，共知非海州所产，盖一时所须耳。若以土产物代之，恐汝岁被科无已时也③。"其远虑多类此。

注释

①排沮：排除阻止。②鳔胶：用鱼鳔熬制的胶，黏性大，可以用来粘木器。③已：止，罢休。

译文

史馆官员孙冕（字作纯）任海州知州的时候，发运司商议设置洛要、板浦、惠泽三个盐场，孙冕认为不可行，发运使亲自来到郡内，坚决要设置。孙冕非常坚持地抗议。百姓挡住他，说设置盐场很有好处。孙冕给他们讲解道："你们愚昧，不知道思考长远。官盐虽然短期内有好处，但官盐只担心卖不掉，不担心盐的来源不足。盐多但卖不掉，遗患会在三十年后显现出来。"等孙冕从职位上卸任，最后还是设置了三个盐场。近年连州、海州一带，犯罪、盗贼、徭役比以前繁多，大多是因为三个盐场的盐堆积如山，卖不掉而亏损，动辄有人破产，人们才开始担心这个问题。朝廷征调军需器械，有弩桩箭杆等物品，海州从来没有这些，人们非常苦恼，请求以鳔胶代替。孙冕对此说："弩桩箭杆，人们都知道不是海州所产，只是一时需要而已。如果用土产物代替，恐怕你们每年要以此课税没有尽头了。"他的深谋远虑很多类似这样。

原文

孙伯纯史馆知苏州，有不逞子弟与人争"状"字当从犬、当从大，因而构讼。孙令褫去巾带，纱帽下乃是青巾。孙判其牒曰："偏傍从大，书传无闻；巾帽用青，屠沽何异①？量决小杖八下。"苏民传之，以为口实。

注释

①屠沽：亦作"屠酤"，宰牲和卖酒，泛指职业低微的人。

译文

史馆官员孙冕任苏州知州的时候，有一个蛮横的人与别人争论"状"字应当从犬还是从大，于是打起了官司。孙冕命人夺去了他头上的巾带，纱帽下面是青巾。孙冕判案道："偏傍从大，在书籍记录里闻所未闻；巾帽用青，与屠户卖酒人有何区别？判决小杖八下。"苏州百姓相传，成为笑料。

原文

忠定张尚书曾令鄂州崇阳县。崇阳多旷土，民不务耕织①，唯以植茶为业。忠定令民伐去茶园，诱之使种桑麻②。自此茶园渐少，而桑麻特盛于鄂、岳之间。至嘉祐中，改茶法，湖、湘之民苦于茶租，独崇阳茶租最少，民监他邑，思公之惠，立庙以报之。民有入市买菜者，公召谕之曰："邑居之民，无地种植，且有他业，买菜可也。汝村民，皆有土田，何不自种而费钱买菜？"笞而遣之③。自后人家皆置圃，至今谓芦菔为"张知县菜"④。

①**耕织**：耕地和织布。②**桑麻**：桑树和麻，桑树用于喂蚕抽丝，麻用于织麻布，都是解决穿衣用布问题的重要农业活动。③**笞**：杖责。④**芦菔**：即萝卜。

译　文

尚书张咏（谥号忠定）曾做鄂州崇阳县县令。崇阳有很多荒地，当地百姓不务耕织，只种茶为生。张咏命令百姓砍去茶园，引导他们种植桑麻。从此茶园渐渐少了，而桑麻在鄂州、岳州一带都最为盛产。到了嘉祐年间，政府更改了茶法，湖州、湘州一带的百姓因茶租而困苦，只有崇阳的茶租最少，百姓看到其他郡县的情形，感念张咏的恩惠，于是立庙报答他。有在市场买菜的百姓，张咏叫他来说："住在城里的居民，没有地可种，但有其他工作，买菜也是可以的。你们是住在村里的居民，都有土地，为何不自己种菜而要费钱买菜呢？"棒笞了他，命他回去。从此人人都在自家开垦菜圃，至今把种的萝卜叫作"张知县菜"。

权智

原　文

王子醇枢密帅熙河日，西戎欲入寇，先使人觇我虚实，逻者得之，索其衣缘中，获一书，乃是尽记熙河人马刍粮之数，官属皆欲支解以殉①，子醇忽判杖背二十，大刺面"蕃贼决讫放归"六字，纵之。是时适有戍兵步骑甚众，刍粮亦富，虏人得谍书，知有备，其谋遂寝②。

注　释

①**支解**：古代一种碎裂肢体的酷刑。②**寝**：停止，平息。

译　文

枢密使王韶（字子醇）统领熙河地区时，西边外族想要入侵，先派人来刺探我军虚实，巡逻的人捉获了他，从他衣服缝边中找到一封信，记的全是熙河的人马粮草数量，负责的官员都要把他处以酷刑，王韶却判他杖背二十杖，在脸上刺上"蕃贼决讫放归"六个大字，放了他。当时正好边防军队兵强马壮，粮草丰富，外族人得到了谍报，知道我军有所防备，便放弃了计划。

原　文

宝元元年，党项围延安七日，邻于危者数矣。范侍郎雍为帅，忧形于色。有老军校出①，自言曰："某边人，遭围城者数次，其势有近于今日者。虏人不善攻，卒不能拔。今日万万无虞，某可以保任。若有不测，某甘斩首。"范嘉其言壮人心，亦为之小安。事平，此校大蒙赏拔，言知兵善料敌者，首称之。

或谓之曰："汝敢肆妄言，万一言不验，须伏法。"校笑曰："君未之思也。若城果陷，何暇杀我邪？聊欲安众心耳。"

注释

①**军校**：任辅助之职的军官。

译文

宝元元年，党项人围攻延安七天，多次面临危急局面。侍郎范雍作为主帅，面露忧愁。有一名老军官站出来，自称："我是驻守边竟的人，曾多次遭到围城，形势有近似今天的。外族人不擅长攻城，最终也没能攻破。现今的局势完全不用担心，我可以担保。如果不如我所说，我愿意受到斩首。"范雍赞赏他敟励人心的发言，也稍稍安心了。事情平定后，大大奖赏提拔了这名军官，称赞说懂得兵情善于料敌的人，非他莫属。有人问他："你敢这么放肆预测，万一不应验，必须要伏法的啊。"军官笑道："你没有想明白。如果城池陷落，统帅哪有工夫杀我呢？这话只是安大家的心罢了。"

原文

韩信袭赵，先使万人背水阵，乃建大将旗鼓，出井陉(xíng)口，与赵人大战，佯败，弃旗鼓走水上。军背水而阵，已是危道，又弃旗鼓而趋之，此必败势也。而信用之者，陈余老将①，不以必败之势邀之，不能致也。信自知才过余，乃敢用此耳。向使余小黠(xiá)于信，信岂得不败？此所谓知彼知己，量敌为计。后之人不量敌势，袭信之迹，决败无疑。汉五年，楚汉决胜于垓下，信将三十万自当之，孔将军居左，费将军居右，高帝在其后，绛侯、柴武在高帝后②。信先合不利；孔将军、费将军纵，楚兵不利；信复乘之，大败楚师。此亦拔赵策也。信时威震天下，籍所惮者独信耳。信以三十万人不利而却，真却也，然后不疑。故信与二将得以乘其隙，此"建成堕马"势也③。信兵虽却，而二将维其左右，高帝军其后，绛侯、柴武又在其后，异乎背水之危，此所以待项籍也。用破赵之迹，则歼矣。此皆信之奇策。观古人者，当求其意，不徒视其迹。班固为《汉书》，乃削此一事，盖固不察所以得籍者正在此一战耳。从古言

●韩信

韩信，西汉开国功臣，中国历史上杰出军事家，与萧何、张良并列为"汉初三杰"，与彭越、英布并称"汉初三大名将"。

韩信善用兵，书中不见信所以善者。予以谓信说高帝，还用三秦，据天下根本，见其断；虏魏豹，斩龙且，见其智；拔赵、破楚，见其应变；西向师亡虏，见其有大志④。此其过人者，惜乎《汉书》脱略，漫见于此。

注 释

①陈余：赵国权臣，封成安君，因未接受李左车的建议而轻视背水阵，被斩杀于泜水。
②绛侯：即周勃，随刘邦立国的汉代将领，受赐绛县八千一百八十户作为食邑，故号称绛侯。③建成堕马：《旧唐书》记载霍邑之战唐高祖李渊率长子李建成、次子李世民攻打隋将宋老生时，李建成坠马，宋老生趁机追击，被李世民截断后击溃。④虏魏豹，斩龙且：睢水之战，韩信设置疑兵、陈列船只，假意渡河，而使伏兵以木盆、木桶渡河攻打安邑，俘虏魏豹；韩信与龙且对阵潍水，连夜以沙袋壅塞河水上游，佯装败退引诱龙且渡河时决开沙袋，以洪水冲垮敌军。西向师亡虏：韩信俘虏了赵国谋士广武君李左车，为他松绑并请他坐在西席，以待师之礼待他，并请教战略。

译 文

韩信袭击赵国，先派一万人在河水前列阵，竖起了大将的旗鼓，出了井陉口，与赵国军队大战，假装战败，放弃旗鼓而从水上撤退。军队背对着河水列阵，已经是危险的方法，又抛弃旗鼓而走水路，这是必败的阵势。而韩信之所以使用这样的计策，是因为陈余是老将，不以必败的阵势引诱他，是不会上钩的。韩信知道自己的军事才能比陈余高，才敢用这样的计策。假如陈余比韩信聪明一点儿，韩信怎么会不败？这就是所谓的知彼知己，量敌为计。后来人不考量敌人的情况，沿袭韩信的方法，必败无疑。汉五年，楚汉在垓下决胜，韩信率领三十万兵亲自对阵，孔将军为左翼，费将军为右翼，汉高帝刘邦坐镇后方，周勃、柴武在刘邦后面待命。韩信第一次攻势未能得利而撤退；孔将军、费将军夹击，楚兵陷入劣势；韩信重新发动攻击，击溃楚军。这也是袭击赵国时的计策。韩信当时威震天下，项羽（名籍）所忌惮的只有韩信一个人。韩信以三十万兵未能得利而撤退，是真的撤退，项羽才没有怀疑。所以韩信与孔、费两将军能够趁机取胜，这是"建成堕马"的阵势。韩信的军队虽然退却了，但两将军维持在他左右，刘邦的军队在其后，周勃、柴武又在更后面，与背水之危还不同，这是为了等项羽的军队落网。如果用袭击赵国时的老办法，就会被歼灭了。这都是韩信的奇策。研究古人的时候应当探求他们的用意，不能只看他们的表象。班固写《汉书》时，删去了这件事。大概是没有察觉到刘邦打败项羽正是在这关键一战。自古人们说韩信擅长用兵，史书中却看不出韩信到底怎么擅长。我认为韩信说服刘邦，攻占三秦，稳固了夺取天下的根基，可见他的决断；俘虏魏豹，斩杀龙且，可见他的智谋；袭击赵国、攻破楚国，可见他的应变；以待师之礼对待俘虏广武君李左车，可见他有大志。这是他的过人之处，可惜《汉书》里面删减忽略，随手记在这里。

原 文

种世衡初营清涧城①，有紫山寺僧法崧，刚果有谋，以义烈自名。世衡延

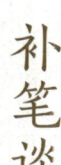

置门下，恣其所欲，供亿无算②。崧酗酒、狌博无所不为，世衡遇之愈厚。留岁余，崧亦深德世衡，自处不疑。一日，世衡忽怒谓崧曰："我待汝如此，而阴与贼连，何相负也？"拽下械系捶掠，极其苦楚。凡一月，滨于死者数矣。崧终不伏，曰："崧，丈夫也！公听奸人言，欲见杀，则死矣。终不以不义自诬。"毅然不顾。世衡审其不可屈，为解缚沐浴。复延入卧内，厚抚谢之曰："尔无过，聊相试耳。欲使为间，万一可胁，将泄吾事。设虏人以此见穷，能不相负否？"崧默然曰："试为公为之。"世衡厚遗遣之，以军机密事数条与崧曰："可以此藉手，仍伪报西羌③。"临行，世衡解所服絮袍赠之曰："胡地苦寒，以此为别。至彼，须万计求见遇乞，非此人无以得其心腹。"遇乞，虏人之谋臣也。崧如所教，间关求通遇乞。虏人觉而疑之，执于有司。数日，或发袍领中，得世衡与遇乞书，词甚款密。崧初不知领中书，虏人苦之备至，终不言情。虏人因疑遇乞，舍崧，迁于北境。久之，遇乞终以疑死。崧邂逅得亡归④，尽得虏中事以报。朝廷录其劳，补右侍禁，归姓为王⑤。崧后官至诸司使，至今边人谓之王和尚。世衡本卖崧为死间⑥，邂逅得生还，亦命也。康定之后，世衡数出奇计。予在边，得于边人甚详，为新其庙像，录其事于篇。

【注 释】

①清涧城：位于今陕西清涧县。②供亿：供给。③西羌：对西方多个民族的泛称，此处即指西夏。④邂逅：偶然，侥幸。⑤归姓为王：据记载法崧本姓王。⑥死间：《孙子兵法》记录的五种间谍方式之一，以假情报诓骗敌方使对方相信，为我方争取利益，而由于我方实际行动与假情报不同，事发后间谍无法脱身，多被处死，所以称死间。

【译 文】

种世衡开始营建清涧城的时侯，有一名紫山寺僧人名叫法崧，刚毅果敢而有谋略，以忠义节烈自称。种世衡请他到门下，随他恣意妄为，供给不限。法崧酗酒、贪博无所不为，种世衡愈发厚待他。过了一年多，法崧也非常敬佩种世衡，毫无怀疑地依然如此自处。一天，种世衡忽然对法崧发怒道："我这样厚待你，你却暗中与贼人勾连，为何背叛我？"拖他下去严刑拷打，用尽酷刑。一个月里，多次濒死。法崧始终也不认罪，说："我是大丈夫！您听信奸人的话，要杀我，我就死。决不会以不义之罪诬污自己。"毅然不理会。种世衡看他不伏法，为他解开束缚并沐浴，又请进卧房，深深地抚慰致歉说："你没有过错，只是考验你而已。我想派你去做间谍，万一受到威胁，怕会泄露我的机密。假使敌人用这些办法对你，你能不背叛吗？"法崧默然说："我试着为您去做吧。"种世衡重重赏赐他并派遣出去，把多条军事机密告诉法崧说："可以借用这些情报，假装投靠羌人。"临行时，种世衡解开自己穿的棉袍送给他说："胡人地区苦寒，以这个为饯别。到了那里，要想方设法求见到遇乞，只有靠这个人才能进入敌人的心腹。"遇乞是敌军的谋臣。法崧像他教导的一样，艰难地求见遇乞。敌人警觉而怀疑他，捉拿到司法部门。多日后，有人翻他的袍领，找到种世衡给遇乞的书信，言辞非常亲密。法崧一开始不知道袍领里有书信，敌人施以酷刑，他也不说出事实。敌人因此怀疑遇乞，于是放了法崧，把他流放到北境。过了很久，遇乞最后因受到怀疑而被处死。法崧侥幸逃了回来，把在敌营的事情汇报了。朝廷记录他的功劳，封为右侍禁，归还姓氏为王。法崧后来官至诸司使，至今边境的人还称他王和尚。种世衡本意是出卖法崧作为死间，侥幸生还，也是他的命数。康定年之后，种世衡多次使用奇计。我在边境的时候，详细地听边境人讲过，借为他翻新庙像的机会，把他的事迹记录在此。

祥符中禁火，时丁晋公主营复宫室，患取土远，公乃令凿通衢取土[1]，不日皆成巨堑[2]，乃决汴水入堑中，引诸道竹木排筏及船运杂材，尽自堑中入至宫门。事毕，却以斥弃瓦砾灰壤实于堑中，复为街衢。一举而三役济，计省费以亿万计。

①**通衢**：通路。衢，即大路。②**巨堑**：巨大的壕沟。

大中祥符年间皇宫失火，当时丁谓主管重建宫室，考虑到取土太远，便下令开凿道路取土，没过几天都挖成了深沟，于是把汴水水决开灌进去，指引各路的大小船只运送其他建材，都通过沟渠运进了宫门。营建完毕后，再把废弃的瓦砾土灰填实在沟里，又恢复了街道。一举三得，节省了亿万资金。

国初，两浙献龙船，长二十余丈，上为宫室层楼，设御榻，以备游幸。岁久腹败，欲修治，而水中不可施工。熙宁中，宦官黄怀信献计，于金明池北凿大澳[1]，可容龙船，其下置柱，以大木梁其上，乃决水入澳，引船当梁上，即车出澳中水，船乃笐于空中[2]，完补讫，复以水浮船，撤去梁柱。以大屋蒙之，遂为藏船之室，永无暴露之患。

①**金明池**：人工开凿的水池，在宋代京城开封西北。**澳**：水湾，岸边凹进去可以停船的地方。②**笐**：原意为竹子的行列，这里是如被竹阵架空一样架在梁柱上的意思。

本朝建立初年，两浙地区进献龙船，有二十多丈长，上面是宫室楼阁，设有御榻，准备皇帝出游使用。年代久了船体内部腐败，想要修缮，但船在水里不能施工。熙宁年间，宦官黄怀信献出一计，在金明池北边凿一个大水湾，可以容纳龙船，下面设置柱子，再横搭上木梁，把水引入湾内，把船引到梁上的位置，再抽出湾中的水，船就被架在半空中了，补完之后，再灌水让船浮起来，撤去木梁木柱。修建屋顶遮盖上，就成了藏船用的仓库，使船永久避免暴露在外的损耗。

艺文

原文

李学士世衡，喜藏书。有一晋人墨迹，在其子绪处。长安石从事尝从李君借去，窃摹一本，以献文潞公，以为真迹。一日潞公会客，出书画，而李在坐，一见此帖，惊曰："此帖乃吾家物，何忽至此？"急令人归，取验之，乃知潞公所收乃摹本。李方知为石君所传，具以白潞公。而坐客墙进①，皆言潞公所收乃真迹，而以李所收为摹本。李乃叹曰："彼众我寡，岂复可伸？今日方知身孤寒。"

注释

①墙进：如墙一般簇拥向前。

译文

学士李世衡，喜爱藏书。有一幅晋人的墨迹收藏在他的儿子李绪那里。长安人石从事曾从李世衡那里借去，私下临摹了一本，以此献给文彦博，当作是真迹。一天文彦博会客，拿出这幅书画，而李世衡在座，一看见就惊诧道："这幅书画是我家的东西，怎么会忽然到这里来？"急忙命人回去，拿来检验，才知道文彦博收藏的是摹本。李世衡才知道是从石从事传出去的，对文彦博据实以告。而在座的客人簇拥上前，都说文彦博收藏的才是真迹，李世衡收藏的是摹本。李世衡便叹息："他们人数众多，我势单力薄，怎能伸张冤屈呢？今日才知自己出身低微，孤寡无依。"

原文

章枢密子厚善书，尝有语："书字极须用意，不用意而用意，皆不能佳。此有妙理，非得之于心者，不晓吾语也。"尝自谓"墨禅"。

译文

枢密使章惇（字子厚）擅长书法，曾说："写字极需要用心，时而不用心时而用心，都写不好。这是有深妙道理的，没有融汇于心的人，不懂我的话。"曾自称为"墨禅"。

原文

世上论书者，多自谓书不必有法，各自成一家。此语得其一偏。譬如西施、毛嫱①，容貌虽不同，而皆为丽人；然手须是手，足须是足，此不可移者。作字亦然，虽形气不同，掠须是掠，磔须是磔②，千变万化，此不可移也。若掠不成掠，磔不成磔，纵其精神筋骨犹西施、毛嫱，而手足乖戾③，终不为完人。杨朱、墨翟④，贤辩过人，而卒不入圣域。尽得师法，律度备全，犹是奴书⑤，然须自此入。过此一路，乃涉妙境，无迹可窥，然后入神。

释文

世上的书法评论家，大多号称书法不需要有定法，各成一家即可。这个说法是片面的。比如西施、毛嫱，虽然容貌不同，但都是美人；但手是手，脚是脚，这是不能有错的。写字也是这样，虽然形态气势不同，撇是撇，捺是捺，纵然有千变万化，这也是不能有错的。如果撇不成撇，捺不成捺，就算其精神筋骨像西施、毛嫱一样，但手脚异端，终究不是一个完好的人。杨朱、墨翟，思辨超于常人，但最终不能达到圣人的境界。完全模仿前人的书法，规矩俱全，还只是奴书，但必须从这里入门。度过了这个阶段，才开始涉入妙境，看不出临摹的痕迹，然后才能达到境界。

●隶书

隶书，一种字体，由先秦小篆演化而来，笔画由圆转变为方折，易于书写。中间先经过八分书，然后才逐步演变为隶书，后人却认为八分书就是隶书，这乃是一种偏见。

原文

今世俗谓之隶书者，只是古人之"八分书"①，谓初从篆文变隶，尚有二分篆法，故谓之八分书。后乃全变为隶书，即今之正书、章草、行书、草书皆是也。后之人乃误谓古八分书为隶书，以今时书为正书，殊不知所谓正书者，隶书之正者耳。其余行书、草书，皆隶书也。杜甫《李潮八分小篆歌》云："陈仓石鼓文已讹②，大小二篆生八分。苦县光和尚骨立③，书贵瘦硬方通神。"苦县《老子朱龟碑》也。《书评》云："汉、魏牌榜碑文和《华山碑》④，皆今所谓隶书也。杜甫诗亦只谓之八分。"又《书评》云："汉、魏牌榜碑文，非篆即八分，未尝用隶书。"知汉、魏碑文皆八分，非隶书也。

③**苦县光和**：依照沈括所说，苦县指《苦县老子碑》，因老子是楚国淮阳苦县生人而代名；光和指《朱龟碑》，全称《汉幽州刺史朱伯灵碑》，残碑中有"光和六年"，光和为东汉灵帝的年号。两碑书法字体细瘦，形如骨立。④**牌榜碑文**：牌匾、榜文及碑刻文字。《华山碑》：全称《西岳华山庙碑》，是汉碑隶书成熟时期的代表作。

<u>译 文</u>

　　现今世人俗称为隶书的，只是古时候的"八分书"而已，从篆书转变为隶书的初期，尚保留有两分篆书的技法，所以叫八分书。后来完全变为隶书，就是现今的正书、章草、行书、草书等。后人将八分书误以为隶书，把现今的书法作为正书，殊不知所谓正书就是正规的隶书罢了。其余的行书、草书，也都是隶书。杜甫《李潮八分小篆歌》里说："陈仓石鼓文已讹，大小二篆生八分。苦县光和尚骨立，书贵瘦硬方通神。"苦县指的是《老子朱龟碑》。《书评》里说："汉、魏时期的牌榜碑文和《华山碑》，都是现今所谓的隶书。杜甫的诗中也只称为八分。"又说："汉、魏时期的牌榜碑文，不是篆书就是八分书，从没用过隶书。"可知汉、魏时期的碑文都是八分书，不是隶书。

<u>原 文</u>

　　江南府库中，书画至多，其印记有"建业文房之印""内合同印"。"集贤殿书院印"以墨印之，谓之金图书，言唯此印以黄金为之。诸书画中，时有李后主题跋，然未尝题书画人姓名；唯钟隐画皆后主亲笔题"钟隐笔"三字。后主善画，尤工翎毛①。或云："凡言'钟隐笔'者，皆后主自画。后主尝自号钟山隐士，故晦其名谓之钟隐，非姓钟人也。今世传钟画，但无后主亲题者，皆非也。"

<u>注 释</u>

　　①**翎毛**：指以鸟兽为题材的中国画。

<u>译 文</u>

　　南唐的府库之中，有非常多的书画，上面的收藏印有"建业文房之印""内合同印"。"集贤殿书院印"是用墨印的，称为金图书，是指只有这方印是黄金制造。众多书画中，时常会见到南唐后主李煜的题跋，但没有题写过书画人的姓名；只有钟隐的画，都有李煜亲笔题写的"钟隐笔"三个字。李煜擅长绘画，尤其擅长画鸟兽。有人说："凡是写有'钟隐笔'的，都是李煜亲自画的。李煜曾自号钟山隐士，所以隐晦地叫作钟隐，并不是姓钟的人。现今世上所传的钟隐的画，只要没有李煜亲笔题名的，都不是真迹。"

器用

<u>原 文</u>

　　熙宁八年，章子厚与予同领军器监，被旨讨论兵车制度。本监以《周礼·考

及《小戎》诗考定：**车轮崇六尺**[1]，**轵崇三尺三寸**[2] 毂末至地也[3]，**并轸辏为四尺**[4]。**牙围一尺一寸**[5]，**厚一尺三分寸之二** 车罔也。**毂长三尺二寸，径一尺三分寸之二，轮之薮三寸九分寸之五** 毂上札辐凿眼是也。**大穿内径四寸五分寸之二**[6]《记》谓之"贤"，毂之里穿也。**小穿内径三寸十五分寸之四**。《记》谓之"轵"，毂之外穿也。**辐九寸半，辐外一尺九寸** 并辐三寸半，共三尺二寸，乃毂之长。**金厚一寸** 大小穿，其金皆一寸。**辐广三寸半**。深亦如之。**舆六尺六寸**[7]，**车队四尺四寸**[8] 队，音遂，谓车之深。盖深四尺四寸，广六尺六寸也。**式深一尺四寸三分寸之二**[9] 七寸三分寸之一在轸内。**崇三尺三寸**。半舆之广为之崇。**较崇二尺二寸**[10]，通高五尺五寸 较，两𬴂上出式者[11]，并车高五尺五寸。**轸围一尺一寸** 车后横木。**贰围七寸三分寸之一**[12]，**较围四寸九分寸之八，轵围三寸二十七分寸之七** 此轵乃𬴂木之植者，衡者与毂末同名。**轛围二寸八十一分寸之十四**[13] 此式之植者，衡者如较之植轵而名互异。**任正围一尺四寸五分寸之二**[14] 此舆下三面材持车正者。**辀深四尺七寸**[15] 此梁舡辀也[16]。轵崇三尺三寸。此辀如桥梁，矫上四尺七寸，并衡颈为八尺七寸[17]；国马高八尺，除衡颈则如马之高。**长一丈四尺四寸** 辀前十尺[18]，队四尺四寸。辀前一丈，**策长五尺**[19]，**衡围一尺三寸五分寸之一，长六尺六寸；轴围一尺三寸五分寸之一；兔围一尺四寸五分寸之二**[20] 辀当伏兔者，与任正相应。**颈围九寸十五分寸之九** 颈，辀前持衡者。**踵围七寸七十五分寸之五** 踵，辀后承辕处。**轨广八尺**[21] 两辙之间。**阴如轨之长**[22] 侧于轨前。**靷二，前着骖辖**，后属阴在骖之外，所以止出。**胁驱长一丈**[24] 皮为之，前系于衡，当骖马内，所以止入。**服马颈当衡轭** 两服齐首。**骖马齐衡** 两骖雁行，谓小却也。**辔六** 服马二辔，骖马一辔。**度皆以周尺一尺** 当今七寸三分少强。**以法付作坊制车，兼习五御法**[25]。是秋八月大阅，上御延和殿亲按。藏于武库，以备仪物而已。

注释

①崇：高。②轵：车轴的端头。③毂：车轮中心，带有能够穿轴的洞的部位。④轸辏：车厢底部四周的横木及固定用的部件。⑤牙：车轮外周的框子。后文的"车罔"即"辋"，是同样的意思。⑥大穿：车毂有两部分外露在轮的两侧，靠近传输者较大，称作大穿，又名曰贤，靠近辖者，称作小穿，又名曰轵。⑦舆：车厢。⑧车队：即车遂，车厢的深。⑨式：即轼，车厢前用作扶手的横木。⑩较：车厢两旁在轼上高出的铜制弯曲的部件，形似两角，用于扶握。⑪𬴂：车厢两旁人可以倚靠的木板。⑫贰：即轼。⑬轛：轼下面横直交接的栏木。

⑭**任正**：车厢底部木档，在前、左、右方的叫作任正，与后方的軫共同构成车厢的方矩形。
⑮**輈**：车辕，形拱像桥。⑯**舡**：即船。⑰**衡颈**：车辕前横置的横木，上有轭用于牵拴、控制马匹。轭即搭在马颈上的弯曲部件。⑱**轵**：车厢前的挡板。⑲**策**：同"策"，木制杖形马鞭。
⑳**兔**：即伏兔，因形似而名，用于勾连车厢底板和车轴。㉑**轨**：车轨，即两轮之间的距离。
㉒**阴**：即"茵"，车厢铺垫的板。㉓**靷**：连接两侧的骖马与阴，在骖马的外侧，防止骖马向外跑。**骖**：即驾车四马中两侧的两匹马，后文的"服"为中间的两匹马。**辔**：用于控制马的辔头和缰绳。㉔**胁驱**：连接在骖马内侧，在服马的胁部，防止骖马向内挤。㉕**五御法**：即"五驭"，驾车的五种技术，有鸣和鸾、逐水曲、过君表、舞交衢、逐禽左。意指驾车时使挂在车上的铃铛按规则鸣响、车沿着弯曲水岸疾驰而不落水、受皇帝检阅时的礼仪、通过街市道路的方法，追逐猎物时从左边射箭。

熙宁八年，章惇和我一起主管军器监，奉旨商讨战车制度。我司以《周礼·考工记》和《小戎》诗来考定：车轮高六尺，轴头高三尺三寸（指车轮中心插轴用的毂到地的距离。车厢底部的横木离地四尺）。车轮的外围宽一尺一寸，厚一尺三分之二寸（也就是车罔）。毂长三尺二寸，直径一尺三分寸之二，车轮辐孔长三又九分之五寸（也就是毂上插辐条用的凿眼）。大穿内径是四又五分之二寸（《记》作"贤"，是指毂的内穿）。小穿内径是三又十五分之四寸（《记》作"轵"，是指毂的外穿）。辐条长九寸半，辐外一尺九寸（加上辐条的三寸半，共三尺二寸，就是毂的长度）。金属包边厚一寸（大小穿的金属包边都是一寸）。辐条宽三寸半（深也是三寸半）。车厢六尺六寸，车隧长四尺四寸（隧的读音是遂，意思是车厢的深度。也就是深四尺四寸，宽六尺六寸）。车轵长一尺四又三分之二寸，（七又三分之一寸在车厢内）。高三尺三寸（高是车厢宽度的一半）。车较长二尺二寸，总高度是五尺五寸（车较是两轛上突出的东西，加上车高一共五尺五寸）。车厢外围宽一尺一寸（车后的横木宽度）。车軓的围长是七又三分之一寸，车较围长四又九分之八寸，轵轴围长三又二十七分之七寸（这里的轵轴是插轛木的地方，横着的就叫作轮轴）。轛围二又八十一分之十四寸（这是车轵插入的地方，横着的就像车较插在轵轴上一样，只是名称不同）。任正的周长是一尺四又五分之二寸（这是车厢下的前、左、右三面的板材，是维持车体方正用的）。车辕长四尺七寸（这是作为车梁的舡輈。车轴长三尺三寸。这条辕就像是桥梁，形状向上弯曲的四尺七寸。加上衡颈共长八尺七寸；我国的马匹高八尺，除去衡颈就和马一样高。长度是一丈四尺四寸（轵之前有十尺，车厢中有四尺四寸）。轵前一丈。策长五尺。衡围一尺三又五分之一寸，长六尺六寸；轴围一尺三又五分之一寸；伏兔围一尺四又五分之二寸（輈挡在伏兔上，与任正相对应）。颈围九又十五分之九寸（颈是在輈前面保持平衡的东西）。踵围七又七十五分之五寸（踵是在輈后面承接辕的东西）。车轨宽八尺（两车辙之间的距离）。阴和轨的长度一样（在轨前偏侧面）。两条靷，前端系在两侧骖马的辔头上，后面连接着阴（在骖马的外侧，用来防止它们往外跑）。用于控制马匹的胁驱长一丈（用皮制作，前端系在衡上，挡在骖马内侧，用来防止它们往内挤）。服马的

颈抵着衡轭（两匹服马齐头在前）。骖马与衡对齐（两匹骖马如雁阵行于两侧稍后的位置，叫作小却）。六条辔绳（服马佩二条，骖马佩一条）。计量长度都以周尺计算（一尺相当于现今的七寸三分稍多）。把这些规格交给作坊制造战车，并演习驾车的五种方法。当年秋八月大阅兵，皇帝亲临延和殿检阅。收藏于武备库，准备作为仪仗物品。

古鼎中有三足皆空，中可容物者，所谓鬲也。煎和之法^①，常欲湆在下^②，体在上，则易熟而不偏烂。及升鼎，则浊滓皆归足中。《鼎卦·初六》："鼎颠趾，利出否^③。"谓浊恶下，须先泻而虚之；九二阳爻，方为鼎实。今京师大屠善熟豕者，钩悬而煮，不使著釜底，亦古人遗意也。又古铜香炉，多镂其底，先入火于炉中，乃以灰覆其上，火盛则难灭而持久。又防炉热灼席，则为盘荐水^④，以渐其趾^⑤，且以承灰烛之坠者^⑥。其他古器，率有曲意，而形制文画，大概多同。盖有所传授，各守师法，后人莫敢辄改。今之众学人人皆出己意，奇邪浅陋，弃古自用，不止器械而已。

①煎和：煎煮、调和。②湆：肉汤。③鼎颠趾，利出否：将鼎足颠倒，有利于清出渣滓。后文的"九二"爻辞有"鼎有实"，所以说"方为鼎实"。"初六"与"九二"均是出自《周易》的爻辞。④荐：聚，装盛的意思。⑤渐：浸。⑥灰烛：灰烬。

古代的鼎里有一种三足中空的，里面可以放东西，叫作鬲。烹调的方法是，让汤在下面，固体在上面，就会容易煮熟但不容易烂。等到开锅的时候，渣子又都会沉在三足里。《鼎卦·初六》为："鼎颠趾，利出否。"说的就是渣滓沉在下面，要先清空；《鼎卦·九二》的阳爻才把鼎填实。现今京城善于烹制熟肉的大厨，都是将肉钩悬着煮，让肉不碰到锅底，这也是古人烹饪方法的遗存。另外古代的铜香炉，大多底部镂空，先在炉中点火，再用灰覆盖上，火就不容易熄灭而且能持久燃烧。还有为防止炉火太旺烧到席子，就用盘子盛水，浸泡炉子的足部，能承接烧完掉落的灰烬。其他的古代器物，大多有隐含的用意，但形制、图案，大多相同。大概是因为传授技艺时后人遵守前人的规矩方法，不敢随意更改。如今的人每个人都有自己的主意，稀奇浅薄、歪门邪道，摒弃古法而自以为是，不仅是在器物方面。

大夫七十而有阁^①。天子之阁，左达五，右达五。阁者，板格，以庋膳羞者，正是今之立锧^②。今吴人谓立锧为厨者，原起于此。以其贮食物也，故谓之厨。

注释

①"大夫"句：出自《礼记·内则》。②立镂：即立柜。匮，通"柜"。

译文

士大夫到七十岁才可以设置存放秩膳的阁架。皇帝的阁架，左夹室五个，右夹室五个。阁就是板榀的意思，用来放置膳食，就是今天说的立镂。现在的吴地人把立镂称为厨（橱），源于这里。因为是贮藏食物的器物，所以叫作橱。

卷 三

异事

原文

韩魏公庆历中以资政殿学士帅淮南，一日，后园中有芍药一干分四岐，岐各一花，上下红，中间黄蕊间之。当时扬州芍药未有此一品，今谓之"金缠腰"者是也。公异之，开一会，欲招四客以赏之，以应四花之瑞。时王岐公为大理寺评事通判，王荆公为大理评事金判，皆召之。尚少一客，以判钤辖诸司使忘其名官最长，遂取以充数。明日早衙，钤辖者申状暴泄不至。尚少一客，命取过客历求一朝官足之①，过客中无朝官，唯有陈秀公时为大理寺丞，遂命同会。至中筵，剪四花，四客各簪一枝，甚为盛集，后三十年间，四人皆为宰相。

注释

①过客历：来客的签到簿。

译文

庆历年间韩琦以资政殿学士的身份统领淮南地区，一天，后园中有一株芍药在同一枝干上分了四个杈，每个杈上各有一枝花，每朵花的上下是红色的，中间夹有黄色的花蕊。当时扬州的芍药从没有这一品种，现今称为"金缠腰"。韩琦认为这是异象，召开了一次集会，想要集齐四名赏花客，以呼应四花的祥兆。当时王珪任大理寺评事通判，王安石任大理寺评事金判，都受到召集。还少一名客人，于是请以判钤辖诸司使（忘记名字）年纪最长者，来充数。第二天早衙的时候，这名钤辖递信称腹泻严重无法到场。仍少一名客人，派人拿来来客签到簿，欲从中选择一名朝官补足，来客里没有朝官，只有陈升之（封秀国公）当时任大理寺丞，便命他参加集会。宴席间，剪下四枝花，四名赏花客各簪一枝，这场集会非常盛大，后来的三十年间，四个人都成为宰相。

原文

濒海素少士人。祥符中，廉州人梁氏卜地葬其亲，至一山中，见居人说："旬日前，有数十龟负一大龟葬于此山中。"梁以谓龟神物，其葬处或是福地，与其人登山观之，乃见有丘墓之象。试发之，果得一死龟，梁乃迁葬他所，以龟之所穴葬其亲。其后梁生三子：立仪、立则、立贤。立则、立贤皆以进士登科。立仪尝预荐①，皇祐中，侬智高平，推恩授假板官②。立则值熙宁立八路选格③，就二广连典十余郡，今为朝请大夫致仕，予亦识之。立仪、立则皆朝散郎④，至今皆在，徙居广州，郁为士族，至今谓之"龟葬梁家"。龟能葬，其事已可怪，而梁氏适兴，其偶然邪，抑亦神物启之邪？

注释

①预荐：参加科举考试。预，参与；荐，推举。②假板官：即"假版官"，指未经朝廷宣布的权宜任命，暂时封授的官职。③八路：即八路定差制度。川峡、闽广沿海地区偏远险恶，朝中官员大多不愿来此任职，所以在川峡四路、广南东西二路、福建路、荆湖南路，共八路设立特别的选官制度，中原及本地符合条件的人可以"指射"，即任意选择任职。选格：选官标准。④朝散郎：文官散官名。

译文

沿海地区向来少有士人。大中祥符年间，廉州人梁氏为亲人卜选墓地，到一座山中，见到山民说："十天前，有数十只龟背着一只大龟葬到这座山里。"梁氏认为龟是神物，它下葬的地方可能是福地，与这名山民一起登山去看，见到有坟包的样子。试着挖掘，果真挖到一只龟，梁氏便把它移去其他地方下葬，把自己的亲人埋葬在这只龟的墓穴里。后来梁氏生了三个儿子：立仪、立则、立贤。梁立则、梁立贤都考中了进士。梁立仪也曾被举荐参加科举，皇祐年间，侬智高的叛乱平息后，他受皇帝推恩任假板官。梁立则应熙宁年间设八路官员的选拔，去了两广地区一连主管十多个郡，如今在朝请大夫的官职上卸任，我也认识他。梁立仪、梁立则都是朝散郎，至今还在，迁居广州，发展为士族，至今被称为"龟葬梁家"。龟能挖土埋葬，这件事已经够奇怪了，而梁氏恰好兴起，是偶然还是受到神物的引导呢？

杂志

原文

宋景文子京判太常日，欧阳文忠公、刁景纯同知礼院①。景纯喜交游，多所过从，到局或不下马而去。一日退朝，与子京相遇，子京谓之曰："久不辱至寺，但闻走马过门。"李邯郸献臣立谈间，戏改杜子美《赠郑广文》诗嘲之曰："景纯过官舍，走马不曾下。忽地退朝逢，便遭官长骂。多罗四十年，偶未识磨毡。赖有王宣庆，时时乞与钱。"叶道卿、王原叔各为一体诗，写于一幅纸上，子京于其后题六字曰："效子美诔景纯。"献臣复注其下曰："道卿著，原叔古篆，子京题篇，献臣小书。"欧阳文忠公又以子美诗书于一绫扇上。高文庄在坐曰："今日我独无功。"乃取四公所书纸为一小帖，悬于景纯直舍而去。时西羌首领唃厮啰新归附②，磨毡乃其子也。王宣庆大阉求景纯为墓志③，送钱三百千，故有磨毡、王宣庆之诮。今诗帖在景纯之孙概处。扇诗在杨次公家，皆一时名流雅谑，予皆曾借观，笔迹可爱。

译文

宋祁（字子京，谥号景文）任太常的时候，与欧阳修、刁约（字景纯）一同主管太常礼院。刁约喜爱交游，与人交从很广，有时到了官署没下马就离开了。一天退朝时，与宋祁相遇，宋祁对他说："很久没劳您来太常寺了，只听说您骑马从门前过。"李淑（字献臣，号邯郸）与他们驻足闲谈间，戏谑地改写了杜甫的诗《赠郑广文》来嘲讽他："景纯过官舍，走马不曾下。忽地退朝逢，便遭官长骂。多罗四十年，偶未识磨毡。赖有王宣庆，时时乞与钱。"叶清臣（字道卿）、王洙（字原叔）各自抄写了一遍，写在同一幅纸上，宋祁在后面题了六个字："效子美诔景纯。"李淑又在下面注道："道卿著，原叔古篆，子京题篇，献臣小书。"欧阳修又把杜甫诗题在一面绫扇上。在场的高若讷（谥号文庄）说："今天只有我没有贡献。"便取来四人所写的纸做成一张小帖，悬挂在刁约的办公处便离去。当时西羌首领唃厮啰刚刚归陈我朝，磨毡是他的儿子。大太监王宣庆求刁约为他写墓志，赠送三百千钱，所以诗中有磨毡、王宣庆的讥诮之词。诗帖如今在刁约孙子刁概那里，扇面诗在杨偕（字次公）家中，都是当时名流的优雅戏谑，我都曾借来观赏，书法令人喜爱。

原文

禁中旧有吴道子画钟馗，其卷首有唐人题记曰：明皇开元讲武骊山①，岁□②，翠华还宫，上不怿，因痁作，将逾月，巫医殚伎，不能致良。忽一夕，梦二鬼，一大一小。其小者衣绛犊鼻③，屦一足，跣一足，悬一屦，搢一大筤纸扇④，窃太真紫香囊及上玉笛，绕殿而奔。其大者戴帽，衣蓝裳，袒一臂，鞹双足，乃捉其小者，刳(kū)其目，然后擘而啖之⑤。上问大者曰："尔何人也？"奏云："臣钟馗氏，即武举不捷之士也。誓与陛下除天下之妖孽。"梦觉，痁若顿瘳，而体益壮。乃诏画工吴道子，告之以梦，曰："试为朕如梦图之。"道子奉旨，恍若有睹，立笔图讫以进。上瞠视久之，抚几曰："是卿与朕同梦耳，何肖若此哉⑥！"道子进曰："陛下忧劳宵旰，以衡石妨膳，而痁得犯之。果有蠲邪之物⑦，以卫圣德。"因舞蹈，上千万岁寿。上大悦，劳之百金，批曰："灵祗应梦，厥疾全瘳，烈士除妖，实须称奖。因图异状，颁显有司。岁暮驱除，可宜遍识。以祛邪魅，兼静妖氛。仍告天下，悉令知委。"熙宁五年，上令画工摹拓镌板，印赐两府辅臣各一本。是岁除夜，遣入内供奉官梁楷就东西府给赐钟馗之象⑧。观此题相记，似始于开元时。皇祐中，金陵上元县发一冢，有石志，乃宋征西将军宗悫母郑夫人墓。夫人，汉大司农郑众女也。悫有妹名钟馗。后魏有李钟馗，隋将乔钟馗、杨钟馗。然则钟馗之名，从来亦远矣，非起于开元之时。开元之时，始有此画耳。"钟馗"字亦作"钟葵"。

岁暮驱除，可宜遍识。以驱邪魅，兼静妖氛。仍告天下，悉令知委。"熙宁五年，唐玄宗命令画工将这幅画拓写刻成版画，印制出来赐给两府的辅臣每人一本。这年除夜，派入内供奉官梁楷去东西府下赐钟馗像。看这段题相记，似乎钟馗的说法始于开元年间。皇祐年间，金陵上元县挖掘一座坟墓，有一块墓志石，是南朝宋的征西将军宗悫的母亲郑夫人的墓。这名郑夫人是汉代大司农郑众的族女。宗悫有一个妹妹名叫钟馗。后魏时有李钟馗，隋代将领有乔钟馗、杨钟馗。这么说，钟馗这个名字，由来已久，不是从开元年间开始的。开元时才有钟馗画罢了。"钟馗"也写作"钟葵"。

原 文

故相陈岐公，有司谥荣灵①，太常议之，以荣灵为甚，请谥恭。以恭易荣灵，虽差美，乃是用唐许敬宗故事②，适足以为累耳。钱文僖公始谥不善③，人有为之申理而改思，亦是用于𫖯故事④，后乃易今谥。

注 释

①荣灵：谥号中的上谥用字，荣意为"宠禄光大"，灵意为"不勤成名"。②唐许敬宗故事：唐代宰相许敬宗死后，太常博士袁思古请定谥为"缪"，意为"名与实爽"，许敬宗孙、太子舍人许彦伯等人请求改谥，最终改为"恭"，意为"既过能改"。③钱文僖公始谥不善：钱惟演的谥号原为"墨"，意为"贪而败官"。④于𫖯故事：唐代宰相于𫖯骄横暴虐，谥号原为"厉"，其子于季友诉于唐穆宗，后改谥为"思"，意为"追悔前过"。

译 文

以前任宰相的陈执中（封岐国公），礼官本要请谥号荣灵。太常寺经过商议，认为荣灵有些过了，请谥号恭。用恭代替荣灵，虽然稍差一些，但是由于唐代许敬宗的旧例，已足够成为陈执中名声的累赘。钱惟演（谥号文僖）最初的谥号也不好，有人为他申请更改为思，也是用前人于𫖯的旧例，后来改为了如今的谥号。

原 文

地理之书，古人有《飞鸟图》，不知何人所为。所谓"飞鸟"者，谓虽有四至里数①，皆是循路步之，道路迂直而不常，既列为图，则里步无缘相应，故按图别量径直四至，如空中鸟飞直达，更无山川回屈之差。予尝为《守令图》，虽以二寸折百里为分率②，又立准望牙融，傍验高下方斜迂直七法③，以取鸟飞之数。图成，得方隅远近之实，始可施此法，分四至、八到为二十四至，以十二支、甲乙丙丁庚辛壬癸八干、乾坤艮巽四卦名之。使后世图虽亡，得予此书，按二十四至以布郡县，立可成图，毫发无差矣。

注 释

①四至：到四方的距离。②分率：即比例尺，规定地图上的一段距离代表实际上的多少距离。③准望牙融，傍验高下方斜迂直：制图的几种方法，依照晋人裴秀的"制图六体"，

"准望"能够"正彼此之体"，即确定事物的方位，"高下""方斜""迂直"则是因地制宜用来校正有地势差异的地区的方法。

　　地理图书中，古代有《飞鸟图》，不知是什么人做的。所谓"飞鸟"，意思是说，普通地图上尽管记有距离里数，但都是沿路步行测算的，道路有时曲折有时笔直，虽然列在图上，里数和步数不一定相应，所以按照地图另外测量直线距离，就像鸟飞在空中能够直达，没有山川迂回的误差。我曾做《守令图》，用两寸折合一百里作为比例尺，又立下确定方位距离、傍验地势差异的七种方法，取出直线距离。地图绘制完成，得到四方远近的实际距离，才能开始使用这种方法，把四至、八到分为二十四至，用十二支、甲乙丙丁庚辛壬癸八干、乾坤艮巽四卦来命名。这样能保证尽管后世地图散佚，只要得到我的这本书，按照二十四至来分布郡县，立即可以画成地图，分毫不差。

　　咸平末，契丹犯边，戍将王显、王继忠屯兵镇、定。虏兵大至，继忠力战，为契丹所获，授以伪官，复使为将，渐见亲信。继忠趁间进说契丹，讲好朝廷，息民为万世利。虏母老①，亦厌兵，遂纳其言。因寓书于莫守石普，使达意于朝廷，时亦未之信。明年，虏兵大下，遂至河。车驾亲征，驻跸澶渊，而继忠自虏中具奏戎主请和之意，达于行在。上使曹利用驰遗契丹书，与之讲平。利用至大名，时王冀公守大名，以虏方得志，疑其不情，留利用未遣。会围合，不得出，朝廷不知利用所在，又募人继往，得殿前散直张皓，引见行在。皓携九岁子见曰："臣不得虏情为报，誓死不还，愿陛下录其子。"上赐银三百两遣之。皓出澶州，为徽骑所掠②，皓具言讲和之意，骑乃引与俱见戎母萧及戎主。萧寨车帏召皓③，以木横车轭上，令皓坐，与之酒食，抚劳甚厚。皓既回，闻虏欲袭我北塞，以其谋告守将周文质及李继隆、秦翰。文质等厚备以待之。黎明，虏兵果至，迎射其大帅挞览，坠马死，虏兵大溃。上复使皓申前约，及言已遣曹利用之意。皓入大名，以告王冀公，与利用俱往，和议遂定。乃改元景德。后皓为利用所轧，终于左侍禁。真宗后知之，录其先留九岁子牧为三班奉职，而累赠继忠至大同军节度使兼侍中。国史所书，本末不甚备，予得其详于张牧及王继忠之子从佺之家。蒋颖叔为河北都转运使日，复为从佺论奏，追录其功。

①**虏母**：即辽太后萧绰，辽景宗皇后，在其子辽圣宗继位后成为摄政皇太后，直至临

死前归政，期间与宋朝达成澶渊之盟。②**微**：巡逻。③**搴**：拨开，除去。

译文

咸平末年，契丹侵犯边境，戍边将军王显、王继忠在镇、定两路屯兵。敌军大肆压境，王继忠奋力迎战，被契丹捉获，授予了官职，又用做将领，日渐信任。王继忠趁机向契丹进言，为他们与宋朝讲和，休养生息谋长远利益。契丹太后年老，也厌恶战争，便接纳了他的进言。于是纵莫州统帅石普写信，让他向宋朝传达这个意思，当时并没有被相信。第二年，敌军大举入侵，已经到了黄河。宋帝车驾亲征，驻扎在澶渊，王继忠在敌营中禀报契丹首领求和的意思，传达到了宋朝皇帝所在。皇帝派曹利用快马向契丹递信讲和。曹利用到了大名，当时镇守大名的是王若钦（封冀国公），因为当时敌方正得势，怀疑这次求和不合理，把曹利用留下没有让其前去。等到被契丹军队围合无法出城，朝廷不知道曹利用在哪儿，又派人继续前往，殿前散直张皓请缨，被引见到皇帝处。张皓带着九岁的儿子觐见道："臣不得到契丹的情报誓死不回来，愿陛下留下我的儿子。"皇帝赐给他三百两银子便派他去了。张皓出了澶州，被敌方巡逻的骑兵捉住，张皓讲明了求和之意，骑兵便将他引见给契丹萧太后及国君。萧太后拨开车帷召见了张皓，将木条横架在车轭上，让张皓坐下，与他饮酒吃食，厚待了他。张皓回来之后，听说敌军要袭击我国北方边境，将这个阴谋告知了守将周文质、李继隆、秦翰。文质等人充分地做好了准备。黎明时，敌军果然前来，大帅挞览被射中坠马而死，敌军大败。皇帝又派张皓出使去重申先前的约定，并说了已经派遣曹利用前去。张皓进入大名城，告知王若钦后，与曹利用一起前往，议和便确定下来。于是改元为景德。后来张皓被曹利用所倾轧，最终坐到左侍禁的位置上去世。宋真宗后来知道了，将他九岁的儿子张牧任命为三班奉职，又累次提拔王继忠直到大同军节度使兼侍中。国史中所写的，始末不是很详细，我从张牧及王继忠的儿子王从伋家问得了详情。蒋之奇（字颖叔）任河北都转运使的时候，又为王从伋上奏论功，追录他父亲的功绩。

原文

前世风俗，卑者致书于所尊，尊者但批纸尾答之曰"反"①，故人谓之"批反"①，如官司批状、诏书批答之类。故纸尾多作"敬空"字，自谓不敢抗敌，但空纸尾以待批反耳。尊者亦自处不疑，不务过敬。前世启甚简，亦少用联幅者。后世虚文浸繁，无昔人款款之情，此风极可惜也。

注释

①**批反**：批示答复，反馈。

译文

前朝的风俗，地位卑微的人给地位尊贵的人写信，尊贵者只在信的末尾批答"反"，所以人们称为"批反"，比如官司批状、诏书批答之类都是这样。所以信的末尾多写有"敬空"二字，意思是自谦不敢与对方平等对答，只空着信尾等待批反。尊贵者也如此自处没有疑问，不过多谦逊。前朝的书信非常简单，也很少使用联幅书信。后世人的繁文缛节越来越多，失去了昔人的诚恳之情，这种风气实在可惜。

风后八阵①，大将握奇，处于中军，则并中军为九军也。唐李靖以兵少难分九军②，又改制六花阵，并中军为七军。予按，九军乃方法，七军乃圆法也。算术，方物八裹一，盖少阴之数，并其中为老阳；圆物六裹一，乃老阴之数，并其中为少阳。此物之定行，其数不可改易者。既为方、圆二阵，势自当如此。九军之次，李靖之后，始变古法，为前军、策前军、右虞候军、右军、中军、左虞候军、左军、后军、策后军。七军之次：前军、右虞候军、右军、中军、左虞候军、左军、后军，扬奇备伏③。先锋、踏白④，皆在阵外；跳荡、弩手⑤，皆在军中。

● 孙武吴宫教战

孙武，字长卿，春秋时著名的军事家，曾以《兵法》十三篇见吴王阖闾，吴王让其在宫中训练宫女，吴王两个爱妃因不守法纪，按军法被处死，自此之后，宫女队伍纪律严明，再也不敢胡闹了。孙武后来也受到重用，先后挫败楚、越等国，吴国遂威震列国。

①风后八阵：据传此阵法是黄帝时期大将风后所做，应为唐人假托。后世传有《风后八阵兵法图》。
②李靖：原为隋将，后效力唐朝，战功卓著，著有多部兵书。③扬奇备伏：挑衅、机动、预备、伏击等特殊功能的灵活骑兵部队。④先锋、踏白：均为唐宋时期的前锋骑兵部队。⑤跳荡：用于冲锋陷阵的精锐部队。

风后八阵的军阵，是由大将掌握应急兵力，处于军队的中间，八阵加上中军就是九军了。唐代将军李靖由于兵力少难分为九军，又改制为六花阵，加上中军就是七军。据我查考，九军是方形阵法，七军是圆形阵法。在算术学中，方物是八包围一，是少阴之数，加上中间的一就是老阳之数；圆物是六包围一，是老阴之数，加上中间的一就是少阳之数。这是万物的定律，数字是不可更改的。既然是方、圆二阵，阵势自然应当是这样。九军的阵法，从李靖之后，才开始改变古法，古法设有前军、策前军、右虞候军、右军、中军、左虞候军、左军、后军、策后军。七军的阵法则是前军、右虞候军、右军、中军、左虞候军、左军、后军，扬奇备伏。先锋、踏白这些兵力，都属于阵外；

跳荡、弩手这些兵力，都属于阵中。

熙宁中，使六宅使郭固等讨论九军阵法，著之为书，颁下诸帅府，副藏秘阁。固之法，九军共为一营阵行则为阵，住则为营，以驻队绕之。若依古法，人占地二步，马四步，军中容军，队中容队，则十万人之阵，占地方十里余。天下岂有方十里之地无丘阜沟涧林木之碍者？兼九军共以一驻队为篱落①，则兵不复可分，如九人共一皮，分之则死，此正孙武所谓"縻军"也②。又古阵法有"面面相向，背背相承"之文，固不能解，乃使阵间士卒皆侧立，每两行为一巷，令面相向而立。虽文应古说，不知士卒侧立，如何应敌？上疑其说，使予再加详定。予以谓九军当使别自为阵，虽分列左右前后，而各占地利，以驻队外向自绕，纵越沟涧林薄，不妨各自成营；金鼓一作，则卷舒合散，浑浑沦沦而不可乱③；九军合为一大阵，则中分四衢，如井田法；九军皆背背相承，面面相向，四头八尾，触处为首。上以为然，亲举手曰："譬如此五指，若共为一皮包之，则何以施用？"遂著为令，今营阵法是也。

①篱落：藩篱，屏障。②孙武：即《孙子兵法》作者，春秋末期齐国人。縻军：指受牵制而不能灵活机动的军队。③浑浑沦沦：浑然一体的样子。

熙宁年间，派六宅使郭固等人探讨九军阵法，写成书，颁布给各路统帅，备份藏于秘阁。郭固的阵法是，九军共同驻扎于一个营阵（行军时为阵，驻扎时为营），周围环绕驻队。如果按照古代的方法，每人占地两步，马占地四步，军中有军，队中有队，则十万人的军阵，占地要十多里地。天下岂会有方圆十里的土地上没有山丘沟壑、河流树林的障碍？再加上九军一同由一只驻队构成外围屏障，则军阵无法再分割，就像九个人共用一张皮，分开就会死，这正是孙武所说的"縻军"。另外，古阵法有"面面相向，背背相承"的文字，郭固无法理解，便令阵中士兵都侧身站立，每两行作为一巷，让他们相向而立。尽管应和了古文的说法，但不知士兵们侧身站立，如何迎战？皇帝对这些说法感到疑惑，命我再详细议定。我认为应当让九军各自为阵，虽然分列在左右前后，但各自占据地利，让驻队各自在外环绕，就算是行军越过沟渠树林，也不妨各自成为一营；等战鼓一敲响，就收放合散，成为整体而不会混乱；九军合为一个大阵，就在中间分出四条通道，像井田法分割田地那样；九军互相背背相承，面面相向，四面八方，只要与敌军接触到的地方就是阵首。皇帝认为这样不错，亲自举手道"比如这五根手指，如果被同一张皮包裹，如何施展作用？"于是写成了明令，也就是今天的营阵法。

古人尚右：主人居左，坐客在右者，尊宾也。今人或以主人之位让客，此甚无义。唯天子适诸侯，升自阼阶者[1]，主道也，非以左为尊也。《礼记》曰："主人就东阶，客就西阶。客若降等，则就主人之阶。主人固辞，乃就西阶。"盖尝以西阶为尊，就主人阶，所以为敬也。韩信得广武君，东向坐，西向对而师事之，此尊右之实也。今唯朝廷有此礼，凡臣僚登阶奏事，皆由东阶立于御座之东；不由西者，天子无宾礼也。方外唯释门主人升堂[2]，众宾皆立于西，唯职属及门弟子立于东，盖旧俗时有存者。

①**阼阶**：东阶，皇帝祭祀等活动时登上的主阶。主人迎宾亦于此。②**方外**：世俗礼法之外，指佛道等宗教领域或人物。**释门**：即佛门，因佛教创始人释迦牟尼而命名。

古人以右为尊：主人坐在左侧，客人坐在右侧，是对宾客的尊重。如今有些人将主人之位让给客人，这非常不合道理。唯有皇帝去诸侯处时，从东阶上来，是主人之道，不是以左为尊。《礼记》上说："主人在东阶，客人在西阶。如果客人降等，就在主人的东阶。主人坚持推辞，再到西阶去。"这是因为以西阶为尊，客人去主人阶，是表示敬意。韩信邀得广武君，让他向东坐，自己向西对着他而以对待老师的礼仪待他，这是尊右的实证。现今只有朝廷有这项礼仪，凡是臣僚登阶上殿奏事，都从东阶上来站在御座的东边；不从西边，是因为皇帝不行待客之礼。世俗之外，只有佛教里主人登上厅堂时，众宾客都站在西边，只有有职位的人和佛门弟子站在东边，这是留存下来的少许旧习俗。

扬州在唐时最为富盛，旧城南北十五里一百一十步，东西七里十三步，可纪者有二十四桥。最西浊河茶园桥，次东大明桥今大明寺前，入西水门有九曲桥今建隆寺前，次东正当帅牙南门，有下马桥，又东作坊桥，桥东河转向南，有洗马桥，次南桥见在今州城北门外。又南阿师桥、周家桥今此处为城北门、小市桥今存、广济桥今存、新桥、开明桥今存、顾家桥、通泗桥今存、太平桥今存、利园桥，出南水门有万岁桥今存、青园桥，自驿桥北河流东出，有参佐桥今开元寺前，次东水门今有新桥，非古迹也，东出有山光桥见在今山光寺前，又自衙门下马桥直南有北三桥，中三桥，南三桥，号"九桥"，不通船，不在二十四桥之数，皆在今州城西门之外。

扬州在唐代最为富庶繁华，扬州旧城南北宽十五里一百一十步，东西宽七里十三步，有记载的桥有二十四座。最西的是浊河茶园桥，往东是大明桥（在今大明寺前），进入城西水门有九曲桥（在今建隆寺前），往东正对着帅府的南门，有一座下马桥，再往东是作坊桥，桥东河道转向南边，有一座洗马桥，再过去是南桥（在今扬州城的北门外），再往南是阿师桥、周家桥（现今这里是城北门）、小市桥（今存）、广济桥（今存）、新桥、开明桥（今存）、顾家桥、通泗桥（今存）、太平桥（今存）、利园桥，从城南水门出去有万岁桥（今存）、青园桥，从驿桥北开始河流向东，有一座参佐桥（在今开元寺前），然后是城东水门（现今有一座新桥，不是古迹），往东出城有山光桥（在今山光寺前），另外，从衙门的下马桥往正南有北三桥、中三桥、南三桥，号称"九桥"，船只不能通过，不在二十四桥之内，都在现今扬州城西门的外面。

原文

士人李，忘其名，嘉祐中为舒州观察支使，能为水丹。时王荆公为通判，问其法，云："以清水入土鼎中，其下以火然之[1]，少日则水渐凝结如金玉，精莹骇目。"问其方，则曰："不用一切，但调节水火之力。毫发不均，即复化去。此坎、离之粹也[2]。"曰"日月各有进退节度"，予不得其详。推此可以求养生治病之理。如仲春之月，草木奋发，鸟兽孳乳，此定气所化也。今人于春、秋分夜半时，汲井水满大瓮中，封闭七日，发视则有水花生于瓮面，如轻冰，可采以为药；非二分时，则无。此中和之在物者。以春、秋分时吐翕咽津[3]，存想腹胃，则有丹砂自腹中下，璀然耀目，术家以为丹药。此中和之在人者。凡变化之物，皆由此道，理穷玄化，天人无异，人自不思耳。深达此理，则养生治疾，可通神矣。

注释

①然：同"燃"。②坎、离：八卦中坎属水、离属火。③吐翕咽津：吐纳呼吸，咽下津液。

译文

有一名忘记名字的李姓士人，嘉祐年间任职舒州观察支使，能制造水丹。当时王安石任通判，问他方法，他说："把清水放进土鼎中，下面用火烧，不过几天水就会渐渐凝结成像金属、玉石的样子，晶莹耀眼。"问他用什么材料，却说："什么都不用，只是调节水火之力罢了。有一丝一毫的不均，立即消亡。这是坎、离的精粹。"他说"日月各有进退节度"，我不知道详情如何。由此可以推得养生治病的原理。就像仲春时节，草木萌发，鸟兽繁衍，这是固有的气所催化的。现今人们在春分、秋分的半夜，在大缸里灌满井水，封闭七天，打开就会发现水面生成水花，形如轻冰，可以采来制药；不是二分时，就不会生成。这就是中和现象在事物上的体现。在春分、秋分时吐息吞咽，冥想于腹胃，就会有丹砂从腹中下落，璀然耀目，术家将此用作丹药。这是中和现象在人体上的体现。凡是变化之物，都遵循此道，穷尽幻化之理，那么天与人也无异，只是人自己想不到而已。深谙

此理，就能养生治病，可以通神了。

药议

原　文

　　世人用莽草，种类最多，有叶大如手掌者，有细叶者，有叶光厚坚脆可拉者，有柔软而薄者，有蔓生者，多是谬误。按《本草》："若石南而叶稀，无花实。"今考木若石南，信然；叶稀、无花实，亦误也。今莽草蜀道、襄、汉、浙江湖间山中有，枝叶稠密，团栾可爱[luán]①，叶光厚而香烈，花红色，大小如杏花，六出，反卷向上，中心有新红蕊，倒垂下，满树垂动摇摇然，极可玩。襄、汉间渔人竞采以捣饭饴鱼②，皆翻上，乃捞取之。南人谓之石桂。白乐天有《庐山桂》诗，其序曰："庐山多桂树。"又曰："手攀青桂树。"盖此木也。唐人谓之红桂，以其花红故也。李德裕《诗序》曰："龙门敬善寺有红桂树，独秀伊川，移植郊园，众芳色沮。乃是蜀道莽草，徒得佳名耳。"卫公此说亦甚明。自古用此一类，仍毒鱼有验。《本草·木部》所收，不知何缘谓之草，独此未喻。

注　释

　　①**团栾**：团簇的样子。②**饴鱼**：喂鱼。

译　文

　　世人使用莽草入药，种类最多，有的叶大如手掌，有的是细叶，有的叶片光滑厚实、脆硬能够拉扯，有的柔软轻薄，有的是藤蔓植物，这些大多是谬误。按照《本草》中对莽草的记载："像石南但叶片稀疏，没有花朵果实。"如今考证，枝干的样子像石南，的确如此；叶片稀疏、没有花朵果实，却不对。如今莽草在蜀道、襄、汉、浙江湖间的山中都有出产，枝叶稠密，簇拥可爱，叶片光滑厚实而香味强烈，花是红色的，大小和杏花差不多，有六片花瓣，反卷向上，中间是新红色的花蕊，倒着垂下，满树花朵垂动摇摆，极具观赏性。襄、汉间的渔民竞相采集，捣在饭里喂鱼，鱼都翻上来，就可以捞取了。南方人将它称为石桂。白居易有一首《庐山桂》诗序说："庐山多桂树。"还说："手攀青桂树。"应该就是这种树木。唐代人因其花红而将它称为红桂。李德裕的《诗序》说："龙门敬善寺有红桂树，独秀伊川，移植郊园，众芳色沮。乃是蜀道莽草，徒得佳名耳。"李德裕的这种说法也很清楚。自古以来入药的是这一类，用来毒鱼就是证明。《本草·木部》中收录的，不知为何将其称为草，只有这一点尚不明了。

原　文

　　孙思邈《千金方》人参汤，言须用流水煮，用止水则不验。人多疑流水、止水无异。予尝见丞相荆公喜放生，每日就市买活鱼，纵之江中，莫不洋然，

唯鳝鲤^{qiú shàn}入江中辄死^①，乃知鳝鲤可居止水，则流水与止水果不同，不可不知。又鲫鱼生流水中，则背鳞白而味美；生止水中，则背鳞黑而味恶，此亦一验。《诗》所谓"岂其食鱼，必河之鲂？"盖流水之鱼，品流自异。

①鳝鲤：鳝鱼。这类鱼的腮退化，没有鱼鳔，由口腔及肠道的表皮接触空气来呼吸，多生活在浅水淤泥里，所以不能适应江水环境。

译 文

孙思邈《千金方》里的人参汤，说是必须用流水煮，用死水就没有药效。人们常怀疑流水、死水没有区别。我曾见丞相王安石喜欢放生，每天从市场买活鱼，放进江里，没有不舒畅自在的，唯有鳝鲤放进江里就立即死亡，原来鳝鲤只能在死水里生存，流水与死水果然不同，不可不知。另外，鲫鱼生于流水中，背鳞就是白色的，味道也很鲜美；生于死水中，背鳞就是黑色的，味道恶臭，这也是一个证明。《诗经》里说"岂其食鱼，必河之鲂？"大概流水中的鱼，品质自然不同。

原 文

熙宁中，阇婆国使人入贡方物，中有摩娑^{shé}石二块^①，大如枣，黄色，微似花蕊；又无名异一块^②，如莲荷，皆以金函贮之。问其人："真伪何以为验？"使人云："摩娑石有五色，石色虽不同，皆姜黄汁磨之，汁赤如丹砂者为真。无名异，色黑如漆，水磨之，色如乳者为真。"广州市舶司依其言试之^③，皆验，方以上闻。世人蓄摩娑石、无名异颇多，常患不能辨真伪。小说及古方书如《炮炙论》之类亦有说者，但其言多怪诞，不近人情。天圣中，予伯父吏书新除明州，章献太后有旨，令于舶船求此二物，内出银三百两为价，值如不足，更许于州库贴支。终任求之，竟不可得。医潘璟家有白摩娑石，色如糯米糍，磨之亦有验。璟以治中毒者，得汁粟壳许，入口即瘥^{chài}^④。

①摩娑石：古代异域传入的解毒石，成分尚有争议，以姜黄（主要成分为二酮类化合物姜黄素）在碱性时呈现红褐色的试验可以看出摩娑石呈碱性。②无名异：氧化物类矿物软锰矿的矿石，常见为晶质或隐晶质的土状块体，少数有完整晶体。③市舶司：古代在沿海设置的对外贸易机构，如同现在的海关。④瘥：病愈。

译 文

熙宁年间，阇婆国的使者进贡当地特产，其中有两块摩娑石，大小如枣，黄色，有些像花蕊；又有一块无名异，大小如莲子，都用金盒装着。问使者："如何鉴别真伪？"使者说："摩娑石有五种颜色，石头的颜色虽然不同，但用姜黄汁研磨，汁水会变得像丹砂一样赤红，就是真的。无名异，颜色黑得像漆，用水研磨，汁水像乳汁的就是真的。"广州市舶司依照他的说法试验，都是真的，才向上禀报给皇帝。世人收藏摩娑石、无名异的很多，常苦恼无法辨别真伪。小说及古方书比如《炮炙论》里也有说法，但都很怪诞，不近人情。天圣年间，我的伯父新任明州官员，章献太后下旨令来往船只寻求这两件东西，宫中出银三百两，如果不够，还允许州库补贴支出。直到他卸任竟然都没能求得。医生潘璟家里有白色摩娑石，颜色如糯米糍，经研磨也是真的。潘璟用它来治疗中毒的人，只要栗子壳大小的汁液喝下去，病立即痊愈。

原文

药有用根，或用茎、叶，虽是一物，性或不同，苟未深达其理，未可妄用。如仙灵脾，《本草》用叶，南人却用根；赤箭，《本草》用根，今人反用苗。如此，未知性果同否？如古人远志用根，则其苗谓之小草；泽漆之根，乃是大戟；马兜铃之根，乃是独行，其主疗各别。推此而言，其根、苗盖有不可通者。如巴豆能利人，唯其壳能止之；甜瓜蒂能吐人，唯其肉能解之；坐拏能懵人，食其心则醒；楝根皮泻人，枝皮则吐人；邕州所贡蓝药，即蓝蛇之首，能杀人，蓝蛇之尾能解药；鸟兽之肉皆补血，其毛角鳞鬣皆破血；鹰鹯食鸟兽之肉，虽筋骨皆化，而独不能化毛。如此之类甚多，悉是一物而性理相反如此。山茱萸能补骨髓者，取其核温涩，能秘精气，精气不泄，乃所以补骨髓，今人或削取肉用，而弃其核，大非古人之意。如此皆近穿凿，若用《本草》中主疗，只当依本说。或别有主疗改用根、茎者，自从别方。

译文

药有用根的，也有用茎、叶的，虽然是同一植物，但性状可能不同，如果没有深谙其道理，不可以随意使用。比如仙灵脾，《本草》中记载用叶，南方人却用根；赤箭，《本草》中记载用根，现今的人反而用苗。这样，不知性状还相同吗？比如古人用远志的根，把远志的苗称为小草；泽漆的根，则是大戟；马兜铃的根，则是独行，主治方面各有分别。据此推断，一些根、苗是不能通用的。比如巴豆利下，但它的壳能止泻；甜瓜蒂能催吐，但它的肉能止吐；坐拏能使人昏迷，但它的心能使人苏醒；楝根皮能使人下泻，但枝皮则使人呕吐；邕州进贡的蓝药，也就是蓝蛇的头，能毒死人，蓝蛇的尾巴则是解药；鸟兽的肉都能补血，但毛角鳞鬣都活血；鹰鹯吃鸟兽的肉，筋骨都能消化，唯独没法消化毛。这样的情况非常多，一样事物中不同部位的性状能如此相反。山茱萸能补骨髓，是取其核的温、涩性质，能固存精气，精气不泄，以此来补骨髓，现在有的人削取果肉使用，而把核扔掉，完全不是古人的意思。这些都算是穿凿附会了，如果要用《本草》中的主治方面，就应该严格依照本说。有些其他疗效要改用根、茎的，就遵从其他药方。

原文

岭南深山中有大竹，有水甚清澈，溪涧中水皆有毒，唯此水无毒，土人陆行多饮之。至深冬，则凝结如玉，乃天竹黄也①。王彦祖知雷州日，盛夏之官，山溪间水皆不可饮，唯剖竹取水，烹饪饮啜，皆用竹水。次年被召赴阙，冬行，求竹水不可复得。问土人，乃知至冬则凝结，不复成水。遇夜野火烧林木为煨烬，而竹黄不灰，如火烧兽骨而轻。土人多于火后采拾，以供药品，不若生得者为善。

注释

①天竹黄：青皮竹等竹子在竹节间贮留的伤流液（植物伤断面流出的液体）干涸凝结而成，有清热化痰、凉心定惊的功效。

译文

岭南深山中有大竹，竹内有水，非常清澈，溪涧中的水则全有毒，只有这些竹子里的水无毒，当地人行路多饮用。到了深冬时节，竹中水则会凝结成玉的样子，这就成了天竹黄。王彦祖任雷州知州时，盛夏上任，山溪中的水都不能喝，唯有剖开竹子取水，做饭及饮用，都用竹水。第二年受召去京城，冬天出发，找竹水却不可再得。询问当地人，才知道冬天竹水凝结，不再是水了。遇到夜间野火烧着树木都成了灰烬，唯独竹黄不会烧成灰，就像用火烧兽骨变轻一样。当地人多在山火后采集竹黄来入药，不如在活竹里采得的好。

原文

以磁石磨针锋，则锐处常指南，亦有指北者，恐石性亦不同。如夏至鹿角解、冬至麋角解。南北相反，理应有异，未深考耳。

译文

用磁石磨针尖，尖锐处会一直指向南方，也有指北的，可能是磁石性质不同。就像夏至鹿角脱落、冬至麋角脱落一样。指南指北相反，应该是原理有所不同，尚未深入研究。

原文

吴人嗜河豚鱼，有遇毒者，往往杀人，可为深戒。据《本草》："河豚味甘温，无毒，主补虚，去湿气，理腰脚。"因《本草》有此说，人遂信以为无毒，食之不疑。此甚误也。《本草》所载河豚，乃今之鲀鱼，亦谓之鲍五回反鱼①，非人所嗜者，江浙间谓之回鱼者是也。吴人所食河豚有毒，本名侯夷鱼。《本草》注引《日华子》云："河豚有毒，以芦根及橄榄等解之。肝有大毒。又名规鱼、吹肚鱼。"此乃是侯夷鱼，或曰胡夷鱼，非《本草》所载河豚也。引以为注，大误矣。《日华子》称："又名鲀鱼。"此却非也，盖差互解之耳。规鱼浙东人所呼，又有生海中者，腹上有刺，名海规。吹肚鱼，南人通言之，以其腹胀

如吹也。南人捕河豚法：截流为栅，待群鱼大下之时，小拔去栅，使随流而下，日暮猥至，自相排蹙，或触栅则怒而腹鼓，浮于水上，渔人乃接取之。

潜虚楼

补笔谈

注释

①鮠鱼：即江团，学名长吻鮠，是主要生活在长江流域、栖于河水底层的肉食性无鳞鱼，肉质肥嫩鲜美。

译文

　　吴地人嗜吃河豚，遇到有毒的，往往能毒死人，应当深以为戒。据《本草》记载："河豚味甘温，无毒，主补虚，去湿气，理腰脚。"因为《本草》有这样的说法，人们便以为河豚无毒，吃的时候并不怀疑。这是非常不对的。《本草》所载的河豚，是现在说的鮠鱼，也叫鮠（五回反）鱼，不是人们常吃的那种河豚，江浙地区称为回鱼的才是。吴地人吃的河豚有毒，本名是侯夷鱼。《本草》注引《日华子》记录："河豚有毒，以芦根及橄榄等解之。肝有大毒。又名规鱼、吹肚鱼。"这就是侯夷鱼，或叫胡夷鱼，不是《本草》所载的河豚。引这段话来做注，是错误的。《日华子》说："又名鮠鱼。"这也不对，可能是互相混淆了。规鱼是浙东人的叫法，又有一种在海里生活的鱼，腹上有刺，叫作海规。吹肚鱼是南方人通称的叫法，因为这种鱼腹胀像是被气吹起来的一样。南方人捕捞河豚的办法是：用栅栏截流河水，等群鱼密集向下游游去的时候，稍微拔开栅栏，使其顺流而下，傍晚时分，互相排挤，或者碰触到栅栏，就会生气地鼓起腹部，浮在水面上，渔民就能打捞了。

原文

　　零陵香，本名蕙①，古之兰蕙是也，又名薰。《左传》曰："一薰一莸，十年尚犹有臭。"即此草也。唐人谓之铃铃香，亦谓之铃子香，谓花倒悬枝间如小铃也。至今京师人买零陵香，须择有铃子者。铃子，乃其花也。此本鄙语②，文士以湖南零陵郡，遂附会名之。后人又收入《本草》，殊不知《本草正经》自有薰草条，又名蕙草，注释甚明。南方处处有，《本草》附会其名，言出零陵郡，亦非也。

注释

①蕙：即蕙兰，观赏性植物，根皮可入药。由于形态高洁、香气优雅，自古用来比喻内心纯美，如称女子蕙质兰心。②鄙语：民间俗语。

译文

　　零陵香，本名叫蕙，也就是古人所说的兰蕙，又名薰。《左传》写道："一薰一莸，十年尚犹有臭。"说的就是这种草。唐代人称它为铃铃香，也叫铃子香，是指花倒悬在枝上像小铃铛一样。至今京城的人购买零陵香，都要选择带铃子的。铃子就是这种植物的花。这原本是俗称，文人因为湖南有零陵郡，于是附会出这个名称。后人又把这个名称收入《本草》，却不知《本草正经》里原本就有薰草条目，又名蕙草，注释非常清晰。这种草在南方到处都有，《本草》里因为附会这个名称，说是产自零陵郡，也是错误的。

原　文

　　药中有用芦根及苇子、苇叶者。芦、苇之类，凡有十数。芦、苇、葭、菼、<ruby>萑<rt>wàn</rt></ruby>、蒹、蕿（息理反）、华之类皆是也。名字错乱，人莫能分。或疑芦似苇而小，则萑非苇也。今人云："葭一名华。"郭璞云："葭似苇，是一物。"按《尔雅》云："菼、萑，葭、芦"，盖一物也。名字虽多，会之则是两种耳。今世俗只有芦与获两名。按《诗疏》亦将葭、菼等众名判为二物，曰："此二草，初生为菼，长大为萑，成则名为萑。初生为葭，长大为芦，成则名为苇。"故先儒释萑为萑，释葭为苇。予今详诸家所释，葭、芦、苇，皆芦也，则菼、萑、萑自当是获耳。《诗》云："葭菼揭揭。"则葭，芦也；菼，获也。又曰"萑苇"，则萑，获也；苇，芦也。连文言之，明非一物。又《诗》释文云："蒹，江东人呼之为乌蒹。"今吴中乌蒹草，乃获属也。则萑、蒹为获明矣。然《召南》："彼茁者葭。"谓之初生可也。《秦风》曰："蒹葭苍苍，白露为霜。"则散文言之，霜降之时亦得谓之葭，不必初生，若对文须分大小之名耳。获芽似竹笋，味甘脆可食；茎脆，可曲如钩，作马鞭节；花嫩时紫，脆则白，如散丝；叶色重，狭长而白脊。一类小者，可用为曲薄，其余唯堪供<ruby>爨<rt>cuàn</rt></ruby>耳[1]。芦芽味稍甜，作蔬尤美；茎直；花穗生如狐尾，褐色；叶阔大而色浅；此堪作障席、筐筥、织壁、覆屋、绞绳杂用[2]，以其柔韧且直故也。今药中所用芦根、苇子、苇叶，以此证之，芦、苇乃是一物，皆当用芦，无用获理。

注　释

　　①爨：烧火做饭。②筥：箱。

译　文

　　药材里有用芦根以及苇子、苇叶的。芦、苇这一大类，共有十几种，芦、苇、葭、菼、萑、蒹（息理反）、华等都是。这些名称纷乱错杂，人们很难分辨。有人认为芦像苇但较小，而萑不是苇的一种。今人说："葭又叫华。"郭璞说："葭的样子像苇，其实是一种东西。"据考证《尔雅》说："菼、萑，葭、芦"，都是同一种东西。名称虽然繁多，但汇总起来只有两种而已。现今民间只有芦和获两种名称。据考证《诗疏》里也将葭、菼等众多名称算作两种，说："这两种草，一种初生时叫菼，长大叫萑，长成叫萑。另一种初生时叫葭，长大叫芦，长成叫苇。"所以先代学者将萑解释为萑，将葭解释为苇。如今我仔细查阅各家的解释，葭、芦、苇，都是芦，而菼、萑、萑自然都是获了。《诗经》里有一句："葭菼揭揭。"这里葭就是芦，菼就是获。另有说"萑苇"，则萑就是获，苇就是芦。两个字连起来说，明显不是指同一种东西。还有《诗经》释文里说："蒹，江东

人呼之为乌茋。"如今吴中地区的乌茋草，就是荻属植物。于是萑、茋都是荻就很明了了。然而，《召南》里有："彼茁者葭。"把初生的叫作葭是可以的。《秦风》说："蒹葭苍苍，白露为霜。"则是散文的写法，霜降时的芦苇也可以叫作葭，不一定是初生的，若要咬文嚼字就必须区分大小之名了。荻芽类似竹笋，味道甘甜清脆，可以食用；茎很脆，可以像钩子一样弯曲，有马鞭一样的节；花嫩的时候是紫色的，脱去水分就会变成白色，样子像散丝；叶片颜色深，狭长，中间有一条白脊。有一种小的，可以制作养蚕的曲薄，其他的只能供烧火了。芦芽的味道有点甜，作为蔬菜尤其美味；茎很直；花是从穗中生出，像狐狸尾巴，是褐色的；叶片宽大颜色浅；这种可以做障席、筐筥、织壁、覆屋、绞绳等各种用处，因为它柔韧而且直。现今药中使用芦根、苇子、苇叶，由此证明，芦、苇是同一种东西，入药应当用芦，没有用荻的道理。

原　文

　　扶栘，即白杨也。《本草》有白杨，又有扶栘。扶栘一条，本出陈藏器《本草》，盖藏器不知扶栘便是白杨，乃重出之。扶栘亦谓之蒲栘，《诗》疏曰："白杨，蒲栘是也。"至今越中人谓白杨只谓之蒲栘。藏器又引《诗》云："棠棣之华，偏其反而。"又引郑注云："棠棣，栘也。亦名栘杨。"此又误也。《论语》乃引逸《诗》[1]："唐棣之华，偏其反而。"此自是白栘，小木，比郁李稍大，此非蒲栘也，蒲栘乃乔木耳。木只有常棣，有唐棣，无棠棣。《尔雅》云："常棣，棣也。唐棣，栘也。"常棣即《小雅》所谓"常棣之华，鄂不韡韡"者，唐棣即《论语》所谓"唐棣之华，偏其反而"者。常棣今人谓之郁李。《豳诗》云："六月食郁及薁。"注云："郁，棣属，即白栘也。"以其似棣，故曰棣属。又谓之车下李，又谓之唐棣，薁即郁李也，郁、薁同音，注谓之蓲薁，盖其实似蓲，蓲即含桃也[2]。《晋宫阁铭》曰："华林园中有车下李三百一十四株，薁李一株。"车下李即郁也、唐棣也、白栘也，薁李即郁李也、薁也、常棣也，与蒲栘全无交涉。《本草》续添"郁李一名车下李"，此亦误也。《晋宫阁铭》引华林园所种，车下李与薁李自是二物。常棣字或作棠棣，亦误耳，今小木中却有棣棠，叶似棣，黄花绿茎而无实，人家庭槛中多种之。

注　释

　　[1]逸《诗》：在今传《诗经》之外散佚失传的诗篇，有一些为其他古书所引用，因而能够窥见一二。[2]含桃：即樱桃。

译　文

　　扶栘，也就是白杨。《本草》中有白杨条目，又有扶栘。扶栘这个条目，原本出自陈藏器的《本草拾遗》，可能因为陈藏器不知道扶栘就是白杨，重复出了此条。扶栘也叫蒲杨，《诗经》疏写道："白杨，蒲杨是也。"至今越中地区的人叫白杨还只叫蒲杨。陈藏器又引《诗经》里的话说："棠棣之华，偏其反而。"又引里面郑玄的注："棠棣，杨也。亦名杨杨。"这又不对了。《论语》则引用逸《诗》说："唐棣之华，偏其反而。"这其实说的是白杨，小型树木，比郁李稍微大些，并不是蒲杨，蒲杨是乔木。树中只有常棣、唐棣，没有棠棣。《尔雅》说："常棣是棣。唐棣是杨。"常棣也就是《小雅》"常棣之华，鄂不韡韡"中说的常棣，唐棣是《论语》"唐棣之华，偏其反而"里所说的这种。现今的人把常棣叫作郁李。《诗经·豳风》中有："六月食郁及薁"。注说："郁是棣属植物，即白杨。"因为形似棣，所以是棣属。又叫车下李，还叫唐棣，薁也就是郁李，郁、薁同音，注里说是蘡薁，因为果实像蘡，蘡也就是含桃。《晋宫阁铭》里记载："华林园中有车下李三百一十四株，薁李一株。"车下李也就是郁、唐棣、白杨，薁李也就是郁李、薁、常棣，与蒲杨完全无关。《本草》续里添了一句"郁李一名车下李"，这也是错的。《晋宫阁铭》中引述华林园里所种的车下李与薁李，自然是两种东西。常棣有时写成棠棣，也是不对的，如今小型树木中却有棣棠，叶片似棣，黄花绿茎没有果实，在人们家中庭院里常有种植。

原文

杜若即今之高良姜，后人不识，又别出高良姜条，如赤箭再出天麻条，天名精再出地菘条，灯笼草再出苦菋条，如此之类极多。或因主疗不同①，盖古人所书主疗，皆多未尽，后人用久，渐见其功，主疗浸广，诸药例皆如此，岂独杜若也。后人又取高良姜中小者为杜若，正如用天麻、芦头为赤箭也。又有用北地山姜为杜若者。杜若，古人以为香草，北地山姜，何尝有香？高良姜花成穗，芳华可爱，土人用盐梅汁淹以为菹②，南人亦谓之山姜花，又曰豆蔻花。《本草图经》云："杜若苗似山姜，花黄赤，子赤色，大如棘子，中似豆蔻，出峡山、岭南北。"正是高良姜，其子乃红豆蔻也，骚人比之兰、芷③。然药品中名实错乱者至多，人人自主一说，亦莫能坚决。不患多记，以广异同。

注释

①主疗：药物的主治功效。②菹：腌菜。③骚人：即文人，从屈原《离骚》引申出来，后泛指诗歌或文化。

译文

杜若也就是今天说的高良姜，后世的人不认识，又另出了高良姜一个条目，就像已有赤箭又出了一条天麻，已有天名精又出了一条地菘，已有灯笼草又出了一条苦菋，诸如此类的非常多。有些（药物）的主治功效不同，是因为古人记录的主治功效大多不够详尽，后人用的时间久了，渐渐发现了这些功效，所以主治功效愈发广泛。各个药例都是这样，并不是只有杜若如此。后世的人又把高良姜中较小的称为杜若，正像把天麻、芦头作为赤箭一样。还有把北方的山姜当作杜若的。古人以杜若为香草，北方的山姜哪里香呢？高良姜的花是穗形的，芬芳美好，当地人用盐梅汁腌菜，南方人也叫它山姜花，又叫豆蔻花。《本草图经》记载："杜若的苗像山姜，花是红黄两色的，种子是红色的，像棘子那么大，中间像豆蔻，产于峡山、岭南以北。"这正是高良姜，种子像红豆蔻，文人将它与兰、芷相比。然而药品中名称与实物错乱的非常多，人人自持一说，也不能明确判断。不怕多记录下来，以便更广泛地了解异同。

原文

钩吻，《本草》"一名野葛"，主疗甚多。注释者多端，或云可入药用，或云有大毒，食之杀人。予尝到闽中，土人以野葛毒人及自杀。或误食者，但半叶许入口即死，以流水服之，毒尤速，往往投杯已卒矣。经官司勘鞫者极多[1]，灼然如此。予尝令人完取一株观之，其草蔓生，如葛；其藤色赤，节粗，似鹤膝；叶圆有尖，如杏叶，而光厚似柿叶[2]，三叶为一枝，如绿豆之类，叶生节间，皆相对；花黄细，戢戢然一如茴香花[3]，生于节叶之间。《酉阳杂俎》言"花似栀子稍大"，谬说也。根皮亦赤。闽人呼为吻莽，亦谓之野葛；岭南人谓之胡蔓；俗谓断肠草。此草人间至毒之物，不入药用。恐《本草》所出，别是一物，非此钩吻也。予见《千金》《外台》药方中，时有用野葛者，特宜仔细，不可取其名而误用。正如侯夷鱼与鲐鱼同谓之河豚，不可不审也。

注释

①勘鞫：审讯。②柿：同"柿"。③戢戢然：密集的样子。

译文

钩吻在《本草》中记载"又叫野葛"，主疗疗效非常多。注释也有各种说法，有的说可以入药，有的说有大毒，吃了会毒死人。我曾到闽中地区，当地人用野葛来毒杀他人以及自杀。有误食的人，只需要吃下半片叶子就立即死亡，用水吞服的话毒发尤其快速，往往放下杯子就已身亡。已有官司审判的案例极多，毒性如此猛狠。我曾命人取一株完好的来观察，这是种蔓生草，像葛；藤是赤红色，藤节很粗，类似鹤膝；叶片圆而有尖，像是杏叶，但光滑厚实更像柿叶，每一茎枝上有三片叶子，就像绿豆等植物，叶片生于节间，两两对生；花黄而小，像茴香花那样密集，生于节和叶之间。《酉阳杂俎》记载野葛"花似栀子稍大"，是错误的。根皮也是赤红色的。闽地人称它为吻莽，也叫野葛；岭南人称它为胡蔓；俗称断肠草。这种草是人间最毒，不能入药。恐怕《本草》所出的条目，指的是另外一种东西，不是这种钩吻。我见过《千金》《外台》的药方中，时常用野葛，需要特别仔细，不能因这个名字而误用。正如侯夷鱼与鲐鱼都叫河豚，不能不仔细分辨。

原文

黄环，即今之朱藤也[1]，天下皆有。叶如槐，其花穗悬，紫色，如葛花。可作菜食，火不熟亦有小毒。京师人家园圃中作大架种之，谓之紫藤花者是也。

实如皂荚，《蜀都赋》所谓“青珠黄环”者，黄环即此藤之根也。古今皆种以为庭槛之饰。今人采其茎，于槐干上接之，伪为矮槐。其根入药用，能吐人。

注 释

①朱藤：即今紫藤、藤萝。

译 文

黄环，就是今天说的朱藤，天下到处都有出产。叶片像槐树叶，花穗悬垂，是紫色的，像葛花。可以用于做菜，如果不烹熟也有微小毒性。京城人家的花圃里搭起大型藤架种植这种植物，称作紫藤花的就是了。果实如皂荚，《蜀都赋》里说的“青珠黄环”，黄环就指这种藤的根。古往今来都种植在庭院里作为装饰。如今的人采摘藤茎，接在槐树干上，假作矮槐。藤根可以入药，能催吐。

原 文

栾有二种：树生，其实可作数珠者①，谓之木栾，即《本草》栾花是也。丛生，可为杖棰者，谓之牡栾，又名黄荆，即《本草》牡荆是也。此两种之外，唐人补《本草》又有栾荆一条，遂与二栾相乱。栾花出《神农》正经，牡荆见于《前汉·郊祀志》，从来甚久。栾荆特出唐人新附，自是一物，非古人所谓栾荆也。

注 释

①数珠：佛教诵经时用来计数的珠串，一般为一百零八颗。

译 文

栾有两种：一种是树生的，果实可以做佛珠，称为木栾，也就是《本草》里记载的栾花。一种是丛生的，可以做杖棰，称为牡栾，又叫黄荆，也就是《本草》里记载的牡荆。在这两种之外，唐代人续补的《本草》里又有栾荆一条，便与这两种栾混淆了。栾花出自《神农正经》，牡荆见于《前汉·郊祀志》，由来已久。栾荆这一条是唐代人新添的，自然是另一种东西，不是古人所说的栾荆。

原 文

紫荆，陈藏器云：“树似黄荆，叶小，无桠。至秋子熟，正紫圆如小珠。”大误也。黄荆丛生，小木，叶如麻叶，三桠而小。紫荆稍大，圆叶，实如樗荚①，著树连冬不脱，人家园庭多种之。

注 释

①樗荚：臭椿的荚。樗，即臭椿。

译 文

陈藏器记录紫荆：“树像黄荆，叶片小，没有枝丫。到秋天种子成熟，正紫圆形像是

● 枳

枳，一种灌木，芸香科，白花，果实为球形，成熟为黄色，外附密毛，未成熟的果实入药称枳实，成熟的果实入药称枳壳，服之可以驱寒结热，利气消渴，两者的药理大致相同，在药效方面稍有出入，枳实的药力更强一些。

小珠。"这非常错误。黄荆是丛生的，小型树木，叶子像芝麻叶，有三丫但很小。紫荆稍大一些，叶片是圆的，果实如樗荚，长在树上一冬天也不脱落，人们家中庭院多有种植。

原文

六朝以前医方，唯有枳实①，无枳壳②，故《本草》亦只有枳实。后人用枳之小嫩者为枳实，大者为枳壳，主疗各有所宜，遂别出枳壳一条，以附枳实之后。然两条主疗，亦相出入。古人言枳实者，便是枳壳，《本草》中枳实主疗，便是枳壳主疗。后人既别出枳壳条，便合于枳实条内摘出枳壳主疗，别为一条，旧条内只合留枳实主疗。后人以《神农本经》不敢摘破，不免两条相犯，互有出入。予按《神农本经》枳实条内称："主大风在皮肤中③，如麻豆苦痒，除寒热结，止痢，长肌肉，利五脏，益气轻身，安胃气，止溏泄，明目。"尽是枳壳之功，皆当摘入枳壳条。后来别见主疗，如通利关节、劳气、咳嗽、背膊闷倦，散留结、胸胁痰滞，逐水，消胀满、大肠风，止风痛之类，皆附益之，另为枳壳条。旧枳实条内称："除胸胁痰癖，逐停水，破结实，消胀满、心下急、痞痛、逆气。"皆是枳实之功，宜存于本条，别有主疗亦附益之可也。如此，二条始分，各见所主，不至甚相乱。

注释

①**枳实**：橙的干燥幼果，采集后从中部横切为两半后干燥。②**枳壳**：橙的未成熟果实，在橙果仍绿的时候采摘切半并干燥。③**大风在皮肤中**：中医里描述风邪导致的皮肤病，如风疹、瘙痒等。

译文

六朝以前的医方中，只有枳实，没有枳壳，所以《本草》里也只有枳实这一条目。后世的人把枳中较小较嫩的叫作枳实，大的叫作枳壳，主治功效各有区别，于是另立枳壳一条，附在枳实后面。但这两条的主治功效，也有差异。古人说的枳实便是枳壳，《本草》中的枳实主治功效，便是枳壳的主治功效。后世的人既然另立了枳壳条目，就应该从枳实条目内把枳壳的主治功效摘出来，另作一条，旧条目内只应该留下枳实的主治功效。后世的人不敢拆破《神农本经》中的内容，免不了两条相互抵犯，互有出入。我查考《神农本经》中的枳实条目内写有："主大风在皮肤中，如麻豆苦痒，除寒热结，止痢，长肌肉，利五脏，益气轻身，安胃气，止溏泄，明目。"都是枳壳的功效，都应当摘入枳壳条目。后面的其他功效，如通利关节、劳气、咳嗽、背膊闷倦，散留结、胸胁痰滞，逐水，消胀满、大肠风，止风痛等，都附加上，另立枳壳条目。旧的枳实条目内应留下："除胸胁痰癖，逐停水，破结实，消胀满、心下急、痞痛、逆气。"这些都是枳实的功效，应当留存在本条中，有其他功效也可以附加在上面。像这样，两个条目才分割清晰，各有主治，不至于太混淆。

续笔谈十一篇

原文

鲁肃简公劲正不徇[1]，爱憎出于天性，素与曹襄悼不协。天圣中因议茶法，曹力挤肃简，因得罪去，赖上察其情，寝前命，止从罚俸，独三司使李谘夺职谪洪州。及肃简病，有人密报肃简，但云"今日有佳事"。鲁闻之，顾婿张昷之曰："此必曹利用去也。"试往侦之，果襄悼谪随州。肃简曰："得上殿乎？"张曰："已差人押出门矣。"鲁大惊曰："诸公误也。利用何罪至此？进退大臣，岂宜如此之遽！利用在枢密院，尽忠于朝廷，但素不学问，倔强不识好恶耳，此外无大过也。"嗟悼久之，遽觉气塞，急召医视之，曰："此必有大不如意事动其气，脉已绝，不可复治。"是夕，肃简薨[2]。李谘在洪州，闻肃简薨，有诗曰："空令抱恨归黄壤，不见崇山谪去时。"盖未知肃简临终之言也。

注释

①徇：屈从。②薨：古时称诸侯或有爵位的大官死去。

译文

鲁宗道（谥号肃简）刚正不阿，爱恨均出于天性，平素与曹利用（谥号襄悼）不和。天圣年间由于茶法的争议，曹利用极力排挤鲁宗道，于是鲁宗道因罪罢官，多亏皇帝明察情况，终止了先前的命令，只罚俸禄，只有三司使李谘被夺职贬谪到洪州。后来鲁宗道病重，有人密报他，只说"今日有佳事"。鲁宗道听了，看着女婿张昷之道："一定是曹利用被罢免了。"前去探查，果然曹利用被贬随州。鲁宗道说："去殿上面圣过了吗？"张昷之说："已经被人押解出城门了。"鲁宗道大惊道："诸公办错事了。曹利用有什么罪至于如此？对大臣的提拔降职，怎能如此草率！曹利用在枢密院，为朝廷尽忠，只是素来不求学问，倔强而不识好歹罢了，除此之外没有大错。"叹息很久，突然觉得窒息，急忙召医生来看，医生说："这一定是因非常不如意的事动了气，脉已绝，无法治疗了。"当夜，鲁宗

●鸬鹚

鸬鹚，又名"水老鸦""鱼鹰"，一种水鸟，长嘴，毛呈黑绿色，颌下有小喉囊，常栖息在河岸、湖沼或海滨，以潜水捕食鱼为生，渔人常常驯养它来捕鱼。

道死。李谘在洪州，听闻他的死讯，写诗道："空令抱恨归黄壤，不见崇山谪去时。"可能是不知道鲁宗道临终时的话吧。

【原文】

太祖皇帝尝问赵普曰①："天下何物最大？"普熟思未答间，再问如前，普对曰："道理最大。"上屡称善。

【注释】

①太祖皇帝：即宋太祖，宋朝开国皇帝赵匡胤。赵普：北宋初年宰相，开国功臣。

【译文】

宋太祖曾问赵普："天下什么东西最大？"赵普想了很久没有回答，此间宋太祖又重复了一遍问题，赵普答道："道理最大。"宋太祖频频称是。

【原文】

杜甫诗有"家家养乌鬼，顿顿食黄鱼"之句①，近世注杜甫诗，引《夔州图经》称："峡中人谓鸬鹚为乌鬼。"蜀人临水居者，皆养鸬鹚，系绳其颈，使之捕鱼，得鱼则倒提出之，至今如此。又尝有近侍奉使过夔、峡，见居人相率十百为曹②，设牲酒于田间，众操兵仗，群噪而祭，谓之养鬼养读从去声。言乌蛮战殁多与人为厉，每岁以此禳之，又疑此所谓养乌鬼者。

【注释】

①"杜甫"句：此条与《梦溪笔谈·卷十六·艺文三》"士人刘克博观异书"条相近。②曹：群。

【译文】

杜甫诗中有一句"家家养乌鬼，顿顿食黄鱼"，近世的杜甫诗注者，引用《夔州图经》说："峡中人把鸬鹚叫作乌鬼。"蜀地人住在水边，都养着鸬鹚，用绳子系住鸬鹚的脖子，驱使它们捕鱼，捕到鱼的话就从鸬鹚嘴里倒提出来，至今还是这样。另外，曾有皇帝近侍奉命出使路过夔、峡一带，见到当地居民相聚大致百十人为一队，在田间设牺牲与祭酒，众人手持兵器，嘈杂着祭祀，称为养鬼（养读从去声）。据说乌蛮族死于战场的人大多变成厉鬼来侵害人间，每年这样祭祀驱鬼，又怀疑这就叫养乌鬼。

【原文】

寇忠愍拜相白麻，杨大年之词，其间四句曰："能断大事，不拘小节有干将之器①，不露锋芒；怀照物之明，而能包纳。"寇得之甚喜，曰："正得我胸

中事。"例外别赠白金百两。

①干将：春秋时期吴国人，相传善铸剑，后多借指利剑。

译 文

寇准（谥号忠愍）受封宰相的白麻诏书，由杨亿（字大年）写词，其中有四句说："能断大事，不拘小节；有干将之器，不露锋芒；怀照物之明，而能包纳。"寇准看了非常欣喜，说："正说到我心里去了。"额外赠予一百两银子。

原 文

陶渊明《杂诗》："采菊东篱下，悠然见南山①。"往时校定《文选》，改作"悠然望南山"，似未允当。若作"望南山"，则上下句意全不相属，遂非佳作。

注 释

①采菊东篱下，悠然见南山：在自家东篱下采菊，悠然抬头看见南山。体现诗人田园生活的恬淡闲适，上下句的动作接续顺畅，与南山的相"见"自然而平等，如与南山为邻。如果改作"望"，这个动作便过分刻意、疏离，不仅使上下句的动作之间产生断裂，更无法体现诗人与自然和谐之意。

译 文

陶渊明《杂诗》写道："采菊东篱下，悠然见南山。"以往校定《文选》的时候，改作"悠然望南山"，似乎并不恰当。如果改作"望南山"，上下句的意境完全不合，就不是佳作了。

原 文

狄侍郎棐之子遵度，有清节美才。年二十余，忽梦为诗，其两句曰："夜卧北斗寒挂枕，木落霜拱雁连天①。"虽佳句，有丘墓间意，不数月卒。高邮士人朱适，予舅氏之婿也。纳妇之夕，梦为诗两句曰："烧残红烛客未起，歌断一声尘绕梁。"不逾月而卒。皆不祥之梦，然诗句清丽，皆为人所传。

注 释

①夜卧北斗寒挂枕，木落霜拱雁连天：夜卧北斗如同露宿野外的情境，寒挂枕指枕间冰冷，木落霜拱如同落叶寒霜铺盖在坟丘上的情境，雁连天也是凄凉寂寥的意象。故后文称其"有丘墓间意"。

译 文

侍郎狄棐之子狄遵度，清廉而有才干。二十几岁时，忽然梦到一首诗，有两句是："夜卧北斗寒挂枕，木落霜拱雁连天。"虽然是佳句，却是墓穴的意象，没过几个月就死了。高邮士人朱适，是我舅家的女婿。娶妻当天晚上，梦到两句诗："烧残红烛客未起，歌断一声尘绕梁。"不到一个月就死了。这些都是不祥之梦，但诗句本身很清丽，为后人传诵。

原文

　　成都府知录①，虽京官，例皆庭参②。苏明允常言：张忠定知成都府日，有一生，忘其姓名，为京寺丞、知录事参军，有司责其庭趋，生坚不可。忠定怒曰："唯致仕即可免。"生遂投牒乞致仕③，自袖牒立庭中。仍献一诗辞忠定，其间两句曰："秋光都似宦情薄，山色不如归意浓。"忠定大称赏，自降阶执生手曰："部内有诗人如此而不知，咏罪人也。"遂与之升阶置酒，欢语终日，还其牒，礼为上客。

注释

　　①**知录**：即知录事参军，掌管文书、处理府务的属官。②**庭参**：下级官员到官厅按礼谒见长官，文官要北面跪拜，长官立受。③**投牒**：投弃授官的簿录。

释文

　　成都府知录事参军，虽然是京官，但例行要去拜谒长官。苏洵（字明允）曾说：张咏（谥号忠定）任成都知府的时候，有一名不记得姓名的年轻人，当时任京寺丞、知录事参军，上级要求他来拜谒，他坚决不肯。张咏怒道："只有辞官才可免礼。"年轻人便要交还授官簿录以辞官，收在袖子里站在庭中，然后献上一首诗告别张咏，其中的两句是："秋光都似宦情薄，山色不如归意浓。"张咏大为赞赏，亲自下阶拉住年轻人的手说："官署里有这么好的诗人却不知道，我真是罪人。"于是与他登上台阶置备酒宴，欢谈整天，把簿录还给他，以上宾之礼待他。

●王禹偁

　　王禹偁，字元之，宋初文学家，出身贫寒，太宗太平兴国八年登进士第，因直书言事，遭到小人陷害，贬黄州刺史，故又称"王黄州"。他反对宋初浮靡文风，而代之以平易古朴，其文对于当时的社会现状有所揭露。

原文

　　王元之知黄州日，有两虎入郡城夜斗，一虎死，食其半。又群鸡夜鸣，司天占之曰："长吏灾①。"时元之已病，未几，移刺蕲州，到任谢上表两联曰②："宣室鬼神之问，绝望生还；茂陵封禅之书，付之身后③。"上闻之愕然，顾近侍曰："禹偁安否？何以为此语？"不逾月，元之果卒，年四十八。遗表曰："岂知游岱之魂，遂协生桑之梦④。"

注释

　　①**长吏**：长官。②**谢上表**：官员上任后写来感谢皇帝的奏表。③**宣室鬼神之问**：指汉文帝在宣室夜召贾谊，却问鬼神之事而不关心政治苍生。**茂陵封禅之书**：指司马相

如病居茂陵，汉武帝遣使取书时其已病故，只留下一卷有关封禅的书。④**游岱之魂**：古代传说中人死后魂归岱山，岱山即岱宗泰山，道教认为泰山府君主管生死鬼神之事。**生桑之梦**：传说三国时期蜀官何祗曾梦见井中生桑，赵直解梦道："桑非井中之物，会当移植。然桑字四十下八，君寿恐不过此"，后果真死于四十八岁。

●韩愈

译文

王禹偁（字元之）任黄州知州的时候，夜间有两头老虎进入郡城厮斗，一只死了，被吃了一半。还有群鸡在夜里啼鸣，司天占卜道："此处长官有灾。"当时王禹偁已经患病，不久调任到蕲州，到任时的谢上表中有两联是："宣室鬼神之问，绝望生还；茂陵封禅之书，付之身后。"皇帝闻言愕然，对近侍说："王禹偁还平安吗？何出此言？"不到一个月，王禹偁果然死亡，享年四十八岁。遗书写道："岂知游岱之魂，遂协生桑之梦。"

原文

元祐六年，高丽使人入贡，上元节于阙前赐酒①，皆赋观灯诗，时有佳句。进奉副使魏继延句有"千仞彩山擎日起，一声天乐漏云来"。主簿朴景绰句有"胜事年年传习久，盛观今属远方宾"。

注释

①阙：宫城。

译文

元祐六年，高丽使者入朝进贡，上元节时皇帝在宫城前设置酒宴，众人作观灯诗，出了一些佳句。进奉副使魏继延有一句"千仞彩山擎日起，一声天乐漏云来"。主簿朴景绰有一句"胜事年年传习久，盛观今属远方宾"。

原文

欧阳文忠有《奉使回寄刘原甫》诗云："老我倦鞍马，谁能事吟嘲？"王荆公《赠弟和甫》诗云："老我孤主恩，结草以为期。"言"老我"则语有情，上下句皆有惜老之意。若作"我老"，与"老我"虽同，而语无情，诗意遂颓惰。此文章佳语，独可心喻。

译文

欧阳修（谥号文忠）有一首《奉使回寄刘原甫》诗中说："老我倦鞍马，谁能事吟嘲？"王安石的《赠弟和甫》诗中说："老我孤主恩，结草以为期。"用"老我"则语句饱含深情，上下句都有惜老之意。如果改作"我老"，虽然与"老我"的意思相同，但是缺乏情意，诗意消沉颓废。这是诗文中的佳句，只能用心体会。

原 文

　　韩退之诗句有"断送一生唯有酒"，又曰"破除万事无过酒"。王荆公戏改此两句为"一字题"四句曰："酒，酒，破除万事无过，断送一生唯有。"不损一字，而意韵如自为之。

译 文

　　韩愈（字退之）诗句中有一句"断送一生唯有酒"，还有一句"破除万事无过酒"。王安石把这两句戏改为"一字题"四句："酒，酒，破除万事无过，断送一生唯有。"不少一个字，而意韵自然流畅如自己所作。

续笔谈十一篇